V&R

Das Kaiserreich transnational

Deutschland in der Welt 1871–1914

Herausgegeben von

Sebastian Conrad und
Jürgen Osterhammel

2. Auflage

Vandenhoeck & Ruprecht

Eine Veröffentlichung der Arbeitsgruppe »Das Irrsal hilft« der Jungen Akademie an der Berlin-Brandenburgischen Akademie der Wissenschaften und der Deutschen Akademie der Naturforscher Leopoldina, Halle, gefördert von der VolkswagenStiftung und dem Bundesministerium für Bildung und Forschung.

Die Beiträge von Woodruff D. Smith, Helmut Walser Smith, Andrew Zimmerman und David Blackbourn wurden von Ilse Strasmann aus dem Englischen übersetzt.

Bibliografische Information der Deutschen Nationalbibliothek

Die Deutsche Nationalbibliothek verzeichnet diese Publikation in der Deutschen Nationalbibliografie; detaillierte bibliografische Daten sind im Internet über http://dnb.d-nb.de abrufbar.

ISBN 10: 3-525-36733-3
ISBN 13: 978-3-525-36733-9

Umschlagabbildung: »Kaiser Wilhelm II.«, Gemälde von Franz Fleck.
Satz: Satzspiegel, Nörten-Hardenberg

Druck und Bindung: ⊕ Hubert & Co, Göttingen

Gedruckt auf alterungsbeständigem Papier.

Inhalt

6   Inhalt

Repräsentationen und Normierungen

Koloniale (Un-)Ordnung

Sebastian Conrad/Jürgen Osterhammel

Einleitung*

Deutschland ist keine Insel, keine scharf umgrenzte und auf sich selbst bezogene Welt. Schon die Geographie steht dem entgegen. Wirkliche Inseln haben sich über längere Zeiträume von ihrer Umgebung abzuschotten vermocht, vor allem Japan während seiner »frühen Neuzeit« ist dies gelungen. Die andere Insel von erstrangigem historischem Gewicht, der britische Archipel, hat es in feiner Balance zwischen Distanzierung und expansiver Offenheit zu einem Weltprimat gebracht, der ein Jahrhundert lang andauerte. Länder am Rande kontinentaler Landmassen wie die iberische Halbinsel oder der Balkan unterhielten über längere Zeiträume hinweg nur schwache Beziehungen zu ihren Nachbarn. Solche Möglichkeiten hatte Deutschland nie. In der Mitte Europas gelegen, nirgends an unbewohnte Wüsten, Wälder und Gebirge angrenzend, war es stets Durchzugsgebiet und Emigrationsziel für mobile Anrainer, militärischer Interventionsraum und Rezeptionsfeld für Einwirkungen aus anderen europäischen Kulturen. Das alte geopolitische Klischee von Deutschlands geografischer »Mittellage« erklärt wenig und diktiert keinerlei Staatsräson. Aber hier trifft es in unmittelbarer Evidenz zu: Deutschland kann keine Insel sein.

Wo immer in der neueren Geschichte »Deutschlands« Grenzen auch immer verliefen: Stets waren sie keine abschließenden

* Dieser Band ist das Resultat einer Koproduktion von Junger Akademie und Berlin-Brandenburgischer Akademie der Wissenschaften. Eine Reihe von Beiträgen wurde im März 2003 auf einer Tagung in Blankensee bei Berlin präsentiert und diskutiert, andere Beiträge sind hinzugekommen. Wir danken den Teilnehmern der Tagung, vor allem Christoph Conrad, Ute Frevert, Jürgen Kocka, Kristin Kopp, Iris Schröder, George Steinmetz und Lora Wildenthal für ihre Kommentare und Anregungen. Für die redaktionelle Betreuung der Aufsätze geht unser Dank an Viola Müller und Tim Opitz.

Barrieren, sondern Grenzzonen, in denen die heute viel diskutierte »Hybridität« zum Alltag gehörte: Mehrsprachigkeit, Po-
lykonfessionalität, multiple Loyalitäten und Identitäten. Lucien
Febvre und Albert Demangeon haben dies bereits 1935 in ihrem
Buch über das Rheinland im tiefen historischen Längsschnitt
gezeigt.[1] Die härteste Grenze, die es in Deutschland je gab, verlief nicht um das Land herum, sondern mitten durch es hindurch; sie ließ das Unikum der weltoffenen Metropolinsel Berlin zu. Unter nationalsozialistischem Regiment hatte sich
Deutschland zuvor – und noch weitaus kurzlebiger – als Son-
derwelt definiert, seine Grenzen unter Kontrolle gestellt, nationalstaatlichen Homogenisierungsdruck zur Abschaffung eines
einheitlichen Staatsbürgerstatus und zu »Säuberungen« aller
Art gesteigert, sich mental abgekapselt, seine Wirtschaft unter
Autarkieprinzipien zu regeln versucht. Nach wenigen Jahren
kippte, was als defensive Revision der Versailler Einschränkungen begonnen zu haben schien, in imperiale Offensive um: Die
Insel wollte zum Großreich werden. Keine dieser Lösungen
trug für längere Zeit. Deutschland taugte weder zur Insel noch
zum Imperium.

Das Kaiserreich in der Welt

Wie sah das im Zweiten Deutschen Reich aus? Als Nationalstaat
ohne Vorläufer musste es zwangsläufig insularer sein als die
polyzentrische deutsche Welt der vorausgehenden Epoche.
Erstmals war jetzt nicht länger ungewiss, was territorial zu
Deutschland gehörte, wo seine Außengrenzen lagen. Diese
Grenzen wurden in Rechtsnorm und Staatspraxis definiert, je-
doch nicht dem damaligen europäischen Usus prinzipieller
Freizügigkeit entzogen. Deutschland blieb ein offenes Land.
Die Grenzfrage stellte sich als Problem von nationaler Zugehö-
rigkeit und Immigrationskontrolle.[2] In Zeiten konzentrierten
Machtaufbaus, wie sie für Deutschland als Nationalstaat 1871

[1] Vgl. Albert Demangeon/Lucien Febvre, Le Rhin. Problèmes d'histoire
et d'économie, Paris 1935; gekürzte Übersetzung: Lucien Febvre, Der Rhein
und seine Geschichte, hg. von Peter Schöttler, Frankfurt 1994. Vgl. zu dieser
Problematik auch den Beitrag von Helmut Walser Smith in diesem Band.
[2] Vgl. Dieter Gosewinkels Beitrag in diesem Band.

begannen, blieb es nicht aus, dass ein Land von solcher Größe und Lage seinen Einfluss in die Welt hinaus projizierte. Es konnte nicht anders, als in einem System der Großmächte mitzuspielen; seine wirtschaftliche Dynamik drängte über national-ökonomische Kreisläufe hinaus; seine kulturellen Institutionen, die man im Wettbewerb mit den Nachbarn sorgsam pflegte, wurden zu Magneten mit weit reichender Anziehungskraft. Deutschland wurde nach den Maßstäben des Zeitalters zu einem erfolgreichen Land, draußen mehr bewundert als gefürchtet. Der Stolz auf das Geleistete konnte sich allerdings zu Überheblichkeit, Germanozentrismus und Chauvinismus steigern. Wo das geschah, wurde die mentale Grundhaltung insularer. Fremdes und Kosmopolitisches geriet als »undeutsch« unter nationalen Verdacht. So etwas wie »a closure of the German mind« begann schon vor 1914 und mündete dann in die Größenwahnexzesse der frühen Kriegsrhetorik. Man hat dies auch einen »Sonderweg« genannt.

Dass aber das Deutsche Kaiserreich nicht selbstgenügsam nur seinem eigenen Entwicklungsgesetz folgte, dass es in der Welt lag, von ihr zehrte und auf sie wirkte, war vielen Zeitgenossen wohl bewusst. Bismarcks Strategie, das Deutsche Reich militärisch in die europäische Staatenwelt hineinzuzwingen, hatte nach Westen, Norden und Osten mentale Gräben aufgerissen oder verbreitert; auch von großdeutscher Reichsvergangenheit wollte man wenig wissen, jedenfalls bis sie in alldeutsch-völkischer Form neu beschworen wurde. Zugleich aber wurde eine solche Abwertung des europäischen Zusammenhangs durch zweierlei unterminiert: zum einen durch die nun um so größere Notwendigkeit, mit diplomatischen Instrumenten regelnd, bei Bismarck mit manipulativen Mitteln stabilisierend, in die europäische Umwelt einzugreifen, also Außenpolitik mit vergrößerter Reichweite zu treiben, zum anderen durch Kräfte gesteigerter ökonomischer Verdichtung. Der deutsche Nationalstaat – und gleichzeitig mit ihm auch der japanische und der nach dem Ende des Bürgerkriegs erneuerte US-amerikanische – trat in dem Moment auf die historische Bühne, als ein neuer Schub von »Globalisierung« jene kapitalistisch verfassten Länder, die am internationalen Waren-, Kapital- und Nachrichtenverkehr in nennenswertem Umfang teilnahmen, in ein engeres Verhältnis zueinander rückte. Diese Prozesse setzten sich während der gesamten Lebensspanne des Kaiserreiches fort, manche sich stetig steigernd, manche zyklisch-konjunkturell verlaufend.

Seit den neunziger Jahren rückten fernere Kontinente zunehmend in den Wahrnehmungskreis der Deutschen. In Ostasien schien sich eine »Gelbe Gefahr« zusammenzubrauen – ob als chinesische Billigarbeit oder als japanische Militärmacht (die freilich nicht Deutschland, sondern das Zarenreich bedrohte). Die Vereinigten Staaten von Amerika waren nicht länger nur der Erfüllungsort individueller Lebensentwürfe von Hunderttausenden von Auswanderern, sondern machten seit dem Spanisch-Amerikanischen Krieg von 1898 auch als Großmacht auf sich aufmerksam. Klarsichtige deutsche Industrielle erkannten das wirtschaftliche und technologische Potenzial der Neuen Welt. Die vornehmsten Universitäten der USA begannen, als nahezu ebenbürtig anerkannt zu werden. Zur gleichen Zeit wurde Afrika, über die Kolonien schon fest im deutschen Bewusstsein verankert, erstmals nicht nur als gigantischer Abenteuerspielplatz, sondern auch als Faktor von internationalem Gewicht begriffen. Das gold- und diamantenreiche Südafrika wurde zu einem – gewiss minderen – Wachstumsmotor der Weltwirtschaft und zum Schauplatz des größten Kolonialkrieges der Epoche.[3]

Deutungen der eigenen Situation in »Welt«-Kategorien griffen um sich. Politiker und Geschäftsleute, Imperialisten und ihre marxistischen oder liberalen Gegner: Sie alle sprachen nun von Weltwirtschaft, von Weltpolitik und von Weltmächten, zwischen denen eine gleichsam natürliche Rivalität zu bestehen schien. Nirgendwo sonst war diese »Welt«-Rhetorik so hypertroph entwickelt wie in Deutschland. Großbritannien besaß ein Weltreich, redete aber wenig darüber. Die USA begannen erst, ihrem alten Sendungsbewusstsein einen außenpolitisch-imperialen Sinn zu geben und fanden erst mit Woodrow Wilson ihren eigentümlichen globalrhetorischen Tonfall. Nur in Deutschland gewann der Begriff der »Weltpolitik« eine herausfordernde und aggressive Note. »Weltpolitik« war dabei nicht bloß, wie Woodruff D. Smith gezeigt hat, die Parole einer auftrumpfenden Außenpolitik, sondern auch, damit eng verbunden, ein privatkapitalistisches Programm mondialer

[3] Vgl. Dirk van Laak, Imperiale Infrastruktur. Deutsche Planungen für eine Erschließung Afrikas, 1880 bis 1960, Paderborn 2004.

Markterschließung.[4] Ob sich zur gleichen Zeit die hoch kulturellen Beziehungen intensivierten und an Reichweite gewannen, müsste noch genauer untersucht werden. Es scheint, als ob in den Künsten die verschiedenen national romantischen Stile des 19. Jahrhunderts um die Jahrhundertwende durch neue avantgardistische Idiome kosmopolitischen Zuschnitts abgelöst wurden, die aber zunächst eher in Paris, Wien und St. Petersburg entstanden als in Berlin, Leipzig oder München. Auch das »Exotische« – japanische Kunst, chinesische Weisheitslehren oder afrikanische Plastik – wurde nun ernster genommen als zuvor und weniger als Ornament, denn als Bereicherung oder Alternative empfunden.[5]

Geschichte des Kaiserreichs als Nationalgeschichte

Nichts von alledem ist Historikern unbekannt geblieben. Es hat jedoch das allgemeinere Geschichtsbild wenig berührt. Kein anderer Abschnitt der neueren deutschen Geschichte ist so stark als endogen getriebene Periodeneinheit aufgefasst worden wie das Kaiserreich vor 1914. Das kann nicht verwundern. Die Nationen und Nationalstaaten des 19. Jahrhunderts schufen sich als die ihnen gemäße Reflexions- und Darstellungsform die Nationalgeschichte. In Deutschland hatte sie nach 1871, vor allem in preußischer Perspektive, ihren teleologischen Fluchtpunkt gefunden. Deutsche Geschichte wurde zur Sehnsuchts- und Erfüllungsgeschichte der nationalen Idee. Das war andernorts ähnlich. Das Aufkommen der Nationalgeschichte von Europa aus wurde schließlich zu einem weltweiten Phänomen. Um 1910 schrieb man überall dort, wo die nationale Selbstvergewisserung nicht kolonial stranguliert worden war, Nationalgeschichte, begab man sich auf die Suche nach einer brauchbaren Vergangenheit. Überall war die Nation das zentrale Subjekt, reifend und kämpfend seinen Ort in der Welt sichernd. Sie erober-

    [4] Vgl. Woodruff D. Smith, The Ideological Origins of Nazi Imperialism, New York 1986.
    [5] Vgl. Jürgen Osterhammel/Niels P. Petersson, Ostasiens Jahrhundertwende. Unterwerfung und Erneuerung in west-östlichen Sichtweisen, in: Ute Frevert (Hg.), Das Neue Jahrhundert. Europäische Zeitdiagnosen und Zukunftsentwürfe um 1900, Göttingen 2000, S. 265–306.

te sich ihre »Insel«. Deren geistige Erschließung besorgten die
Historiker. Entsprechend war die Logistik der Erinnerungsver-
waltung nationalstaatlich organisiert: Archive, Bibliotheken,
Forschungsinstitute, Historiker-»Zünfte«.

Nationalgeschichte muss nicht nationalistisch sein. Die national historische Denkpräferenz hat sich auch noch nach ihrer
Lösung von nationalistischen Werten allgemein behauptet. Sie
wurde zu einer Konvention, die sich nach 1945 durch das tat-
sächliche Fortleben von Nationalstaaten jenseits eines expansi-
ven Hypernationalismus bequem begründen ließ. In der Geschichtswissenschaft der Bundesrepublik waren sich die
außenpolitische und die sozialhistorische Richtung darin einig,
den Nationalstaat als den selbstverständlichen Analyserahmen
zu betrachten. Die einen sahen den Nationalstaat, hier »Großmacht« genannt, als einen monadenhaft operierenden Akteur
auf der internationalen Bühne, die anderen gingen stillschwei-
gend von der räumlichen Übereinstimmung zwischen politischem System und Gesellschaft aus und gaben sich mit der Fiktion einer von außen kaum beeinflussten und durchdrungenen
nationalstaatlichen »Gesamtgesellschaft« zufrieden. Der Inter-
nalismus der in den 1960er und 1970er Jahren vorherrschenden
Form von Modernisierungstheorie leistete einem solchen »Container«-Denken Vorschub. Der Einspruch des Soziologen Friedrich H. Tenbruck, der auf die Bedeutung von Beziehungsgesche-
hen als Grundschicht der Geschichte hinwies, blieb ungehört.[6]

In den meisten Kontroversen, die um die Deutung des Kaiserreichs geführt wurden, spielte das Verhältnis von Innen und Außen kaum eine Rolle. Nach Hans-Ulrich Wehlers »Bismarck und
der Imperialismus« von 1969 haben für das spätere Kaiserreich
nur wenige den Versuch einer binnengeschichtlich fundierten
Analyse der deutschen Außenpolitik unternommen. Die berühmte »Primat«-Frage stellte sich gar nicht mehr, weil das Äußere aus dem Blickfeld verschwand. Umgekehrt sind Studien
zur Außenpolitik des Kaiserreichs bis vor kurzem häufig der
Vorstellung einer Eigenlogik zwischenstaatlicher Machtpolitik
verhaftet geblieben. Am ehesten haben sich noch Wirtschaftshis-
toriker, allen voran Wolfram Fischer, für die Verbindung zwi-

---

[6] Friedrich H. Tenbruck, Gesellschaftsgeschichte oder Weltgeschichte?
in: Kölner Zeitschrift für Soziologie und Sozialpsychologie 41 (1989),
S. 417–39.

schen Innen- und Außenperspektive interessiert und auch schon früh auf das hingewiesen, was heute »Globalisierung« genannt wird.[7]

Nun wäre es kurzsichtig, einer nationalgeschichtlichen Betrachtungsweise pauschal ihre Berechtigung abzusprechen. Das nationalstaatliche Apriori, post-nationalistisch entideologisiert, hat einen guten methodischen Sinn. Viele gesellschaftliche, kulturelle und erst recht politische Prozesse in der Epoche zwischen 1871 und 1914 lassen sich tatsächlich am ehesten in nationalstaatlicher Rahmung erfassen. Allerdings wächst im Zuge der supranationalen Integration Europas, der Zuspitzung ethnischer und religiöser Gegensätze und einer Entgrenzung individueller Welterfahrung, welche »Globalisierung« zu weit mehr als einem bloß wissenschaftlichen Leitbegriff macht, der Wille, die nationalgeschichtliche durch eine »transnationale« Sichtweise zu ergänzen. Die Popularität von Vergleichen hat diesem Bestreben schon seit einiger Zeit vorgearbeitet.[8] Die Theorie der International Relations und allmählich auch die Geschichtsschreibung der internationalen Beziehungen lassen eine »realistisch«-diplomatiehistorische Zugangsweise hinter sich.[9] Neue Studien zum Kolonialismus sehen diesen nicht länger als ein Randerscheinung, die in »überseehistorischen« Nischen für sich zu betrachten sei, sondern suchen nach Wechselwirkungen zwischen Kolonien und Metropolen in einem zusammenhängenden »analytischen Feld«.[10]

An diese, zumeist noch verstreuten Revisionsversuche soll im vorliegenden Band angeknüpft werden. Zugleich wird damit für

[7] Vgl. Wolfram Fischer, Expansion, Integration, Globalisierung. Studien zur Geschichte der Weltwirtschaft, Göttingen 1998.

[8] Vgl. etwa Heinz-Gerhard Haupt/Jürgen Kocka (Hg.), Geschichte und Vergleich. Ansätze und Ergebnisse international vergleichender Geschichtsschreibung, Frankfurt 1996; Hartmut Kaelble, Der historische Vergleich. Eine Einführung zum 19. und 20. Jahrhundert, Frankfurt 1999.

[9] Vgl. die Beiträge in Wilfried Loth/Jürgen Osterhammel (Hg.), Internationale Geschichte. Themen, Ergebnisse, Aussichten, München 2000.

[10] Vgl. etwa Birthe Kundrus, Moderne Imperialisten. Das Kaiserreich im Spiegel seiner Kolonien, Köln 2003; dies. (Hg.), Phantasiereiche. Zur Kulturgeschichte des deutschen Kolonialismus, Frankfurt 2003; Jürgen Zimmerer, Die Geburt des Ostlandes aus dem Geist des Kolonialismus. Die nationalsozialistische Eroberungs- und Beherrschungspolitik in (post)kolonialer Perspektive, in: Sozial.Geschichte 19 (2004), S. 10–43.

den Fall des deutschen Kaiserreiches der Anschluss an analoge Vorhaben der transnationalen Neulektüre von Nationalgeschichten gesucht, wie es sie zumindest für die USA schon gibt.[11] Ob dieser Blickwechsel auch zu einem »Paradigmenwechsel« führen wird, ist dabei zunächst noch eine offene Frage. Dass eine Revision konventioneller Denkschemata nötig ist, steht außer Zweifel. Zu diskutieren bleibt, in welchem Maße sie neue Gegenstände und Zusammenhänge sichtbar macht und ob sie herkömmliche Ansätze bloß ergänzt und erweitert oder eine profilierte Alternative zu ihnen zu liefern vermag. Es wird zu klären sein, in welchem Umfang an der Gegenwart gewonnene Begriffe von Globalisierung und Transnationalität auf die Zeit vor 1914 überhaupt anwendbar sind. Schließlich wird zu erörtern sein, welche solcher transnationalen Bezüge – bei genauerem Hinsehen wird man sehr viele davon finden – überhaupt interessant sind und welche von diesen wiederum relevant erscheinen. Dieses Buch wird die eine oder andere Antwort zu geben versuchen. Es hat sein wichtigstes Ziel indes schon dann erreicht, wenn es die Aufmerksamkeit auf neue Fragen und Sichtweisen richtet.

Transnationale Geschichte

Der Begriff »transnational« bezieht sich hier auf einen pragmatischen Ansatz, hinter dem weder eine ausgearbeitete Theorie noch eine besondere Untersuchungsmethode stehen. Der Begriff zielt auf Beziehungen und Konstellationen, welche die nationalen Grenzen transzendieren. Dies schließt auch die Geschichte der Außenpolitik und der internationalen Beziehungen, vor allem in ihren neueren Formen, mit ein. Der Begriff »transnational« soll auf den allergrößten Teil grenzüberschreitender Beziehungen angewendet werden und geht davon aus, dass die Frontstellung zwischen Innen- und Außenpolitik, welche frühere Kontroversen strukturierte, nun obsolet ist. Solche Beziehungen können bilateral oder multilateral, gleichgewichtig oder asymmetrisch gedacht werden. Da dieses Buch von einem *einzigen* Nationalstaat, dem deutschen des Kaiser-

---

[11] Vorbildlich in geordneter Themenvielfalt: Thomas Bender (Hg.), Rethinking American History in a Global Age, Berkeley 2002.

reiches ausgeht, muss hier auf Symmetrie verzichtet werden. Das Kaiserreich steht im Mittelpunkt: nicht als einheitlicher Akteur, sondern als Aktions- und Erfahrungsraum. Deshalb gibt es weder Kapitel, die den Blick von außen auf das Kaiserreich behandeln, noch solche über reziproke Transfers zwischen Deutschland und anderen europäischen Nationalstaaten und Nationalgesellschaften, ein Thema, zu dem bereits zahlreiche Forschungen vorliegen.

Ebenso wie internationale Beziehungen sind transnationale potenziell weltumspannend. Sie reduzieren sich nicht auf den kleinen Grenzverkehr entlang territorialer Staatsgrenzen. Transnationale Beziehungen können daher Fernbeziehungen sein. Sie spielen sich in einem diffuseren Feld ab als internationale Beziehungen, deren Spielfläche gewöhnlich als ein internationales »System« modelliert wird. Wir gehen nicht von der analogen Annahme eines »Weltsystems« oder einer »Weltgesellschaft« aus. Damit ist zugleich gesagt, dass nicht beabsichtigt ist, den Ort des Kaiserreichs in der »Weltgeschichte« zu bestimmen.[12] Das Interesse aller Autorinnen und Autoren dieses Bandes gilt vielmehr *spezifischen* globalen Verflechtungen, deren Träger und Akteure möglichst genau angebbar sein müssen, auch wenn sie sich durchaus nicht immer als Agenten von Globalität gefühlt haben mögen. Das Spektrum der Träger und Akteure ist hier sehr weit gefasst und geht über den kleinen Kreis außenpolitischer Funktionsträger weit hinaus. Es reicht vom Kolonialbeamten über Unternehmer und Lokalpolitiker bis zu dem mit »Fremdem« befassten Wissenschaftler oder dem Veranstalter einer Völkerschau. Nicht alle diese transnationalen Beziehungen sind auch Bestandteile umfassenderer »Netze« oder »Vernetzungen«. Für weltwirtschaftliche Zusammenhänge lässt sich der Netzcharakter leichter nachweisen als für manche sporadischen Kulturtransfers, die kaum als Elemente von Systemen verstanden werden können. Transnationalität kann sich in Institutionen kristallisieren, muss das aber nicht tun. Es gibt ein Spektrum zwischen regelmäßigen und repetitiven Beziehungen auf der einen, eher persönlichen und zufälligen auf der anderen Seite. Hier zu feine-

---

[12] Zur Einführung in die Literatur zu welt- und globalgeschichtlichen Ansätzen, vgl. Patrick Manning, Navigating World History. Historians Create a Global Past, New York 2003.

ren Unterscheidungen gelangen, ist ein Ziel mehrerer Beiträge. Das konkrete Personal transnationaler Beziehungen ist uns deshalb so wichtig, weil die Aufmerksamkeit der bisherigen Forschungen allzu lange bei Perzeptionsphänomenen, also Bildern, Wahrnehmungen und diskursiven Konstruktionen des »Anderen«, stehen geblieben ist. Wir fragen daher nicht nach subjektlosen Repräsentationen von »Alterität«. Auch die Wissenschaften vom »Anderen« sollte man sich nicht als ortlose Diskurse vorstellen, sondern als institutionell verfasste Produzenten von Wissen.[13]

Zwei Ansätze aus der jüngeren Forschungsdiskussion erscheinen besonders geeignet, eine transnationale Erweiterung unseres Bildes vom Deutschen Kaiserreich anzuregen: die »postcolonial studies« sowie die Bemühungen um eine historische Einordnung der Prozesse von transnationaler Vernetzung, um eine Geschichte der Globalisierung. Die meisten Beiträge in diesem Band sind von einer dieser Richtungen beeinflusst, wenn sie nicht beide Perspektiven verbinden.

Postcolonial Studies

Vor allem in der anglo-amerikanischen Forschung haben seit den 1990er Jahren die »postcolonial studies« eine zentrale Rolle gespielt.[14] Diese Ansätze können einen klassischen, eher herrschaftssoziologischen Zugang zur Geschichte des Kolonialismus nicht ersetzen. Sie ergänzen ihn aber um verschiedene wichtige und früher oft unterschätzte Gesichtspunkte. Die kulturellen Aspekte des kolonialen Zusammentreffens von Herrschern und Beherrschten, der »situation coloniale«, werden nun deutlicher gesehen als zuvor. Die Rolle von Mittelsmännern, Übersetzern und anderen »cultural brokers« tritt plastischer

---

[13] Vgl. den Beitrag zur Ethnologie von Andrew Zimmerman in diesem Band; Beiträge über andere Wissenschaften – etwa die Geographie oder einzelne Orientwissenschaften – ließen sich ihm zur Seite stellen.

[14] Zur Einführung vgl. Leela Gandhi, Postcolonial Theory, New York 1998; Robert Young, Postcolonialism. An Historical Introduction, Oxford 2001; Sebastian Conrad/Shalini Randeria (Hg.), Jenseits des Eurozentrismus. Postkoloniale Perspektiven in den Geschichts- und Kulturwissenschaften, Frankfurt 2002.

hervor, ebenso die Bedeutung multipler und oft in Spannung zueinander stehender Identitäten. Vor allem haben die »postcolonial studies« die Aufmerksamkeit auf das Koloniale in den Metropolen selbst gelenkt. Dieses Koloniale kann sichtbar präsent sein. Das war im Kaiserreich mit seinen vergleichsweise kleinen und dünn besiedelten Kolonien freilich weniger der Fall als in den Metropolen ausgedehnterer und älterer Reiche. Man sah in Berlin viel seltener Afrikaner als Inder in London, und wenn man sie sah, dann mit einiger Wahrscheinlichkeit als Exponate kommerzieller Zurschaustellung.[15] Daher gibt es im Vergleich zu Großbritannien oder Frankreich für Deutschland auch nur sehr wenige genuine Quellen, in denen Angehörige kolonialer Völker von ihrem Besuch im »weißen« Zentrum des Imperiums, von ihrer »voyage in« berichten.[16]

Umso wichtiger wird die Suche nach weniger offensichtlichen Zusammenhängen und nach verborgeneren Spuren des Fremden. Keine Frage ist hier lohnender als die nach der Übertragung von Modellen gesellschaftlicher Ordnung in beide Richtungen.[17] Dabei ist an Geschlechterordnungen zu denken, aber auch an soziale Hierarchien, an Bürokratie oder an Muster städtischer Segregation. Man weiß oder vermutet aus guten Gründen, dass koloniale Regimes den unterworfenen Völkern solche Modelle hegemonial aufgeprägt haben.[18] Aber könnte es nicht auch Versuche gegeben haben, soziale Praktiken aus dem kolonialen Raum in die Gesellschaft des so genannten Mutterlandes zurück zu projizieren? Die Furcht davor durchzieht die europäische Kolonialgeschichte, von dem Misstrauen der britischen Öffentlichkeit gegenüber den frühen Konquistadoren Indiens, die mit korrumpierender Beute und autoritären Ansichten nach Hause kamen, bis zur Angst vor eingeschleppten Tropenkrankheiten. Und wie haben wiederum andere Gruppen auf solche Bestrebungen

---

[15] Vgl. Alexander Honolds Beitrag in diesem Band.

[16] Vgl. etwa Antoinette Burton, At the Heart of Empire. Indians and the Colonial Encounter in Late-Victorian Britain, Berkeley 1998; Jürgen Osterhammel, Ex-zentrische Geschichte. Außenansichten europäischer Modernität, in: Jahrbuch des Wissenschaftskollegs zu Berlin 2000/2001, Berlin 2002, S. 296–318.

[17] Vgl. die Beiträge von Birthe Kundrus, Sebastian Conrad und von Andreas Eckert/Michael Pesek in diesem Band.

[18] Eine Pionierstudie war Timothy Mitchell, Colonising Egypt, Berkeley 1991.

zur Kolonialisierung der Metropole reagiert? Wurde derlei zum Thema öffentlicher Debatten? Wie wichtig war weiterhin die territoriale und kulturelle »Doppelherrschaft«, die Christophe Charle als ein Hauptmerkmal moderner »sociétés imperiales« bezeichnet, für das Selbstverständnis der Deutschen des Kaiserreichs?[19] Wurde Kolonialpolitik durch eine deutsche oder gesamtokzidentale »Zivilisierungsmission«, die sich womöglich ebenfalls an die heimischen Unterschichten wandte, ideologisch überhöht? Wie kolonial durchsetzt waren die – zweifellos schichtspezifischen – Bewusstseinsformen im Kaiserreich? Welche Bedeutungselemente transportierte zum Beispiel der allgegenwärtige Kolonialwarenladen?[20]

Solche Fragen lassen sich durchaus im Blick auf das nur dreißig kurze Jahre während deutsche Überseereich diskutieren (der Besitz der Niederländer auf Java bestand elf Mal so lange). Dennoch kann man sich von einem weiter schweifenden Blick reichere Aufschlüsse erwarten. Die neuere Forschung hat schon lange vor 1884, als sich das deutsche Reich seine ersten Kolonien aneignete, in der deutschen Literatur »koloniale Phantasien« zutage gefördert.[21] Sie hat sich mit der Beteiligung Deutscher an den imperialen Projekten der schon älteren Kolonialmächte beschäftigt.[22] Deutsche »Phantasien« richteten sich ebenfalls auf Weltgegenden wie Südamerika, Indien, Zentralasien, oder den Vorderen Orient, die für staatliche Kolonialprojekte nicht in Frage kamen. Wie der Kolonialismus insgesamt ein breit angelegtes gesamteuropäisches Projekt war, das den Nichteuropäern immer wieder auch in geschlossener Forma-

[19] Christophe Charle, La crise des sociétés impériales: Allemagne, France, Grande-Bretagne (1900–1940), Paris 2001, S. 17.
[20] In diesem Band repräsentiert durch eine einzige Kolonialware: die in Sven Beckerts Beitrag behandelte Baumwolle.
[21] Vgl. mit gegensätzlichen Akzenten: Russel A. Berman, Enlightenment or Empire. Colonial Discourse in German Culture, Lincoln, Nebr. 1998; Susanne M. Zantop, Kolonialphantasien im vorkolonialen Deutschland (1770–1870), Berlin 1999; überaus materialreich: Hans Fenske, Imperialistische Tendenzen in Deutschland vor 1866. Auswanderung, überseeische Bestrebungen, Weltmachtträume, in: Historisches Jahrbuch 97/98 (1978), S. 336–83.
[22] Vgl. etwa Roelof van Gelder, Het Oost-Indisch avontuur: Duitsers in dienst van de VOC (1600–1800), Nijmegen 1997; Ulrike Kirchberger, Aspekte deutsch-britischer Expansion. Die Überseeinteressen der deutschen Migranten in Großbritannien in der Mitte des 19. Jahrhunderts, Stuttgart 1999.

tion entgegen trat,[23] so entflammte die koloniale Einbildungskraft der Deutschen nicht nur beim Gedanken an Togo oder
Samoa, sondern an die Imperien der Nachbarn. Der muslimi-
sche Orient, in dem das Deutsche Reich niemals kolonial Fuß
zu fassen vermochte und der zwischen Rotem Meer und indi-
schem Panjab keiner europäischen Macht direkt untertan war,
stellte eine ebenso wichtige Projektionsfläche dar wie die afrikanischen Schutzgebiete des Reiches. Wilhelm II. gefiel sich in
Pascha-Uniform, wäre aber nicht auf die Idee gekommen, sich
als afrikanischer Häuptling zu verkleiden. Der bis heute in
Deutschland besonders beliebte Orientteppich, mit dem das
wilhelminische Bürgertum seine gute Stube dekorierte, konnte
als täglich angeschautes Symbol des Anderen und Fremden außerhalb der eigenen Kolonien dienen. Diese Mode muss man
dabei nicht so interpretieren, dass es die Deutschen trieb, den
Orient mit Füßen zu treten.

Man sollte die Vermutung nicht generell unter Verdacht stellen, dass aus einer Situation deutscher oder europäischer
Überlegenheit durchaus auch eine genuine, nicht durch Ausbeutung und Arroganz geprägte Anerkennung und Aneignung des Anderen entstehen konnte. Neben einem Wust an
orientalisierender Meterware, in der man eine visuelle Vorbo-
tin der entstehenden Massenkultur gesehen hat,[24] gab es immerhin den malerischen Ertrag von August Mackes und Paul
Klees Tunisreise im Frühjahr 1914. Weder merkt man Mackes
leuchtenden Aquarellen an, dass Tunesien damals eine *französische* Kolonie war, noch wird man dem Künstler eine andere
Haltung als die unbefangener ästhetischer Aufgeschlossenheit
unterstellen können. Begegnungen über die Grenzen von Nationen und Regionen hinweg konnten durch ein ganzes Spektrum von Haltungen geprägt sein.

[23] Der neueste gesamteuropäische Überblick ist H. L. Wesseling, Europa's
koloniale eeuw: De koloniale rijken in de negentiende eeuw, 1815–1919,
Amsterdam 2003.
[24] Vgl. Linda Nochlin, The Politics of Vision: Essays on Nineteenth-century Art and Society, London 1991, S. 57.

Kolonialismus in Europa

Kolonialismus bezog sich im deutschen Fall nicht nur auf Übersee. Für die meisten derjenigen, die nicht so sehr in Kategorien von Weltpolitik als in solchen von landnehmend nutzbarem »Lebensraum« dachten, richteten sich die Hoffnungen weniger auf ferne Tropenländer als auf »Mitteleuropa« und die sich im Osten daran anschließenden Räume. Bismarcks afrikanische Kolonien waren ein traditionsloser Gelegenheitsgewinn, auf den Deutschland durch keine frühneuzeitliche Kolonialgeschichte vorbereitet war. Im europäischen Osten hingegen ließen sich ohne Umstände Mythen der mittelalterlichen Ostkolonisation, eines deutschen »Drangs nach Osten« und einer Zivilisierungsmission gegenüber den Slawen mobilisieren und manipulieren. Konventionelle Konzepte des Kolonialismus blenden diese kontinentale Ostfixierung in aller Regel aus. Damit verzichten sie aber auch auf die zentrale Frage, inwiefern im deutschen Fall die multiethnischen Räume in »Mitteleuropa« und Polen nicht als überhaupt wichtigstes koloniales Projektionsfeld angesehen werden müssen.[25] Erst wenn man diese Frage stellt, wird auch die nationalsozialistische Ostexpansion während des Zweiten Weltkriegs als Fortsetzung und Höhepunkt eines imperialen Willens in der deutschen Politik sichtbar. Woodruff Smiths Vorschlag, »Nazi-Imperialism« in eine mentale und reale Kontinuität zu rücken, die in den 1890er Jahren beginnt, sollte in diesem Lichte abermals auf die Tagesordnung gesetzt werden.[26] Obwohl kaum eines der folgenden Kapitel chronologisch über 1914 hinausgeht, sind sich die Autoren dieses Bandes solcher Kontinuitäten bewusst. Der Kolonialrevisionismus der Weimarer Republik hielt einen Motivkomplex am Leben, der in den geo- und rassepolitischen Planungen der Nationalsozialisten leicht wieder aktiviert werden konnte. Ganz am Ende des Kaiserreichs, nach dem Diktatfrieden von Brest-Litowsk vom März 1918, war für einen Moment ein riesiges deutsches Ostimperium tatsächlich in greifbare Nähe gerückt.[27] Der zweite Zugriff auf diesen Teil Europas endete dann

---

[25] Vgl. den Beitrag von Philipp Ther in diesem Band.
[26] Vgl. Smith, Ideological Origins.
[27] Vgl. Klaus Hildebrand, Das deutsche Ostimperium 1918. Betrachtungen über eine historische »Augenblickserscheinung«, in: Wolfgang

nach dem September 1939 in einem Paroxysmus der Gewalt, der alle Gräuel des westeuropäischen Hochkolonialismus zusammengenommen in den Schatten stellte.[28]

Dennoch sollte innerhalb solcher Kontinuitäten auf den Eigencharakter von Teilperioden geachtet werden. Die Hochphase des wilhelminischen Kolonialismus fiel mit einer grundlegenden Transformation der deutschen Gesellschaft zusammen und zugleich mit einem Formationsschub der europäischen Hochmoderne. Um die Jahrhundertwende bildeten sich die gesellschaftlichen, politischen und wirtschaftlichen Grundstrukturen und -konflikte heraus, die die westlichen Industriegesellschaften bis weit in das zwanzigste Jahrhundert hinein prägten.[29] Diese Koinzidenz von Modernisierung und Kolonialismus hat einige Autoren zu der Formulierung von der »kolonialen Moderne« motiviert.[30] Was dies im Einzelnen bedeutete, verstehen wir jedoch erst wenig. Haben die Kolonien als »Laboratorien« zur Herausbildung dieser Moderne beigetragen? Waren sie traditionsfreie und moralreduzierte Räume, in denen Neues experimentell erprobt werden konnte? In Deutschland spielte diese Funktion vermutlich eine geringere Rolle als etwa im Britischen Empire.[31] Den Versuch dazu gab es jedoch. Vor allem das nicht dem Reichskolonialamt unterstellte, sondern direkt vom Marineministerium verwaltete Kiautschou sollte zu einer regelrechten »Musterkolonie« entwickelt werden. Durch

Pyta/Ludwig Richter (Hg.), Gestaltungskraft des Politischen. Festschrift für Eberhard Kolb, Berlin 1999, S. 109–24.

[28] Diese Gräuel bilanziert Marc Ferro (Hg.), Le livre noir du colonialisme, XVIe–XXIe siècle, Paris 2003, ein stattlicher Band, in dem das deutsche Kolonialreich nur am Rande vorkommt.

[29] Vgl. zusammenfassend: Paul Nolte, 1900: Das Ende des 19. und der Beginn des 20. Jahrhunderts in sozialgeschichtlicher Perspektive, in: Geschichte in Wissenschaft und Unterricht 47 (1996), S. 281–300. Vgl. als Epochenportrait auch August Nitschke u. a. (Hg.), Jahrhundertwende. Der Aufbruch in die Moderne 1880–1930, 2 Bde., Reinbek 1990. Schon früh hat der englische Historiker Geoffrey Barraclough auf die Bedeutung dieser Transformationsperiode hingewiesen; vgl. seine Introduction to Contemporary History, Baltimore 1976, S. 9–42.

[30] Vgl. etwa Tani E. Barlow (Hg.), Formations of Colonial Modernity in East Asia, Durham 1997; Gyan Prakash, Another Reason. Science and the Imagination of Modern India, Princeton 1999.

[31] Vgl. den abwägend-skeptischen Beitrag von Dirk van Laak in diesem Band.

eine rationale Verwaltung, moderne Stadtplanung und Infrastruktur, gezielte Maßnahmen der Stadthygiene und eine Bodenreform wollte man Kiautschou zu einem Schaufenster der europäischen Moderne machen – das nicht nur auf China ausstrahlen, sondern auch auf die deutsche Gesellschaft zurückwirken würde.[32]

Schaut man über das Kolonialreich hinaus, dann sieht man auch, wie neu entstehende oder erst nach 1871 in Deutschland aufblühende Wissenschaften vom Fremden und Fernen einige der stärksten Impulse in das deutsche geisteswissenschaftliche Leben hineintrugen: die Völkerkunde, die Ägyptologie und die anderen altorientalischen Disziplinen einschließlich der vorderasiatischen Archäologie, Indologie, Sinologie, Japanologie, Arabistik, Turkologie, Zentralasienforschung, Islamwissenschaften, Altamerikanistik, vergleichende Religionswissenschaft, Musikethnologie, Kolonialgeographie und andere mehr.[33] In zahlreichen dieser Fächer erreichten deutsche Universitäten, Akademien und Museen, stets eingebunden in die weltweite Gelehrtenkommunikation, während des Kaiserreichs einen internationalen Rang, den sie vorher nicht besessen hatten und den sie später wieder verloren.

Trotz der gegenwärtig zu beobachtenden Wiederentdeckung des bismarckschen und wilhelminischen Kolonialreichs, das bis vor kurzem ein Nebenfeld für wenige Spezialisten war, sollte seine Bedeutung auch nicht übertrieben werden. Die »postcolonial studies« entstanden in den USA, in Großbritannien und in Indien – allesamt Gesellschaften, die von ihrer kolonialen, also Kolonisierer und Kolonisierte gleichermaßen umfassenden, Vergangenheit bis heute geprägt sind. Die deutschen Kolonien, die 1918 unter die Kontrolle der Siegermächte des Ersten Welt-

---

[32] Vgl. zu Kiautschou vor allem Klaus Mühlhahn, Herrschaft und Widerstand in der ›Musterkolonie‹ Kiautschou. Interaktionen zwischen China und Deutschland, 1897–1914, München 2000. Vgl. als Beispiel für intendierte Rückwirkungen etwa Wilhelm Matzat, Die Tsingtauer Landordnung des Chinesenkommissars Wilhelm Schrameier, Bonn 1985.

[33] Zu all diesen Disziplinen bleibt noch viel zu sagen. Als Modelle für eine politisch sensible Wissenschaftsgeschichte vgl. etwa Suzanne Marchand, Orientalism as Kulturpolitik. German Archaeology and Cultural Imperialism in Asia Minor, in: George W. Stocking (Hg.), Volksgeist as Method and Ethic. Essays on Boasian Ethnography and the German Anthropological Tradition, Madison, Wisc. 1996, S. 298–336.

kriegs fielen, besaßen niemals die Dauerhaftigkeit und das demographische wie wirtschaftliche Gewicht, um deutsche Gesellschaftsstrukturen und Mentalitäten so stark zu prägen, wie dies in Ländern mit einer in die Frühe Neuzeit zurückreichenden kolonialen Geschichte der Fall gewesen ist. Innerhalb der Vielfalt der transnationalen Beziehungen des Kaiserreichs nimmt das Kolonialreich im strikten Sinne nur einen kleinen Teilbereich ein. Kamerun war kein deutsches Indien, Südwestafrika kein Pendant zu Algerien.

Geschichte der Globalisierung

Wichtiger und forschungspraktisch ergiebiger erscheint daher die Einbindung in eine Geschichte der Globalisierung, die vor 1914 bereits eine vielfach und intensiv vernetzte Welt hervorgebracht hatte. Dies ist neben den »postcolonial studies« die zweite Perspektive, an die eine transnationale Erweiterung der Geschichtsschreibung zum Deutschen Kaiserreich anknüpfen kann. Sie soll abschließend kurz skizziert werden.[34]

Die globale Vernetzung der Welt um 1900 wurde vor allem durch die Ströme der sich im letzten Drittel des 19. Jahrhunderts stürmisch entwickelnden Weltwirtschaft vorangetrieben. In mancherlei Hinsicht war die ökonomische Verflechtung vor dem Ersten Weltkrieg, soweit die verfügbaren Daten hier Rückschlüsse zulassen, sogar weiter entwickelt als weit ins 20. Jahrhundert hinein. Daher ist die Globalisierung des späten 19. Jahrhunderts bislang auch vornehmlich von Wirtschaftshistorikern aufgearbeitet worden.[35] Die rasche Integration der Weltwirtschaft ist auch in Deutschland aufmerksam, bisweilen allzu aufgeregt, verfolgt worden – von Unternehmern, in der politischen Öffent-

---

[34] Vgl. einführend Jürgen Osterhammel/Niels P. Petersson, Geschichte der Globalisierung. Dimensionen – Prozesse – Epochen, München 2003; A. G. Hopkins (Hg.), Globalization in World History, London 2002; C. A. Bayly, The Birth of the Modern World, 1780–1914. Global Connections and Comparisons, Oxford 2004.

[35] Vgl. etwa Kevin H. O'Rourke/Jeffrey G. Williamson, Globalization and History. The Evolution of a Nineteenth-Century Atlantic Economy, Cambridge/Mass. 1999; Michael D. Bordo, Alan M. Taylor, Jeffrey G. Williamson (Hg), Globalization in Historical Perspective, Chicago 2003.

lichkeit, aber auch vom neu eingerichteten Kieler Institut für Weltwirtschaft. Selbst die Exporterfolge deutscher Unternehmen waren dabei nicht nur Gegenstand des nationalen Stolzes, sondern förderten zugleich die Sorge vor der Abhängigkeit vom Weltmarkt, die etwa bei Agrareinfuhren ohnehin bereits erreicht schien.[36] Man befürchtete die allmähliche Abschließung von größeren Handelsblöcken zu mehr oder weniger autarken »Weltreichen« – eine Vision, die für Deutschland nur die Wahl zwischen »Weltmacht« (neben Großbritannien, Russland und den Vereinigten Staaten) oder »Untergang« bereithalte.[37]

Die wirtschaftliche Verflechtung war nur möglich auf der Grundlage der Verkehrs- und Informationsrevolution des 19. Jahrhunderts. Eisenbahnen integrierten nicht nur den nationalen Raum, sondern ermöglichten auch die rasche Anbindung von Produktions- und Handelsplätzen – nicht zuletzt in den Erschließungsregionen außerhalb Europas, in China, Südafrika, in den Kolonien. Noch entscheidender für die Expansionsschübe der Weltwirtschaft war die Durchsetzung der Dampfschifffahrt seit den 1860er Jahren, die zur deutlichen Verkürzung von Transportzeiten und zu sinkenden Frachtraten führte. Um die Jahrhundertwende war die Beförderung einer Tonne Weizen von New York nach Mannheim genauso teuer wie der Transport von Berlin nach Kassel. Schließlich trug der Telegraph, vor allem dann seit 1900 in seiner drahtlosen Variante, zur Entstehung zusammenhängender Wirtschaftsräume bei. Auch von Nauen, dem deutschen »Nabel der Welt«, wurden ab 1906 Funksignale in die Welt gesandt, nicht zuletzt in die Kolonien, die so noch enger an das ›Mutterland‹ angebunden werden sollten.[38]

Der technologische Fortschritt war auch die Voraussetzung für die immer rascher wachsende Mobilität von Menschen. Nicht nur einzelne Globetrotter wie Heinrich Schliemann, den seine Unternehmungen nach Troia und Athen, aber eben auch

---

[36] Vgl. Niels P. Peterssons Beitrag in diesem Band.

[37] Vgl. dazu Sönke Neitzel, Weltmacht oder Untergang. Die Weltreichslehre im Zeitalter des Imperialismus, Paderborn 2000.

[38] Vgl. einführend David R. Headrick, The Tools of Empire. Technology and European Imperialism in the Nineteenth Century, Oxford 1981; ders., The Tentacles of Progress. Technology Transfer in the Age of Imperialism, 1840–1914, New York 1988; ders., The Invisible Weapon. Telecommunications and International Politics, 1851–1914, Oxford 1991.

nach St. Petersburg und San Francisco, Peking und Edo (Tokyo) brachten, waren unterwegs; die Migration erfasste vielmehr ganze Regionen und Bevölkerungsgruppen. Dieser Massenexodus, vor allem in die Vereinigten Staaten, wurde zu einem zentralen Gegenstand politischer Aushandlungen, ebenso wie die Einwanderungsfrage, die seit etwa 1890 das Auswandererproblem abzulösen begann.[39]

Mit Beginn des Wilhelminischen Zeitalters war auch die Politik zur »Weltpolitik« geworden, vor allem dann während der Kanzlerschaft Bülows. Nicht mehr Depeschen nach Bad Ems oder Bad Gastein, sondern gleich Kanonenboote nach Agadir und zu den Taku-Forts – darin manifestierte sich die erhöhte Schlagzahl des »Neuen Kurses«. Weltgeltung, Sonnen-Plätze, Verbreitung deutscher Kultur und »deutschen Wesens«: Die deutsche Politik wollte sich nicht mehr auf Europa beschränken lassen. Am Gefühl der »Einkreisung« haben diese politischen Ausbruchsversuche jedoch nichts geändert – im Gegenteil, sie trugen dazu eher noch bei.[40]

Man könnte diese Bezüge noch ausdehnen: auf die Entstehung der ersten Internationalen – nicht nur der Arbeiterschaft, sondern auch der Frauen, des Friedens, des Fußballs. Häufig, wie im Falle des International Council of Women 1888, wurden internationale Verbände gegründet, bevor nationale Sektionen überhaupt entstanden waren. Viele dieser Verbände waren Sprachrohre der Zivilgesellschaft, betrieben oppositionelle Lobbyarbeit. Aber neben diesen frühen NGOs organisierten sich auch die regierungsamtlichen Stellen, um über mögliche Vermittlung, über Vereinheitlichungen und Standardisierung zu sprechen – von DIN-Normen, aber auch des Zivilrechts, der Gefängnisordnungen und der Zeit.[41] Sie zeugen von einem Be-

---

[39] Vgl. einführend Klaus J. Bade, Europa in Bewegung. Migration vom späten 18. Jahrhundert bis zur Gegenwart, München 2000; Dirk Hoerder, Cultures in Contact. World Migrations in the Second Millennium, Durham 2002.

[40] Vgl. Peter Winzen, Bülows Weltmachtkonzept. Untersuchungen zur Frühphase seiner Außenpolitik 1897–1901, Boppard 1977; Klaus Hildebrand, Das vergangene Reich. Deutsche Außenpolitik von Bismarck bis Hitler, Stuttgart 1995, S. 173–442.

[41] Vgl. Martin H. Geyer/Johannes Paulmann (Hg.), The Mechanics of Internationalism. Culture, Society, and Politics from the 1840s to the First World War, Oxford 2001.

wusstsein für globale Zusammenhänge, das nach 1914 lange
nicht wieder erreicht wurde.

In einigen Fällen blieben die Effekte dieser Verflechtung mar-
ginal. Aber in vieler Hinsicht – und die historische Forschung hat
erst damit begonnen, diesen Wirkungen nachzuspüren – hat die
Globalisierung des späten 19. Jahrhunderts auch die deutsche
Gesellschaft tief verändert. So markierte, um ein Beispiel zu nennen, die Abkehr von der »liberalen Ära« nach 1879 nicht nur
einen sozio-politischen Wandel, ein Abrücken von den rechts-
staatlichen Projekten der 1870er Jahre und den Beginn des »Sonderwegs«. Vielmehr muss die so genannte »Zweite Reichsgründung« auch als Effekt der Verflechtung des Weltmarktes
verstanden werden, die in Deutschland zu Protektionismus,
Schutzzöllen und damit dem Beginn der politischen Zusammenarbeit von Agrariern und Industriellen führte; diese »Samm-
lungspolitik« sollte das Kaiserreich fortan prägen. Auch die Radikalisierung des Nationalismus seit den 1890er Jahren müsste
einmal darauf hin befragt werden, inwiefern sie als spezifische
Antwort auf die Globalisierung betrachtet werden kann; ähnliches gilt für die biologistische und rassistische Aufladung des
Antisemitismus. Erst ein Blick, der das Kaiserreich zugleich »von
außen« wahrnimmt, kann danach fragen, in welchem Maße die
deutsche Gesellschaft immer auch exogen konstituiert war.[42]

Die transnationale Vernetzung umfasste alle Lebensbereiche,
wenn auch nicht in gleichem Ausmaß. Häufig, wie im Falle der
Internationalismen, verknüpfte sie Deutschland vor allem mit
anderen Nationen des »Westens«. In vielen Fällen reichten die
Beziehungen aber weiter und brachten Guano aus Chile oder
Palmöl aus Togo, sie brachten Robert Koch nach Ägypten, Indien
und ins südliche Afrika. Zwischen globaler und kolonialer Vernetzung systematisch zu unterscheiden, ist dabei nicht sehr
fruchtbar. Globalisierung verlief häufig innerhalb kolonialer
Strukturen; beide Phänomene lassen sich daher nicht säuberlich
trennen. Geographisch jedoch könnte eine Verdichtungskarte
der Beziehungen das bisher schon bekannte Bild bestätigen:
Die bei weitem größte Konzentration fand sich vor 1914 in
Nordwesteuropa und im nordatlantischen Raum. Deutschlands

---

[42] Vgl. Sebastian Conrad, Doppelte Marginalisierung. Plädoyer für eine
transnationale Perspektive auf die deutsche Geschichte, in: Geschichte und
Gesellschaft 28 (2002), S. 145–169.

Transnationalität war daher primär eine westeuropäische, sekundär eine atlantische, an dritter Stelle eine osteuropäisch-balkanisch-türkische und erst danach eine tropische.

Alle diese Räume wollen freilich in einem Gesamtbild berücksichtigt sein. Sie sind Kontexte, die wiederum eng miteinander zusammenhängen. Im Bewusstsein des lesenden deutschen Bürgers wurden solche Zusammenhänge geknüpft. Es war der, folgt man Ernst Bloch, Arno Schmidt und Hans Wollschläger, gar nicht so unbedeutende Schriftsteller Karl May, der seine Leser auf imaginäre Reisen mitnahm, die einmal in die Wüsten Neumexikos, ein andermal in den Sudan arabischer Sklavenhändler führten. Der Wilde Westen, der Wilde Osten und der Wilde Süden wurden trotz unterschiedlichen Lokalkolorits durch ähnliche Grundschemata repräsentiert. Die deutsche Literatur hatte ihre kosmopolitischen Reiseklassiker, vor allen anderen Georg Forster und Alexander von Humboldt, Autoren, denen niemand ernstlich »koloniale Phantasien« unterstellen wird. Von dort zu Karl May führt der Weg sicher steil bergab: vom Forschungsreisenden zum Lehnstuhlphantasten. Dennoch: Das transnationale Imaginäre blieb stark besetzt, und es führte ein Eigenleben, in dem die Daten 1871, 1884 und 1914 nur schwache Einschnitte markieren.

Woodruff D. Smith

»Weltpolitik« und »Lebensraum«

Die Geschichte des Deutschen Kaiserreiches ist lange Zeit vornehmlich aus der Perspektive der Modernisierungstheorie geschrieben worden. Die ökonomische und gesellschaftliche Modernisierung galt als das zentrale Problem, und die Historiker waren in erster Linie damit beschäftigt, die Dynamik dieser Entwicklung, aber auch die damit einhergehenden politischen Schwierigkeiten und sozialen Konflikte zu problematisieren und zu erklären. Dieses Paradigma, das die Forschung zur deutschen Geschichte nach wie vor stark beeinflusst, hat auch eine spezifische Sicht auf Deutschlands Position in der Welt mit sich gebracht. Vor allem die expansionistische Kolonial- und »Weltpolitik« ist häufig als Reaktion auf interne Differenzen und Antagonismen interpretiert worden.

Wenn nun seit wenigen Jahren die Forderung erhoben wird, die Geschichte des Kaiserreichs unter transnationalen Fragestellungen neu zu interpretieren, dann müsste dieser Perspektivenwechsel auch unser Verständnis der Ideologien, die das Kaiserreich geprägt haben, verändern. Im Folgenden soll dieser Verschiebung anhand einer Analyse der Konzepte von »Weltpolitik« und »Lebensraum« exemplarisch nachgegangen werden. Um die veränderte Fragestellung zu illustrieren, sollen zunächst eigene frühere Arbeiten rekonstruiert werden, in denen diese Ideologien innerhalb des Paradigmas der Modernisierung interpretiert wurden. Im Anschluss wird nach den Auswirkungen und möglichen Konsequenzen gefragt, die sich aus einer Interpretation von »Weltpolitik« und »Lebensraum« innerhalb eines Paradigmas der Globalisierung ergeben könnten.

Zur Terminologie

Die Schlüsselbegriffe »Weltpolitik« und »Lebensraum« sind natürlich dem öffentlichen Diskurs des Wilhelminischen Zeitalters entnommen, im letzteren Falle auch der Epoche der Weimarer Republik und der des Nationalsozialismus. »Weltpolitik« wurde in den späten achtziger Jahren des 19. Jahrhunderts in den politischen Wortschatz aufgenommen und von Bernhard von Bülow benutzt, als er in einer Rede vor dem Reichstag 1900 die Regierungspolitik beschrieb.[1] Der Begriff wurde bis zum Ende des Ersten Weltkriegs häufig verwendet und kam dann aus der Mode. »Lebensraum« wurde von dem Geographen Friedrich Ratzel geprägt.[2] Ratzel benutzte den Begriff nicht als politisches Schlagwort, sondern für die Darlegung einer wissenschaftlichen Theorie. Kommentatoren, von denen viele Ratzels politische Ansichten teilten, übernahmen bald die politischen Implikationen (etwa, dass ein Volk sein Staatsgebiet erweitern müsse oder schnellen Niedergang zu gewärtigen habe). Trotzdem fand der Begriff »Lebensraum« nicht gleich dieselbe Verbreitung wie »Weltpolitik«. Er erlebte seine Blütezeit erst Mitte der zwanziger Jahre und danach.

Wenn wir heute diese beiden Begriffe verwenden, um zwei ideologische Konstruktionen vom Ende des 19. und Anfang des 20. Jahrhunderts zu beschreiben, dann verwenden wir sie natürlich in einem anderen Sinn als es ihre Erfinder beabsichtigten. Hier werden sie als Bezeichnungen für Komplexe von Ideen und als Rahmen für die Diskussion eingesetzt; solange sie eindeutig formuliert sind, können sie uns das Verständnis breiterer Zusammenhänge erleichtern, innerhalb deren diese Wörter denen, die sie sprachen, schrieben und lasen, etwas sagten. Diese Systeme sind, wie die meisten allgemeinen und klassifizierenden Begriffe, die wir als Historiker benutzen, Erfindungen des Wissenschaftlers. Sie sind nur in dem Maße von Bedeutung, als sie erstens eine deutlich sichtbare Realität spiegeln und zweitens uns helfen zu begreifen, was wir zu verstehen versuchen – dass sie also eine konzeptionelle Brücke bauen zwi-

---

[1] Bernhard Fürst von Bülow, Denkwürdigkeiten, 4 Bde., Berlin 1930, Bd. 1, S. 415–416.

[2] Friedrich Ratzel, »Der Lebensraum. Eine biogeographische Studie«, in: Karl Bücher et al., Festgaben für Alfred Schäffle, Tübingen 1901, S. 101–189.

schen dem, was die Menschen in der Vergangenheit zu wissen glaubten, und dem, was wir heute wissen wollen. Dabei sind Konstruktionen wie »Weltpolitik« und »Lebensraum« typischerweise mit Bedeutungen aufgeladen, die dem Diskurs der Epoche des Historikers entstammen. Das schließt die Möglichkeit nicht aus, dass sie mit anderen, späteren Interpretationen kompatibel sind, aber eine Garantie dafür gibt es nicht. Das ist der Kern der Frage nach »Weltpolitik« und »Lebensraum«, die ich hier zu klären versuchen will: Sind diese Begriffe nützlich und präzise genug, wenn sie in einen Deutungszusammenhang gestellt werden, der sich von dem unterscheidet, in dem sie früher benutzt wurden?

»Weltpolitik« und »Lebensraum« im späten Kaiserreich

Die Ideologien der »Weltpolitik« und des »Lebensraums« haben sich aus zwei Komplexen von Ideen entwickelt, die im deutschen Liberalismus verankert waren, und zwar vor der Reichsgründung und eine ganze Weile vor Bismarcks Inbesitznahme eines Reiches in Übersee in den achtziger Jahren des 19. Jahrhunderts.[3] Der eine Komplex, aus dem die »Weltpolitik« hervorging, drehte sich um die Rolle des Staates – vor allem eines vereinigten deutschen Staates –, der die ökonomische Expansion Deutschlands durch die Bemühungen in Übersee und im übrigen Europa sichern und fördern sollte. Das Konzept des »Lebensraums« bezog sich auf das Problem der Auswanderung. Es stellte die periodischen Bevölkerungsbewegungen aus Deutschland, die das ganze 19. Jahrhundert hindurch auftraten, nicht nur als wirtschaftliches Phänomen mit erheblichen positiven und negativen Folgen für ein vereinigtes Deutschland dar, sondern auch als Quelle von Problemen für die deutsche Nationalkultur. In den siebziger Jahren des 19. Jahrhunderts hatte sich die Präokkupation mit Fragen der Migration zur wichtig-

---

[3] Woodruff D. Smith, The Ideological Origins of Nazi Imperialism, New York 1986. Erörterungen zur gleichen These finden sich in Woodruff D. Smith, The German Colonial Empire, Chapel Hill 1978; ders., Politics and the Sciences of Culture in Germany, 1840–1920, New York 1991.

sten ideologischen Basis für die deutsche Kolonialbewegung
entwickelt. Kolonialisten rechtfertigten den Erwerb von Gebieten in Übersee vor allem damit, dass auf diese Weise Auswanderer im kulturellen, politischen und ökonomischen Einflussbereich des neuen Reiches gehalten würden. Diese Gebiete
konnten außerdem noch anderen Zwecken dienen, zum Beispiel dazu, die Interessen deutscher Kaufleute zu sichern, aber
als ihre Hauptaufgabe wurde meist die Ansiedlung deutscher
Auswanderer dargestellt – überwiegend als Farmer, aber auch
als kleine Geschäftsleute, Handwerker und dergleichen.[4]

Als sich während der späten siebziger und frühen achtziger
Jahre des 19. Jahrhunderts die deutsche Wirtschaft unter den
Bedingungen des industriellen Wachstums und der wiederhol-
ten Depressionen rapide veränderte und sich das politische System des Reiches auf eine Weise entwickelte, die niemand vor-
hergesehen hatte, fand die Kolonialbewegung wichtige, wenn
auch manchmal nur vorübergehende Unterstützung in der Politik. Bismarcks erste Proklamationen überseeischer Protektora-
te in den Jahren 1884/85 konzentrierten sich vor allem auf Gebiete, in denen deutsche Kaufleute schon präsent waren und
die eher dem Modell des wirtschaftlichen Kolonialismus als
dem Migrationsmodell entsprachen. Aber auch wenn ökonomische Faktoren in der imperialistischen Propaganda und in den
Debatten um den Erwerb von Kolonien eine Rolle spielten, und
obwohl einige der Förderer dieser Bewegung Gruppen mit eigenen Geschäftsinteressen verbunden waren, lag die eigentliche Stoßrichtung des Kolonialismus in der Öffentlichkeit im
Migrationsmodell, denn diese Position hatte sich der allgemeinen Fantasie bemächtigt.

Als die Öffentlichkeit nach der ersten Inbesitznahme von Kolonien mit den tatsächlichen Problemen der Kolonialpolitik
konfrontiert wurde und diverse politische Gruppierungen versuchten, den Kolonialismus politisch zu instrumentalisieren,
wurden die beiden kolonialistischen Positionen zu Nuklei der
zwei umfassenderen Ideologien »Weltpolitik« und »Lebensraum«. Obwohl eine Ideologie Elemente der anderen nicht vollständig ausschloss, waren ihre Hauptmerkmale durchaus unterschiedlich. Ein wesentliches Charakteristikum war ihnen
jedoch gemein: Sie waren um Konzepte herum konstruiert, die

---

[4] Smith, Ideological Origins, S. 21–40.

in erster Linie die Bedingungen der Politik, das Wesen der öffentlichen Kultur und den gesellschaftlichen Diskurs innerhalb Deutschlands spiegelten, nicht so sehr die vielfältigen Realitäten in den deutschen Besitzungen und Interessen im Ausland.[5] In dieser Hinsicht ähnelten sie den Imperialismuskonzepten anderer Länder – mit dem bezeichnenden Unterschied, dass Deutschland, im Gegensatz etwa zu England, noch kein durch Verwaltungsbeamte und Politiker mit kolonialer Erfahrung erworbenes koloniales Wissen besaß. Die Publizisten, Politiker, Geschäftsleute und Staatsbeamten, die nach den achtziger Jahren »weltpolitisch« tätig wurden, nahmen einen Standpunkt ein, der überwiegend der ökonomischen Modernisierung zuneigte. Sie betrachteten den Imperialismus als ein Mittel, durch das der deutsche Staat die erfolgreiche Expansion der deutschen Wirtschaft innerhalb der größeren globalen Ökonomie unterstützen konnte, in der die deutschen Interessen einer ganzen Reihe von Gefahren ausgesetzt waren. Einige betrachteten den Erwerb der Kolonien auch als Chance, soziale Reformen durchzuführen (sowohl in Deutschland als auch in Übersee), um die Gesellschaft an die ökonomische Expansion anzupassen.[6] Die Vertreter der »Lebensraum«-Ideologie hingegen, für die Kolonien in erster Linie ein Ziel für Auswanderung darstellten, neigten zu der Ansicht, die ökonomische Modernisierung berge eine Reihe von Gefahren für lebenswichtige Aspekte der deutschen Gesellschaft und Kultur. Dazu zählten sie die Bedrohung der Landwirtschaft (besonders der kleinbäuerlichen) als materieller Basis des Deutschtums, die Bedrohung der Stellung der humanistisch Gebildeten in einer Welt, die von kapitalistischen Unternehmen beherrscht wurde, und die Bedrohung der Umstände, die es dem deutschen Volk erlauben würde, seine kulturelle Selbstbestimmung zu vollenden. Nach 1900 reformulierten viele von ihnen ihre Positionen mit rassistischen und antisemitischen Kategorien.[7]

Die These in *Ideological Origins* lautet, dass die beiden imperialistischen Ideologien die koloniale Politik in den Jahren bis

---

[5] Smith, Ebd., S. 41–51.

[6] Ebd., S. 52–82.

[7] Ebd., S. 83–111. Anhänger der »Weltpolitik« entwickelten ebenfalls eigene Formen von Rassismus, vor allem im Hinblick auf die indigenen Bewohner deutscher Kolonien.

zum Ersten Weltkrieg stark beeinflusst haben. Die beiden kon-
kurrierenden Lesarten des Imperialismus wirkten als wichtigste Kanäle, durch die sich koloniale Fragen in der nationalen
Politik Gehör verschafften, weit über die ökonomische oder de-
mografische Bedeutung der Kolonien selbst hinaus. Darüber hinaus erreichten im Lauf der Zeit diese Ideologien, die entwickelt worden waren, den Anforderungen von Politikern,
Publizisten und Interessengruppen zu genügen, den Status von
weithin akzeptierten Überzeugungen. Ihre Elemente wurden
ins Selbstbild von Kolonialisten aller Art aufgenommen und
durch allgemeine Bildung und die Propaganda kolonialisti-
scher Organisationen verbreitet.[8] Als der Erste Weltkrieg begann und konkrete Fragen kolonialer Herrschaft bedeutungslos wurden (für immer, wie sich herausstellen sollte), blieben
die imperialistischen Ideologien in der deutschen Politik ein bedeutender Faktor – der zum Beispiel die Diskussion über die
deutschen Kriegsziele stark beeinflusste.[9] In der Weimarer Republik operierte die weiterhin aktive Kolonialbewegung dann
überwiegend im ideologischen Raum. Es gelang ihr, die Kluft
zwischen Weltpolitik und Lebensraum vor allem deswegen zu
vertuschen, weil es keine Probleme gab, die aus der Verwaltung
von Kolonien entstanden.[10] Im Nationalsozialismus wurde
zwar dem Kolonialismus in Übersee keine besondere Priorität
in der Planung eingeräumt, aber beide Formen der imperialistischen Ideologie wurden in die Gestaltung der globalen Politik
und der Politik in Osteuropa aufgenommen. Da die Implikationen der Ideologien einander in mancher Hinsicht widerspra-
chen und da sie nie besonders präzise Darstellungen irgend eines Aspekts der Realität gewesen waren, trug ihre Übernahme
schließlich auch zu Deutschlands Desaster im Zweiten Weltkrieg bei.[11]

[8] Ebd., S. 112–165.
[9] Ebd., S. 166–195.
[10] Ebd., S. 196–230.
[11] Ebd., S. 231–258.

Historiographischer Kontext:
Geschichte als Modernisierung

Der wichtigste Deutungsrahmen, der die Entstehung der These
beeinflusste, die ich soeben umrissen habe, war das Konzept
der *Modernisierung*, vor allem so, wie es von Historikern wie
Helmut Böhme und Hans-Ulrich Wehler auf die Politik des
Kaiserreichs angewendet wurde.[12] Innerhalb dieses Interpreta-
tionsrahmens herrschte die Annahme, dass Politik als Reaktion
von Parteien, Regierungen, Interessengruppen und Einzelnen
– den politischen Akteuren im weiteren Sinn – auf die Realitäten
zu verstehen sei, die die schnelle sozioökonomische Veränderung und die Industrialisierung geschaffen hatten. In der klassischen Anwendung der Modernisierungstheorie auf die deutsche Situation wurde der deutsche Modernisierungskurs als
ungewöhnlich dargestellt. Das heißt, er wich ab von dem vor-
geblichen Standardmodell, nach dem Industrialisierung stufen-
weise zur Entstehung einer allgemeinen Industriegesellschaft
führen sollte, weil sie spät begann und schnell verlief. Man sah
in den Besonderheiten der deutschen Modernisierung den
Hauptgrund für die Besonderheiten der deutschen Politik: dass
es dem Liberalismus nicht gelungen war, während und nach
der Reichsgründung zu triumphieren, parallel dazu, dass es der
Bourgeoisie nicht gelungen war, sich gegen die Aristokratie
durchzusetzen, dass Deutschland eine führende Rolle bei der
Auslösung des Ersten Weltkriegs spielte, und schließlich der
Aufstieg der Nationalsozialisten. Diesen Aspekt der Interpretation von Modernisierung haben David Blackbourn und Geoff
Eley in den frühen achtziger Jahren des 20. Jahrhunderts scharf
kritisiert, als sie deutlich machten, dass es so etwas wie einen
»Normalverlauf« der Modernisierung nicht gegeben habe und
mithin auch keinen deutschen »Sonderweg« als Ergebnis einer
Abweichung davon. Darüber hinaus betonten sie, dass die
»Schwäche« der Bourgeoisie in Deutschland vor 1914 zumin-
dest übertrieben dargestellt worden war.[13] Obwohl sich zu der

[12] Helmut Böhme, Deutschlands Weg zur Großmacht. Studien zum Verhältnis von Wirtschaft und Staat während der Reichsgründungszeit 1848–
1881, Köln 1966; Hans-Ulrich Wehler, Bismarck und der Imperialismus,
Köln 1969.
[13] David Blackbourn/Geoff Eley, The Peculiarities of German History.

Zeit die Diskussion über ihre Arbeit auf die Frage eines deutschen *Sonderwegs* konzentrierte, lag ihre Wirkung auf lange
Sicht eher darin, dass sie die Anwendbarkeit der Modernisierungsthese insgesamt als Möglichkeit zur Erklärung von Politik
in Frage stellte.

Eine zentrale Frage bei der Analyse des Charakters des deutschen Imperialismus war daher die Auseinandersetzung mit
den Problemen der Modernisierungsthese bei der Erklärung
politischen Verhaltens, auch wenn man grundsätzlich innerhalb des Paradigmas der Modernisierungstheorie operierte.
Hier waren die Arbeiten von Blackbourn, Eley, Chickering und
anderen besonders einflussreich, die sich damit befassten, inwieweit sich die Politik und vor allem die Vorstellungen, Ideen
und Diskursmuster, die man als Ideologien ansehen konnte, auf
die Wahrnehmung von ökonomischen und sozialen Veränderungen bezogen.[14] Zu der Zeit war die vorherrschende Herangehensweise die des »Sozialimperialismus«, der in der deutschen Geschichtsschreibung besonders mit Hans-Ulrich Wehler
verbunden ist. Im Gegensatz zu vielen marxistischen Darstellungen des Imperialismus, die sich auf den maßgebenden Einfluss des organisierten Big Business auf die expansionistische
Politik des Staates konzentrieren, betonten Interpretationen, die
den Sozialimperialismus hervorheben, die politische Wahrnehmung von Klassen und die Durchführung von Klassenpolitik
unter den Bedingungen der sozialen Spannungen, die durch die
schnelle Industrialisierung entstanden waren. Wehler benutzte
das Modell des Sozialimperialismus auf komplexe und reizvol-
le Weise, indem er darauf hinwies, dass Bismarck sich in den
frühen 1880er Jahren dem Kolonialismus zugewandt habe, um
die Unterstützung der Bourgeoisie zu gewinnen. Dabei reagierte er zum Teil auf imperialistische Tendenzen, die in der Bourgeoisie bereits erkennbar waren, aber primär ging es Bismarck
darum, zu zeigen, dass das Kaiserreich durch ein Programm

Bourgois Society and Politics in Nineteenth-Century Germany, New York
1984. (Kürzere frühere deutsche Version: Mythen deutscher Geschichtsschreibung. Die gescheiterte bürgerliche Revolution von 1848, Frankfurt
1980.)

[14] Geoff Eley, Reshaping the German Right. Radical Nationalism and Political Change after Bismarck, New Haven 1980; Roger Chickering, We Men
Who Feel Most German. A Cultural Study of the Pan-German League
1886–1914, London 1984.

der Expansion in Übersee die unzufriedene Arbeiterklasse be-
sänftigen und vielleicht sogar ihre Unterstützung erreichen
könne.[15]

Dieser Versuch, die Beziehung zwischen Modernisierung
und der Politik des Imperialismus zu verstehen, war zwar nützlich, schien aber eine Reihe von Schwächen zu haben, darunter
die relative Seltenheit (wenn auch durchaus nicht die völlige
Abwesenheit) von Beweisen, dass Bismarck und andere Imperialisten konsequent in den Kategorien der Klassengesellschaft
dachten, wie es die These vom Sozialimperialismus implizierte.
Viel bedeutender war die Schwierigkeit, auf die man traf, wenn
man innerhalb des sozialimperialistischen Rahmens die Nuan-
cen der imperialistischen Politik zu erklären versuchte, die Vielfalt der Vorstellungen und Bilder von Kolonien und anderen
Ausdrucksformen wirklicher und potenzieller deutscher Macht
in Übersee, die der Diskurs des deutschen Kolonialismus schon
vor dem formellen Erwerb von Kolonien in den 1880er Jahren
entfaltete, und die nach der Jahrhundertwende noch zunahm.
Vor allem wenn man die Dispute über die Kolonialpolitik mit
den bedeutenderen Faktoren im deutschen und europäischen
Leben (einschließlich der Veränderungen, die mit der Modernisierung verbunden waren) in Beziehung zu setzen versuchte,
wenn man zu erklären versuchte, warum bestimmte Muster des
imperialistischen Denkens und Diskutierens über lange Zeit ihre Bedeutung behielten, erwies sich das Modell des Sozialimperialismus als unzureichend. Die Probleme waren zu komplex, sie spiegelten eine zu große Vielfalt von sozialen Faktoren
und organisierten Interessen, um nur mit der Vereinnahmung
sozialer Klassen durch die Eliten erklärt werden zu können. Das
haben vor allem Eley und Chickering gezeigt, als sie den radikalen Nationalismus und einige Aspekte des Imperialismus als
das Werk der Teile der Bourgeoisie interpretierten, die der Vereinnahmung durch die Eliten *widerstanden*.

Bei dem Versuch, den Imperialismus als einen Komplex von
Ideologien zu beschreiben, erschien es daher fruchtbarer, eine
andere Interpretation für die Beziehung zwischen Politik und
Modernisierung auszuloten. »Ideologien« ließen sich als Komplexe von Gedanken und Vorstellungen verstehen, welche die
politisch Handelnden aus einer Vielzahl von Quellen bezogen

---

[15] Wehler, Bismarck.

(im Falle der Wilhelminischen imperialistischen Ideologien primär aus dem Diskurs des Liberalismus aus der Mitte des 19. Jahrhunderts). Auf diese Weise wollten die Akteure gleichzeitig ihre Ansichten über die Komplexität von Politik strukturieren, den Charakter ihrer eigenen und fremder Interessen und Ziele bestimmen und eine intellektuelle und diskursive Basis für die Ausbildung eines Konsenses zum Handeln in einer komplexen Gesellschaft legen. Diese Perspektive stützte sich auf politikwissenschaftliche Ansätze, die Politik als das Wechselspiel zwischen Interessengruppen analysierten, die miteinander konkurrierend den Staat als Instrument für die Erreichung eigener Ziele nutzten, und versuchte, ihre Analyse auf die historische Interpretation von Ideologien zu übertragen. Es gehörte zu den entscheidenden Merkmalen der ideologischen Dynamik in neuzeitlichen Gesellschaften, dass, sobald eine ideologische Konstruktion ihre Brauchbarkeit und Zugkraft bewiesen hat, sie leicht so etwas wie ein Eigenleben entwickelt – das heißt, sie beeinflusst die Art, wie diejenigen, die sie einsetzen, und ihre Anhänger und Nachfolger über Politik denken, als böte sie ein präzises Abbild von Realität. Es liegt auf der Hand, dass auf diese Art und Weise konstruierte Ideologien die Realität oft nicht besonders gut darstellen. Das erklärt, weshalb politisches Handeln oft versagt, wenn es sich auf Ideologien stützt, vor allem auf den Gebieten, die gewissermaßen vor der Öffentlichkeit verborgen sind, wie etwa in den Kolonien. Ideologien, die aus politischem Handeln entstehen, schaffen sich eine eigene politische Realität. So lassen sich (durchaus vermeidbare) Katastrophen erklären – selbst solche, die (im Rückblick) deutlich zu Katastrophen für diejenigen wurden, die diese Ideologien geschaffen und akzeptiert hatten. So etwas geschah in Europa zur Zeit des Ersten Weltkriegs, und darin besteht die wichtigste Verbindung zwischen dem Imperialismus und jenem Krieg.

Die allgemeine Verbindung zwischen Modernisierung und der Entwicklung von imperialistischen Ideologien im Kaiserreich rührte aus einer Reihe von Faktoren her, deren wichtigster etwas war, das man als die Organisierung und gleichzeitige Fragmentierung von Politik beschreiben könnte.[16] Dieser zent-

---

[16] Damit ist nicht nur die Tendenz zum Aufbau von Organisationen im Geschäftsleben und in der Politik gemeint, die signifikante Bereiche in der

rale Aspekt der Modernisierung lag an der Schnittstelle zwischen den groß angelegten sozialen und ökonomischen Veränderungen, wie sie in der Modernisierungstheorie geschildert wurden, und dem Gebiet der Politik. Dabei entstand das Bedürfnis nach einer neuen, moderneren Art von Politik, einer, in der ein primäres Ziel der Politiker darin bestand, einen ausreichenden Konsens zwischen unterschiedlich konstituierten Gruppen herzustellen, damit politisches Handeln möglich wurde. Ein Aspekt der neuen Politik war das Erscheinen ideologischer Konstrukte, die die Herstellung solchen Konsenses erleichterten. Die wichtigsten Ideologien des Imperialismus im Kaiserreich – »Weltpolitik« und »Lebensraum« –, verkörperten diesen Typus. Mit anderen Worten, statt die Beziehung zwischen Imperialismus und Modernisierung auf der Basis allgemeiner Klasseninteressen erklären zu wollen, ging es hier um einen viel fließenderen, komplexeren und verwirrenderen Prozess, in dem deutlich geäußerte Klasseninteressen (wie im Diskurs des Sozialimperialismus) selbst gewissermaßen ideologische Konstruktionen waren, die in einem fragmentierten politischen Rahmen instrumentalisiert werden sollten.

»Weltpolitik« und Modernisierung

Innerhalb dieses Ansatzes erschien »Weltpolitik« als deutsche Version eines weit verbreiteten Phänomens des westlichen Imperialismus im späten 19. Jahrhundert: ein ideologisches Konstrukt, in dessen Mittelpunkt eine positive Sicht des Prozesses der ökonomischen Modernisierung und eine spezifische Haltung zur Beziehung zwischen Nationalstaat und dem sich entwickelnden industriellen Wirtschaftssystem stand.[17] Ihre Wurzeln lagen im Liberalismus, aber in zweierlei Weise wich diese Position von der liberalen Linie in der Mitte des 19. Jahrhunderts ab: Sie akzeptierte die klassische Notwendigkeit des Frei-

Gesellschaft und ihre Beziehung zum Staat zu beherrschen versuchten, sondern auch die Bildung von Tausenden von kleineren Organisationen, die quer durch sie hindurchgingen und die größeren Vereinigungen, wie Kartelle und politische Parteien, gewissermaßen untergruben.

[17] Als weitere Beispiele bieten sich imperialistische Konzepte an, die man mit Joseph Chamberlain und Theodore Roosevelt verbindet.

handels nicht, und tat auch nicht so, als könnte oder sollte die Rolle des Staates in der Ökonomie ernsthaft beschränkt werden. Die Art von Imperialismus, wie ihn die Weltpolitik repräsentierte, war keine Rückwendung zum Merkantilismus des 17. und 18. Jahrhunderts. Der Staat hatte als Anreger, Förderer und Regulator des privaten Kapitalismus zu dienen, nicht um eine statische moralische und politische Ordnung zu erhalten, sondern vielmehr, um die geordnete ökonomische Entwicklung der Gesellschaft insgesamt zu fördern.

Die »weltpolitischen« Positionen waren nie ganz identisch; einige Vertreter standen für eine stärker reglementierende Haltung als andere, einige stellten die Interessen des Big Business über die des Mittelstandes oder umgekehrt. Aber was sie einte, war eine grundsätzlich zustimmende Haltung gegenüber der Modernisierung. Daher konnte »Weltpolitik« als Ideologie eingesetzt werden, um Einzelne oder Gruppen anzusprechen, die einige dieser Einstellungen teilten. In der Kolonialpolitik spielte »Weltpolitik« seit den 1890er Jahren die Rolle einer Matrix für eine Politik, die auf die Steigerung der Rentabilität der Kolonien abzielte, auf die Stärkung der gegenseitigen Ergänzung der Wirtschaft in den Kolonien und daheim und auf die Modernisierung des Arbeitspotenzials in den Kolonien. Sie wurde regelmäßig eingesetzt, um die Forderungen von Interessengruppen nach staatlichem Beistand im Ausland zu legitimieren, und ebenso regelmäßig, um staatliches Handeln zur Unterstützung solcher Interessen zu rechtfertigen – zum Beispiel im Fall der offiziellen Unterstützung der Deutschen Bank, die die Führung bei dem internationalen Konsortium von Investoren anstrebte, das den Bau der Anatolischen Eisenbahn (Bagdadbahn) finanzierte. Innerhalb des Konzepts der »Weltpolitik« konnten Kontroversen über die Mittel geführt werden, wie die Ziele dieser politischen Linie zu erreichen waren – Kontroversen über die Arbeit von Eingeborenen zum Beispiel, oder über die Effektivität der Konzessionsgesellschaften bei der kolonialen Erschließung. Die Befürworter von Weltpolitik betrachteten den Staat als eine Behörde, die verschiedene Maßnahmen einsetzen konnte, um die erfolgreiche Expansion des industriellen, finanziellen und kaufmännischen Sektors der deutschen Wirtschaft zu erleichtern, indem er sich in die globale Wirtschaft einmischte, um deutsche Interessen zu fördern.

»Lebensraum« und Modernisierung

Obwohl Anhänger des Lebensraum-Konzeptes oft anerkann-
ten, dass die Förderung der deutschen wirtschaftlichen Interessen im Ausland eine legitime Aufgabe der deutschen Außenpolitik war, räumten sie anderen Zielen eine viel höhere Priorität
ein. Zum einen standen die *Kolonien* im Zentrum ihres Denkens,
die innerhalb der Weltpolitik gewöhnlich eher eine sekundäre
Rolle spielten. Diese Ideologie entstand direkt aus dem Migra-
tions-Kolonialismus und verlor die Prägung durch diese Herkunft nie.[18] Im späten 19. Jahrhundert war dieser Ansatz zudem
nicht mehr so deutlich mit dem Liberalismus verbunden wie
zuvor, sondern eher mit Denkrichtungen, welche die sozioökonomische Modernisierung mit Skepsis betrachteten. Sie erschien den Vertretern des Lebensraum-Konzeptes vielleicht
nicht geradezu als Bedrohung alles Deutschen, so doch zumindest als Quelle der Probleme für die deutsche Kultur und Gesellschaft, welche staatliche Problemlösungen nötig machte,
vor allem in Form von Siedlungskolonien. Siedlungskolonien
galten ihnen außerdem als lebenswichtig für die Schaffung
der kulturellen und menschlichen Grundlagen der neuen
deutschen Nation, die »Lebensraum«-Schwärmer gern mit
Menschen identifizierten, die wirtschaftlich und psychisch
selbstständig waren – nicht jedoch mit Industriearbeitern,
Landarbeitern und kleinen Angestellten. Die Vertreter der »Lebensraum«-Ideologie betrachteten den Imperialismus als eine
Möglichkeit für Deutschland, sich zu modernisieren und doch
einige von den sozialen und kulturellen Kosten der Modernisierung zu vermeiden. In ihren lautstärkeren Formulierungen,
vor allem denen, die dann zum Markenzeichen des Alldeutschen Verbands wurden, wurde die Forderung nach »Lebensraum« zum Ruf nach massiver Ausdehnung der Gebiete in der
Welt, die direkt unter deutscher Kontrolle standen und von
Deutschen besetzt waren.

So positionierte sich die »Lebensraum«-Ideologie inhaltlich
im Gegensatz zum Konzept der Modernisierung, aber auf andere Weise als das Projekt der »Weltpolitik«. Sie war verbunden

---

[18] Vgl. v. a. Mack Walker, Germany and the Emigration, 1816–1885, Cambridge, MA, 1964.

mit den politischen Ansätzen, die George Mosse als »völkisch«
bezeichnet hat, und mit den Überlegungen, die Fritz Stern der
Politik des »Kulturpessimismus« zuordnete.[19] Sie war aber keineswegs mit ihnen identisch. Innerhalb ihrer Grenzen war sie
ein brauchbares Instrument bei der politischen Arbeit. Sie lieferte zum Beispiel den Alldeutschen einen großen Teil ihres
ideologischen Fundaments und ihren Verlautbarungen so etwas wie Legitimität. Die Ideologie des »Lebensraums« gab
auch den kleinen und schwachen Gruppen deutscher Siedler in
den Kolonien (vor allem in Südwestafrika und in Deutsch-Ostafrika) die Möglichkeit, in Deutschland selbst auf wirksame
Weise politische Unterstützung zu mobilisieren. Die Siedler waren die lebenden Beispiele für »Lebensraum« in Aktion, und die
Tatsache, dass es ihnen nicht sehr gut ging und dass es nicht
viele von ihnen gab, wurde dem Kaiserreich angekreidet, dessen Führer deutlich andere Prioritäten gesetzt hatten – Prioritäten, die eher in den Rahmen der »Weltpolitik« passten.

Man kann sagen, dass auf diese und andere Arten »Weltpolitik« und »Lebensraum« als ideologische Formationen innerhalb
eines historischen Kontextes gesellschaftlicher Modernisierung
operiert haben. Im Rückblick scheint diese Interpretation des Imperialismus eine Reihe von Schwächen zu haben. Sie scheint ab-
weichende Formen der imperialistischen Ideologie nicht ausreichend zu berücksichtigen, wie etwa koloniale Reformansätze,
die spät in der Geschichte des deutschen Kolonialreiches hervor-
traten. Sie wird der Tiefe und Bedeutung des Nationalismus und
der Rolle des Imperialismus als eines Rahmens für die Definition
einer deutschen Nationalität nicht immer gerecht. Überdies besteht die Gefahr, wichtige Unterschiede zwischen einzelnen Akteuren zu übertünchen, die alle als »Weltpolitiker« in einen Topf
geworfen werden. Trotzdem scheint es mir, dass es im Rahmen
des Konzepts von Modernisierung nützlich sein kann, das ideologische Element im Imperialismus durch die oben beschriebe-
nen Konstruktionen zu analysieren. Die Frage, um die es im folgenden noch gehen soll, ist jedoch: Sind diese Konstruktionen –

---

[19] George L. Mosse, The Crisis of German Ideology. Intellectual Origins
of the Third Reich, New York 1964 (deutsch: Die völkische Revolution: Über
die geistigen Wurzeln des Nationalsozialismus, Königstein 1979); Fritz
Stern, The Politics of Cultural Despair. A Study in the Rise of the Germanic
Ideology, Berkeley 1961.

»Weltpolitik« und »Lebensraum« – auch hilfreich, wenn wir eine
Perspektive wählen, die das Schwergewicht nicht auf Modernisierung legt, sondern auf »Globalisierung«?

Das Kaiserreich aus der Perspektive der
»Globalisierung«

Um diese Frage beantworten zu können, müssen wir zunächst
entscheiden, welche der beiden Bedeutungen des Begriffs »Globalisierung«, die sich in der zeitgenössischen Literatur finden,
wir übernehmen. Oft ist mit »Globalisierung« im wesentlichen
die Modernisierung im Weltmaßstab gemeint: die Fortsetzung
und Erweiterung der annähernd gleichen Prozesse von wirtschaftlichem Umbau mit daraus folgenden sozialen, politischen
und kulturellen Veränderungen, sowohl in den Ländern, in denen die Industrialisierung begonnen hat, als auch in den neuerdings »modernisierten« Gebieten außerhalb Europas und
Nordamerikas. In diesem Rahmen wirft »Globalisierung« ein
Schlaglicht auf das Wachstum in der gegenseitigen Abhängigkeit
von Wirtschaftssystemen der ganzen Welt, auf die Konstruktion
von zunehmend komplexeren Netzwerken des Finanz- und des
Informationsflusses, auf die weltweite Verbreitung bestimmter
Konsummuster und das Aufkommen nichtwestlicher Zentren
von Produktion und Finanzen. Diese Prozesse hatten zur Zeit
des Kaiserreichs bereits eingesetzt. Zweifellos war »Weltpolitik«
direkt mit diesen Dingen befasst und gestaltete sie aus der Perspektive der Interessen eines einzelnen europäischen Nationalstaats. Es könnte deshalb hilfreich sein die Art und Weise zu betrachten, in der »Weltpolitik« an der Schnittstelle zwischen der
modernisierenden Weltwirtschaft und dem deutschen politischen System funktionierte.

Ein Dauerproblem bei der Interpretation des Imperialismus
vor 1914 ist der scheinbare Widerspruch zwischen seinen politischen Manifestationen, die offenbar gekennzeichnet waren
durch einen hohen Grad an Nationalismus mit heftiger Konkurrenz zwischen den Staaten, und seinen ökonomischen
Merkmalen, die ein erhebliches Ausmaß an internationaler
Kooperation zwischen Investoren zeigten. Dieses Problem ist
schon auf die verschiedensten Arten angegangen worden,

meistens, indem man von der Annahme der Scheinheiligkeit auf Seiten der Übersee-Investoren ausging, welche die Bedrohung nationaler Interessen nutzten, um staatliche Unterstützung für Unternehmungen zu erreichen, die im Wesentlichen multinational waren. Man kann Heuchelei bei diesen Dingen nie ganz ausschließen, aber man könnte auch anführen, dass Ideologien wie die der »Weltpolitik« (und ihre Verwandten in den ökonomisch-imperialistischen Ideologien Frankreichs, Englands, Russlands und der Vereinigten Staaten) den Rahmen boten, in dem ein Verständnis für die Bedeutung der sich entwickelnden Weltwirtschaft entstehen konnte und ebenso ein Konsens unter ungleichen Interessengruppen darüber, wie sie global agieren sollten. Die Ideologien griffen hauptsächlich auf gemeinsame Überzeugungen zurück, die sich auf den National-staat und den nationalen Charakter ökonomischer Prozesse bezogen, zum großen Teil, weil sie überhaupt erst entwickelt worden waren, um in der nationalen Politik benutzt zu werden. Unter solchen Umständen überrascht es nicht, dass die von »Weltpolitik« und ihren Verwandten abgeleiteten Konzepte mit Zweideutigkeiten durchsetzt waren und die Natur der Welt-wirtschaft fundamental verkannten. Mit anderen Worten: Das Konzept der »Weltpolitik« war entwickelt worden, als die Modernisierung ein überwiegend europäisches Phänomen war, das innerhalb der einzelnen Volkswirtschaften auftrat, und es war daher ein ungenügendes Leitprinzip, als Modernisierung ein wirklich globales Phänomen wurde. Das historische Interesse an »Weltpolitik« dürfte zu einem großen Teil mit der Art zu tun haben, wie sie die Entstehung eines genauen Verständnisses für die Weltwirtschaft behindert hat.

Auch für einige der Fragen, die in den postcolonial studies diskutiert worden sind, könnte eine Untersuchung der ökonomischen imperialistischen Ideologien wie »Weltpolitik« im Kontext von *Globalisierung-als-Modernisierung* nützlich sein. Warum zum Beispiel waren die Macher der Kolonialpolitik im frühen 20. Jahrhundert fixiert darauf, in der sich entwickelnden Wirtschaft der Kolonien nur die Produzenten von Rohstoffen für den Weltmarkt und die Abnehmer für Importe aus dem Westen zu sehen, ohne die Vorteile der Entstehung einer kohärenten einheimischen Wirtschaft zu erkennen, die für den einheimischen Verbrauch produzierte? Eine funktionierende Wirtschaft vor Ort wurde gewöhnlich nur als unmittelbare Quelle von Steuereinkünften und als Grundlage für die Exportwirtschaft gesehen, nicht aber als Ziel in sich selbst. Hier liegt wiederum ein Teil der Antwort in den bewussten Interessen tatsächlicher oder potenzieller Investoren, ein anderer Teil aber schließt eine Ansicht von Globalisierung ein, die sich schlicht eine autonome Wirtschaft in Übersee nicht als Aktivposten vorstellen konnte – trotz des multilateralen Charakters maßgeblicher Teile der Weltwirtschaft.

So könnte in einem Kontext, in dem Globalisierung vor allem als Erweiterung eines ursprünglich europäischen Prozesses der Modernisierung betrachtet wird, Weltpolitik als nützliches Werkzeug der Interpretation und Quelle für Forschungshypothesen erscheinen. Die Brauchbarkeit der »Lebensraum«-Ideologie ist da weniger offenkundig. Natürlich könnten wir »Lebensraum« als Beispiel für eine Ideologie betrachten, die verschiedene Formen von Unzufriedenheit mit der Modernisierung in sich vereinigt, sowie als Erinnerung daran, dass solche Ideologien auch den Imperialismus beeinflusst haben – wie man an der Unterstützung sieht, die England und Frankreich nach 1918 den Siedlern in ihren Kolonien gewährt haben. Es könnte sinnvoll sein, die Rolle der Lebensraum-Ideologie beim Aufbau einer deutschen Nationalität in einer Welt zu untersuchen, in der die weltweite Modernisierung eine große Zahl von Menschen aus dem geografischen und kulturellen Rahmen entfernt, in dem Nationalität gewöhnlich definiert ist.[20]

Es gibt jedoch noch eine andere Art, auf die »Globalisierung« im heutigen akademischen Diskurs verwendet wird, die sich erheblich von dem früheren Gebrauch unterscheidet. In diesem zweiten Gebrauch wird Globalisierung nicht einfach als erweiterte Modernisierung gesehen, sondern als autonomer Veränderungsprozess, in den Modernisierung ihrerseits eingebettet ist, und der einen wesentlichen Teil der Erklärung für den Ursprung von Industrialisierung und anderen Aspekten der Modernisierung liefert. Die Industrielle Revolution kann zum Beispiel von diesem Standpunkt als ein nicht primär europäisches

---

[20] Vgl. die interessanten neueren Arbeiten von Pascal Grosse, Kolonialismus, Eugenik und bürgerliche Gesellschaft in Deutschland 1850–1918, Frankfurt 2000; Lora Wildenthal, German Women for Empire, 1884–1945, Durham, NC, u. London 2001; Daniel Joseph Walther, Creating Germans Abroad. Cultural Policies and National Identity in Namibia, Athens 2002.

Ereignis (mit zugegebenermaßen einigen Faktoren in Übersee) gedeutet werden, das dann viele nichteuropäische Folgen hatte, sondern als Ergebnis der Herausbildung eines Komplexes von Handelsbeziehungen, Informations- und Kapitalflüssen und Bevölkerungsverschiebungen, die am Ende des 15. Jahrhunderts begannen – Verbindungen, die jede Stufe der europäischen Industrialisierung stark beeinflussten.

Wie passt der Imperialismus des späten 19. und frühen 20. Jahrhunderts – der, wenn er in Konstruktionen wie »Weltpolitik« und »Lebensraum« gefasst wird, sich großenteils von Faktoren herzuleiten scheint, die in Europa entstanden sind – in diese zweite Version von Globalisierung? Offensichtlich wäre eine mögliche Antwort auf diese Frage die These, dass die Dynamik der Globalisierung in jener Zeit tatsächlich ganz überwiegend in Europa entstand, und damit wären wir dann wieder bei der oben diskutierten Perspektive. Tatsächlich konzentriert sich jedoch ein großer Teil der Literatur zur Weltgeschichte, der Globalisierung für die Matrix der Modernisierung hält, auf die Zeit vom 15. bis zum frühen 19. Jahrhundert und auf das späte 20. Jahrhundert, nicht auf die Ära des »neuen Imperialismus«.[21] Wir sollten nicht vergessen, dass die letzten Jahre des Kaiserreichs genau die Periode waren, in der der Impetus zur Modernisierung nicht mehr nur von Europa ausging und in der erstmals nach mehreren Jahrhunderten die Richtung der Veränderung in der Weltwirtschaft den europäischen Händen zu entgleiten begann. Die Tatsache, dass es unter den nichteuropäische Teilnehmern vor allem die Vereinigten Staaten waren, welche die Definition von Modernisierung und den Lauf der Weltwirtschaft prägten – ein Land mit durch und durch europäisierter Kultur und Bevölkerung – sollte uns nicht zu der Vorstellung verleiten, dass das, was da geschah, nur eine Erweiterung des Betätigungsfeldes von Europa war. Wenn man es mit dem Umbau Japans und seinem Aufstieg zur wirtschaftlichen und politischen Weltmacht zusammen sieht, mit dem Beginn eines Prozesses, in dem China und Indien sich als Produzenten auf den Weltmärkten durchsetzten und zu potenziellen Führern bei der Demontage des Imperialismus wurden, mit der wach-

---

[21] Vgl. z. B. Kenneth Pomeranz, The Great Divergence. Europe, China, and the Making of the Modern World Economy, Princeton 2000; André Gunder Frank, ReOrient. Global Economy in the Asian Age, Berkeley 1998.

senden Beherrschung internationaler Geschäfte durch multinationale Unternehmen, scheint das Auftauchen der Vereinigten
Staaten nur Teil einer strukturellen Veränderung im Globalisierungsprozess zu sein, in der die Modernisierung eine Rolle
spielt, aber eine Rolle, die zumindest ebenso sehr von Faktoren
außerhalb wie innerhalb Europas bestimmt ist.

In unserer gewöhnlichen Behandlung des Imperialismus im
späten 19. und frühen 20. Jahrhundert haben wir im allgemeinen diese Entwicklungen als peripher betrachtet, als Symptome
von Zukünftigem, nicht als entscheidende Teile des zu erfor-
schenden Phänomens. Wenn wir jedoch die ideologischen Äu-
ßerungen betrachten, die sowohl »Weltpolitik« als auch »Lebensraum« umfassten, stellen wir fest, dass es sich vielfach um
Versuche handelte, sich mit einer Welt auseinander zu setzen,
in der Europa nicht mehr vollkommen dominant ist. Neben
reichlich kruden Manifestationen dieser Erkenntnis, wie etwa
der Rede von der »gelben Gefahr«, gab es sehr viel subtilere
und komplexere Bemühungen, die Teil des internen Diskurses
von »Lebensraum« und »Weltpolitik« waren. »Lebensraum«
war auf eine wesentliche Art und Weise eine fortdauernde Re-
flexion zur Entwicklung der Vereinigten Staaten (und in gerin-
gerem Maße der englischen »weißen« Dominions). Die Vereinigten Staaten waren eng verbunden mit der Auswanderung,
dem Phänomen, das den Kern der »Lebensraum«-Ideologie
ausmachte, und lieferten daher Anschauungsunterricht – sowohl für die Möglichkeit kultureller, sozialer und wirtschaftlicher Entwicklung, als auch für die Bedrohung der Nationalität,
die mit der Emigration verbunden sein konnte. Das Auftauchen
der Vereinigten Staaten als Wirtschaftsmacht und zumindest
potenzielle politische Weltmacht stellte überdies eins der
Hauptprobleme für die »Weltpolitik« dar: Die Vereinigten Staaten waren ein Phänomen, mit dem die deutsche Politik sich
auseinander setzen musste, aber zugleich ein Modell für eine
sichere, expandierende Wirtschaft, die möglich wurde, wenn
eine Nation einen großen Anteil der eigenen Märkte und der
Quellen industrieller Rohstoffe in sich vereinigte.[22] Auch aus

---

[22] Die Errichtung des Deutschen Kolonial-Wirtschaftlichen Komitees und
die Schaffung der Programme für den Aufbau einer deutschen kolonialen
Baumwollindustrie (Schlüsselbeispiele für Weltpolitik in Aktion) entstanden zum Beispiel in Reaktion auf wahrgenommene monopolistische Ten-

der Perspektive dieser zweiten Version von »Globalisierung«
erscheinen »Weltpolitik« und »Lebensraum« als nützliche For-
schungsgegenständen, auch wenn der Schwerpunkt dann auf
anderen Aspekten dieser Ideologien liegt als im Kontext des
herkömmlichen Modernisierungsparadigmas.

denzen unter den US-Baumwoll-Produzenten in den neunziger Jahren des
19. Jahrhunderts. Smith, Ideological Origins, S. 76.

Niels P. Petersson

Das Kaiserreich in Prozessen ökonomischer Globalisierung

Auch schon vor hundert Jahren sprach man allerorten von der Entstehung einer Weltwirtschaft in der zweiten Hälfte des 19. Jahrhunderts, die dem Deutschen Reich nunmehr die Rahmenbedingungen seiner politischen und wirtschaftlichen Optionen und Ambitionen setze.[1] Offenbar war also schon den Zeitgenossen der vorletzten Jahrhundertwende das ein Begriff, was wir heute als wirtschaftliche Globalisierung bezeichnen: eine Vernetzung wirtschaftlicher Aktivitäten überall auf der Welt mit tiefgreifenden Folgen für alle Beteiligten. Lässt sich dann unter dem Blickwinkel der Globalisierung überhaupt noch etwas Neues über das Kaiserreich sagen? Im Folgenden sollen zunächst einige Überlegungen zum Begriff der Globalisierung und seiner Anwendungsmöglichkeit in historischer Forschung vorgestellt und anhand von Globalisierungsprozessen aus der zweiten Hälfte des »langen 19. Jahrhunderts« erläutert werden, bevor dann die Rolle des Kaiserreiches in diesen Prozessen behandelt wird. Dabei geht es sowohl um die Bedeutung des Kaiserreiches für die weltwirtschaftliche Verflechtung, als auch um die Bedeutung der Weltwirtschaft für das Kaiserreich.

Globalisierung vor 1914

Ist wirtschaftliche »Globalisierung« etwas anderes als die in der Forschung durchaus bereits behandelten internationalen Wirtschaftsbeziehungen des Kaiserreichs? Wenn man unter Globa-

[1] Vgl. z. B. Paul Arndt, Deutschlands Stellung in der Weltwirtschaft, Leipzig 1913; Paul Dehn, Weltwirtschaftliche Neubildungen, Berlin 1904; F. C. Huber, Deutschland als Industriestaat, Stuttgart 1901. Zum Überblick, vgl. immer noch Heinz Gollwitzer, Geschichte des weltpolitischen Denkens, Bd. 2: Zeitalter des Imperialismus und der Weltkriege, Göttingen 1982.

lisierung schlichtweg eine verstärkte Interaktion zwischen Nationalstaaten bzw. Volkswirtschaften versteht, dann ist dies nicht der Fall. Eine solche Sichtweise war auch schon um die Jahrhundertwende gängig: »Soziale Gegensätze und Streitigkeiten durchziehen die Volkswirtschaft, nationale die Weltwirtschaft«, heißt es bei Sartorius von Waltershausen.[2] Allerdings wird Globalisierung heute zunehmend nicht als verdichtete Interaktion weiterhin national verfasster Gesellschaften aufgefasst, sondern als die Auflösung von Territorialität und Staatlichkeit durch transnationale Kontakte.[3] Zur Erfassung solcher Entwicklungen bietet sich das Paradigma der Globalisierung als großräumige, interkontinentale Vernetzung an. Man kann hier anknüpfen an den Begriff der »Netzwerkgesellschaft« von Manuel Castells, oder auch an John W. Burtons »Spinnennetzmodell« weltweiter sozialer Beziehungen. Auf Burtons »Weltkarte« sind nicht Territorien und Grenzen abgebildet, sondern soziale Interaktionen. In dieser »Transaktionswelt« verdichten sich Interaktionen zu Netzwerken oder Systemen. Auch solche Vorstellungen lassen sich übrigens schon vor 100 Jahren nachweisen: So schildert etwa Paul Arndt 1913 die Weltwirtschaft als ein weltumspannendes, in der »alten Kulturwelt« regional verdichtetes »Netzwerk«, dessen »Fäden [...] den einzelnen Wirtschaftsbetrieb [...] mit Millionen anderer Wirtschaftsbetriebe« verbinden.[4] So wird problematisiert, was anderswo fraglos vorausgesetzt ist: die territoriale Ordnung der Weltwirtschaft. Es ist also nötig, nach der Reichweite und Dichte von Interaktionsnetzen und nach ihrer Bedeutung gegenüber der territorialen Organisation sozialer Beziehungen zu fragen. Für Arndt stand dabei fest: Die »modernen Industrie- und Handelsstaaten« sind »schon so eng in die Weltwirtschaft verflochten, dass alle ihre wirtschaftlichen Verhältnisse nur vom weltwirtschaftlichen Standpunkte verstanden und beurteilt werden

---

[2] August Sartorius von Waltershausen, Die Entstehung der Weltwirtschaft. Geschichte des zwischenstaatlichen Wirtschaftslebens vom letzten Viertel des 18. Jahrhunderts bis 1914, Jena 1931, S. 11.

[3] Jan A. Scholte, Globalization. A Critical Introduction, Basingstoke 2000; vgl. aber auch die Kritik bei Justin Rosenberg, The Follies of Globalisation Theory, London 2000.

[4] John W. Burton, World Society, Cambridge 1972, v. a. S. 35–51; Manuel Castells, Materials for an Exploratory Theory of the Network Society, in: British Journal of Sociology 51 (2000), S. 5–24. Zitat: Arndt, S. 1–3.

können«; dies gelte in ganz besonderem Maße für Großbritannien und Deutschland.[5]

Es spricht einiges dafür, die Entstehung der Weltwirtschaft ab der Mitte des 19. Jahrhunderts als einen Prozess der Globalisierung in dem eben skizzierten Sinne der Vernetzung zu beschreiben. In der Ära des Freihandels wurden weitgehend unbeeinträchtigt von staatlicher Reglementierung zahlreiche weltweite wirtschaftliche Beziehungen geknüpft. Technologische und politisch-ideologische Ursachen wirkten hier zusammen mit einem Verständnis von Staatlichkeit, in dem nationalstaatliche Gestaltungsansprüche zwar absoluter, aber zugleich enger umgrenzt waren als man dies heute im Zeitalter interdependenter Interventionsstaaten gewohnt ist. Menschen, Güter, Kapitalien und Technologien konnten sich weitgehend ungehindert und zu spektakulär sinkenden Kosten um die Welt bewegen. Technologische Grundlagen der sich entwickelnden Vernetzung waren Dampfschifffahrt und interkontinentale Telegraphie, die ab der Jahrhundertmitte einen raschen Aufschwung nahmen und erstmals die Entstehung transkontinental integrierter Märkte ermöglichten. Die Getreidemärkte in der atlantischen Welt sind das wichtigste Beispiel.[6] Zahlreiche Regionen wurden nun durch Eisenbahn und Schifffahrt in weltwirtschaftliche Zusammenhänge einbezogen. Nahrungsmittel, Rohstoffe und Absatzmärkte mussten nicht mehr im unmittelbaren Umfeld gesucht werden. Industrieunternehmen investierten in Produktionsanlagen, die nur durch einen Absatz im Weltmaßstab auszulasten waren, oder etablierten Zweigwerke im Ausland und verwandelten sich in multinationale Konzerne.[7]

[5] Ebd., S. 4.

[6] Vgl. u. a. Peter J. Hugill, Global Communications since 1844. Geopolitics and Technology, Baltimore 1999; Daniel R. Headrick, The Invisible Weapon. Telecommunications and International Politics, 1851–1945, Oxford 1991; Kevin H. O'Rourke/Jeffrey G. Williamson, Globalization and History. The Evolution of a Nineteenth-Century Atlantic Economy, Cambridge, Mass. 1999.

[7] Susan Becker, Multinationalität hat verschiedene Gesichter. Formen internationaler Unternehmenstätigkeit der Vieille Montagne und der Metallgesellschaft vor 1914, Stuttgart 2002; J. Dunning, Multinational Enterprises and the Global Economy, ND Wokingham 1993; Alice Teichova u. a. (Hg.), Multinational Enterprise in Historical Perspective, Cambridge 1986; Mira Wilkins, The Growth of Multinationals, Aldershot 1991; Hans Pohl (Hg.),

Die effiziente grenzüberschreitende Nutzung der neuen
Technologien erforderte neue Institutionen. Das ganze Potenzial von Telegraphie, Postwesen und Eisenbahnen entfaltete
sich erst, nachdem sich die Nationalstaaten auf Regeln für die
grenzüberschreitende Kommunikation hatten einigen können.[8]
Technische Innovationen konnten lange außerhalb des Ur-
sprungslandes fast ungehindert von rechtlichen Beschränkungen kopiert und wirtschaftlich genutzt werden; erst ab 1873
wurde dies auch im internationalen Raum durch eine multilaterale Patentrechtskonvention geregelt.[9] Mit dem Goldstandard
entstand ein internationales Währungssystem, das den Zah-
lungsverkehr erleichterte und Währungsrisiken verminderte.
Die Gründe für die Stabilität dieses (auf die europäisch-atlantische Welt beschränkten) »Weltwährungssystems« sind bis heute nicht wirklich geklärt. Sicher ist aber, dass es sich nicht um
ein sich »automatisch« selbst stabilisierendes System handelte.
Vielmehr gilt für den Goldstandard wie für die anderen Institutionen dieser frühen Globalisierung, dass sie von *Nationalstaaten* geschaffen und gestaltet worden sind.[10] Sogar die imperiale Expansion der europäischen Großmächte bedeutete bis
hierhin zunächst einmal weniger koloniale Landnahme als
kommerzielle Öffnung und mehr oder minder gewaltsame Wei-
terverbreitung der Grundlinien europäischen Rechts und der
Prinzipien von Meistbegünstigung und »a fair field and no fa-
vours«.[11]

Transnational Investment from the 19th Century to the Present, Stuttgart
1994.
  [8] Martin H. Geyer/Johannes Paulmann (Hg.), The Mechanics of Internationalism. Culture, Society and Politics from the 1840s to the First World
War, Oxford 2001; Francis S. L. Lyons, Internationalism in Europe,
1815–1914, Leiden 1963.
  [9] John Braithwaite/Peter Drahos, Global Business Regulation, Cambridge 2000.
  [10] Anthony G. Hopkins, The History of Globalization – and the Globalization of History?, in: ders. (Hg.), Globalization in World History, London
2002, S. 11–46.
  [11] Ronald Robinson/John R. Gallagher, The Imperialism of Free Trade,
in: Economic History Review 6 (1953), S. 1–15; Wolfram Fischer, Die Ordnung der Weltwirtschaft vor dem Ersten Weltkrieg. Die Funktion von europäischem Recht, zwischenstaatlichen Verträgen und Goldstandard beim
Ausbau des internationalen Wirtschaftsverkehrs, in: Zeitschrift für Wirt-
schafts- und Sozialwissenschaften 95 (1975), S. 289–304.

Ab der Jahrhundertmitte lässt sich in der europäisch-atlantischen Welt eine Konvergenz der Preise für weltweit gehandelte Massengüter wie Getreide und auch der Lohnkosten für ungelernte Arbeit feststellen – ein sicheres Anzeichen enger ökonomischer Integration.[12] Diese ging über eine Arbeitsteilung zwischen agrarischer Peripherie und industriellen Metropolen weit hinaus. Globalisierung im Sinne weltweiter Vernetzung ist wegen der *Multilateralität* der entstehenden Weltwirtschaft der geeignete Begriff hierfür. Zwischen 1870 und 1914 entwickelte sich aus zunächst untereinander noch kaum verbundenen Handelsnetzen, von denen die wichtigsten ihr Zentrum in London hatten, »a complicated system of international exchange based on a network of economic activities embracing most parts of the world.«[13] Ein wesentlicher Grund hierfür war die Entstehung von Produktions- und Konsumregionen von globaler Bedeutung in Deutschland und in den USA.

Waren- und Zahlungsströme der Weltwirtschaft nahmen nun einen multilateralen Charakter an: Die Intensivierung deutscher Industrieexporte nach Westeuropa führte dort zu vermehrten Exporten nach Großbritannien. Großbritannien seinerseits konnte sein Defizit aus dem Handel mit Westeuropa und den USA nur dadurch decken, dass es zum einen durch die Bereitstellung von Infrastruktur und Dienstleistungen (Schifffahrt, Versicherungen, Finanzierung) rund um den Welthandel Einnahmen erzielte und zum anderen im Handel mit Indien einen bedeutenden Überschuss erwirtschaftete. Indien wiederum erzielte Überschüsse im Handel mit den USA und Westeuropa, und zwar mit Produkten, die anders als die englischen Fabrikerzeugnisse keinen protektionistischen Zöllen unterworfen waren. Auch in der multilateralen Weltwirtschaft spielte Großbritannien also eine wichtige System erhaltende Rolle und garantierte damit nebenbei gerade die Bedingungen, unter de-

[12] O'Rourke/Williamson, Globalization and History; dies., When Did Globalization Begin?, Cambridge, Mass. 2000.

[13] Hierzu im Überblick Albert G. Kenwood/Alan L. Lougheed, The Growth of the International Economy 1820–2000. An Introductory Text, London [4]1999, Kap. 6 (Zitat: S. 97); vgl. auch Wolfram Fischer, Dimension und Struktur der Weltwirtschaft im 19. Jahrhundert, in: ders., Expansion – Integration – Globalisierung. Studien zur Geschichte der Weltwirtschaft, Göttingen 1998, S. 37–48.

nen Newcomer wie das Deutsche Reich die führende britische
Stellung angreifen konnten.[14]

Neben dem multilateralen Charakter der entstehenden
weltweiten Vernetzungen ist ein zweiter Punkt hervorzuheben: Wir haben es zum Teil mit weltwirtschaftlichen Prozessen
zu tun, die sich *innerhalb* des nationalstaatlichen Rahmens ab-
spielten. Die innere Erschließung der USA durch Siedlung und
Bahnbau ist ein weltwirtschaftlicher Vorgang, genau wie die
Vereinheitlichung des Wirtschaftsrechts in Deutschland nach
der Reichsgründung oder die Einführung der Goldmark, die
den entscheidenden Anstoß zur Herausbildung des weltweiten Goldstandards gab.[15] Zu den innerstaatlichen Vorausset-
zungen weltwirtschaftlicher Vernetzung zählt auch der seit
den 1870er Jahren zu verzeichnende Anstieg der Realeinkom-
men in den Industriestaaten, der einer breiten Käuferschicht
den Konsum höherwertiger Exportartikel ermöglichte.[16] Globalisierungsprozesse verliefen im späten 19. Jahrhundert also
parallel zu und in gegenseitiger Abhängigkeit von den Prozessen der inneren und im deutschen Fall auch der äußeren Nationsbildung – als Hamburg und Bremen 1888 dem deutschen
Zollverein beitraten, war die Weltwirtschaft schon eine Realität. Es ist also keineswegs der Fall, dass Globalisierungsprozesse im 19. Jahrhundert bereits zusammenhängende, nationalstaatlich verfasste Volkswirtschaften vernetzten und unter
Anpassungsdruck setzten. Vielmehr haben wir es mit parallelen Prozessen von Globalisierung und Nationalisierung zu
tun, mit dem gleichzeitigen Aufbau und der gegenseitigen
Beeinflussung innerstaatlicher und weltwirtschaftlicher Verflechtung.[17]

---

[14] Prägnant Boris Barth, Die deutschen Auslandsengagements vor 1933.
Ein Beitrag zur Debatte um die »Globalisierung«, in: Institut für bankhisto-
rische Forschung (Hg.), Internationalisierungsstrategien von Kreditinstitu-
ten, Stuttgart 2003, S. 13–32.

[15] Vgl. Barry Eichengreen, Globalizing Capital. A History of the International Monetary System, Princeton 1996.

[16] Christoph Buchheim, Deutschland auf dem Weltmarkt am Ende des
19. Jahrhunderts. Erfolgreicher Anbieter von konsumnahen gewerblichen
Erzeugnissen, in: VSWG 71 (1984), S. 199–216, hier 204 ff.

[17] Vgl. für eine ähnliche Argumentation Werner Abelshauser, Umbruch
und Persistenz. Das deutsche Produktionsregime in historischer Perspektive, in: GG 27 (2001), S. 503–523.

Innerer Strukturwandel und weltwirtschaftliche Einbindung des Kaiserreiches

Unter dem Gesichtspunkt der Globalisierung sind vor allem zwei Aspekte der weltwirtschaftlichen Eingliederung des Deutschen Reiches interessant: der Zusammenhang zwischen innerem Strukturwandel und weltwirtschaftlicher Einbindung und derjenige zwischen Weltwirtschaft und »Weltpolitik«. Deutschland wurde in den Jahren nach der Reichsgründung endgültig zum Industriestaat, wandelte sich vom Kapitalimporteur zum Kapitalexporteur und (damals schon) vom Auswanderungsland zum Einwanderungsland. Diese Entwicklungen bestimmten auch die weltwirtschaftliche Rolle des Kaiserreiches. Die deutschen Ausfuhren vervierfachten sich in den Jahren 1870–1913; das Wachstum ging zu mehr als zwei Dritteln auf das Konto der gewerblichen Ausfuhren, deren Anteil von 50 % auf 70 % des Gesamtexports anstieg. Ein derart rasches wirtschaftliches Wachstum erlebten unter den größeren Staaten allein die USA, deren Industrialisierung jedoch viel mehr als diejenige Deutschlands auf den Binnenmarkt ausgerichtet war. Das Kaiserreich war die dynamischste und bald auch auf vielen Märkten die bedeutendste Exportmacht der Jahrzehnte vor 1914.

Getragen wurde diese Expansion zunächst vor allem von konsumnahen Produkten des mittleren und gehobenen Bedarfs. Dem Preissegment entsprechend gingen diese Ausfuhren vor allem in Industriestaaten mit einer kaufkräftigen Mittelklasse, insbesondere nach Großbritannien und in die USA.[18] Der hier von der deutschen Exportindustrie angezapfte Kaufkraftzuwachs beruhte seinerseits auf den Einkünften von Briten und Amerikanern aus Welthandel, Waren- und Kapitalexporten in Drittländer, Getreideexporten nach Europa und Auswanderung. Größere Beachtung gefunden haben die Weltmarktpräsenz und internationale Verflechtung der Elektro-, Chemie- und Metallindustrie. Dies waren in der Tat extrem außenhandelsorientierte Zweige der deutschen Volkswirtschaft: die Exportquote der chemischen Industrie lag 1913 bei 35,5 % gegenüber 26,4 % im Maschinenbau, 25,5 % in der Elektrotechnik und 29,9 % für die Fertigwarenindustrie insgesamt. Wiederum wa-

---

[18] Buchheim, Deutschland auf dem Weltmarkt.

ren die USA und Großbritannien die wichtigsten Abnehmer. Ab 1870 gründen deutsche Unternehmen Tochterunternehmen im Ausland, zunächst vor allem in Frankreich, Russland und den USA, in den letzten Jahren vor dem Krieg dann verstärkt in Großbritannien.[19] Am Beispiel eines der am stärksten internationalisierten Unternehmen, der Röhrenfabrik Mannesmann, lassen sich verschiedene Dimensionen der Weltmarktintegration deutscher Unternehmen unterscheiden:[20] Mannesmann wurde mit deutschem und österreichischem Kapital gegründet und produzierte von Anfang an für den Weltmarkt, denn in Deutschland allein hätte die Nachfrage nicht ausgereicht, die hohen Investitionen in das neue Verfahren und die aufwändigen Produktionsanlagen wieder hereinzubringen. Die ersten Großaufträge für die nahtlosen Mannesmann-Röhren, deren spezifischer Vorteil in ihrer hohen Festigkeit bei geringem Gewicht lag, kamen aus dem britischen Schiffbau sowie von Stadtwerken in Lateinamerika und Europa. Ab der Jahrhundertwende wurde ein weltweites Vertriebsnetz aufgebaut, nachdem man sich bis dahin auf die Vertretung durch unabhängige Handelshäuser verlassen hatte. Produktionsanlagen im Ausland, z. B. in Italien, wurden errichtet, um Zollmauern zu überwinden und an nationalistisch motivierte staatliche Abnehmer verkaufen zu können. Mannesmann war also eine Firma, die ihren Markt im Weltmaßstab definierte und eine weltweite Vertriebsorganisation besaß, die Produktion aber auf Europa und die Firmenleitung im Wesentlichen auf Deutschland konzentrierte. Diese Ausrichtung der deutschen Exportindustrie auf internationale Märkte mit einem Schwerpunkt auf der europäisch-atlantischen Welt findet sich in den meisten Bereichen wieder und deckt sich mit der »halbierten« Weltkarte der Globalisierung vor 1914, die Richard Tilly gezeichnet hat.[21] Griffen deutsche

[19] Harm G. Schröter, Die Auslandsinvestitionen der deutschen chemischen Industrie 1870 bis 1930, in: ZUG 35 (1990), S. 1–22; Antje Hagen, Deutsche Direktinvestitionen in Großbritannien, 1871–1918, Stuttgart 1997; Peter Hertner, Financial Strategies and Adaptation to Foreign Markets. The German Electro-Technical Industry and Its Multinational Initiatives. 1890s to 1939, in: Teichova u. a. (Hg.), S. 145–159.

[20] Horst A. Wessel, Mannesmann 1890. A European Enterprise with an International Perspective, in: JEEH 29 (2000), S. 335.

[21] Richard Tilly, Globalisierung aus historischer Sicht und das Lernen aus der Geschichte, Köln 1999.

Unternehmen mit einer aggressiven Marktausweitungsstrategie über die entwickelte Welt hinaus, so war das Ergebnis häufig so etwas wie ein industrielles Äquivalent zur deutschen Kolonialpolitik: Siemens etwa eroberte sich mit Preisnachlässen, rührigem Marketing und zuweilen auch Bestechung einen bedeutenden Marktanteil in Japan, das als Sprungbrett für den gesamten ostasiatischen Markt angesehen wurde, konnte dort aber nie Profite erzielen.[22]

Der Export deutscher Industrieprodukte und vor allem Maschinen in außereuropäische Länder wurde immer schon auch unter dem Gesichtspunkt des Technologietransfers gesehen. Lange hatte das deutsche Reich vom Technologietransfer aus Großbritannien profitiert; ab der Mitte des Jahrhunderts trat die deutsche Industrie aber selbst mit der Entwicklung neuer Technologien hervor; um 1900 zeichnete sie sich durch eine weltweit einzigartig enge Einbindung wissenschaftlicher Forschung und Entwicklung in die Unternehmen aus. Die deutsche Exportindustrie leistete einen nicht immer gern gesehenen und oft auch nur notgedrungen erbrachten Beitrag zur Verbreitung westlicher Technologie in Asien und Lateinamerika. So sehr sich eine Firma auch bemühen mochte, die Kontrolle über ihr spezifisches technisches Know-how zu wahren, so wenig ließ es sich doch vermeiden, auch einheimische Fachkräfte anzulernen und auszubilden, die dann – hier sind die Angestellten von Siemens in Japan ein gutes Beispiel – gelegentlich selbst zu erfolgreichen Industriellen wurden. Herrschte Konkurrenz unter verschiedenen europäischen Anbietern, so ließ es sich oftmals nicht vermeiden, dem Kunden die Beschäftigung und Weiterbildung einheimischen Führungspersonals zuzusichern. Dies rief bisweilen die Befürchtung hervor, unterentwickelte Staaten zu Konkurrenten heranzuziehen. Für deutsche Unternehmen und für die u. a. mit der Handelsförderung beauftragten Konsuln des Deutschen Reiches musste letztlich aber immer die Erwägung den Ausschlag geben, dass man nicht um Spekulationen über den dereinstigen Aufstieg neuer Rivalen willen der *hic et nunc* vorhanden europäischen und amerikanischen Konkurrenz das Feld überlassen konnte.[23] Nicht die Einhegung des

---

[22] Toru Takenaka, Siemens in Japan. Von der Landesöffnung bis zum Ersten Weltkrieg, Stuttgart 1996.
[23] Vgl. Jürgen Osterhammel/Niels P. Petersson, Ostasiens Jahrhundert-

Technologietransfers war insgesamt kennzeichnend für den
Umgang mit außereuropäischem Interesse an westlicher Technologie, sondern die Gründung einer Einrichtung wie der Technischen Hochschule in Shanghai, in der junge Chinesen mit
technischem Wissen und zugleich mit der Exzellenz der deutschen Industrie, deutschen Produkten, technischen Standards
und Verfahren vertraut gemacht werden sollten.[24] Die deutsche
Exportwirtschaft spielte insgesamt eine wichtige Rolle im Prozess der machtgestützten (Teil-) Verwestlichung der Erde, mit
der für Jörg Fisch die »moderne Welt« beginnt.[25]

Ähnlich ambivalent wie der Technologietransfer erschien
den Zeitgenossen die deutsche Präsenz auf den internationalen
Finanzmärkten. Die im Vergleich zu den französischen und vor
allem britischen nicht besonderes kapitalkräftigen deutschen
Banken verfolgten auch in der Zeit der Durchdringung des
Wirtschaftslebens mit »nationalen« Erwägungen eine Strategie
des Kosmopolitismus aus Notwendigkeit.[26] Ohnehin war es angesichts der Realität weltwirtschaftlicher Verflechtung nicht
nur der deutschen Banken, sondern auch ihrer Kundschaft aus
Handel und Industrie nur schwer bestimmbar, wie denn ein
»nationales« Interesse zu definieren sei. Einerseits führte das
Bestreben, die Bedeutung deutscher Interessen im Ausland und
die Attraktivität des deutschen Kapitalmarkts nachzuweisen,

---

wende. Unterwerfung und Erneuerung in west-östlichen Sichtweisen, in:
Ute Frevert (Hg.), Das Neue Jahrhundert. Europäische Zeitdiagnosen und
Zukunftsentwürfe um 1900, Göttingen 2000, S. 265–306.

[24] Otto Franke, Die deutsch-chinesische Hochschule in Tsingtau, ihre Vor-
geschichte, ihre Einrichtung und ihre Aufgaben, in: ders., Ostasiatische
Neubildungen. Beiträge zum Verständnis der politischen und kulturellen
Entwicklungsvorgänge im Fernen Osten, Hamburg 1911, S. 200–217.

[25] Jörg Fisch, Europa zwischen Wachstum und Gleichheit, 1850–1914,
Stuttgart 2002, S. 24 f., 346.

[26] Vgl. hierzu vor allem Boris Barth, Die deutsche Hochfinanz und die
Imperialismen. Banken und Außenpolitik vor 1914, Stuttgart 1995; ders.,
Banken und Kapitalexport vor 1914. Anmerkungen zum Forschungsstand
der politischen Ökonomie des Kaiserreichs, in: Manfred Köhler/Keith Ulrich (Hg.), Banken, Konjunktur und Politik. Beiträge zur Geschichte deutscher Banken im 19. und 20. Jahrhundert, Essen 1995, S. 44–54; Karl Christian Schaefer, Deutsche Portfolioinvestitionen im Ausland 1870–1914. Banken, Kapitalmärkte und Wertpapierhandel im Zeitalter des Imperialismus,
Münster 1995; August Sartorius von Waltershausen, Das volkswirtschaftli-
che System der Kapitalanlage im Auslande, Berlin 1907.

zu übertriebenen Abschätzungen des Umfangs deutscher Kapitalanlagen im Ausland, andererseits gab es eine heftige Kritik am Kapitalexport, der der heimischen Wirtschaft Kapital entziehe und die Zinsen hochhalte, weswegen die Finanzwelt den Umfang ihrer Auslandstätigkeit herunterzuspielen suchte. Hinzu kam, dass ein großer Teil europäischer Kapitalexporte zum Kauf europäischer Investitionsgüter verwendet, also gar nicht aus Europa nach Übersee transferiert wurde. (Dies war angesichts der geringen Mittel, die Regierungen außerhalb Westeuropas für Infrastrukturinvestitionen zur Verfügung standen, eine notwendige Bedingung der bereits angesprochenen Exporte von Industrie- und Rüstungsgütern sowie Technologie.)[27] Die Spannungen zwischen einer weitgehend freien Weltwirtschaft auf der einen Seite und zunehmendem Nationalismus auf der anderen werden im Bereich der Finanzbeziehungen besonders deutlich. In den letzten Jahren vor 1914 zeigt sich eine zunehmende Unterordnung der Kapitalbeziehungen unter politische Erwägungen.[28] Daran war das Deutsche Reich wesentlich stärker beteiligt als am internationalen Kapitalverkehr, wo es auf Grund seines eigenen hohen Kapitalbedarfs nur eine zweitrangige Stellung einnahm.

Unterhalb der Ebene der Marktpräsenz von Großunternehmen und des Kapitalexports durch Vermittlung der deutschen Großbanken spielten dauerhaft im Ausland etablierte deutsche Kaufleute eine wichtige Rolle. Sie boten vielen kleineren deutschen und ausländischen Unternehmen, die sich keine eigene Vertretung im Ausland leisten konnten, einen Vertriebskanal, informierten diese Firmen über die Wünsche ausländischer Kunden und machten potenzielle Käufer mit dem Angebot bekannt. Darüber hinaus investierten sie ihre Gewinne oftmals vor Ort; bisweilen – so z. B. in Guatemala – kontrollierten sie die Exportproduktion. Die Propagandawirkung solcher deutscher »Interessen« ist den Verfechtern der Welt- und Flottenpolitik nicht entgangen, und die auf der Basis von Umfragen unter den deutschen Konsuln erstellte Denkschrift »Die Seeinteressen des Deutschen Reiches« (1898 vom Reichsmarineamt herausgegeben) ist eine wichtige Quelle für die Geschichte der deutschen

---

[27] Barth, Banken und Kapitalexport.
[28] Barth, Hochfinanz; konkrete Beispiele zum Ende der multilateralen Finanzkooperation in China bei Petersson, Imperialismus, Kap. VIII.

kaufmännischen Präsenz im Ausland.[29] Ähnlich dem deutschen Handel und Export legte auch die deutsche Handelsschifffahrt ein rasches Wachstum an den Tag, das ebenfalls als Angriff auf die englische Stellung in Weltwirtschaft und Welthandel ausgelegt wurde.[30]

Schließlich beteiligten sich deutsche Wissenschaftler und Beamte teils privat, teils im Regierungsauftrag an Projekten zur internationalen Vereinheitlichung wirtschaftlicher Regeln. Das Deutsche Reich unterzeichnete die in den 1870er Jahren ausgehandelten Post- und Telegraphenkonventionen und die Patentrechtsverträge. Der deutsche Strafrechtsprofessor Franz von List setzte sich im Rahmen der Internationalen Kriminalistischen Vereinigung u. a. mit Hinweis auf die immer engere wirtschaftliche Verflechtung der Staaten für eine Kompilation der Strafgesetzbücher der Staaten der Erde und eine Vereinheitlichung des Strafrechts ein. Ebenfalls von Deutschland ging eine Initiative zur Schaffung eines »Weltwechselrechts« aus, die allerdings nicht zum Erfolg führte.[31] Die Reichsbank war an der Aufrechterhaltung des internationalen Goldstandards beteiligt. Schließlich muss unter völkerrechtlichem Gesichtspunkt schon die andauernde und umfassende Beteiligung an Welthandel und Kapitalverkehr als eine selbst Rechtsquellen schaffende Praxis betrachtet werden, die zur gewohnheitsrechtlichen Sanktionierung allgemein befolgter Geschäftsgebräuche führen konnte.

Die Literatur über die globale Verflechtung der deutschen Wirtschaft bleibt insgesamt erstaunlich überschaubar; es dominiert das Interesse an innergesellschaftlichen Strukturfragen. In Lothar Galls Geschichte der Firma Krupp beispielsweise, die

---

[29] Volker Wünderich, Die Kolonialware Kaffee von der Erzeugung in Guatemala bis zum Verbrauch in Deutschland. Aus der transatlantischen Biographie eines »produktiven« Genussmittels (1860–1895), in: JWG 1 (1994), S. 37–60. Vgl. auch z. B. Ragnhild Fiebig-von Hase, Lateinamerika als Konfliktherd in den deutsch-amerikanischen Beziehungen 1890–1903, 2 Bde., Göttingen 1986; Dieter Glade, Bremen und der Ferne Osten, Bremen 1966.

[30] Zahlen zur deutschen Schifffahrt bei Sartorius von Waltershausen, Weltwirtschaft, S. 431–439.

[31] Franz von Liszt, Die Strafgesetzgebung der Gegenwart in rechtsvergleichender Darstellung, Berlin 1894; Felix Meyer, Das Weltwechselrecht, Leipzig 1909.

sich immerhin mit einem Unternehmen beschäftigt, das zeit-
weise 80 % seiner Produktion im Ausland absetzte, nehmen
weltwirtschaftliche Verbindungen nur wenige Seiten in Anspruch.[32] Dabei berühren gerade die beiden wichtigsten Ge-
schäftszweige Krupps, Eisenbahnen und Rüstungsmaterialien,
zahlreiche Fragen der weltwirtschaftlichen Verflechtung: Diese
Güter fanden einen über die europäisch-atlantische Welt hi-
nausreichenden Absatz; außerhalb Westeuropas und Nordamerikas fand ihr Verkauf im Rahmen der Abhängigkeitsverhält-
nisse des *informal imperialism* statt;[33] in der Regel knüpften sich
an die Eisenbahn- und Militärgüterexport komplexe, oft multinationale Finanzgeschäfte; beteiligt an der Vermittlung solcher
Aufträge waren unabhängige, international tätige oder regional
spezialisierte Handelshäuser und bei größeren Aufträgen auch
die Politik; schließlich brachten Rüstungs- und Eisenbahnge-
schäfte einen erheblichen Transfer an technologischem und or-
ganisatorischem Wissen mit sich. Dabei wäre es aus der Sicht
der Globalisierungsforschung ebenso wie angesichts des ge-
genwartsbezogenen Interesses an der Rolle der großen Konzerne bei der Gestaltung der wirtschaftlichen Weltordnung wün-
schenswert, den Zusammenhang von weltwirtschaftlicher
Verflechtung und innergesellschaftlichen Fragen an konkreten
Beispielen deutlich zu machen.

Weltwirtschaft und Weltpolitik

Vieles von dem, was wir als Globalisierung vor 1914 betrachten,
ist politisiert und staatlich eingehegt, und das heißt im deutschen Falle vor allem: machtstaatlich überformt. Globalisierung
ist in Deutschland ein Politikum, seit weltwirtschaftliche Verflechtung im Erfahrungsbereich eines größeren Personenkrei-
ses praktisch spürbar war. Ab etwa 1880 befinden sich die Prin-

---

[32] Lothar Gall, Krupp. Der Aufstieg eines Industrieimperiums, Berlin
2000. Die Vergleichszahlen für Krupps britische und französische Konkurrenz fallen erheblich niedriger aus: 50 % für Schneider-Creuzot und 33 %
für Vickers: William H. McNeill, The Pursuit of Power. Technology, Armed
Force, and Society since A. D. 1000, Oxford 1983, S. 302.
[33] Niels P. Petersson, Imperialismus und Modernisierung. Siam, China
und die europäischen Mächte, 1895–1914, München 2000.

zipien des Freihandels und der Arbeitsteilung auf den Rückzug; eine Welt konkurrierender Volkswirtschaften entsteht. An
der Durchsetzung dieser Sichtweise, an ihrer Transformation in
politische und – teilweise – ökonomische Realität hatte das
deutsche Reich einen ganz entscheidenden Anteil. So ist auch
die partielle Unterordnung weltwirtschaftlicher Netze unter
politische Gestaltungsansprüche nicht erst eine Forderung der
Globalisierungskritik seit dem Ende des Kalten Krieges.

Die Politisierung der deutschen Integration in die Weltwirtschaft erfolgte zunächst unter dem Schatten wirtschaftlicher
Krisen: der Absatzkrise nach dem »Gründerkrach« von 1873
und der Krise der Landwirtschaft angesichts billiger Getreide-
importe aus Russland und den USA seit der Mitte der 1870er
Jahre. Das meist proklamierte Ziel war zunächst einmal die defensive Abgrenzung unter den Stichworten des »Schutzes der
nationalen Arbeit« (vor allem in der Landwirtschaft) und der
wirtschaftlichen Einigung des neuen Reiches,[34] und die wichtigste politische Reaktion in Deutschland auf den Konkurrenz-
druck importierten Getreides und Fleisches waren die Schutzzölle von 1879. Dass die Landwirtschaftskrise der 1870er Jahre
unter anderem weltwirtschaftliche Ursachen hatte, nämlich die
Getreideexporte der neu erschlossenen Gebiete des mittleren
Westens der USA, lässt sich auch ohne Verwendung des Globa-
lisierungsparadigmas erkennen. Dessen Leistung kann hier
ganz im Gegenteil darin bestehen, genauer nach den *lokalen*
Produktionsbedingungen in den nun miteinander konkurrie-
renden ostelbischen und amerikanischen Produktionsgebieten
zu fragen sowie nach den Mechanismen des neu entstandenen
Weltgetreidemarktes, die sie miteinander in Beziehung setzten.
Bernhard Harms, Begründer des Kieler Instituts für Weltwirtschaft, benutzte 1912 ein Beispiel aus der Landwirtschaft, um
zu begründen, warum die von ihm skizzierte »Weltwirtschaftslehre« sich nicht allein mit Makrostrukturen befassen dürfe,
sondern bei der weltwirtschaftlichen Einbindung der einzelnen
Haushalte und Betriebe anzusetzen habe.[35]

---

[34] Andreas Etges, Wirtschaftsnationalismus. USA und Deutschland im
Vergleich (1815–1914), Frankfurt 1999, S. 275.
[35] Bernhard Harms, Volkswirtschaft und Weltwirtschaft. Versuch der Begründung einer Weltwirtschaftslehre, Jena 1912, S. 103–107, 351 f., 369 f.,
374 f.

Der Wandel in der weltwirtschaftlichen Einbindung des Kaiserreiches hatte bedeutende politische Rückwirkungen. Wurden Fragen der Landwirtschaft im Reichstag behandelt, entwickelten sich regelmäßig Grundsatzdebatten, in denen unabhängig vom konkreten Thema alle wichtigen Strukturfragen des Kaiserreiches diskutiert wurden – von der Gesundheit der Arbeiterschaft über religiöse Themen bis zu Verfassungsproblemen.[36] Solche Debatten gewannen mit den Protesten gegen die um moderate Zollsenkung bemühte Handelsvertragspolitik Reichskanzler Caprivis (1890–1894) an Bedeutung und mündeten in den letzten Jahren des 19. Jahrhunderts in eine Diskussion der Frage, ob Deutschland sich zum »Industriestaat« entwickeln dürfe. Darunter wurde ein strukturell in die Weltwirtschaft eingebundener Staat verstanden, der auf Bezugsquellen und Absatzmärkte im Ausland angewiesen war. Weltwirtschaftliche Integration erschien den Gegnern dieser Entwicklung als eine »Zwangslage«, ja als »latente Fremdherrschaft«, der Deutschland nur durch bewusste Beschränkung der Bedürfnisse und Produktionskapazität auf das im Binnenlande zu Erzeugende entrinne könne.[37] Weltwirtschaftliche Integration war zu diesem Zeitpunkt jedoch bereits Tatsache. Die Schutzzölle hielten zwar die Getreidepreise deutlich höher als auf dem Weltmarkt, konnten der Landwirtschaft aber nicht aus der Krise helfen; Importe blieben angesichts der Lücke zwischen der Produktionskapazität der deutschen Landwirtschaft und dem Nahrungsmittelbedarf der zunehmend urbanen und industriellen Gesellschaft des Kaiserreiches unverzichtbar. Das Deutsche Reich blieb so ein wichtiger Markt für importiertes Getreide und nahm in dieser Eigenschaft an der weltweiten Arbeitsteilung teil. Es war eine import- wie exportabhängige Volkswirtschaft geworden, die Form und Ausmaß ihrer weltwirtschaftlichen Einbindung politisch regeln, sich aber nicht in die Autarkie zurückziehen konnte.

---

[36] Vgl. z. B. die in dieser Weise ausufernde Debatte über die Verlängerung des Einfuhrverbots für Schweinefleischprodukte aus den USA (22.01.1891, Stenographische Berichte des Reichstags, 1890–1891, Bd. 2, S. 1091–1137).

[37] Protagonisten waren Karl Oldenberg und Adolf Wagner. Zitate aus Karl Oldenberg, Industriestaat und Exportindustrie, in: Soziale Praxis 8 (1899), S. 745–748. Zum Überblick Martin Steinkühler, Agrar- oder Industriestaat. Die Auseinandersetzung um die Getreidehandels- und Zollpolitik des Deutschen Reiches 1879–1914, Frankfurt 1992.

Die extremen Vorstellungen der Agrarlobbyisten (die neben Schutzzöllen auch ein staatliches Getreidehandelsmonopol gefordert hatten) und der Industriestaatsgegner konnten sich nicht durchsetzen. Es kann aber kein Zweifel bestehen, dass die weltwirtschaftliche Verknüpfung des Kaiserreiches seit Agrar- und Gründerkrise zu einem massenwirksamen, für breite Kreise daseinsprägenden Phänomen wurde und einen ersten »globalisation backlash« provozierte.[38] Kann man in der seit 1879 verfolgten, 1902 noch deutlich verschärften Schutzzollpolitik des Kaiserreiches eine notwendige und stabilisierende, den Strukturwandel abfedernde Einhegung der Globalisierung erblicken, oder ist eher das destabilisierende, auf die weltwirtschaftlichen Krisenerscheinungen der Zwischenkriegszeit vorausweisende Moment zu betonen?[39] Die Handelsvertragspolitik Caprivis, die klar für die erste der beiden Perspektiven stand, ist jedenfalls gescheitert. In den Debatten um die weltwirtschaftliche Einbindung des Kaiserreiches traten dafür Konfliktlinien und Strukturprobleme einer Gesellschaft im Modernisierungsprozess und die Funktionsdefizite ihrer Institutionen besonders deutlich hervor, und in Deutschland wurde der Protektionismus – anders als etwa in Frankreich[40] – zum Fundament für eine reaktionäre, parlamentarisch nicht mehrheitsfähige und nach innen wie nach außen scharf machtstaatlich ausgerichtete Politik.

Globalisierung blieb auch kein Thema für die »Globalisierungsverlierer«. Die Politisierung weltwirtschaftlicher Vernetzung wurde rasch expansionistisch gewendet. Wilhelminische »Weltpolitik« sollte der neugewonnenen wirtschaftlichen Kraft ein Betätigungsfeld und den damals oft zitierten »Ellbogenraum« verschaffen.[41] Ökonomische Globalisierung wurde in Deutschland stets in enger Wechselwirkung mit weltpolitischen Machtfragen gesehen. Wie sehr die »Weltpolitik« mit dem Erfordernis weltwirtschaftlicher Expansion begründet wurde, ist bekannt: Die Flotte galt ihren bildungs- und wirtschaftsbürgerli-

---

[38] Michael D. Bordo u. a., Is Globalization Today Really Different Than Globalization A Hundred Years Ago?, Cambridge, Mass. 1999.

[39] Die Frage stellt Knut Borchardt, Globalisierung in historischer Perspektive, München 2001; seine Antwort fällt im erstgenannten Sinne aus.

[40] Rita Aldenhoff-Hübinger, Agrarpolitik und Protektionismus. Deutschland und Frankreich im Vergleich 1879–1914, Göttingen 2002.

[41] Etges, Wirtschaftsnationalismus, S. 275.

chen Verfechtern als Versicherung gegen die Gefahren der Abhängigkeit von den Weltmärkten, und sei es indirekt durch ihr Drohpotenzial gegenüber der potenziellen Blockademacht Großbritannien. Kolonien wurden als noch zu entwickelnde Absatzmärkte gesehen oder zumindest propagandistisch gerechtfertigt, und die Offenhaltung noch nicht kolonisierter Gebiete gegen die Ansprüche konkurrierender Großmächte schien nur gestützt auf eine starke weltpolitische Position erfolgversprechend. Wirtschaft wurde primär als Instrument nationaler Größe verstanden, und wirtschaftliche Interessengegensätze zwischen den Nationen galten als unhintergehbare Konsequenzen des Kampfes ums Dasein.[42] Gemäß der Doktrin, dass auf den Weltmärkten letztlich Volkswirtschaften und nicht Firmen konkurrierten, konnten sich in Deutschland (ähnlich wie in den gleichermaßen protektionistischen USA) Trusts und Kartelle etablieren, die auf zollgeschützten Binnenmärkten Zusatzgewinne erwirtschafteten, die dann im Preiskampf auf den Weltmärkten eingesetzt werden konnten. Charakteristisch für eine in der deutschen Schwerindustrie vorherrschende Orientierung war die Verschränkung von Weltmarktorientierung durch den Export von Eisenbahn- und Rüstungsgütern mit der ebenso bedingungslosen wie profitablen Unterstützung einer aggressiven Welt- und Aufrüstungspolitik, wie sie Lothar Gall bei Krupp diagnostiziert.[43]

Ein Beitrag über die Rolle des Kaiserreiches in Prozessen ökonomischer Globalisierung ist nicht der rechte Ort, die Frage nach den Ursachen des Ersten Weltkrieges zu stellen. Sicher ist, dass der Krieg, obschon er bald zum Weltkrieg wurde, aus europäischen, nicht globalen Konstellationen entstand. Mit Kriegsausbruch wurden die meisten weltwirtschaftlichen Beziehungen des Deutschen Reiches gekappt. Nun ging es um eine andere Art von Globalisierung, handelte es sich doch um einen *Welt*krieg. An ökonomischer Globalisierung hatte das Kaiserreich nun keinen Anteil mehr; sie spielte sich im Rahmen weltweiter Ressourcenmobilisierung auf Seiten der Kriegsgegner des Deutschen Reiches ab.

---

[42] Ebd.; Harold James, A German Identity, 1770–1990, London 1989; Gollwitzer, Weltpolitisches Denken, Bd. 2, S. 35–38.
[43] Gall, Krupp, S. 338.

Fazit

Im späten 19. Jahrhundert verdichteten sich parallel zur Staatsbildung in Deutschland weltwirtschaftliche Interaktionsnetze.
Solche durchaus als Globalisierungsprozesse zu beschreiben-
den Verflechtungen entstanden zunächst unter britischer Hege-
monie und unter dem Regime des Freihandels. Seit den 1870er
Jahren lassen sich zwei nur scheinbar widersprüchliche Ent-
wicklungstendenzen der Weltwirtschaft beobachten, an denen
das Kaiserreich jeweils einen entscheidenden Anteil hatte: *Mul-
tilateralisierung* und *Nationalisierung*.[44] Mit der Reichsgründung
und der etwa zeitgleich zu beobachteten Entwicklung des Deutschen Reiches zu einem der ökonomisch und technologisch leis-
tungsfähigsten Industriestaaten wurde es auch eine wichtige
Exportnation und ein bedeutender Importeur. Durch Ausfuhren, die Entwicklung und den Transfer neuer Technologien und
den gestiegenen Konsum von eingeführten Industrie- und
Agrarprodukten wurde das Deutsche Reich bzw. einzelne seiner Regionen Teil multilateraler wirtschaftlicher Netze, deren
Bestand, wie sich bei einem Blick auf die Weltwirtschaftskrise
nach 1929 zeigt, vom relativ freien Waren- und Kapitalverkehr
in *allen* wichtigen beteiligten Regionen abhängig war.[45] Zugleich und gleichzeitig brachte das Deutsche Reich aber auch
partikularisierende, ja destruktive Tendenzen in die entstehende multilaterale Weltwirtschaft ein. Von vornherein betrachteten die Führungsschichten des Kaiserreiches dessen weltwirtschaftliche Stellung nicht als eine Markt-, sondern als eine
Machtfrage, und waren entschlossen, weltwirtschaftliche Einflüsse auf die Strukturen von Wirtschaft und Gesellschaft politisch zu steuern. Mit dem Übergang zum Schutzzoll und der
wilhelminischen Weltpolitik leistet das Kaiserreich einen erheblichen Beitrag zur Politisierung des Globalisierungsprozesses
und zu seiner nationalistisch-machtstaatlichen Aufladung.

---

[44] Zur Wechselwirkung von Weltwirtschaft und Weltpolitik, s. a. Gustav
Schmidt, Nationalstaat, Weltmarkt und imperiale Expansion. Zum Verhältnis von Politik und Ökonomie im 19. Jahrhundert, in: Jens Siegelberg/Klaus
Schlichte (Hg.), Strukturwandel internationaler Beziehungen. Zum Verhältnis von Staat und internationalem System seit dem Westfälischen Frieden,
Wiesbaden 2000, S. 194–216.
[45] Harold James, The End of Globalization. Lessons from the Great Depression, Cambridge, Mass. 2001.

Diese Nationalisierungstendenzen, die das Kaiserreich mit großer Macht in Weltwirtschaft und Weltpolitik eingebracht hat, waren *auch* Ergebnis der durch weltwirtschaftliche Integration gegebenen Handlungsoptionen und Bedrohungen; weltwirtschaftliche Integration ihrerseits war *auch* von nationalstaatlicher Interessenpolitik und innerstaatlichen Kräften hervorgebracht und geformt. Zugespitzt ließe sich sagen, dass das Kaiserreich mit seiner raschen ökonomischen Expansion und mit seinem Willen zur Politisierung weltwirtschaftlicher Zusammenhänge paradigmatisch bestimmende Tendenzen des ausgehenden 19. Jahrhunderts repräsentierte und vorantrieb, so dass es geradezu als die »Globalisierungsvormacht« der Epoche bezeichnet werden kann. Auch in dieser Hinsicht war das Kaiserreich also, wie David Blackbourn in anderem Kontext festgestellt hat, »much more the intensified version of the norm than the exception«.[46] Anders als im Falle der ähnlich rasch wachsenden USA, die sich noch vor allem nach innen bzw. in ihrer »Hemisphäre« entwickelten, wirkte der deutsche Beitrag zur »Globalisierung vor 1914« allerdings strukturbildend.[47]

---

[46] David Blackbourn, The Discreet Charm of the Bourgeoisie. Reappraising German History in the Nineteenth Century, in: ders./Geoff Eley, The Peculiarities of German History. Bourgeois Society and Politics in Nineteenth-Century Germany, Oxford 1984, S. 292.

[47] Für eine parallele Analyse der Stellung der USA im Globalisierungsprozess, vgl. Thomas W. Zeiler, Just Do It! Globalization for Diplomatic Historians, in: Diplomatic History 25 (2001), S. 529–551.

Michael Geyer

Deutschland und Japan im Zeitalter der Globalisierung

Überlegungen zu einer komparativen Geschichte jenseits des Modernisierungs-Paradigmas[1]

Vergleichende Betrachtungen Deutschlands und Japans reichen, zumindest was die japanische Geschichte angeht, bis in die Anfänge der als »modern« identifizierten, nationalstaatlichen Historiographie zurück (im Unterschied zu einer älteren, nationalen Geschichtsschreibung).[2] Vergleichbares ist für Deutschland eher die Ausnahme geblieben, aber auch hier spielte zumindest in modernisierungstheoretisch inspirierten Arbeiten der Vergleich mit Japan eine nicht unwichtige Rolle.[3]

---

[1] Dieser Beitrag basiert auf zwei graduate seminars, die ich vor Jahren mit Harry Harootunian zum Thema »Deutschland – Amerika – Japan« gehalten habe, auf einem Beitrag zu einer von Irmela Hijiya-Kirschnereit organisierten Konferenz des Deutschen Instituts für Japanstudien in Tokyo (»Japan als Fallbeispiel in den Wissenschaften«), die mehr Jahre zurück liegt als mir lieb ist, sowie schließlich auf einem Paper für die von Sebastian Conrad und Jürgen Osterhammel organisierte Konferenz »Das Kaiserreich transnational«. Allen Beteiligten, insbesondere aber Harry Harootunian, Carol Gluck, Irmela Hijiya-Kirschnereit sowie Sebastian Conrad und Jürgen Osterhammel, danke ich für Kritik, vielfältige Anregung und nötige Korrekturen.

[2] Zur japanischen Nation vor dem Nationalstaat, siehe Harry D. Harootunian, Things Seen and Unseen. Discourse and Ideology in Tokugawa Nativism, Chicago 1988. Tetsuo Najita, Tokugawa Political Writings, Cambridge 1998. Ich verzichte im Folgenden weitgehend auf bibliografische Angaben zur japanischen und insbesondere zur deutschen Geschichte. Jedoch ist ganz unverkennbar, dass meine Lesart der japanischen Geschichte von meinen vormaligen Kollegen in Chicago Harry Harootunian, Tetsuo Najita und Akira Iriye sowie von Carol Gluck (Columbia), Victor Koschmann (Cornell) und Julia Thomas (Notre Dame) stark beeinflusst ist, ohne dass diese in irgendeiner Weise dafür verantwortlich gemacht werden sollten.

[3] Barrington Moore, Social Origins of Dictatorship and Democracy. Lord

Deutschland und Japan schienen angesichts ihrer in vieler Hinsicht parallelen Entwicklungspfade in und durch die Moderne zum Vergleich geradezu prädestiniert, wenn auch die Frage nach der Nützlichkeit und Tragfähigkeit solcher Vergleiche im einzelnen – etwa im Kontext von Theorien des Faschismus oder Totalitarismus – umstritten blieb.[4] In den letzten Jahren hat dieses Thema erneut eine Reihe von Historikern und Sozialwissenschaftlern angezogen, die nun allerdings den deutsch-japanischen Vergleich jenseits des älteren analogen Paradigmas voranzutreiben versuchen.[5] Dabei zeichnet sich in Umrissen eine Historiographie ab, die sich exemplarisch mit den Problemen einer interkulturell vergleichenden, transnationalen Geschichte auseinandersetzt.

Die Bemühungen sind Teil einer neueren ostasiatischen Geschichtsschreibung (ähnliches gilt für Südasien), die im Rahmen der europäischen und atlantischen Geschichte kaum wahrgenommen wird.[6] Eurozentrismus mag dabei weniger eine Rolle spielen als ein neuartiger Provinzialismus, der zwar die Multipolarität der Welt hervorhebt, aber von ihr gleichzeitig überfordert ist. Jeder ist sich selbst genug, weil er selbst genug zu tun hat und weil er schließlich auch den Anderen nicht in ihr Geschäft reden will, wenn sie es überhaupt dazu kommen lassen. An diesen wechselseitigen Sensibilitäten kommt man nicht vorbei. Man kann aber mit ihnen umgehen lernen, weil es eine Generation ostasiatischer (und südasiatischer) Historiker gibt, die sich als Allgemeinhistoriker verstehen und deren Rezeption deshalb auch in der heutigen Geschichtswissenschaft allgemein sein sollte.[7] Indem ich von einigen dieser Arbeiten

and Peasant in the Making of the Modern World, Boston 1967 gab wohl den entscheidenden Anstoß.

[4] Bernd Martin (Hg.), Japan and Germany in the Modern World, Providence 1995.

[5] Exemplarisch Sebastian Conrad, Auf der Suche nach der verlorenen Nation. Geschichtsschreibung in Westdeutschland und Japan 1945–1960, Göttingen 1999 oder Thomas U. Berger, Cultures of Antimilitarism. National Security in Germany and Japan, Baltimore 1998.

[6] Dipesh Chakrabarty, Provincializing Europe. Postcolonial Thought and Historical Difference. Princeton 2000. Prasenjit Duara, Rescuing History from the Nation: Questioning Narratives of Modern China, Chicago 1995.

[7] Siehe aber Jürgen Osterhammel, Geschichtswissenschaft jenseits des

ausgehe, möchte ich die Frage des Vergleichs und des Verglei-
chens aufnehmen und dabei insbesondere nach der Rolle und
den Modi des Vergleichs im Rahmen einer Globalisierungsge-
schichte fragen.

Dabei möchte ich erstens versuchen, zu zeigen, dass der moderne Nationalstaat zwar als Ausgangsgröße – und damit als
explanans – einer vergleichenden Geschichte zurecht Gegenstand einer grundsätzlichen Kritik geworden ist, dass er aber
als zu erklärende Größe – also als *explanandum* – recht eigentlich
erst noch »entdeckt« werden muss. Dafür scheint der deutsch-
japanische Vergleich nicht zuletzt wegen seiner interkulturellen
und interregionalen Dimensionen besonders geeignet.[8] Es geht
darum, den Nationalstaat nicht schlechthin als moderne Form
eines historisch gewordenen Einheitsstrebens zu begreifen,
sondern als Knotenpunkt in der Verzahnung von Entschei-
dungs-, Handlungs- und Identitätsräumen in seiner historischen Zeit.[9] Das kann nur geschehen, wenn die Frage der Nationalstaatlichkeit selbst – mitsamt ihren Emotionen und ihrem
kulturellen Ballast – in den Mittelpunkt der Betrachtung rückt.[10]

Das heißt zweitens, von der nach wie vor vorherrschenden
historisch-genetischen Innenansicht des Nationalstaates Ab-
schied zu nehmen, um ihn statt dessen in einem global expandierenden, regional sich intensivierenden Beziehungs- und Ab-
hängigkeitsnetz zu lokalisieren.[11] Vor Jahren schon hat Peter
Gourevitch vom »second image reversed: the international
sources of domestic politics« gesprochen – und genau um die-

Nationalstaates. Studien zu Beziehungsgeschichte und Zivilisationsvergleich, Göttingen 2001.

[8] Als Vorlage kann dazu dienen: Christoph Conrad/Sebastian Conrad
(Hg.), Die Nation schreiben. Geschichtswissenschaft im internationalen Vergleich, Göttingen 2002.

[9] Jürgen Osterhammel, Raumerfassung und Universalgeschichte im
20. Jahrhundert, in: Gangolf Hübinger (Hg.), Universalgeschichte und Nationalgeschichten, Freiburg 1994, S. 51–72 und ders., Die Wiederkehr des
Raumes: Geopolitik, Geohistorie und historische Geographie, in: Neue Politische Literatur 43 (1998), S. 374–97.

[10] Vgl. Conrad, Auf der Suche nach der verlorenen Nation.

[11] Zum theoretischen Kontext siehe David Held u. a., Global Transformations. Politics, Economics and Culture, Stanford 1999 und David Held/An-
thony G. McGrew (Hg.), The Global Transformations Reader. An Introduction to the Globalization Debate, Cambridge 2003.

sen Vorgang geht es.[12] Auch in dieser Hinsicht ist der deutsch-
japanische Vergleich außerordentlich produktiv. Denn es lässt
sich meines Erachtens schlüssig demonstrieren, dass Japan und
Deutschland trotz radikal verschiedener Ausgangslagen aufgrund ihrer Positionierung in transnationalen Beziehungsnetzen eine frappierend parallele Entwicklung als Nationalstaat
durchlaufen haben. Dieser Parallelismus lässt sich weder durch
analoges Vergleichen noch durch eine kritische Beziehungs-
oder reflexive Transfer-Geschichte begreifen.[13]

Sollte dieses Argument überzeugen, dann könnte man daran
denken, die Modernisierungstheorie als nach wie vor dominante
Erklärungsstrategie für die nationalstaatliche Entwicklung im
20. Jahrhundert aus den Angeln zu heben und sie durch Globa-
lisierungsgeschichten mit ihren Vernetzungszusammenhängen
einerseits und durch Nationalisierungsgeschichten mit ihren Positionierungsstrategien andererseits zu ersetzen.[14] Das muss vorläufig Zukunftsmusik bleiben. Der unmittelbare Mehrwert der
folgenden Überlegungen ist handlicher und hat mit den »Fiktionen der Autonomie« in einer sich vernetzenden Welt zu tun.[15]
Konkret geht es dabei um die Geschichte Deutschlands und Japans als Fallbeispiele. Denn diese beiden Weltmeister der ›Eigentlichkeit‹ (Adorno) sind doch paradoxer Weise als Nationen
nur deshalb etwas geworden, weil sie sich voll und ganz in die
Welt gestellt haben – und angesichts ihrer katastrophalen Erfahrungen mit ihrer Suche nach Eigentlichkeit möchte man vielleicht hinzufügen: *wenn* sie sich der Welt gestellt haben.

[12] Peter Gourevitch, The Second Image Reversed. The International Sources of Domestic Politics, in: International Organization 32 (1978), S. 881–912.

[13] Allerdings mit einer etwas anderen Stoßrichtung: Prasenjit Duara,
Transnationalism and the Challenge to National Histories, in: Thomas Ben-
der (Hg.), Rethinking American History in a Global Age, Berkeley 2002,
S. 25–46; Jerry H. Bentley, The New World History, in: Lloyd Kramer/Sarah
Maza (Hg.), A Companion to Western Historical Thought, Malden 2002,
S. 393–416.

[14] Als Versuch einer solchen global vergleichenden Geschichte: Michael
Geyer/Charles Bright, Global Violence and Nationalizing Wars in Eurasia
and America. The Geopolitics of War in the Mid-Nineteenth Century, in:
Comparative Studies in Society and History 38 (1996), S. 619–57.

[15] Zur Dekonstruktion der Fiktion und zur historisch kritischen Rekonstruktion des Nationalstaates vgl. Michael Geyer, Historical Fictions of Au-
tonomy and the Europeanization of National History, in: Central European
History 22 (1989), S. 316–42.

Alte und neue Nationalgeschichte

Das neue Interesse an einer vergleichenden Geschichte Deutschlands und Japans lässt sich als Gegenprogramm und Gegenbe-
wegung zu einer älteren analogen und asymmetrischen Schule
des interkulturellen Vergleiches begreifen. Diese ging einerseits
vom deutschen und japanischen Nationalstaat als Vergleichsein-
heit aus und war in diesem Sinne analog. Sie nahm andererseits
jedoch ohne großes Aufheben an, dass Deutschland Model und
Vorbild sei, was den Vergleich radikal asymmetrisch machte. So
hat man sich etwa gefragt, welche Aussagekraft das nationalsozialistische Modell für Japan hat, während kaum darüber nach-
gedacht wurde, was die einschlägigen Untersuchungen über
den japanischen Militarismus über Deutschland aussagen könnten. Umgekehrt definierten japanische Vergleiche die eigene Differenz in der Auseinandersetzung mit dem Westen, wobei letz-
terer eher Chiffre einer universalen Moderne denn konkrete
Gestalt der einen oder anderen westlichen Modernität gewesen
wäre.[16] Das Ergebnis war in jedem Falle eine Bestätigung der
eigenen Besonderheit, ob diese nun befürwortet oder abgelehnt
wurde.

Es gab daneben ein ausgeprägtes Interesse an dem vielfältigen Einfluss Deutschlands auf Japan und umgekehrt der Japan-
Begeisterung in Deutschland und Europa.[17] Das war lange Zeit
eine merkwürdige Kulturtransfergeschichte, die von der Besonderheit und der letztendlich wesenhaften Unberührbarkeit der
gewachsenen Nationen – voran Deutschlands und Japans –
ausging und das gegenseitige Kennen- und Schätzen lernen
zum Programm erhob. Schließlich hat sich aber doch in Ansätzen eine Transfer-Geschichte entwickelt, welche die gegenseitigen Beziehungsgefüge durchleuchtete, ohne dass es hier bislang zu einer abschließenden Bewertung gekommen wäre.
Denn erst im Nachhinein stellte man fest, dass die Vorstellung

[16] Masao Miyoshi, Off Center. Power and Culture Relations between Ja-
pan and the United States. Cambridge/Mass. 1991; Vera Micheles
Dean/Harry D. Harootunian (Hg.), West and Non-West: New Perspectives.
An Anthology, New York 1963.

[17] Bert Edstrom (Hg.), The Japanese and Europe. Images and Perceptions,
Richmond 2000. Galeries Nationales du Grand Palais/Kokuritsu Seiyô Bi-
jutsukan/Musée d'Orsay (Hg.), Le Japonisme, Paris 1988.

von einem bilateralen Austausch ebenso falsch war wie die konkurrierende, »kritische« Idee einer unilateralen Einflussnahme.
Man stand vielmehr vor dem Problem von komplexen Aneig-
nungs- und Lernprozessen, die über viele Stationen und Ver-
mittler liefen – besonders in Regionen, die durch dramatisch
beschleunigte Veränderungsprozesse gekennzeichnet waren.[18]
Dabei wird man gerade auf lange Sicht hervorheben müssen,
dass solche Lernprozesse weder neu waren (vielmehr auf der
Adaption älterer Lernmodelle aufbauten) noch in der Anverwandlung asymmetrisch blieben (sondern eben nur das inkor-
porierten, was mit dem Eigenen konform ging).

Gleichzeitig hat sich die neuere Forschung gerade die Selbstverständlichkeit des Nationalstaates vorgeknöpft. Paradoxer
Weise benutzte sie den Vergleich als Hebel, um die Nation als
hauptsächliche Einheit des Vergleichs aus den Angeln zu heben.
Ihren Hauptangriffspunkt dafür bildeten die Narrative der jeweiligen Nationalgeschichte, die nun gerade in der vergleichenden Forschung der Dekonstruktion anheim fielen, weil
diese die diskursiven Hülsen zutage förderte, welche die Nation als Konstrukt zusammenhielten. Zwar wurde dabei weiterhin analog gearbeitet, aber das Subjekt des Vergleiches war
nun nicht mehr der Nationalstaat in seiner ›Eigentlichkeit‹, sondern gerade umgekehrt dessen Uneigentlichkeit oder Konstru-
iertheit. Das war zwar nicht unbedingt das, was Benedict Anderson gesagt hatte, aber es entsprach dem, was von ihm
letztendlich verstanden wurde.[19]

In dieser diskursiven Geschichte in kritischer Absicht wurden vor allem ältere Orientalismen und Okzidentalismen aufgearbeitet, eben jenes Paket von Vorstellungen, welche das Eigene dadurch bestimmten, dass sie es in einem preziösen
Anderswo, einem mythischen Ort der ›Eigentlichkeit‹ ansiedelten, einer Antipode zur ebenso fiktiven modernen Welt. Das
»postmoderne« Gefühl der siebziger und achtziger Jahre, in einem »Gefängnis der Episteme« zu sitzen, ist inzwischen weit-

[18] Siehe etwa die anregende kleine Studie von Douglas R. Howland, Borders of Chinese Civilization. Geography and History at Empire's End, Durham 1996.
[19] Das Original ist inzwischen mehr als zwanzig Jahre alt: Benedict Anderson, Imagined Communities. Reflections on the Origin and Spread of
Nationalism, London 1983.

gehend verflogen – und mit ihm auch der Sturm und Drang, die Gefängnismauern dieser Scheinwelten niederzureißen.[20] Was geblieben ist, sind Ansätze zu einer vergleichenden deutschen und japanischen Geschichte, die damit begonnen hat, sich mitten in der Welt zurechtzufinden.[21]

Die Ergebnisse dieser Forschung lassen sich knapp wie folgt zusammenfassen: Erstens wurde die *Singularität* der nationalen Entwicklung, wie immer sie nun im einzelnen begründet war (etwa in einem Jargon der ›Eigentlichkeit‹ oder im Verweis auf den historischen Ausnahmezustand einer Souveränitätskrise des Nationalen) als rhetorische Strategie auseinander genommen. Zweitens stieß die These von der *Linearität* der nationalen Geschichte, die sowohl für Japan als auch für Deutschland gemeinhin als negative Entwicklung (etwa in der These von der Rückständigkeit oder der negativen Partikularität) gefasst wurde, auf Widerspruch. Drittens kam die *Polarität* von Ost und West, Orientalismus und Okzidentalismus, zunehmend unter Ideologieverdacht und wurde als Versatzstück kultureller Selbstidentifikation oder politischer Propaganda dekodiert. Viertens schließlich wurde die autonome und homogene *Nationalstaatlichkeit* als bloße »container«-oder Monadengeschichte dekuvriert. Das neue Ziel bestand darin, eine Geschichte »jenseits der Fiktion des Nationalstaates« zu schreiben, bzw. in der ebenso berühmten wie provokativen Formulierung von Prasenjit Duara »to rescue history from the nation state.«[22]

Die Neuansätze lassen sich ebenfalls mit vier Stichworten knapp skizzieren. Erstens hebt die neuere und neueste Forschung sehr viel unbefangener die *Gemeinsamkeit der Moderne* und der modernen Nationalstaatlichkeit hervor, statt jede Nation als eine Ausnahme und sie alle zusammen als unendlich vielfältig zu betrachten. Dies war in der japanischen Geschichte (aber weniger ausgebildet in der deutschen Forschung) deshalb

---

[20] Masao Miyoshi/Harry D. Harootunian (Hg.), Postmodernism and Japan. Post-Contemporary Interventions, Durham 1989.

[21] Peter J. Katzenstein/Takashi Shiraishi (Hg.), Network Power. Japan and Asia, Ithaca 1997.

[22] Die erste Formulierung stammt aus einem Aufsatz, der sich noch etwas wirr mit Fragen einer transnationalen Geschichte auseinandersetzt, dafür aber auch schon 1989 geschrieben wurde: Michael Geyer, Historical Fictions; siehe auch Prasenjit Duara, Rescuing History from the Nation. Questioning Narratives of Modern China, Chicago 1995.

möglich, weil an die Stelle der Vorbildlichkeit eines hyposta-
sierten (westlichen) Modells die konkret-empirische Analyse
kontext- und situationsbedingter Varianten und Inflektionen
des modernen Nationalstaates traten.[23] Zweitens haben Historiker damit begonnen, Fragen der *Ungleichheit und Ungleichzei-
tigkeit* innerhalb der Nationalstaaten – aber auch zwischen ihnen und des Zusammenhangs zwischen beiden Dimensionen
(etwa in der Diskussion über Liberalismus und Neo-Liberalis-
mus) – neu für sich zu entdecken.[24] Sie begannen damit, die
moderne Entwicklung des Nationalstaates als einen Prozess der
Differenzierung einerseits und der Inkorporation und Ausson-
derung andererseits zu begreifen – und dies sowohl im lokalen
als auch im Weltmaßstab. Hier haben gerade die Imperial- und
Kolonialgeschichte ebenso wie die Geschlechtergeschichte sowie die Geschichte von Minderheiten neue Impulse geliefert.[25]

Wenn man dann drittens von der Durchsetzung der *Idee der
Deterritorialisierung* sprechen will, wird man sich zunächst einmal gegen den spekulativen Unfug verwahren müssen, der mit
dieser Überlegung getrieben wird. Denn damit ist nicht das Ende des Nationalstaates oder die angebliche Grenzenlosigkeit
der Moderne gemeint.[26] Es geht vielmehr um die vielfältigen
Austausch- und Wanderungsbewegungen von Menschen, Sachen, und Ideen, die noch jeden Nationalstaat durchdrungen
haben. Hierbei stehen sowohl in Ostasien als auch in Europa
Regionalisierungsprozesse im Mittelpunkt, nicht einfach weil
sie handgreiflicher als Globalisierungsprozesse sind, sondern
weil sie empirisch die hauptsächliche Ebene der Verzahnung
und Einbettung nationaler Geschichte in sub- und supranatio-
nale Verbund- und Austauschsysteme ist.[27] Dass Europa und
Ostasien hierbei gleichzeitig in ihrer Einbettung in den großen
hemisphärischen Verbundsystemen (die atlantische, pazifische

---

[23] Als Beispiel Akira Iriye, China and Japan in the Global Setting, Cam-
bridge/Mass. 1992.

[24] Willem van Schendel/Henk Schulte Nordholt (Hg.), Time Matters.
Global and Local Time in Asian Societies, Amsterdam 2001.

[25] Sebastian Conrad, Doppelte Marginalisierung, in: Geschichte und Gesellschaft 28 (2002), S. 145–169.

[26] Ken'ichi Omae, The Borderless World. Power and Strategy in the In-
terlinked Economy, New York 1990.

[27] Jürgen Osterhammel, Transnationale Gesellschaftsgeschichte. Erweiterung oder Alternative?, in: Geschichte und Gesellschaft 27 (2001), S. 464–79.

und die indisch-afrikanische maritime Zone) gesehen werden müssen, liegt auch nicht mehr ganz jenseits der Vorstellungskraft der Historiker.[28] Nicht zuletzt gewinnen die Nationalgeschichten dann viertens aus der *Transnationalisierung der Nation* einen neuen Zugewinn. Hinter diesem Begriff verbirgt sich Vieles und Verschiedenes, auf das ich noch zurückkommen will.[29] Aber es ist wohl am sinnvollsten, wenn man darunter alle Formen hegemonialen Einflusses versteht, aber auch die jeweiligen Akteure, welche diesen Einfluss ausüben und die Medien, in denen er ausgeübt wird. Diese Bestimmung ist deshalb so produktiv für die deutsche und die japanische Geschichte, weil man so die doppelte Positionierung dieser beiden Nationalstaaten in den Griff bekommt – einerseits das formale und informelle imperiale Ausgreifen beider Nationen und gleichzeitig ihre Einbettung in übergeordnete Hegemonialsphären. Nicht zuletzt erlaubt dieser Zugriff auch ein Blick auf nicht-staatliche Institutionen, wie etwa Honda oder DaimlerChrysler, deren Nationalität hauptsächlich darin besteht, dass sie unter einer nationalen Flagge firmieren, wenn sie auch ihre Ressourcen aus vielen Quellen und unabhängig von einer bestimmten Staatlichkeit mobilisieren.

Das unmittelbare Ergebnis dieser Bemühungen ist die Öffnung der Nationalgeschichte in Anbetracht ihrer vielfältigen Verflechtungen und Einbettungen. Es zeigt sich überdies eine Lösung des Nationalen aus den historisierenden Fiktionen nationaler Identität, wie sie in der klassischen Nationalgeschichte artikuliert worden war. Dass damit auch eine vergleichende Diskussion über die Moderne und ihre Bestimmung einhergeht, wird insbesondere in der japanischen Diskussion deutlich, die hier mit erheblichen Gewinn von der deutschen Verwestlichungs- und Amerikanisierungsgeschichte gelesen werden könnte.[30] Denn eine solchermaßen erweiterte National-

---

[28] Marshall Sahlins, Cosmologies of Capitalism. The Trans-Pacific Sector of the World System, in: Proceedings of the British Academy 84 (1988), S. 1–51 oder für die neueste Zeit Saskia Sassen, The Global City, New York 1991.

[29] Siehe den Versuch einer Bestimmung bei Kiran Klaus Patel, Nach der Nationalfixiertheit. Perspektiven einer transnationalen Geschichte, Berlin 2004.

[30] Carol Gluck, Japan's Modern Myths. Ideology in the Late Meiji Period, Princeton 1985.

geschichte, die von den Diskussionen um alternative Modernität profitiert, hat zwar nicht den Nationalstaat, wohl aber die
Selbstverständlichkeiten und Selbstbeschränktheiten des Nationalen relativiert; auf diese Weise wurde die Macht des Nationalstaates, Sinn zu stiften und Alltagspraxis zu schaffen, in
Frage gestellt und der prüfenden Forschung anheim gestellt –
ohne dass damit die Frage der Nationalstaatlichkeit vom Tisch
wäre. Die jeweilige deutsche und japanische Geschichte lässt
sich nicht mehr – jedenfalls nicht mehr selbstverständlich – aus
sich selbst heraus verstehen. Allerdings wird dann zum Problem, wie sie sonst verstanden werden können und welche Narrative sich zur Darstellung dieser »uneigentlichen« Geschichte
der Nation anbieten.

Eckpunkte des deutsch-japanischen Vergleichs

Bei aller Bedeutung deutsch-japanischer Interaktionen gibt es
nicht all zuviel, was die beiden Nationen unmittelbar verbindet.
Und dennoch: Trotz einer nur dünnen Decke von Verflechtungen, trotz unterschiedlicher geopolitischer Positionierungen
und trotz fehlender gemeinsamer kultureller Traditionen verliefen die *trajectories* gerade dieser beiden Nationalstaaten am
jeweils anderen Ende der nördlichen Hemisphäre auffallend
parallel – und gerade diese Parallelität und Synchronizität der
beiden Nationen fordert eine Erklärung. War sie die Folge einer
Nachahmung – die allerdings blitzartig hätte einsetzen müssen? War es gleichartiges gesellschaftliches oder politisches Verhalten trotz unterschiedlicher interner und externer Ausgangslagen? Oder folgten beide Nationen unabhängig von einander
einer ähnlichen Entwicklungslogik? Der deutsch-japanische
Vergleich hat die Forschung gerade deshalb immer wieder angezogen, weil sie in der Beantwortung dieser Fragen zumindest
einen Schlüssel für die Bedingungen und Triebkräfte des
20. Jahrhunderts, wenn nicht gar auf dem Weg der Kontrastie-
rung (»Sonderweg«) einen Generalschlüssel zu finden hoffte.
Die Fallen solcher Vergleiche, ihre Anfälligkeit für nationale
Mythen und Selbst- und Fremddarstellungen sind inzwischen
zu Genüge bekannt. Aber die Frage nach den *trajectories* der
beiden Nationalstaaten bleibt dennoch bestehen, weshalb wir

uns als nächstes der Schnittpunkte eines solchen Vergleiches vergewissern wollen. Ich möchte fünf dieser Schnittpunkte hervorheben, wobei es darauf ankommt, diese Momente tatsächlich als überkreuzende Geschichten im Sinne einer *histoire croisée* zu begreifen.[31]

Am Anfang des Vergleichs steht die Gleichzeitigkeit der nationalstaatlichen Konsolidierungen in der Mitte des 19. Jahrhunderts. Diese Nationalstaatsbildung war in einer älteren nationalen Orientierung oder Bewegung angelegt, was insofern von Bedeutung ist, als man nicht (mehr) sagen kann, dass die Idee der Nation selbst im Augenblick der Nationalstaatsgründung importiert worden wäre. Wenn also die Idee der Nation nicht (jedenfalls nicht in einem unmittelbaren Sinne) transferiert, sondern in einem längeren Prozess der Synthese verschiedener kultureller Erben und Einflüsse anverwandelt worden ist, so gibt es dennoch keinen direkten Weg von diesen nationalen Vorstellungen zum Nationalstaat. Die Konsolidierung der beiden Nationen in Nationalstaaten war vielmehr das Resultat von inneren und äußeren Kämpfen, wobei die relative Gewichtung der inneren und der äußeren Konflikte von der zeitlichen Bestimmung der Gründungsphase abhängt. Es handelte sich aber in jedem Falle um eine sowohl innere als auch äußere Resituierung der Herrschaftsverhältnisse der jeweiligen Nationen.

Die neuere Forschung hat des weiteren konstatiert, dass die Neuheit weniger im gezielten Bruch mit der Vergangenheit, sondern in der Öffnung der Nationen für die Zukunft zu suchen ist. Es handelt sich also in der Tat um eine Gründerzeit, wobei gerade das durchaus zunächst unfertige Gehäuse des Nationalstaates der Garant dieser zukunftsorientierten Stiftung werden sollte. Dessen Grundlage war das Modell einer in sich geschlossenen Gesellschaft, der Konsolidierung autoritärer oder besser wohl oligarchischer Herrschaftsformen (trotz zunächst schwachem Zentralstaat), des Protektionismus verbunden mit einer Politik der beschleunigten Industrialisierung und einer Neu- bzw. Umgründung des Militärs. Über die Verbindung von Alt und Neu ist hier viel gestritten worden. Wichtiger aber ist, dass

---

[31] Michael Werner/Bénédicte Zimmermann, Vergleich, Transfer, Verflechtung: Der Ansatz der histoire croisée und die Herausforderung des Transnationalen, in: Geschichte und Gesellschaft 29 (2002), S. 607–36.

die Konsolidierung der Nation in einem Staat nicht der Abschließung, sondern gerade umgekehrt der Öffnung für die Welt diente. Der Gründungsakt mitsamt seinen inneren Konsequenzen inkorporierte die Nation als souveräne Einheit im Kräftefeld des (nennen wir es der Einfachheit halber so) globalen Verkehrs. Auf dem Weg der staatlichen Konsolidierung wurde aus der »Schnittstelle« mehr oder minder entwickelter Verkehrsströme ein »Knotenpunkt«. Das offenkundige Ziel dieser Reorientierung war die Wahrung der Souveränität in einem zunehmend kompetitiven und dichter werdenden internationalen Verkehrs-System, wobei dieses sich gleichermaßen durch eine zunehmende Herrschafts- oder Staatenkonkurrenz und eine sich intensivierende und zunehmend extensivere und damit zunehmend globale Verflechtung auszeichnete.

Die Parallelität der Strategien, so die These, ergab sich also aus einer Politik oder, wenn man so will, einem Projekt der zukunftsorientierten Positionierung im Netzwerk grenzüberschreitender Verflechtungen. Die im Staat konsolidierte Nation katapultierte sich in diese internationalen Netzwerke hinein und trat unmittelbar als Konkurrent auf – mit dem doppelten Anspruch der Wahrung der Souveränität (also Subjekt in diesem Verkehr zu bleiben, statt Objekt zu werden) und der Mitbestimmung bzw. Regulierung dieses Verkehrs. In der Fähigkeit der aggressiven Durchsetzung dieses Anspruches nach Innen und Außen unterschieden sich Japan und Deutschland von anderen gleichzeitigen Versuchen, sei es der Nationalstaatsgründung (Italien) oder der Reichsreform (Russland, China, Osmanisches Reich, Österreich-Ungarn). Sie verweist auch auf die ernsthafte Alternative, die Neubegründung der Vereinigten Staaten im Zuge von Bürgerkrieg und Rekonstruktion, wobei hier der Vergleich mit der gleichzeitigen Neubegründung Frankreichs von großem Reiz wäre. Großbritannien war als ost-westliche Hegemonialmacht diesem Feld der Konkurrenten enthoben, konnte sich aber auf lange Sicht den Regulationsansprüchen der »neuen« Nationalstaaten nicht entziehen.[32]

Ein zweiter Schnittpunkt des Vergleichs, der allerdings sehr viel weniger in der Forschung entwickelt ist, findet sich im Prozess der nachholenden Gesellschaftsgründung. Denn so wahr es ist, dass die Nation dem Nationalstaat vorausging – eine na-

---

[32] P.J. Cain/A.G. Hopkins, British Imperialism, 1688 – 2000, Harlow 2002.

tionale Gesellschaft wurde erst in der Folge der Gründung des Nationalstaates geschaffen (und es stand lang zur Debatte, ob sie überhaupt geschaffen werden könne). Nicht nur war das Verhältnis von lokaler und zentraler Staatsmacht ungeklärt, vielmehr war auch höchst umstritten, ob es so etwas wie eine integrale, nationale Gesellschaft überhaupt geben könne und solle. Außerdem haben nicht die oligarchischen »Gründungsväter« eine solche gefordert, sondern sind von ihr überrascht und überholt worden. Die nationale Gesellschaft qua Gesellschaft musste recht eigentlich erst entdeckt werden. Diese Entdeckung und ihre Folgen bestimmten die Konstellation der Jahrhundertwende in beiden Nationen und wirkten tief in das 20. Jahrhundert hinein.

Wiederum wird man genauer bestimmen müssen, was hier erfunden wurde. Denn Geselligkeit, auch urbane Formen der Geselligkeit, waren durchaus nicht neu. Sie verbreiteten sich wie ein Lauffeuer, wobei wiederum die Dimension der regionen- und hemisphären-übergreifenden Gleichzeitigkeit dieser Entwicklung und der damit einhergehenden internen Ungleichzeitigkeiten hervorgehoben werden muss.[33] Denn Formen urbaner Geselligkeit breiteten sich eben nicht homogen über das ganze Land aus, sondern bildeten eine Art Flickenteppich mit großen Löchern, also Zonen und Gegenden, in denen sich die neuen Formen nur sehr zögerlich ausbildeten bzw. eine ältere Soziabilität erneuert wurde. Die Durchsetzung der Geselligkeit ging also einher mit einem Prozess der Differenzierung – auch wenn genau das Gegenteil, nämlich die Homogenisierung, die Einheit und Gleichheit der Gesellschaft, zum normativen Horizont der Gesellschaftsgründung wurde.

Geselligkeit als privat-öffentliche Form der Gesellschaft stand in ständigem Konflikt mit Imperativen der Mobilisierung und Politisierung sowohl der wachsenden städtischen, aber auch der ländlichen Bevölkerungen und führte zur Auseinandersetzung mit und Absetzung von oligarchischen Herrschaftsformen. Impliziert in der Frage der Gesellschaftsgründung war die Frage der Selbstbestimmung, von Repräsentation und Partizipation – die Frage der Volksherrschaft und damit die Frage nach dem Ort der Souveränität. Überlagert war dieser Konflikt um Herrschaft

---

[33] Stefan-Ludwig Hoffmann, Geselligkeit und Demokratie, Göttingen 2003.

und Selbstbestimmung ferner durch eine weitere, ebenso inten-
sive Auseinandersetzung um Lebensformen, Lebensführung
und Lebenschancen, also um die sozial-moralischen Bande, welche die Gesellschaft zusammenhielten oder -halten sollten.[34] Die
katastrophische Vorstellung, dass die jeweiligen Gesellschaften
jederzeit auseinander brechen könnten, saß außerordentlich tief,
ganz abgesehen davon, dass Intellektuelle und Künstler von
dem Thema unendlich fasziniert waren.[35]

Das Ergebnis war eine Konzentration, von vielen Seiten her,
auf die Frage des Volkes, seines gesellschaftlichen Zusammen-
hanges, seiner inneren Gliederung und Differenzierung (weshalb Fragen der Geschlechterdifferenz so akut waren, obwohl
die Geschlechterverhältnisse nur langsam in Bewegung gerieten) und seines Zusammenhaltes. Das Feld der Auseinandersetzung reichte von der Sozialversicherung bis zur Volkskunde,
von Fragen der politischen Mobilisierung der »Massen« bis hin
zur mythischen Überhöhung des Volkes als wesensmäßiger
Einheit und von der Organisation von Alltagserfahrung und
Gesellschaft bis zur Inszenierung des Volkes in Kostümfesten
oder in Massenparaden.

Dass die »Volksfrage« von den radikalen Nationalismen der
beiden Länder zur zentralen und unabdingbar zu »lösenden«
Problematik des jeweiligen Nationalstaates erhoben wurde,
heißt nicht, dass die Frage von den Nationalisten erfunden worden wäre. Wohl aber verweist dieser Umstand darauf, dass die
Nationalisten eine diffuse, aber konstante Obsession mit dem
Volk und seiner Zusammengehörigkeit aufgriffen und diese
Problematik zur zentralen Frage der Nationalstaatsbildung erhoben. Der durchschlagende Erfolg dieser abstrusen Konstruktionen wird dabei gemeinhin auf die Instabilität der inneren
sozialen, wirtschaftlichen und politischen Verhältnisse, insbesondere in den zwanziger und dreißiger Jahren, zurückgeführt.
Aber es ist doch zu bedenken, dass die radikalen Nationalisten
mit der plebiszitären Komponente nationaler Herrschaft im
Unterschied zur symbolischen Repräsentation der oligarchi-

---

[34] Hierzu ebenso vorbildlich wie in bewährter Manier umstritten und
provokativ Harry D. Harootunian, History's Disquiet. Modernity, Cultural
Practice, and the Question of Everyday Life, New York 2000.
[35] Vorbildlich Harry D. Harootunian, Overcome by Modernity: History,
Culture, and Community in Interwar Japan, Princeton 2000.

schen Regimes ernst machten und gleichzeitig eine transzendente Legitimation ihres Volksbegriffes in der Distanz des Eigenen zum Westen fanden – und beides in politisches Kapital umzumünzen verstanden.

Wenn die »Entdeckung« der Gesellschaft als integraler und nationaler Gesellschaft Ausgangs- und Schnittpunkt für einen kulturübergreifenden Vergleich Deutschlands und Japans bildete, so können wir in der »Volksfrage« die »transnationale« Dimension dieses Vorganges genauer bestimmen; das betrifft nicht nur den Aufstieg der Nationalisten, insbesondere der radikalen Nationalisten, sondern auch beispielsweise die Kommunisten und das Projekt der Wohlfahrts-Demokratie. Hier ließen sich eine Vielzahl von Transfers festmachen, wobei wiederum auffällt, wie sehr, selbst über die Kontinente hinweg, dieser Vorgang der Projektion und Anverwandlung von Gesellschaftsmodellen sich simultan und in Echtzeit abspielte und sich Ungleichzeitigkeiten innerhalb der einzelnen Gesellschaften in mehr oder minder großem Umfang herausbildeten. Aber wichtiger ist meines Erachtens der außerordentlich aktive Charakter dieser Gesellschaftsbildung als einer Selbstmobilisierung der gesamten nationalen Gesellschaft, deren Ziel als Selbsterhaltung beschrieben wurde und deren empirisch-praktischer Ort die Selbstbestimmung in ihrer doppelten Bedeutung war – nach innen gegen oligarchische Formen der Herrschaft und nach außen gegen die Auflösung der Gesellschaft in grenzübergreifenden, außenbestimmten Verkehrsbeziehungen. Die innere Gründung der Gesellschaft, die selbst bekanntermaßen heftig umkämpft war, hatte also immer auch eine äußere Stoßrichtung. In den 1910er und 1920er Jahren kann man in Deutschland wie in Japan geradezu von Souveränitäts-Paniken sprechen.

Ein dritter Schnittpunkt des deutsch-japanischen Vergleichs ergibt sich aus der komparativen Bestimmung der deutschen und japanischen Imperialismen, ihrer Ursachen und Verlaufsformen. Hier wäre an den früheren Zeitpunkt der japanischen Expansion zu erinnern, die trotzdem in der vergleichenden Perspektive oft an der deutschen gemessen wird. Die Kardinalfrage, die sich angesichts dieser beiden aggressiven Imperialismen stellt, wird nur selten explizit formuliert. Von der Sache her sind beide Formen des Imperialismus kaum über einen Kamm zu scheren. In den Unterschieden zeigen sich besonders deutlich

regionale und hemisphärische Konfigurationen und nicht zuletzt kulturelle Differenzen in der Organisation von Herrschaft
und Unterordnung, die gerade an Orten vermeintlicher Gleichheit und intensiven Austausches wie etwa der Bevölkerungspolitik zutage treten. Wenn wir also die Unterschiedlichkeit der
Erscheinungs- und Verlaufsformen konzedieren, so sind die
beiden Imperialismen doch Teil einer ähnlichen Problematik.
Denn die entscheidende Testfrage für beide Expansionsbewe-
gungen ist doch die nach den Bedingungen der Souveränität.
In beiden Imperialismen drückt sich geballt das Gründungs-
problem von Staat, Gesellschaft, und Individuum in einer sich
globalisierenden Welt aus: Wie ist Selbstbestimmung in einer
interaktiven Verkehrsgesellschaft denkbar und möglich? Wie
garantiert sie die Persönlichkeit des Mannes, wie den Zusam-
menhalt der Nation und wie die Selbstständigkeit des Territorialstaates? Die Antwort dieser beiden Imperialismen bestand
in der Behauptung, dass Souveränität in geopolitischen Groß-
Räumen organisiert, in rassischen Gesellschaften geschaffen
und in Führertum und Gefolgschaft investiert werden müsse
und dass dies alles als Herrschaft einer dominanten Rasse in-
szeniert werden könne.

Das ungelöste Problem, das sich hier der deutschen wie der
japanischen Forschung stellt, ist die Frage, warum zwei Nationen, die ihren »Erfolg« vorwiegend globalen Austauschbeziehungen zu verdanken hatten, sich so rabiat und mit solcher
Konsequenz aus dieser Verkehrswelt herauslösten, um sich als
autonome Einheiten aus sich selbst heraus zu begründen. Ohne
eine transnationale Perspektive, die auch die jeweilige Positionierung im globalen Verkehrs- und Herrschaftsverbund in den
Blick nimmt, ist diese Frage weder für die eine noch die andere
Seite zu beantworten. Die deutsche und die japanische Expansion sind jeweils am besten als Versuch der gewalttätigen Aus-
hebelung von Transnationalität zu begreifen, wobei in diesen
Expansionen das Ressentiment gegenüber Interdependenzen
zum Ausdruck kam.

Viertens sind die Gleichzeitigkeit und die Totalität der Niederlage dieser beiden imperialen Projekte und die so außerordentlich erfolgreiche Neubegründung der beiden Nationalstaaten, die in diesem Zusammenhang stattfindende Suche nach
der »verlorenen Nation« und der gesamte Fragekomplex von
Schuld und Sühne die hauptsächlichen Gründe gewesen, wa-

rum die neuer Forschung sich wieder vermehrt dem deutsch-
japanischen Vergleich zugewandt hat. Diese Forschung tendiert
nun eher dazu, die Unterschiede zwischen Deutschland und
Japan hervorzuheben – etwa bei der »inneren« Demokratisie-
rung in Deutschland im Gegensatz zu der »äußerlichen« Anpassung von Politik und Lebensgestaltung in Japan. Mir will
hingegen scheinen, dass beide Nationen eine tief greifende Umgründung durchmachten und Gesellschaften herausbildeten,
die nicht mehr auf den territorialen Staat, sondern auf die relative Positionierung in transnationalen Produktions-, Kultur-
und Lebenswelten bezogen waren, die allerdings mit einem außerordentlich hohen Grad der sozialen Sicherung abgepolstert
und einem merkwürdig provinziellen Universalismus erkauft
wurde. Dass sich dabei am Ende des Jahrhunderts eine Verschiebung der Gewichte abzeichnete, indem nun Japan als Modell und Vorbild gehandelt wurde und Deutschland zu den Imi-
tatoren zählte, sei nur am Rande erwähnt.[36]

Rückblickend tritt in dieser Neubegründung der beiden Nationen ihre doppelte Existenz noch einmal deutlich zu Tage.
Denn zum einen wird man die machtvolle Selbstbehauptung
des Nationalstaates in allen seinen Manifestationen im Verlaufe
des langen 20. Jahrhunderts gerade in Deutschland und Japan
nicht übersehen wollen.[37] Es wäre lohnend, diese Geschichte
innerhalb eines multiplen Vergleichs auszuloten, indem etwa
die Vereinigten Staaten systematischer mit einbezogen würden.
Zum anderen wird aber deutlich, dass die Gleichsetzung von
Nationalstaats- und Volksgeschichte an ein Ende gekommen ist
– und zwar nicht nur in dem Sinne, dass die Fiktion dieser Geschichte inzwischen erkannt und als Diskurs dekonstruiert
worden ist. Vielmehr wird man lernen müssen, Gesellschaftsgeschichte in der Verflechtung von Zivilgesellschaften in grenz-
übergreifendem, überregionalem Verkehr zu erkennen. Diese
Entwicklung ist im deutschen und japanischen Fall besonders

---

[36] Wer an der lebensweltlichen Realität dieser Rekalibration der Verhältnisse zweifelt, sollte sich vergegenwärtigen, wieviel Sushi und Sashimi –
im Verhältnis etwa zu Sauerbraten – in der Welt gegessen wird. Zu dem
ganzen Komplex jetzt die provokative Studie von Koichi Iwabuchi, Recen-
tering Globalization. Popular Culture and Japanese Transnationalism, Durham 2002.

[37] Jeffrey Garten, A Cold Peace: America, Japan, Germany, and the Strug-
gle for Supremacy, New York 1992.

auffällig, denn beide Nationen waren während des gesamten langen 20. Jahrhunderts doch im hohen Maße Teil dieses transnationalen Verkehrs; beide Länder waren entgegen aller nationaler Phantasmen nur dann erfolgreich, wenn sie sich bei allem Risiko dieses Unterfangens und bei aller Kränkungen des nationalen Egos dieser globalen und interdependenten Verkehrsgesellschaft geöffnet haben. Die Realgeschichte der deutschen und japanischen Gesellschaft liegt tatsächlich in der Welt – und nicht in dem »Anderswo« der nationalen Geschichtswissenschaft.

Auf diese Weise deutet sich eine Geschichte des langen zwanzigsten Jahrhunderts an, in dessen Mittelpunkt die Herausbildung von Verkehrsgesellschaften (und ihrer durchgängig als »modern« und urban apostrophierten Lebensart) steht; gekennzeichnet durch die Intensivierung und Extensivierung von Beziehungsnetzen im Zeichen einer zunehmenden Freizügigkeit von Menschen, Sachen und Ideen und durch ihren Kontrapunkt, den nationalstaatlichen Versuch der Regulierung, Kontrolle, ja Überwindung dieses Prozesses. Die Heftigkeit dieser kontrapunktischen Entwicklung, seine innere und äußere Dynamik – mit dem Höhepunkt in einer Phase des globalen Krieges von den 1940er bis in die 1960er Jahre – hat dazu verleitet, diesen gesamten Prozess in einem »Zeitalter der Extreme« anzusiedeln.[38] In Wirklichkeit handelt es sich dabei jedoch nur um einen Ausschnitt aus einer durchgehenden, von der Spannung zwischen Selbstbestimmung und Interdependenz geprägten Entwicklung, die sich durch das gesamte lange 20. Jahrhundert zieht.

Das präsumtive Ende dieses langen Jahrhunderts, so möchte man, als fünftes Element eines Vergleiches kurz anfügen, kam gerade zu dem Zeitpunkt, als Japaner und Deutsche begannen, sich in diesem Jahrhundert wohl zu fühlen. Doch die japanische bubble economy ist geplatzt, und auch aus der deutschen Rückkehr zur Normalität ist nichts geworden, da es so etwas wie Normalität im alten Sinne einer geläuterten Souveränität schlichtweg nicht mehr gab. Der Rest der Welt hatte eine andere Richtung eingeschlagen, und Japan und Deutschland werden ihm folgen müssen, wenn sie nicht zum Museum des 20. Jahrhunderts werden wollen.

---

[38] Eric Hobsbawm, The Age of Extremes. A History of the World, 1914 – 1991, New York 1996.

Gerade weil die Nation und der Prozess der modernen Nationalstaatsbildung so grundsätzlich von Kräften und Faktoren
jenseits der Kontrolle der Nation mitbestimmt waren und sind,
und weil umgekehrt die Energie moderner Nationalstaaten so
zentral auf die Nutzung, Regulierung und Bekämpfung dieser
grenzüberschreitenden Kräfte und Akteure abzielte, müssen
wir die Geschichte der Nation in diese Beziehungsgeschichte
zurückschreiben. Was Deutschland und Japan betrifft, so hat
diese einbettende Geschichte eine nachgerade paradigmatische
Bedeutung. Die Leitthese meiner Betrachtung war denn auch,
dass die Nationalgeschichte dieser beiden so eigensinnigen, exzeptionalistischen Länder erst dann verständlich wird, wenn
wir über den Tellerrand der Nation hinausschauen und diese
in eine Geschichte transnationaler Herrschafts- und Verkehrsräume einbetten – nicht mit dem Ziel, die Nationen darin aufzuheben, sondern um sie in ihren Parallelen ebenso wie in der
Praxis unterschiedlicher Einbettungs- und Positionierungsstrategien zu begreifen.

Andreas Eckert/Michael Pesek

Bürokratische Ordnung und koloniale Praxis

Herrschaft und Verwaltung in Preußen und Afrika

Bürokratie, Kaiserreich, Kolonialismus in Afrika

Entstehung und Entwicklung des modernen Rechts- und Verwaltungsstaates in Europa seit dem 19. Jahrhundert sind eng mit dem Aufstieg der Bürokratie verknüpft.[1] Überall in Europa war der Staat im 19. Jahrhundert die ordnungspolitische Begleiterscheinung umfassender sozialer, politischer und nicht zuletzt wirtschaftlicher Mobilisierungsprozesse. Lutz Raphael unterstreicht in diesem Zusammenhang: »Gleich mit welchen Etiketten man diese tiefgreifenden Einschnitte in die längeren Entwicklungstrends der europäischen Geschichte versieht, ob man sie als Modernisierung, Moderne, Aufbruch in die kapitalistische Weltordnung oder sonstwie bezeichnet, immer bleiben die Leistungen und Funktionen der Bürokratie ein unverzichtbares Element dieses Übergangs und gehören zu den prägenden Grundlagen unserer Gegenwart.«[2] Max Weber sprach gar von der »Unentrinnbarkeit« der bürokratischen Verwaltung. Alle kontinuierliche Arbeit erfolge durch Beamte in Büros. »Unser gesamtes Alltagsleben ist in diesen Rahmen eingespannt [...] Man hat nur die Wahl zwischen ›Bürokratisierung‹ und ›Dilettantisierung‹ der Verwaltung, und das große Mittel der Überlegenheit der bürokratischen Verwaltung ist: Fachwissen,

---

[1] Für eine weit angelegte Analyse vgl. jetzt Wolfgang Reinhard, Geschichte der Staatsgewalt. Eine vergleichende Verfassungsgeschichte Europas von den Anfängen bis zur Gegenwart, München 1999. Zur Entfaltung einer bürokratischen Eigenlogik vgl. etwa Pierre Bourdieu, De la maison du roi à la raison d'état. Un modèle de la genèse du champ bureaucratique, in: Actes de la Recherches en Sciences Sociales 118 (1997), S. 56–68.

[2] Lutz Raphael, Recht und Ordnung. Herrschaft durch Verwaltung im 19. Jahrhundert, Frankfurt 2000, S. 12.

dessen völlige Unentbehrlichkeit durch die moderne Technik und Ökonomie der Güterbeschaffung bedingt wird.«[3]

Das offenbar unaufhaltsame Vordringen der bürokratischen Organisation lag in erster Linie, folgen wir Weber, in ihrer rein technischen Überlegenheit über andere Herrschaftsformen: Präzision, Schnelligkeit, Berechenbarkeit, Aktenkundigkeit, Kontinuität, Diskretion, Arbeitsteilung, Effektivität, straffe Unterordnung – so lauten die von ihm genannten Kennzeichen. Eine voll ausgebaute Bürokratie ist daher nach Weber nicht weniger als »das Kernstück des Machtsystems des modernen Staates schlechthin [und] gehört zugleich zu den am schwersten zu zertrümmernden Gebilden.«[4] Es ist vielfach darauf hingewiesen worden, dass Webers Theorie der Bürokratisierung ein Echo des preußisch-deutschen Machtstaates darstellte, dass sich in dieser Theorie, so Hans-Ulrich Wehler, »die historische Erfahrung von einigen Jahrhunderten deutscher Verwaltungsgeschichte in idealtypisch komprimierter Form gespeichert findet.«[5]

Webers wirkungsmächtige Auslassungen zur Bürokratie fanden bislang relativ geringes Echo in Forschungen zum Kolonialismus in Afrika und zur Geschichte Afrikas insgesamt. Im Zuge des europäischen Imperialismus wurde das Modell des bürokratischen Verwaltungsstaates zwar auch in die kolonisierten Gebiete getragen. In Afrika blieb das Ideal des rationalen Staates mit Gebietsherrschaft, Gewaltmonopol, Steuern, schriftlich fixierten Gesetzen und der Verheißung der aktenmäßigen Erledigung indes in großen Teilen eine Herrschaftsutopie, die gleichwohl beträchtliche Folgen hatte. Südlich der Sahara traf die koloniale Expansion auf eine große Diversität politischer Formen. Auf bürokratische Traditionen, derer sich

[3] Max Weber, Wirtschaft und Gesellschaft. Grundriss der verstehenden Soziologie, 5. rev. Aufl., Tübingen 1976, S. 128.

[4] Weber, Wirtschaft und Gesellschaft S. 561 f., 569. Vgl. zu diesem Themenfeld u. a. Wolfgang Schluchter, Aspekte bürokratischer Herrschaft. Studien zur Interpretation der fortschreitenden Industriegesellschaft, Frankfurt ²1985; Andreas Anter, Max Webers Theorie des modernen Staates. Herkunft, Struktur und Bedeutung, Berlin 1995, bes. S. 172 ff.; Stefan Breuer, Bürokratie und Charisma. Zur politischen Soziologie Max Webers, Darmstadt 1994.

[5] Hans-Ulrich Wehler, Deutsche Gesellschaftsgeschichte Bd. 3: Von der »Deutschen Doppelrevolution« bis zum Beginn der Ersten Weltkrieges 1849–1914, München 1995, S. 858.

das »europäische Modell« bedienen konnte, vermochte sie allerdings nur selten zurückzugreifen.[6] Für die Kolonialmächte ging es gemäß ihrem am Nationalstaat orientierten Staatskonzept in erster Linie darum, ihr Gewaltmonopol auf das gesamte, im Gefolge der Berliner Konferenz von 1884/85 mit Zirkel und Lineal auf der Landkarte abgegrenzte Gebiet der jeweiligen Kolonien auszudehnen und effektiv zu handhaben. Sie gaben nicht eher Ruhe, bis auch der abgeschiedenste Winkel jeder kolonialen Besitzung administrativ aufgeteilt und erfasst war. Der Erfolg dieser Bemühungen blieb indes eher bescheiden. Die effektive Durchsetzung bürokratischer Herrschaft scheiterte bereits am Zensus. Die Waffe der Mobilität war den Bauern nicht zu nehmen, solange Land im Überfluss vorhanden war. Produktionsziffern ließen sich kaum erheben, solange nur ein geringer Teil der Arbeitsprodukte bürokratisch kontrollierte Mächte erreichte. Zudem blieb der eigentliche Verwaltungsapparat aus finanziellen Gründen in allen Kolonien viel zu klein, um im gesamten Territorium präsent sein zu können. Deshalb waren die Kolonialmächte überall gezwungen, außer auf Bürokratie auch auf Formen der »intermediären« und der »willkürlichen« bzw. »willkürlich-despotischen« Herrschaft zurückzugreifen.[7] Der Militär- und Polizeiapparat konnte zwar einzelne Maßnahmen an einzelnen Orten mittels Gewaltandrohung oder auch brutaler Gewaltanwendung recht effektiv umsetzen, aber er konnte dies eben nicht jederzeit und an jedem Ort tun. Die »Ökonomie der Gewaltanwendung« sorgte dafür, dass auch dieser Form despotischer Herrschaft stets, wie Gerd Spittler unterstreicht, »ein

[6] Ivor Wilks etwa glaubt in seiner großen Untersuchung über das Ashantireich (in heutigen Ghana) im 18. und 19. Jahrhundert (Asante in the Nineteenth Century. The Structure and Evolution of a Political Order, Cambridge [2]1989 [1975] in der Herrschaft des Asantehene Osei Kwadwo eine rationale Bürokratie im Sinne Webers auszumachen.

[7] Dazu ausführlich Gerd Spittler, Verwaltung in einem afrikanischen Bauernstaat. Das koloniale Französisch-Westafrika 1919–1939, Wiesbaden 1981; Trutz von Trotha, Koloniale Herrschaft. Zur soziologischen Theorie der Staatsentstehung am Beispiel des »Schutzgebietes Togo«, Tübingen 1994. Vgl. auch Gerhard Hauck, Staat und Gesellschaft in Afrika – Historische Kontinuitäten und Diskontinuitäten, in: Günter Best/Reinhart Kößler (Hg.), Subjekte und Systeme. Soziologische und anthropologische Annäherungen, Frankfurt 2000, S. 287–99, hier: S. 292 f.

großer herrschaftsfreier Raum komplementär« blieb.[8] Trutz
von Trotha seinerseits betont, dass »staatliche Herrschaft im
Zusammenspiel und Gegeneinander von despotischer, inter-
mediärer und bürokratischer Verwaltung« entsteht.[9] Ihm zufolge sind die despotische Herrschaft, vor allem die ihr cha-
rakteristische Willkür und Gewalt, sowie die intermediäre
Verwaltung, die sich auf koloniale Stationsleiter und ein admi-
nistratives Häuptlingstum, auf Zwangsarbeit und Tribute
stützt, die Hauptkennzeichen des kolonialen Staates. Dem Modell des modernen bürokratischen Verwaltungsstaates dagegen ähnelte der koloniale Staat wohl in der Ideologie – und in
der Selbstdarstellung gegenüber dem Mutterland, weniger
aber in der afrikanischen Realität.[10]

Der folgende Beitrag unternimmt den noch recht provisorischen Versuch, vor dem Hintergrund des eben skizzierten Pan-
oramas bürokratische Strukturen und bürokratische Praxis im
deutschen Kolonialismus in Afrika nachzuzeichnen. Eine
Schwierigkeit dieser Thematik hängt mit der vergleichsweise
kurzen Dauer deutscher Herrschaft in Afrika zusammen. Während der rund drei Dekaden setzte eine Reihe von Entwicklungen ein, deren Bedeutung sich erst im weiteren Verlauf des
20. Jahrhunderts entfalten sollte. Ein weiteres Problem betrifft
die kolonialen Ordnungsvorstellungen und vor allem Praktiken, die sich schwerlich nationalstaatlich typisieren lassen.
Denn obschon die Kolonialherrschaft nationalstaatlich organisiert war, und obwohl die imperiale Aufteilung der Welt im
Zeitalter des Imperialismus so etwas wie die Kehrseite der Herausbildung von modernen Nationalstaaten war, wie Charles
S. Maier kürzlich dargelegt hat, so war der Kolonialismus ein
gemeinsames euro-amerikanisches Projekt mit tief reichenden
Wurzeln in der europäischen Moderne.[11]

---

[8] Spittler, Verwaltung, S. 293.
[9] Trotha, Koloniale Herrschaft, S. 443.
[10] Ein gutes Beispiel für diese Außendarstellung bieten die Kolonial-
Denkschriften der Kolonialverwaltung, die umfassend über Entwicklungen
in den einzelnen Besitzungen informierten und deren fortgeschrittene administrative Durchdringung und Kontrolle suggerierten.
[11] Vgl. Charles S. Maier, Consigning the Twentieth Century to History.
Alternative Narratives for the Modern Era, in: American Historical Review
105 (2000), S. 807–31.

Die Unterschiede zwischen den kolonialen Vorstellungen und Ordnungsentwürfen einzelner europäischer Mächte im späten 19. Jahrhundert sind insgesamt also weniger auffällig als ihre Ähnlichkeiten.[12] Hingegen konnten die Praktiken selbst innerhalb einer Kolonie beträchtlich variieren. Wir möchten uns auf den folgenden Seiten vor allem auf Deutsch-Ostafrika konzentrieren und einige Aspekte von Theorie und Praxis deutscher Kolonialbürokratie in Afrika skizzieren. Dabei wollen wir vor allem zu zeigen versuchen, dass mit dem Aufbau einer kolonialen Verwaltung nicht nur Versuche der Disziplinierung der afrikanischen Bevölkerung einhergingen,[13] sondern ebenso Disziplinierungs- oder wenigstens Anpassungsprozesse der Kolonisierenden. Dazu ist neben der Darlegung der administrativen Erschließung der Kolonien ein genauer Blick auf jenen Personenkreis notwendig, dem die Verwaltung der kolonialen Besitzungen oblag: Die deutschen Kolonialbeamten in Afrika, so unsere Grundthese, waren auf dreifache Weise minoritär: gegenüber der afrikanischen Bevölkerung, gegenüber der deutschen Gesellschaft und gegenüber ihrer eigenen Schicht. Sie standen unter dem ständigen Verdacht, abweichend zu sein.[14] Sie waren gehalten, sich an die Mechanismen eines in Berlin entworfenen bürokratischen Apparates anzupassen, aber auch an lokale Situationen, in denen sie als Kolonisierende handelten.

Wir gehen von der grundsätzlichen Prämisse aus, dass ein derartiges Themenfeld Teil sowohl der deutschen als auch der afrikanischen Geschichte ist und zumindest potenziell dazu angetan ist, eine gleichsam transnationale Sicht auf die Geschichte des Kaiserreichs zu entfalten.[15] Jüngere Arbeiten zum deut-

[12] Dazu zuletzt Harald Sippel, Typische Ausprägungen des deutschen kolonialen Rechts- und Verwaltungssystems in Afrika, in: Rüdiger Voigt/Peter Sack (Hg.), Kolonialisierung des Rechts. Zur kolonialen Rechts- und Verwaltungsordnung, Baden Baden 2001, S. 351–72, oder auch George Steinmetz, »The Devil's Handwriting«. Precolonial Discourse, Ethnographic Acuity, and Cross-Identification in German Colonialism, in: Comparative Studies in Society and History 45 (2003), S. 41–95, hier: S. 46.
[13] Vgl. dazu etwa Albert Wirz, Andreas Eckert und Katrin Bromber (Hg.), Alles unter Kontrolle. Disziplinierungsprozesse im kolonialen Tansania, 1850–1960, Köln 2003.
[14] Vgl. Trotha, Koloniale Herrschaft. S. 98.
[15] Vgl. in diesem Zusammenhang auch die Überlegungen bei Jürgen

schen Kolonialismus betonen vor allem und durchaus zu Recht die Rückwirkungen der kolonialen Erfahrung auf die »Metropole«.[16] Für den Bereich der Bürokratie lässt sich unter diesem Gesichtspunkt nur wenig sagen. Gleichwohl gehören zur anstehenden Neuvermessung der deutschen Kolonialgeschichte auch die Aktivitäten in den Kolonien selbst, gehört mithin die konkrete Analyse der »kolonialen Situation« mit ihrem komplexen Interaktionsgefüge und den Diskrepanzen zwischen den in den administrativen Überlieferungen formulierten Normen, Ansprüchen und Absichten einerseits, und der Realität andererseits.

Das Kaiserreich als Kolonialmacht.
Verwaltungsstrukturen

Die Kolonialbewegung in Deutschland vermochte sich in den 1880er Jahren zwar als politisch einflussreiche Strömung zu etablieren und näherte sich dem Staat an, der Erwerb der Kolonien selbst lag in der Hand von Privatleuten. Oftmals handelten diese Privatleute jenseits der Paradigmen deutscher Außen- und Wirtschaftspolitik. Der Aufstieg des Kaiserreichs zur Kolonialmacht vollzog sich nicht nach einer politischen Strategie, sondern war ein Gemenge von individuellen Initiativen und zufälligen Gelegenheiten. Den politisch Verantwortlichen in Berlin blieb oft nur die Wahl, diese Unternehmungen entweder offiziell anzuerkennen oder zu ignorieren. Auf die Verwaltung von Kolonien war der deutsche Staat institutionell kaum vorbereitet. Kolonialpolitik galt zunächst als Außenpolitik. Erst im April 1890 wurde eine »Kolonialabteilung« im Auswärtigen Amt (AA) eingerichtet. Ihr stand ein mit weit reichenden administrativen Befugnissen ausgestatteter »Kolonialdirigent« vor, dessen Dienstherr der Reichskanzler war. Der Staatssekretär des AA konnte lediglich in der Regelung der Beziehungen zu anderen Kolonien Mitspracherecht beanspruchen. Die Kolo-

Zimmerer, Deutsche Herrschaft über Afrikaner. Staatlicher Machtanspruch und Wirklichkeit im kolonialen Namibia, Münster 2001, S. 9.
[16] Programmatisch dazu: Sebastian Conrad, Doppelte Marginalisierung. Plädoyer für eine transnationale Perspektive auf die deutsche Geschichte, in: Geschichte und Gesellschaft 28 (2002), S. 145–69.

nialtruppen unterstanden hingegen dem Reichsmarineamt. Damit befand sich die oberste Kolonialbehörde in einer ausgesprochen schwierigen Lage. Wichtige Bereiche der ihr unterstellten Kolonien waren ihrer direkten Kontrolle entzogen. Nachdem sich die daraus resultierenden Probleme immer deutlicher manifestiert hatten, wurde 1896 den Kolonialadministrationen die Befehlsgewalt über die Truppen zurückgegeben. Doch nur zwei Jahre darauf führte man die Trennung mit der Schaffung des »Oberkommandos der Schutztruppen« als eigenständiger Abteilung der zentralen Kolonialbehörde gleichsam durch die Hintertür wieder ein. Erst 1907, mit der Gründung eines eigenen Kolonialministeriums, dem »Reichskolonialamt«, erhielt die zentrale Verwaltung in Berlin ihre endgültige Struktur. Die Neuordnung war verbunden mit dem vom neuen Leiter Bernhard Dernburg (vormals ein auf die Rettung sicher Unternehmen spezialisierter Banker) formulierten Programm der »rationalen« oder »wissenschaftlichen« Kolonialpolitik.[17]

Der Kolonialabteilung stand der Kolonialrat als beratendes Gremium zur Seite. Die Mehrheit seiner Mitglieder stammte aus der Deutschen Kolonialgesellschaft, die sich von einem Debattierclub für kolonialbegeisterte Intellektuelle und Kleinbürger zu einer mächtigen pressure group gemausert hatte. Bis zu seiner Auflösung im Jahre 1908 verfügte der Kolonialrat über einen nicht unbedeutenden Einfluss auf die deutsche Kolonialpolitik. Vergleichsweise wenig Input auf die alltäglichen Belange der Kolonialpolitik besaß dagegen der Deutsche Reichstag[18] – mit einer nicht zu unterschätzenden Ausnahme: Die Möglichkeit, dem Budget der Kolonien nicht zuzustimmen, gab dem Parlament ein Druckmittel an die Hand, gegen die Regierung zu agieren, auf richtungsweisende Entscheidungen in der Kolonialpolitik einzuwirken und grundlegende politische Konflikte auf der Folie der Kolonialpolitik auszutragen.[19]

---

[17] Vgl. Horst Gründer, Geschichte der deutschen Kolonien, Paderborn ⁴2000.

[18] Vgl. Marc Grohmann, Exotische Verfassung. Die Kompetenzen des Reichstags für die deutschen Kolonien in Gesetzgebung und Staatsrechtswissenschaft des Kaiserreichs (1884–1914), Tübingen 2001.

[19] Vgl. Karin Hausen, Deutsche Kolonialherrschaft in Afrika. Wirtschaftsinteressen und Kolonialverwaltung in Kamerun vor 1914, Zürich 1970, S. 50 f.

Die Administration in den Kolonien selbst wurde der preußischen Verwaltungspraxis nachgebildet. Sie zeigt aber keine grundlegenden Unterschiede zu den Verwaltungssystemen der anderen Kolonialmächte. Mit dem Gouverneursposten wurde ein Amt von großer Machtfülle geschaffen. Der Gouverneur vereinte Exekutive und Legislative in der Kolonie auf sich, eine Vollkommenheit der Macht, von der selbst der Kaiser nur träumen konnte. Dank des Verordnungsrechts konnte er praktisch nach eigenem Ermessen Recht setzen. Nicht nur war der Gouverneur oberste Instanz der Zentralverwaltung, er hatte auch, selbst als Zivilist, die oberste militärische Macht in der Kolonie inne. Es gab kaum ein behördliches Dokument, das nicht seine Unterschrift zu tragen hatte. Die Konzentration administrativer Macht in den Händen des Gouverneurs machte eine kontinuierliche Kolonialpolitik nahezu unmöglich. Die Gouverneure blieben nur für wenige Jahre im Amt, und mit jedem neuen Vertreter wurden die Karten neu gemischt, wurden neue Schwerpunkte der Kolonialpolitik gesetzt, neue Projekte in Angriff genommen und andere fallen gelassen.

Der Gouverneur konnte allerdings nicht verhindern, dass die Kolonialoffiziere im Innern sehr oft gegen seinen Willen handelten bzw. ihn vor vollendete Tatsachen stellten. An der Spitze der lokalen Verwaltungseinheiten (Bezirke und Distrikte) standen Bezirksamtmänner und Stationsleiter, deren Stellung jener der britischen District Commissioners und französischen Commandants de Cercle entsprach und die wie jene den Afrikanern gegenüber sowohl Legislative als auch Exekutive und Judikative vertraten, im lokalen bzw. regionalen Rahmen also größte Machtvollkommenheit und äußerst weit reichende Kompetenzen besaßen.[20] Das Gouvernement bemühte sich zunehmend, als höhere Instanz eine effektive Aufsicht über die rangniedere Stufe der Lokalverwaltung auszuüben und erhöhte den Druck, alle Verwaltungsvorgänge schriftlich niederzulegen. Die Beschwerden der Stationsleiter über die zunehmende Bürokratisierung, über den zunehmenden Zwang zum Schriftverkehr waren in der Abwehr der mit dieser Schriftlichkeit verknüpften Kontrolle durch die Zentrale begründet. Der Stationsleiter drohte ganz entgegen seinem

[20] Vgl. Albert Wirz, Die deutschen Kolonien in Afrika, in: Rudolf von Albertini, Europäische Kolonialherrschaft 1880–1940, Stuttgart 1976, S. 319.

Selbstverständnis von einem »selbstständigen Befehlshaber« zum angewiesenen Beamten zu werden. Die Kontrolle mittels Rapports blieb jedoch fiktiv. Die Stationsleiter hatten sich den Berichtspflichten und den Anforderungen einer aktenmäßigen Verwaltung zu beugen, doch der Wahrheitsgehalt ihrer Berichte und Statistiken konnte vom Gouvernement nicht überprüft werden.[21]

Zwar war der koloniale Staat in seinen Organisationsstrukturen ein bürokratisches Gebilde, das zumindest theoretisch große Machtfülle, aber eben auch eine spezifische Sicht der Gouverneure auf ihre Position förderte. Sie sahen sich weniger als Teil eines bürokratischen Apparates, sondern als direkte Stellvertreter des Kaisers und verorteten sich damit in einer eher feudal geprägten Hierarchie. Die Juristen des Reichskolonialamtes erklärten sich die hartnäckige Leugnung des Beamtenstatus durch die Gouverneure aus zwei Gründen – einmal durch die mangelnde Kommunikation zwischen Kolonie und Metropole und zweitens durch den »Mangel ausdrücklicher Vorschriften«, welche die Beziehungen zwischen Berlin und den Kolonien regelten.[22] Die Gouverneure kommunizierten mit Berlin fast ausschließlich per Brief. Und diese Briefe verdienen wahrhaftig die Bezeichnung »snail mail«, denn sie waren in der Regel zwei Monate unterwegs. Das machte die Kommunikation sehr schwierig und wenig kontinuierlich.

Mangelnde Kommunikation war nicht das einzige Argument, dass die Gouverneure gegenüber Berlin für die Bewahrung ihrer Unabhängigkeit anführten. Afrika sei nicht Deutschland, hoben sie hervor, und der koloniale Staat auch Produkt eines von lokalen Bedingungen und Situationen abhängigen Prozesses. Daher hätten sie in ihren Entscheidungen weitaus unabhängiger zu sein als etwa die preußischen Oberpräsidenten – ein Amt im Deutschen Reich, welches ihrer Position noch am vergleichbarsten war. Entsprechend verweisen die Mühen des kolonialen Verwaltungsaufbaus einerseits immer wieder auf die bürokratischen Strukturen der Metropole, die man zu

[21] Vgl. Trotha, Koloniale Herrschaft, S. 166 f.; ähnlich für Französisch-Westafrika Spittler, Verwaltung, S. 60 ff.
[22] Vgl. BArch R 1001/5506: Urteil des Obersten Reichsgerichts vom 15.2.1897; ebd.: Gutachten des Referats A6 des RkolAmt: Die Rechtstellung der Gouverneure in den Schutzgebieten Afrikas und der Südsee, 4.1.1910.

übertragen suchte, andererseits verdeutlichen sie die große Relevanz der Konstellationen vor Ort.

Inseln der Herrschaft: die Mühen des kolonialen Verwaltungsaufbaus

So kurz die Periode der deutschen Herrschaft in der Region war, leitete sie doch die Schaffung eines völkerrechtlich abgesicherten Territorialstaates mit dem Anspruch auf ein staatliches Gewaltmonopol und klaren, festen Grenzen ein. Dies vollzog sich auf einem Gebiet, das vordem durch unpräzise, sich stetig wandelnde Grenzen und eine Vielfalt politischer Ordnungen mit sehr unterschiedlichen Graden der Zentralisierung charakterisiert war. Die Deutschen begründeten also nicht weniger als ein völlig neues politisches Organisationsprinzip, das nach dem Ersten Weltkrieg von den britischen Kolonialherren verfestigt wurde. Die Zahl jener Afrikaner, welche vor 1914 Teil des bürokratischen kolonialen Verwaltungsapparates wurden, blieb insgesamt jedoch noch sehr klein. Zudem bestand in weiten Teilen der Kolonie die koloniale Herrschaft nur aus Inseln der Kontrolle und Machtausübung. Viele abgelegene Gebiete blieben ohne jede direkte kolonialstaatliche Präsenz. Daher kamen die Deutschen nicht umhin, eine Allianz mit dem lokalen islamischen Establishment einzugehen, welches seinerseits die Kolonisierenden als manipulierbare Ressource ansah. Von Vorteil erwiese sich, dass einige Würdenträger über Erfahrungen im sansibarischen Staatsdienst verfügten. Im Verlauf des 19. Jahrhunderts hatten die Sultane von Sansibar von der Küste her ins Hinterland ausgreifend in Ostafrika ein weit gefächertes Imperium aufgebaut.[23] Die Deutschen waren hier also nicht die ersten Herrscher. Sie traten zumindest in den Küstenregionen vielmehr in die Fußstapfen eines afrikanischen Reiches mit Ansätzen einer territorialen Verwaltung. Und obschon sie als Neuerer und Modernisierer auftraten, die im Einklang mit den Gesetzen der Evolution oder doch der Menschheitsgeschichte

---

[23] Vgl. Abdul Sheriff, Slaves, Spices and Ivory in Zanzibar. Integration of an East African Commercial Empire into the World Economy, 1770–1873, London 1987.

zu handeln glaubten, kamen sie nicht umhin, zur Sicherung der eigenen Herrschaft die Kooperation einheimischer Autoritäten zu suchen oder zumindest deren Stillehalten zu erzwingen.

Deutsch-Ostafrika war ein politisches Gebilde, dessen Existenz und ursprüngliche geografische Ausdehnung auf einer Reihe zweifelhafter Verträge zwischen einem privaten Unternehmen (der DOAG) und einheimischen Oberen (vermeintliche Sultane) beruhte. In der Frühphase (1885–1890) übte die DOAG als Inhaberin des kaiserlichen Schutzbriefes nur geringfügige hoheitliche Funktionen aus. Die Gesellschaft etablierte lediglich eine Reihe von Handelsstationen, die zumeist jedoch nur kurze Zeit bestanden. Von der tatsächlichen Errichtung einer staatlichen Verwaltung kann eigentlich erst nach der Übernahme des »Schutzgebietes« durch das Deutsche Reich 1890/91 gesprochen werden. Die dann folgende erste Phase war von militärischer Eroberung geprägt. Sie dauerte bis 1898 und umfasste nicht weniger als 61 größere »Strafexpeditionen« und Unterwerfungsfeldzüge.[24] Die Kolonialmacht drang langsam von der Küste her entlang der alten Karawanenstraßen vor und errichtete an strategischen Punkten Militärstationen, an deren Spitze ein Bezirksleiter stand. Anführer lokaler Widerstandsbewegungen wurden in der Regel verfolgt und hingerichtet.

Eine zweite Phase sah die teilweise Umwandlung der Militärstationen in zivile Verwaltungsbezirke. Die kartographischen Grenzen dieser Einheiten orientierten sich dabei weniger an demografischen und politischen Gegebenheiten, sondern vornehmlich an administrativen, strategischen, wirtschaftlichen oder ökologischen Erfordernissen. Auf etablierte Formen lokaler Herrschaftsausübung nahmen die Deutschen in der Regel wenig Rücksicht. Die Einsetzung lokaler »Oberhäuptlinge« und »Sultane« war oft eher ein Produkt geschickter afrikanischer Diplomatie, die das mangelnde Wissen der Deutschen über die politischen Strukturen vor Ort auszunutzen verstand. Die unterste Ebene der sukzessive aufgebauten Lokalverwaltungen bestand aus afrikanischen Mitarbeitern, welche die eigentliche Verbindung zwischen der zivilen Kolonialmacht und der Bevölkerung konstituieren sollten. Dort, wo lokale Führer entmachtet, militärisch unterworfen oder gar hingerichtet worden waren, traten

---

[24] Vgl. Gründer, S. 154.

ortsfremde Akiden an ihre Stelle. In Städten setzten die Deutschen zudem »arabische« Notabeln als »Liwali« ein, die höchste für Nicht-Deutsche zugängliche Verwaltungsposition. Die Kolonialadministration glaubte auf diese Weise das vorkoloniale sansibarische Herrschaftssystem auf Teile des Festlands zu übertragen. Zwar stimmten die Bezeichnungen überein, die kolonialen Funktionen differierten jedoch erheblich.[25]

Die Legitimität der lokalen Mittler beruhte zuvorderst auf den Zwangsmitteln des kolonialen Staates, insbesondere den lokalen afrikanischen Polizeitruppen. Die funktionalen Schwächen dieses Systems offenbarten sich dort, wo die Anforderungen an die lokale Bevölkerung etwa in Gestalt von Arbeitszwang, nachhaltiger Steuereintreibung oder dem Anbauzwang bestimmter Agrarprodukte erhöhten. Der verstärkte Einsatz staatlicher Machtmittel implizierte auch das Risiko, Widerstand zu provozieren. Der von deutscher Seite bald mit nahezu genozidärem Vernichtungswillen geführte Maji-Maji-Krieg (1905–1907) begann als Revolte gegen die Zwangskultivierung von Baumwolle und wurde später auch von offizieller deutscher Seite unter anderem auf die verfehlt konzipierte »Eingeborenenpolitik« zurückgeführt.[26]

Mit Dernburg und dem frisch bestallten Gouverneur Albrecht von Rechenberg hielt – auch in Reaktion auf den Maji-Maji-Krieg – in Ostafrika ebenfalls die bereits erwähnte so genannte »rationale« oder »wissenschaftliche« Kolonialpolitik Einzug, die statt wie bisher mit »Zerstörungsmitteln« mit »Erhaltungsmitteln« arbeiten wollte. Freilich handelte es sich keineswegs um einen radikalen Bruch, denn auch für Dernburg hieß Kolonisation im Wesentlichen die Nutzbarmachung der kolonialen Ressourcen zugunsten der kolonisierenden Nation. Rechenberg seinerseits unternahm gegen den zuweilen erbit-

[25] Ein Liwali war ursprünglich eine Art Gouverneur bzw. Statthalter des Sultans von Oman an den wichtigen Orten der ostafrikanischen Küste. Akida meint eigentlich den höchsten Rang in der lokalen Tanzgesellschaft. Das System der Liwali und Akiden fand keineswegs in der gesamten Kolonie Anwendung. Es blieb im wesentlichen auf die Küste und einige Plantagenregionen begrenzt, wobei die Deutschen in der Hauptstadt Daressalam das Amt des Liwali durch das des Khadi ersetzten, dessen Autorität sich auf das islamische Recht beschränkte.

[26] Zu Maji-Maji vgl. John Iliffe, A Modern History of Tanganyika, Cambridge 1979.

terten Widerstand der europäischen Siedler sowie ihrer Lobby im Reich eine Reihe von Reformen im wirtschaftlichen und politischen Bereich.[27] Bezüglich der lokalen Administration schlug er einen pragmatischen Kurs ein. Er verwehrte sich etwa dagegen, das System der Akiden aufzugeben, wie es sein Vorgänger in der ersten Panik nach dem Ausbruch des Maji-Maji-Krieges gefordert hatte. In einigen Regionen im Hinterland wurden nun aber verstärkt lokale Notabeln zu Akiden ernannt, immer häufiger auch Absolventen der Regierungs- oder Missionsschulen. Bei den deutschen Distriktbeamten legte man fortan mehr Wert auf praktische Erfahrung, Kenntnisse des Swahili sowie eine möglichst lange Tätigkeitsdauer im Distrikt. Die angestrebte administrative Formation bestand aus einem deutschen Kolonialbeamten mit detailliertem Wissen über »seine« Region, der mit einem kleinem aber wachsenden bürokratischen Stab von afrikanischen Mitarbeitern oder »fortschrittswilligen« Häuptlingen zusammenarbeitete.[28]

   In den Jahren nach dem Maji-Maji-Krieg entwickelte die koloniale Herrschaft sukzessive einen bürokratischen Charakter. Das gesamte Verwaltungshandeln stand nach wie vor im Schatten von Willkür und Gewalt, der rationale Territorialstaat war noch ein fernes Ziel.[29] Das zeigte sich besonders nachhaltig in der von den deutschen Verwaltungsbeamten gehandhabten Rechtssprechung über die lokale Bevölkerung. Willkür, subjektives Ermessen der zuständigen Beamten – in Memoiren rückblickend nicht selten als »Einfühlen in die Herzen der schwarzen Bewohner« verklärt –, Selektivität bzw. Zufälligkeit und Strenge (das hieß oft: drakonische Strafen) stellten wesentliche Charakteristika dar. Insgesamt stärkten die Reformen auch formal die Position des Distriktbeamten gegenüber der administrativen Zentrale in Daressalam. Seine Autonomie war schon,

[27] Vgl. im Detail John Iliffe, Tanganyika under German Rule, 1905–1912, Cambridge 1969.

[28] Vgl. Juhani Koponen, Development for Exploitation. German Colonial Policies in Mainland Tanzania, 1884–1914, Helsinki 1995, S. 285.

[29] Dieser Befund zeigt sich auch in der fortgeführten Anwendung der Prügelstrafe, die sogar – nach einem Zwischentief 1908/09 (3.746 registrierte Strafen) – im Jahr 1912/13 wieder auf 8.057 Strafen anstieg. 1905/06 hatte es 6.332 Strafen gegeben. Zahlen nach Fritz-Ferdinand Müller, Kolonien unter der Peitsche. Eine Dokumentation, Berlin 1962, Dok. 49. Vgl. ebenfalls Gründer, S. 164.

wie oben erwähnt, allein durch die langen und komplizierten Kommunikationswege bedingt. Zwar besaß der Gouverneur theoretisch weiterhin das Vetorecht bei von Distriktoffiziellen verabschiedeten Dekreten; in der Regel erfuhr er von der Existenz solcher Erlasse aber nur, wenn daraus massive Streitigkeiten resultierten.

Mit der Verstetigung von Kolonialherrschaft durch die Gründung von Stationen und Bezirken ging zu einem gewissen Grade die Verstetigung der Produktion von Herrschaftswissen (als Wissen der Herrschenden über die Beherrschten) einher. Der koloniale Staat suchte neben dem Gewaltmonopol zunehmend auch ein Monopol des Wissens zu erlangen. Diese Anstrengungen manifestierten sich etwa in der verstärkten Einführung von Bildungseinrichtungen, Schriftlichkeit und Statistik. Gerade die angestrebte Akkumulation von Wissen über die Kolonisierten verdient besondere Aufmerksamkeit, zumal den Kolonialherren nur zu bewusst war, dass Daten zwar Waffen nicht zu ersetzen, wohl aber deren Wirksamkeit zu steigern vermochten. Die Verwaltung intensivierte mit einigem Erfolg die kartographische Erfassung der Kolonie. Die Karten dienten militärischen Zwecken ebenso wie der Steuereintreibung und schuf wichtige Basisinformationen für den Straßen- und Bahnbau. Viele dieser Karten wurden noch Ende der 1950er Jahre benutzt. Die Produktion von Herrschaftswissen blieb insgesamt jedoch fragmentarisch, zufällig, fand rasch ihre Grenzen. Der bürokratische Ton der kolonialen Verwaltungsberichte mochte gesichertes Wissen suggerieren, in der Regel beruhten die Rapports auf recht beliebig akquirierten Informationen.

Ein instruktives Beispiel für die Grenzen des Wissens der Kolonisierenden liefert die vom Reichskolonialamt in Berlin auf Druck der Missionsgesellschaften gestartete Untersuchung über die Entwicklung des Islam in Deutsch-Ostafrika. Hintergrund war die so genannte »Mekka-Brief-Affäre«, die um einen 1908 publik gewordenen Brief aus Mekka kreiste, der vermeintlich alle Muslime zu Aggressionen gegen Europäer und Missionen aufrief.[30] Dieses Schriftstück sorgte in einigen kolonialistischen Kreisen und insbesondere bei den Missionaren für handfeste Paranoia über die drohende »islamische Gefahr«. Stationsleiter und

---

[30] Die folgenden Abschnitte basieren auf Michael Pesek, Islam und Politik in Deutsch-Ostafrika, in: Wirz/Eckert/Bromber, S. 99–140.

Distriktbeamten wurden angehalten, ausführliche Rapports über den Islam im »Schutzgebiet« abzuliefern und sich vor allem der Frage zu widmen, ob es in ihrem Gebiet eine islamische Bewegung gebe. Die Untersuchung über den Islam stellte den bis dato umfassendsten Versuch dar, Herrschaftswissen zu produzieren. Die Rapports skizzieren ein Bild der Unsicherheit der Mächtigen, ihrer Paranoia, ihrer Unwissenheit über die Kolonisierten. Zudem verweisen diese Vorgänge auf das nur mangelhaft entwickelte Berichtswesen in der Kolonie. Das Gouvernement sah sich wiederholt genötigt, die Beamten in Runderlassen an die Stationen und Distrikte zur Einhaltung minimaler Standards in den Berichten aufzufordern. Auf die Anfragen des Gouvernements reagierten die Distriktbeamten sehr unterschiedlich. Ihre Stellungnahmen reichten, wie beim Bezirksamt Bagamoyo, von einem kurzen Vermerk (»alle farbigen Regierungsangestellte Mohammedaner«) bis zu ausschweifenden persönlichen Betrachtungen über die generelle Weltlage und den Islam im Allgemeinen und besonderen, wie sie der Bezirksleiter von Dodoma anstellte. Einige Berichte trafen innerhalb weniger Wochen ein, andere brauchten fast ein Jahr.

Kolonialbeamten

Was in Berlin in unterschiedliche Zuständigkeiten von Bürokratie und Militär geteilt war, wurde in der Kolonie zu einer geografischen Teilung unterschiedlicher Muster kolonialer Herrschaft. Während an der Küste ein bürokratisches Staatswesen entstand, dominierten im Inneren militärische Muster der Herrschaft. Die Offiziere hatten ihre eigenen Vorstellungen von kolonialer Staatlichkeit, die sich in weiten Teilen nicht mit denen der Beamten bzw. Assessoren, wie sie in den Kolonien genannt wurden, deckten. Hinzu kamen Unterschiede in der Beförderung und Honorierung. Die Beamten in den Küstenstädten profitierten, was ihre Karriere betraf, wenig von den fortwährenden militärischen Aktionen im Inneren. Die Offiziere schon. Mehrwöchige kriegerische Expeditionen wurden ihnen als Kriegsjahre angerechnet und verbesserten somit ihre Pensionsansprüche. Spektakuläre Waffentaten honorierte die Heeresführung in der Heimat mit Orden.

Die Ausbildung für den Kolonialdienst blieb lange Zeit provisorisch und informell. Bevor es mit der Gründung des Hamburgischen Kolonialinstituts zu einer Ausbildungsordnung für Staatsdiener im Kolonialdienst kam, wurden die angehenden Kolonialbeamten lediglich mit einigen sprachlichen und technischen Spezialfertigkeiten wie kartographischen oder tropenmedizinischen Grundkenntnissen durch Kurse vor allem am Orientalischen Seminar in Berlin vertraut gemacht. Allenfalls war der Beamte durch eine mehrmonatige Anstellung in einer Abteilung der Kolonialabteilung des AA und später des Reichskolonialamtes aktenmäßig etwas mit den Vorgängen in den Kolonien bekannt gemacht worden. Mit dem Fehlen einer systematischen Ausbildung war verbunden, »dass sich der neue Kolonialbeamte in einen spannungsreichen Gegensatz hineingestellt sah, der sich zwischen seinem bürokratischen oder extrem begrenzt anwendbaren Wissen, das er aus Deutschland mitbrachte, und dem beispielgesättigten Handlungswissen [...] der ›alten Afrikaner‹ auftat.«[31] Diese Spannung gab notwendigerweise den Alten Afrikanern, den »alten Hasen« im Kolonialdienst vor Ort, eine große Definitionsmacht in bezug auf die Lebensverhältnisse und Probleme in der Kolonie. Entscheidend für das Bestehen in den Kolonien, für die »Bewährung« waren aus der Sicht der Zeitgenossen mithin nicht bürokratische Ausbildung, sondern »Charakter«, das hieß, so der im Kolonialdienst stehende Jurist Rudolf Asmis, »innerer Halt, starker Wille und Takt.«[32] Dieser Charakter wurde als Ausdruck des Standes betrachtet, in den der Mensch hineingeboren wird oder hineinwächst. »›Charakterfeste Männer‹ sind weder ›Tintenkleckser und Bürokraten‹, wie man es den Juristen oft nachsagte, noch sind sie den Gefährdungen des ›Tropenkollers‹ ausgesetzt. Mit Energie und Tatkraft verfolgen sie wenige, aber umso klarere Ziele und lassen sich darin nicht beirren.«[33] In Ermangelung eines deutschen Begriffs für diesen Persönlichkeitstyp griffen die Zeitgenossen auf das englische Wort des »Gentleman« zurück.[34] Sich statt auf Ausbildung auf die »Be-

---

[31] Trotha, Koloniale Herrschaft, S. 92.

[32] Zit. nach ebd., S. 93.

[33] Ebd.

[34] Zur großen Bedeutung des Gentleman im Kontext des britischen Imperialismus vgl. u. a. Peter J. Cain/Anthony G. Hopkins, British Imperialism, 2 Bde., London 1993 und Kathryn Tidrick, Empire and the English Character, London 1992.

währung« von »Männern mit Charakter« zu verlassen, war keine Besonderheit des Kolonialdienstes. Vielmehr handelte es sich um einen allgemeinen Zug des wilhelminischen Ausbildungswesens für Offiziere, der konträr zum gesellschaftlichen Trend im Kaiserreich lief, wo Bildungszertifikate immer größere Bedeutung erlangten und die Schule zunehmend zur Verteilungsstelle von Sozialchancen wurde.[35]

Im Kult des Kolonialpioniers war das Fehlen bürokratischer Disziplin zu einer wichtigen Charaktereigenschaft stilisiert worden.[36] Kolonialbeamte konstruierten die koloniale Welt nicht selten als Gegenentwurf zum heimischen »Gehäuse der Hörigkeit«, wie Max Weber die Zwänge moderner Disziplinargesellschaften nannte. So sah es etwa Carl Lent, der im Auftrag der Deutschen Kolonialgesellschaft am Kilimanjaro Klima und geografische Verhältnisse erforschte:

»Die abendländische Kultur ist [. . .] engherzig und philiströs; man hat sich so in ein Netz von Traditionen, Gewohnheiten und Dogmen gefangen, dass jemand, der einmal einen Seitensprung macht und der Schwerpunkt in Individualität verlegt [sic!], wie es am Anfang der Entwicklung war, für einen Barbaren gehalten wird. Und doch ist durch die Kolonialbewegung, durch das Bestreben, in ›rohen‹ Ländern Kultur zu schaffen, eine Idee in unser Geistesleben geworfen, die günstigstenfalls durch die Rückwirkung auf unsere überkommenen Anschauungen auch den philisterhaften Dogmatismus einen reformatorischen Impuls zu geben im Stande ist. Wie sollte es anders sein, wenn ein junges, eindrucksfähiges Mitglied der ›alten Gesellschaft‹ plötzlich so ganz wilden Verhältnissen gegenübergestellt wird und sich gezwungen sieht, nun einmal alle in ihm schlummernden Kräfte hervorzurufen, vorurteilsfrei und als Mensch nach seiner persönlichen Veranlagung zu handeln. So etwas wirkt, glaube ich, erzieherischer auf den jungen Mann als wenn er im Gleise unserer heimischen ›Carrieren‹ fortgeschoben wird und die Anciennität über seine ›Beförderung‹ entscheidet.«[37]

In Ostafrika habe er nur »scharfumrissene Charaktergestalten« und keine »Herdenmenschen« getroffen, erinnerte sich der Kolonialbeamte Hans Poeschel an seine Jahre in der Kolonie. Ostafrika sei »ein Land der Originale« gewesen.[38]

[35] Vgl. zusammenfassend Hans-Peter Ullmann, Das Deutsche Kaiserreich 1871–1918, Frankfurt 1995, S. 181 ff.

[36] Dazu ausführlich Pesek, Vom Forschungsreisenden.

[37] Carl Lent, Tagebuchberichte der Kilimandjaro-Station, Berlin 1894, S. 16.

[38] Hans Poeschel, Bwana Hakimu. Richterfahrten in Deutsch-Ostafrika, Leipzig 1940, S. 136.

Entsprechend wurden die Beziehungen zwischen Kolonisierenden und Kolonisierten als autoritäre Beziehungen zwischen
Herren und Untertanen entworfen, eine »Beziehung des Kom-
mandos«, wie von Trotha es treffend charakterisierte.[39] Vor allem die im Landesinneren tätigen Offiziere bevorzugten die
Eindeutigkeit der militärischen Rangordnung und des Befehls:
»Der Schwarze will nach strengen Vorschriften behandelt werden, um das zu ein, was wir Mensch nennen«, schrieb ein deutscher Offizier in seinen Erinnerungen. »Achselstückenpolitik«
nannte er diese Form der Beziehung und grenzte sie gegenüber
zivilgesellschaftlichen Modellen ab. »Wenn wir ihn wie einen
Bürger unseres Staates behandeln, dann wird er übermütig und
wir haben eines Tages einen Misserfolg.«[40] Und wo es keine
Bürger gab, konnte es auch keine Verwalter geben. »Der Neger
will beherrscht und nicht verwaltet werden.« – Carl Peters hat
das Selbstverständnis vieler Vertreter des kolonialen Staates auf
den Punkt gebracht.[41]

Nur wenigen Kolonialbeamten war die Erhebung in den
Adelsstand vergönnt. Während ihres Aufenthalts in Afrika nahmen freilich viele Beamte eine entsprechende Lebensweise bereits schon vorweg. Die Gouverneure pflegten einen aristokra-
tischen Lebens- und Repräsentationsstil und verbreiteten »um
sich eine höfische Aura.«[42] Die Stationsleiter und Distriktbeamten versuchten es ihnen gleichzutun. Zeremonielle Empfänge
afrikanischer Häuptlinge konstruierten den Stationsleiter als
Landesherren, der die Fäden der Politik lokaler Monarchien in
den Händen hielt. Und dann erst die sich jährlich wiederholen-
den, mit großem Aufwand zelebrierten Kaisergeburtstage, Se-
dan-Feiern und Geburtstage der deutschen Landesfürsten! Dabei traten die Stationsleiter halb als Vertreter des deutschen
Kaisers, halb als »orientalische« Potentaten (bzw. als das, was
sie dafür hielten) auf. Anlässlich des Geburtstags des Kaisers
paradierten die Kolonialtruppen, gefolgt von einer Rede des
Distriktleiters, der der lokalen Bevölkerung die Grüße des Kai-

[39] Trotha, Koloniale Herrschaft, S. 110.
[40] H. von Bengerstorf, Unter der Tropensonne Afrikas, Hamburg 1914,
S. 4.
[41] Tägliche Rundschau, 23.10.1892.
[42] Arno J. Mayer, Adelsmacht und Bürgertum. Die Krise der europäischen Gesellschaft 1848–1914, München 1984, S. 178.

sers übermittelte und die Grüße der Bevölkerung an den Kaiser huldvoll entgegennahm. Danach empfing der Distriktsleiter die lokalen Eliten und die am Ort ansässigen Europäer, mimte den großzügigen Herrn und bewirtete seine Gäste mit Zigarren, Schnaps und Rinderbraten.[43] Hof hielten die Kolonialbeamten aber auch im Alltag: Kaum ein Distriktleiter, der sich nicht mit einem Tross von Dienern, Köchen und Dolmetschern umgab. In der Kolonie lebte man besser als in den gleichen bürgerlichen Schichten daheim, erinnerte sich ein Kolonialbeamter; »jedoch nicht in Üppigkeit«, wie er beinahe entschuldigend hinzufügte.[44] Die Selbstkonstruktion der Kolonialbeamten als Monarchen korrespondierte im Übrigen mit ihrer Wahrnehmung der lokalen Gesellschaften als feudale Ordnungen.[45]

Epilog

Für die Bürokraten in der Heimat war und blieb die Kolonie ein Exotikum. Gerüchte über das ausschweifende Leben der Beamten drangen auch nach Deutschland und führten zu offiziellen Untersuchungen über das Leben der kolonialen Beamten. Berichte über den Alkohol-Konsum der Beamten nannten eindrucksvolle Zahlen: Bis zu 30 Flaschen Wein und 72 Flaschen Bier, so die akribische Auflistung, konsumiere ein Beamter in gehobener Stellung in der Kolonie Togo wöchentlich.[46] Missionare klagten immer wieder über die zum Alltag der Kolonialbeamten gehörenden sexuellen Beziehungen zu afrikanischen Frauen. In aller Öffentlichkeit würden die Beamten in eheähnlichen Verhältnissen mit Afrikanerinnen leben.[47] Das Gouvernement reagierte auf solche Vorwürfe äußerst ungehalten. Als 1909 Siedler eine Beschwerde gegen den langjährigen Bezirks-

---

[43] Im Lokalteil der DOAZ finden sich zahlreiche Beschreibungen der Kaisergeburtstagsfeiern.

[44] Poeschel, S. 26.

[45] Vgl. dazu ausführlich Pesek, Karawanenhandel.

[46] Marek Czaplinski, The German colonial and civil service. Image and Reality, in: Africana Bulletin 34 (1987), S. 117.

[47] E. Johanssen, Sind wir deutschen Christen und Missionsleute ohne Schuld am Verlust unseres kolonialen Missionsfeldes?, in: Nachrichten aus der ostafrikanischen Mission 33 Nr. 3/4 (1919), S. 21.

chef von Mwanza, Theodor Gunzert, wegen seiner Beziehungen zu afrikanischen Frauen einreichten, strengte das Gouvernement umgehend eine Klage wegen Verleumdung eines Beamten gegen die Siedler an.[48] Obgleich ein Jahr später sexuelle Beziehungen der kaiserlichen Beamten in Afrika kraft eines kaiserlichen Erlasses verboten wurden, änderten sich die Zustände in der Kolonie kaum.

Konnten der Alkoholkonsum und die Beziehungen mit Afrikanerinnen noch mit den Auswirkungen des Klimas und dem Junggesellendasein der kolonialen Beamten entschuldigt werden, so erschütterten die vielen Skandale in der Kolonie, in der die Beamten der Körperverletzung oder des Totschlags von Afrikanern bezichtigt wurden, das Selbstverständnis der deutschen Beamtenschaft. Als 1896 in der deutschen Presse Berichte über Prügelorgien und willkürliche Exekutionen seitens deutscher Kolonialbeamter kursierten, musste die deutsche Öffentlichkeit feststellen, dass der rechtliche Status der Kolonialbeamten nicht geregelt war.[49]

Die koloniale Erfahrung des deutschen Beamtentums schien insgesamt kaum Auswirkungen auf die Heimat zu haben. Das änderte sich erst mit dem Ersten Weltkrieg und der Besetzung Osteuropas durch deutsche Truppen. Das Besatzungsregime von Ober Ost, wie die Gebiete in der Sprache des deutschen Militärs genannt wurden, glich in vielen Aspekten einem kolonialen Projekt.[50] Wie in Ostafrika ging es auch dort um eine als zivilisatorischer Fortschritt propagierte Entwicklung für die Ausbeutung von natürlichen Ressourcen und der Arbeitskraft der lokalen Bevölkerung. Zumindest in der Person von Rochus Schmidt, Kolonisierender der ersten Stunde in Ostafrika, lässt sich eine Kontinuität zum Kolonialismus in Ostafrika aufzeigen. Schmidt führte seine koloniale Karriere als der Chef der Polizeitruppen von Ober Ost fort.[51]

[48] TNA G 21/933: Beschwerdeschrift des Siedlers Stevens an den Stellvertretenden Gouverneur von Spalding, 22.12.1909.
[49] Frankfurter Zeitung, 2.3.1896, Tägliche Rundschau vom 1.3.1896.
[50] Siehe im Detail Vejas Gabriel Liulevicius, War land on the Eastern Front. Culture, National Identity, and German Occupation in World War I., Cambridge 2000, S. 44 ff.
[51] Ebd., S. 78.

Sebastian Conrad

»Eingeborenenpolitik« in Kolonie und Metropole

»Erziehung zur Arbeit« in Ostafrika und Ostwestfalen

Bei der Eröffnung der ersten Arbeiterkolonie in Wilhelmsdorf 1882 stellte der Bielefelder Pastor Friedrich von Bodelschwingh den »Vagabunden« und Obdachlosen, die hier untergebracht werden sollten, ein »köstliches Gut« in Aussicht, »nämlich die Arbeit selbst«.[1] Die regelmäßige Tätigkeit sollte dafür sorgen, diese »für die bürgerliche Gesellschaft anscheinend verlorenen Menschen vor vollständigem Untergange zu bewahren und sie der Arbeit und Ordnung wiederzugewinnen«, wie der preußische Kronprinz Friedrich unterstrich, als er Ende desselben Jahres das Protektorat über Wilhelmsdorf übernahm.[2] Dabei war der Verzicht auf den Zwang das leitende Prinzip dieser Erziehung zur Arbeit: »Wir möchten auch nicht eine einzige Stunde einen unfreiwilligen Arbeiter bei uns haben.« Nachhaltigen Erfolg versprach diese Pädagogik jedoch nur in ihrer Verbindung mit dem Christentum: Erst »Gebet und Arbeit zusammengemengt [...] trägt selige Frucht für die Ewigkeit.«[3]

Verlassen wir die Arbeiterkolonie und wenden uns der Arbeit in den Kolonien zu: Die »Erziehung des Negers zur Arbeit« gehörte zu den zentralen Projekten staatlicher und insbesondere kirchlicher Politik seit Inbesitznahme der ersten Kolonien 1884. Die Missionen betrachteten es als ihre Aufgabe, »den arbeitsscheuen Eingeborenen nach und nach zur freiwilligen Ar-

[1] Friedrich von Bodelschwingh, Ausgewählte Schriften, Bielefeld 1964, Bd. 2, S. 431.

[2] Zitiert nach: Martin Gerhardt, Friedrich von Bodelschwingh. Ein Lebensbild aus der deutschen Kirchengeschichte, Bethel 1952, S. 134.

[3] Bodelschwingh, Ausgewählte Schriften, S. 432, 433.

beit« zu erziehen und ihm »unaufdringlich ein menschenwürdiges Dasein« zu ermöglichen.[4] Auch hier hing der Erfolg offenbar davon ab, den Schein von Zwang zu vermeiden und stattdessen an ein christliches Pflichtgefühl zu appellieren: »Ora et labora« lautete das Motto der Missionspolitik. Auch in Afrika erschien die »Verbindung von Beten und Arbeiten« als Voraussetzung der Menschenbildung.

Waren diese Ähnlichkeiten lediglich dem Zufall zu verdanken? Oder gab es eine Verbindung zwischen Ostwestfalen und Ost-Afrika, die mehr war als bloße Koinzidenz? Zwischen den Bemühungen, die »Arbeitsscheuen« auf den Landstraßen des Deutschen Reiches wieder der bürgerlichen Gesellschaft zuzuführen – und den Versuchen, die Mitglieder von »tiefstehenden Rassen trotz der Arbeitsscheu« auf eine höhere Kulturstufe zu heben?[5] Hatte die Disziplinierung der Obdachlosen im Deutschen Kaiserreich eine Auswirkung auf das gleichzeitige Projekt der ›Zivilisierung‹ der Eingeborenen in den afrikanischen Kolonien – oder gar umgekehrt?

Diese Fragen suggerieren bereits, dass die Beziehungen zwischen Deutschland und dem überseeischen ›Neu-Deutschland‹ möglicherweise enger waren, als gemeinhin angenommen wird. Lange Zeit ist das Verhältnis zwischen dem Deutschen Reich und seinen afrikanischen Kolonien als Einbahnstraße betrachtet worden: Die Auswirkungen kolonialer Herrschaft – verstanden als Zivilisierung und Kulturmission, oder aber als Ausbeutung und Vernichtung – wurden beinahe ausschließlich in Afrika lokalisiert. Das Deutsche Reich hingegen erschien als weitgehend separate, unabhängige Entität.[6] Im Folgenden soll diese Perspektive etwas revidiert werden. In Anlehnung an Ansätze aus dem Kontext der *postcolonial studies* soll der Versuch gemacht werden, Metropole und Kolonie innerhalb eines einzigen analytischen Feldes zu untersuchen.[7] Dieser Ansatz

---

[4] Ljudwig Berg, Die katholische Heidenmission als Kulturträger, Aachen 1923, Bd. 1, S. 293.

[5] Berg, S. 281.

[6] Vgl. dazu Sebastian Conrad, Doppelte Marginalisierung. Plädoyer für eine transnationale Perspektive auf die deutsche Geschichte, in: Geschichte & Gesellschaft 28 (2002), S. 145–69.

[7] Ann Laura Stoler/Frederick Cooper, Between Metropole and Colony. Rethinking a Research Agenda, in: dies. (Hg.), Tensions of empire. Colonial cultures in a bourgeois world, Berkeley 1997, S. 1–56. Vgl. auch Sebastian

schließt ein, nicht nur nach den Einflüssen des Imperialismus
auf die koloniale Peripherie zu fragen, sondern gleichermaßen
nach den Effekten des imperialen Projekts auf das Deutsche
Reich selbst. Denn unter den asymmetrischen Bedingungen kolonialer Herrschaft konstituierten sich soziale Praktiken wechselseitig. Auf diese Weise würde deutlich, das ist die These, dass
nicht nur die beherrschten Gebiete in Afrika, sondern auch die
wilhelminische Gesellschaft von den Auswirkungen der kolonialen Erfahrung maßgeblich geprägt wurde.

Die koloniale »Arbeiterfrage«

Bereits 1885, nur ein Jahr nach Erwerb der afrikanischen Kolonien, schrieb die Deutsch-Ostafrikanische Gesellschaft zu Berlin einen Preis aus für die Beantwortung der Frage:»Wie erzieht
man am besten den Neger zur Plantagen-Arbeit?«[8] Tatsächlich
wurde im Rahmen der Kolonialpolitik keine Frage so ausführlich erörtert wie das Problem der Rekrutierung – und Erziehung
– geeigneter Arbeitskräfte. Die Abschaffung der Sklaverei hatte
den Zugriff auf einheimische Arbeiter für die europäische Plan-
tagenwirtschaft zu einem schwierigen Unterfangen gemacht.
Dem Einsatz deutscher Arbeiter schienen klimatische Aspekte
entgegenzustehen. Der Mangel an Lohnarbeitern konfrontierte
die deutschen Kaufleute und Unternehmer mit ernsthaften
Problemen. Auf dem Deutschen Kolonialkongress 1902 in Berlin bezeichnete Major Morgen die »Arbeiterfrage« als »die
wichtigste in unseren Kolonien, mit ihr stehen und fallen jedenfalls die tropischen Kolonien, mit den Kolonien aber, das ist
ebenso meine Überzeugung, steht und fällt das Mutterland.«[9]
Im Mittelpunkt der Debatten über die Arbeitserziehung
stand die Frage nach den geeigneten Mitteln. Da die Sklaverei

Conrad/Shalini Randeria, Geteilte Geschichten – Europa in einer postkolonialen Welt, in: dies. (Hg.), Jenseits des Eurozentrismus. Postkoloniale Perspektiven in den Geschichts- und Kulturwissenschaften, Frankfurt 2002,
S. 9–49.

[8] Vgl. zu dem Preisausschreiben Anton Markmiller, ›Die Erziehung des
Negers zur Arbeit‹. Wie die koloniale Pädagogik afrikanische Gesellschaften in die Abhängigkeit führte, Berlin 1995, S. 76 ff.

[9] Verhandlungen des Deutschen Kolonialkongresses 1902, S. 538.

nach generellem Dafürhalten als Mittel zur Rekrutierung von
Arbeitskräften ausschied, wurden vor allem drei Strategien ins
Auge gefasst, die – ungeachtet der heftigen Auseinandersetzungen zwischen ihren Protagonisten – durchaus auch komplementär Anwendung finden konnten: explizite Zwangsmaß-
nahmen, die Bereitstellung ökonomischer Anreize sowie die
Bildung des inneren Menschen.

Die Erfolge von Zwangs- und Steuerpolitik blieben jedoch
gering. Dies stützte die Auffassung der christlichen Missionen,
die schon lange die Auffassung vertreten hatten, »daß innerliche Wandlungen und innerliche Motive unentbehrlich sind,
wenn wirklich zur Arbeit erzogen werden soll.«[10] Die Arbeitserziehung wurde bald zum vorrangigen Feld missionarischer
Betätigung. So wurde gar der Vorschlag gemacht, »das Evangelium Christi mit dem Evangelium der Arbeit zu vertauschen«
und »die Bekehrung zum Christentum als den eigentlichen
Selbstzweck der Mission wenigstens vorläufig aufzugeben und
durch eine Erziehung zur Arbeit zu ersetzen«.[11]

Zu den empfohlenen Maßnahmen zählte typischerweise die
Forderung nach Abschaffung der Polygamie. »Ohne nach-
drückliches Dringen auf Monogamie«, hieß es etwa in einem
Beitrag auf dem Deutschen Kolonialkongress 1902, »kann ein
Volk nicht zur Arbeit erzogen werden.«[12] Der edukative Zugriff
reichte jedoch weiter. Im Blick auf eine »Erziehung zur Arbeit«
sei es »unerläßlich, Fragen zu berühren, welche mit der unmittelbaren Erziehung selbst scheinbar in losem Zusammenhang
stehen«, wie der Unternehmer Hermann Bibo unterstrich.[13]
»Die ganze List der pädagogischen Vernunft«, so hat Bourdieu
diesen Zusammenhang später formuliert »besteht gerade darin, unter dem Deckmantel, das Bedeutungslose zu fordern, das
Wesentliche zu entreißen«.[14] Bibo hatte dieser Problematik ein

[10] Kratzenstein, Bemerkungen, S. 180, 181.

[11] Zitiert nach: G. Warneck, Evangelische Missionslehre. Ein missions-
theoretischer Versuch, Gotha 1897, Bd. 3.1, S. 67.

[12] P.W. Schmidt, Die Behandlung der Polygamie in unseren Kolonien, in:
Verhandlungen des Deutschen Kolonialkongresses 1902, Berlin 1903,
S. 467–77.

[13] Hermann Bibo, Wie erzieht man am besten den Neger zur Plantagen-
Arbeit?, Berlin 1887, S. 3.

[14] Pierre Bourdieu, Entwurf einer Theorie der Praxis auf der ethnologischen Grundlage der kabylischen Gesellschaft, Frankfurt 1976, S. 200.

Buch gewidmet, in dem er ein weites Panorama hygienischer
Maßnahmen entwarf. Dazu gehörten morgendliches kaltes Waschen (»wodurch der Körper abgehärtet wird«), Vorschriften
über Haartracht (»kurzgeschnitten«) und Bekleidung (»Ober-
körper frei«), aber auch der Plan für ein »Normalhaus«, um eine
umfassende »Reinlichkeit an Behausung und Körper« zu ga-
rantieren.[15]
   Von Jugend an müssten die Kinder einem minutiösen Zeit-
regime unterworfen werden, das Aufstehen, Arbeiten, Mahl-
und Schlafenszeiten regelte. Dabei »dürfen sie nie sich selbst
überlassen bleiben! Eine Lehrerin leitet ununterbrochen alle ihre Beschäftigungen« – in dieser kolonialen Variante des Panop-
tikums. Die Produktion arbeitender Subjekte – so abhängig von
inneren Dispositionen und Einstellungen – erfolgte durch die
Bearbeitung ihrer Körper. Die Erfordernisse der Moderne – die
Erziehung für den Plantagenbau »und gleichzeitig zu ihrem eigenen Wohle, zu gesitteten und glücklichen Menschen« wurden durch Gravuren an der materiellen Oberfläche eingeschrie-
ben.[16] Nicht zuletzt musste die Ernährung und der Stoffwechsel
umgestellt werden: »Nur mit Körnerfrüchte essenden Völkern
können wir so etwas wie Geschichte machen.«[17] Arbeit, Subjekte, Geschichte – so lautete auch in den Kolonien die Trinitas des
Fortschritts.

Die »Arbeiterkolonien«

Das Problem der ›Arbeitsscheu‹ war jedoch nicht nur in den
Kolonien anzutreffen, sondern galt im späten 19. Jahrhundert
auch innerhalb des Deutschen Reiches als ernst zu nehmender
Missstand. Die Abneigung oder Unfähigkeit, einer regelmäßigen Arbeit – in der Regel verstanden als abhängige Lohnarbeit
– nachzugehen, wurde zunehmend als gesellschaftliches Problem wahrgenommen. Seit der Reichsgründung galten die Bemühungen von Sozialreformern, Juristen und Politikern der Su-

---

[15] Bibo, S. 11, 19, 40, 7.
[16] Bibo, S. 19, 3.
[17] Hans Ziemann, Über das Bevölkerungs- und Rassenproblem in den
Kolonien, Berlin 1913, S. 25. Ziemann (1865–1939) war Tropenmediziner
und Kolonialarzt.

che nach Abhilfe. Im Jahre 1912 wurde in Preußen schließlich das »Arbeitsscheuengesetz« verabschiedet.

Vor allem seit Mitte der 1870er Jahre waren die »Arbeitsscheuen« – der Sammelbegriff für alle Arbeits- und Obdachlosen, Bettler, Wanderarmen und »Vagabunden« – zunehmend als soziale Kalamität wahrgenommen worden. Tatsächlich befand sich um 1880 täglich etwa ein Prozent der Bevölkerung des Reiches, also um die 400 000 Personen, ohne eigenen Wohnsitz hilfebedürftig auf der Straße. Sie waren nur ein Teil jener drastisch zunehmenden Wanderungsströme, die laut Reichsstatistik von 1907 jeden zweiten Deutschen unterschiedlich weit von seinem Geburtshaus entfernt hatten. Vor allem zwischen 1890 und 1914 wurde die Mobilität »zu einem Massenphänomen, für das es in Europa bisher kein Vorbild gab.«[18] Als Folge der länger werdenden Arbeitslosigkeiten entwickelte sich auch die Bettelei zunehmend zu einem Problem. Gegründet vor allem von bürgerlichen Kreisen entstanden nun zahlreiche Antibettelvereine und Naturalverpflegungsstationen, die der Hausbettelei abhelfen sollten. Im Jahr 1880 wurden im Deutschen Reich 320 548 Menschen wegen Bettelei und Landstreicherei verurteilt.[19]

Um diesem Ensemble von Missständen abzuhelfen, gründete der Betheler Pastor Friedrich von Bodelschwingh 1882 in Wilhelmsdorf bei Bielefeld die erste seiner »Arbeiterkolonien«. Sie orientierten sich am Vorbild der so genannten »Herbergen zur Heimat«, welche die evangelische Innere Mission in ganz Deutschland eingerichtet hatte, um Mobilität und Fluktuation unter Kontrolle zu bekommen. Bodelschwinghs Konzept dabei war jedoch, nicht nur Herbergen einzurichten, in denen den

---

[18] Hans-Ulrich Wehler, Deutsche Gesellschaftsgeschichte. Bd. 3, Von der »Deutschen Doppelrevolution« bis zum Beginn des Ersten Weltkrieges 1849–1914, München 1995, S. 503. Vgl. auch Dieter Langewiesche, Wanderungsbewegungen in der Hochindustrialisierungsepoche. Regionale, interstädtische und innerstädtische Mobilität in Deutschland 1880–1914, in: VSWG 64 (1977), S. 1–40.

[19] Vgl. Wolfgang John, Die Vorgeschichte der Arbeiterkolonien, in: Zentralverband Deutscher Arbeiterkolonien (Hg.), Ein Jahrhundert Arbeiterkolonien, Bielefeld 1984, S. 12–22. Vgl. dazu auch Richard Evans, The ›Dangerous Classes‹ in Germany from the Middle Ages to the Twentieth Century, in: ders. (Hg.), The German Underworld. Deviants and Outcasts in German History, London 1988, S. 1–28.

Wanderarmen und Obdachlosen eine primitive Schlafstatt und ein einfaches Essen angeboten wurde, um die bitterste Not zu lindern und eine gänzliche Verwahrlosung zu verhindern. Für Bodelschwingh stand die Arbeit im Zentrum seines sozialreformerischen Projektes:»Arbeit statt Almosen« war in seinen Kolonien das leitende Prinzip: »Erziehung zur Arbeit ... ist eine unvergleichlich größere Wohltat als das umsonst dargereichte Stück Brot.«[20]

Bereits drei Jahre nach der Gründung von Wilhelmsdorf bestanden 13 Arbeiterkolonien, im Jahre 1890 bereits 22. Sie wurden vornehmlich vom protestantischen Besitz- und Bildungsbürgertum, aber auch von einzelnen Adeligen, der Ministerialverwaltung und der Kirche getragen und finanziert. Die Kolonien boten Obdachlosen und Arbeitssuchenden Aufnahme, die für bis zu vier Monaten Unterkunft, Verpflegung und Kleidung erhielten und als Gegenleistung tägliche Arbeit verrichten mussten. Ihnen wurde dafür auch ein geringer Lohn ausgezahlt, mit dem sie nach Ende ihrer Kolonistentätigkeit – im Idealfall verbunden mit einer neuen beruflichen Anstellung – wieder ins zivile Leben entlassen wurden.[21]

Die Arbeiterkolonien waren keine Zwangsanstalten, sondern basierten auf dem Prinzip des freiwilligen Eintritts; die Arbeitslosen konnten die Kolonie auch jederzeit verlassen, wenn man von dem moralischen Druck absieht. Der Tagesablauf war minutiös geordnet. Die Arbeiterkolonien waren ein Laboratorium der Bürgerlichkeit. Die Tage in der Kolonie waren mit Arbeit ausgefüllt, in der Regel einfache manuelle Tätigkeiten: Holzhacken, Steine schlagen, Grabungsarbeiten für den Straßenbau, und vor allem landwirtschaftliche Arbeit. Die Privilegierung des Ackerbaus verriet noch die Ideale einer vormodernen und von der Urbanisierung nicht kontaminierten Gesellschaft, die für den konservativen Aristokraten Bodelschwingh prägend waren.

---

[20] Zitiert nach Jürgen Scheffler, Die Gründungsjahre 1883–1913, in: Zentralverband, S. 23–35, Zitat: S. 28.
[21] Vgl. Scheffler, Gründungsjahre; ders. (Hg.), Bürger und Bettler. Materialien und Dokumente zur Geschichte der Nichtseßhaftenhilfe in der Diakonie, Bd. 1, Bielefeld 1987.

Koloniale Arbeiterkolonien

Die Parallelen dieser beiden großen Projekte bürgerlicher Kulturmission (in überseeischen und Arbeiter-Kolonien) lassen sich kaum ignorieren, auch wenn die Betätigungsfelder durch staatliche Grenzen, Ozeane und lange Reisen, durch die Annahme unterschiedlicher ›Kulturkreise‹ und rassischer Differenz von einander getrennt waren. Arbeit galt hier wie dort als zentrale Dimension des Individuums, als Ausgangspunkt der Konstituierung des Subjekts. Arbeit fungierte zugleich als Instrument der kulturellen »Hebung« und schied die Wilden von den Zivilisierten – oder erlaubte es gar, die Grenze zwischen beiden Gruppen zu überwinden.

Waren die »Arbeitsscheuen« daher so etwas wie die Fremden im eigenen Land? In begrifflicher und rhetorischer Hinsicht lagen beide Gruppen jedenfalls nah beieinander. »Fremde« und »Wilde« – das waren die Termini, die Landstreicher und »Eingeborene« in Afrika gleichermaßen bezeichneten. Üblich war auch, in ihnen »Kinder« zu erkennen, die des fürsorglichen Schutzes bedurften. Auch die Vorstellung, die diakonische Arbeit sorge für »Licht im Dunkeln«, war beiden Diskursen gemein. Damit war sowohl das »Dunkel der Großstadt« gemeint als auch der »dunkle Erdteil«, das schwarze Afrika.[22]

Die Parallelen zwischen der Behandlung der »Arbeitsscheuen« im Reich und den »Eingeborenen« in den Kolonien blieben nicht auf zentrale Metaphern und Rhetorik beschränkt. Auch die Motive, die der Einrichtung von Arbeiterkolonien und überseeischen Kolonien zugrunde lagen, wiesen eine Reihe von Ähnlichkeiten auf. Der missionarische Impetus, der beiden Unternehmungen einen Teil ihrer Dynamik verlieh, war dabei nur ein Aspekt. Hinzu kam die Furcht vor der sozialen Revolution, die der diakonischen Betätigung zugrunde lag – aber auch ein wesentliches Motiv des Kolonialerwerbs nach 1884 bildete, wie Friedrich Fabri (sowie Hans-Ulrich Wehler) wiederholt betont hat.[23] Schließlich war die Gründung von Kolonien auch eine

---

[22] Bodelschwingh, Wer hilft mit?, S. 15. »Licht im Dunkel« war auch der Name der Zeitschrift, welche die Evangelische Missionsgesellschaft für Deutsch-Ostafrika vierteljährlich herausgab.

[23] Vgl. Hans-Ulrich Wehler, Bismarck und der Imperialismus, Frankfurt 1984, bes. S. 486–502.

Reaktion auf die Zunahme von ungesteuerter Mobilität und Migration. Während die Arbeiterkolonien die unkontrollierte Bewegung auf den deutschen Landstraßen eindämmen sollten, kam den afrikanischen Kolonien die Aufgabe zu, die Migration von Deutschen ins (amerikanische) Ausland nach Neu-Deutschland umzulenken.

Aber auch mit der Berücksichtigung einer gemeinsamen Motivlage sind die Verflechtungen zwischen Kolonie und Metropole noch nicht ausgeschöpft. Ungeachtet der rhetorisch aufrechterhaltenen Barrieren zwischen Deutschland und Afrika, zwischen ›hier‹ und ›dort‹ gab es Beispiele für den direkten Austausch, der über die metaphorischen und ideologischen Überschneidungen hinausging. Gelegenheit zu direkter Intervention ergab sich, als Bodelschwingh von der Evangelischen Missionsgesellschaft für Deutsch-Ostafrika gebeten wurde, sich in den Kolonien zu engagieren. Er willigte ein: »Es ist schön, arme kranke Weiße zu pflegen, aber noch schöner ist es, schwarze Heiden zu pflegen.« Bodelschwinghs koloniale Fantasien wurden von der Hoffnung auf ein vormodernes Utopia genährt, das er in den »unbeschreiblich verschiedenen Verhältnissen« Afrikas anzutreffen hoffte. Die Tätigkeit unter den von den Erscheinungen der Industriegesellschaft »noch gar nicht berührten Negerstämmen« erschien geradezu als das idealisierte Vorbild für seine ländlich-idyllischen Arbeiterkolonien außerhalb des großstädtischen Berliner Molochs. Jenseits der mechanisierten Massengesellschaft suchte er – ohne je ›dort‹ gewesen zu sein – nach einem Betätigungsfeld, das noch »möglichst unbeleckt von der verdorbenen europäischen Kultur ist«.[24]

Die Evangelische Missionsgesellschaft – zur Unterscheidung von der Berliner und der Goßnerschen Missionsgesellschaft »Berlin III« genannt – war 1885 auf dem Höhepunkt der Kolonialeuphorie gegründet worden. Aufgrund interner Differenzen blieb die neue Missionsgesellschaft in den ersten Jahren ein prekäres Unternehmen. Dies änderte sich erst, als Bodelschwingh im Jahre 1890 in den Vorstand kooptiert wurde und in den folgenden Jahren die Geschicke der Mission zunehmend an sich riss. Er richtete ein Kandidatenkonvikt ein, zu dem auch

---

[24] Bodelschwingh, Ausgewählte Schriften, S. 522; ders., Briefwechsel in 9 Bänden, Bethel 1966–73, S. 454; ders, Ausgewählte Schriften, S. 647; ders., Briefwechsel, S. 407.

Wilhelm II. 3000 Mark aus seinem privaten Budget beisteuerte, und organisierte die Aussendung der Missionare. 1906 wurde auch die Zentrale von Berlin III nach Bethel verlegt.[25]

Von Seiten der anderen Missionsgesellschaften wurde der allmähliche Übergang von Berlin III in die Bethel-Mission mit Argwohn aufgenommen. Die Kritik richtete sich dabei jedoch nicht nur gegen ihre engen Verbindungen zur Kolonialagitation und auch zur deutschen Kolonialregierung vor Ort. Vielmehr schien problematisch, dass hier die Grenzen zwischen Mutterland und Kolonie verwischt und die Unterschiede zwischen den Sphären kontaminiert wurden. »Während für Vater alle Arbeitsgebiete der Erde in eins zusammenflossen und die Grenzen zwischen der Heimat und der Heidenwelt ineinander überglitten«, wie sich Bodelschwinghs Sohn Gustav erinnerte, störten sich die Kritiker daran, »daß man die deutschen Schutzgebiete genau mit den deutschen Landesteilen gleichgestellt hat«.[26] Der Betheler Pastor musste sich wiederholt gegen Vorwürfe zur Wehr setzen, er setze sich über die unterschiedliche Natur von äußerer Mission und Diakonie im Inneren hinweg. Er beharrte hingegen darauf: »Innere und Äußere Mission lassen sich auch nicht trennen.«[27]

Die Mission etablierte sich zunächst in Daressalam. Bodelschwingh drang jedoch schon bald darauf, die Aktivitäten der Mission ins Innere des Gebirgslandes Usambaras zu verlegen. Die Namen der Missionsstationen, die nach und nach gegründet wurden und mit Bethel in ständigem Kontakt standen, klangen vertraut: Hohenfriedberg, Lobetal, Wilhelmstal, Bethel. Mit der nomenklatorischen Ähnlichkeit war es jedoch nicht getan. Die Missionen waren getreue Abbilder der Betheler Maxime »Arbeit statt Almosen«. In Lutindi, einer der Vorzeigestationen

[25] Vgl. zur Geschichte der Evangelischen Missionsgesellschaft für Deutsch-Ostafrika und zum gegenseitigen Verhältnis der verschiedenen Missionsgesellschaften Gerhard Jasper, Das Werden der Bethel-Mission, Bethel 1936; Horst Gründer, Deutsche Missionsgesellschaften auf dem Wege zur Kolonialmission, in: Klaus Bade (Hg.), Imperialismus und Kolonialmission. Kaiserliches Deutschland und koloniales Imperium, Wiesbaden 1982, S. 68–102.

[26] Gustav von Bodelschwingh, Friedrich von Bodelschwingh. Ein Lebensbild, Bielefeld 1922, S. 273.

[27] Zitiert nach W. Trittelvitz, Nicht so langsam! Missionserinnerungen an Vater Bodelschwingh, Bethel 1930, S. 123.

der Betheler Mission, wurde tatsächlich »der Nachdruck mehr auf die Arbeit als auf den Schulunterricht gelegt«, wie Beobachter übereinstimmend berichteten.[28] Dem Missionar Charles Buchner war ohnehin »jede Missionsstation immer als eine Arbeitsstation erschienen«. Das Leben in den Missionen war »Arbeit und immer wieder Arbeit«.[29] Kein Wunder, dass ein Besucher über Lutindi bemerkte: »Mir ging es so, daß mir alles so vorkam, als sei ich in Bethel; die Ähnlichkeit ist täuschend.«[30]

Die Missionsstationen in den Kolonien und die Betheler Anstalten bzw. Arbeiterkolonien standen jedoch nicht nur motivisch und organisatorisch in Verbindung, sondern auch durch die Zirkulation sozialer Praktiken. Die Erziehung zur Arbeit in Ostafrika wurde in Ostwestfalen eingeübt. Die Missionare, Lehrer und Diakonissinnen, die sich zur Betätigung »bei unsern schwarzen Reichsgenossen« (Bodelschwingh) bereitgefunden hatten, wurden durch den Umgang mit den Arbeitsscheuen und vor allem den epileptisch Kranken in Bethel auf ihre Aufgabe vorbereitet. Der Missionar Paul Döring hat beschrieben, wie er und seine Kollegen »in den Bielefelder Anstalten ihre besondere Vorbildung für die Arbeit unter den Heiden erhalten« haben. Die Unterweisung zielte nicht zuletzt darauf, »einfach und natürlich und praktisch zu werden«, wie man es in Afrika offenbar zu sein hatte. »Wir sollten hier lernen, wie man mit Kindern umgehen muß [...] Alles zielte [...] hin auf die Arbeit unter den Heiden, die ja auch in vieler Beziehung sind wie die Kinder.«[31]

Marginalisierung und Identität

Die Behandlung der »Arbeitsscheuen« im Deutschen Reich und die kulturelle »Hebung« der kolonialen Subjekte überlagerte und beeinflusste sich gegenseitig. Es zirkulierten Begriffe und

[28] Carl Paul, Die Mission in unseren Kolonien, Bd. 2, Dresden 1898, S. 193. Vgl. beinahe gleichlautend Paul Döring, Morgendämmerung in Deutsch-Ostafrika. Ein Rundgang durch die ostafrikanische Mission (Berlin III), Berlin 1899, S. 73.
[29] Charles Buchner, Die Mission und ihre Kritiker, Berlin 1905, S. 10–12.
[30] Zitiert nach Gustav Menzel, Die Bethel-Mission. Aus 100 Jahren Missionsgeschichte, Bielefeld 1986, S. 114.
[31] Döring, S. 172–76.

rhetorische Topoi, leitende Motive, Geld, aber auch Akteure und Elemente der pädagogischen Praxis. Der Transfer aus Bethel und Berlin in die Missionsstationen in Ostafrika wurde nach und nach professionalisiert und institutionalisiert. Aber der Umgang mit Vagabunden und Bettlern, Landstreichern und arbeitsscheuen Wanderern war auch im Deutschen Reich aufgeladen mit Konnotationen, welche die koloniale Erfahrung evozierten. »Ist nicht«, so Bodelschwinghs rhetorische Frage, »die Arbeit der inneren Mission in unseren modernen Großstädten, wo so viele tausend ungetaufte Kinder aufwachsen, auch zugleich äußere Mission?«[32]

Die Behandlung des äußeren Anderen korrespondierte mit der Erziehung der marginalisierten Gruppen im Innern. So wie die Nationsbildung ungeachtet aller Austausch- und Transferprozesse von dem Konstrukt einer stabilen Grenze zwischen Metropole und Kolonie abhing, beruhte die ›innere Reichsgründung‹ auf interner Ausgrenzung. Dazu zählte etwa die diskriminatorische Polenpolitik, insbesondere seit den Ansiedlungsgesetzen seit 1886. In der populären Presse fungierten auch die ›Juden‹gleichsam als »innerer Orient« – auch wenn ihre Lage sich von den Polen insofern unterschied, als ihre Ausgrenzung nach 1871 in der Regel nicht mehr Bestandteil der Regierungspolitik war.[33] Allerdings erfolgten Ausgrenzung und Marginalisierung keineswegs nur nach ›ethnischen‹ Kriterien. Benedict Anderson, Léon Poliakov, Michel Foucault und andere haben unterschiedliche Theorien darüber vertreten, ob die Vorstellung sozialer Klassen aus der Einsicht in die Unterschiede von Rassen entstanden ist, oder ob die Genealogie nicht vielmehr umgekehrt verläuft.[34] Die Sprache der Klasse könnte ein Vokabular bereitgestellt haben, um über die Frage der Ethnizität nachzudenken, oder auch umgekehrt. Ohne diese Frage hier beantwor-

[32] Bodelschwingh, Ausgewählte Schriften, S. 193.
[33] Gleichwohl gab es Ausnahmen, etwa im Falle der gemeinsamen Ausweisung von Polen und Juden 1885. Vgl. dazu Helmut Neubach, Die Ausweisung von Polen und Juden aus Preußen 1885/86, Wiesbaden 1967.
[34] Vgl. Benedict Anderson, Imagined Communities, London 1983, S. 136; Léon Poliakov, The History of Antisemitism, 4 Bde., London 1974; Michel Foucault, In Verteidigung der Gesellschaft. Vorlesungen am Collège de France (1975–76), München 1999, S. 73–75, 88–98. Vgl. dazu auch Etienne Balibar/Immanuel Wallerstein, Race, Nation, Class. Ambiguous Identities, London 1991.

ten zu wollen, lässt sich doch festhalten: Am Ende des 19. Jahrhunderts waren ethnische und soziale Formen der Marginalisierung nicht mehr gänzlich voneinander zu trennen und überlagerten sich gegenseitig.[35]

Die Definition von bürgerlicher Gesellschaft und abendländischer Zivilisation beruhte auf der Distanzierung von »Arbeitsscheuen« und »Eingeborenen« als zwei Aspekten derselben ausschließenden Geste. Foucault hat einmal die Grenze zwischen der Vernunft und dem Wahnsinn mit dem »Trennungsstrich« verglichen, »den der Orient darstellt: der Punkt, an dem das Heimweh und die Versprechen auf Rückkehr entstehen, der Orient, der der kolonisatorischen Vernunft des Abendlandes angeboten wird, der jedoch unendlich unzugänglich bleibt, denn er bleibt stets die Grenze«.[36] Auch für die Gesellschaft des Kaiserreichs war der koloniale ›Orient‹ – und der innere ›Orient‹, die Arbeiterkolonien und Arbeitshäuser – die Grenze, welche die Konstitution des bürgerlichen Selbst erst ermöglichte. »Der Eindruck von Fremdheitsgefühlen gegenüber den Armen«, der die sozialreformerische Debatte im Kaiserreich kennzeichnete, war insofern nicht nur Ausdruck der »apokalyptischen Ängste des Bürgertums«,[37] sondern für sein Selbstverständnis geradezu Bedingung.

Arbeitshäuser

Den äußeren und internen ›Orientalismus‹ zusammen zu lesen ist mittlerweile schon gängige Praxis geworden. Für viele Gegenstände eröffnet diese Perspektive neue analytische Räume und lässt Bekanntes in anderem Licht erscheinen. Allerdings

---

[35] Ann Laura Stoler hat beschrieben, wie auch in den Kolonien die Furcht vor Degeneration sich gleichermaßen auf ethnische Vermischung und soziale Degradierung bezog. Vgl. Ann Laura Stoler, Race and the Education of Desire. Foucault's *History of Sexuality* and the Colonial Order of Things, Durham 1995, S. 95–136.

[36] Michel Foucault, Wahnsinn und Gesellschaft. Eine Geschichte des Wahns im Zeitalter der Vernunft, Frankfurt 1969, S. 10.

[37] Hartwig Drude, Christliche Wandererfürsorge oder die Vollstreckung der bürgerlichen Moral an den Armen, in: Scheffler, Bürger und Bettler, S. 153–57, Zitat: S. 154.

darf der gemeinsame Topos nicht die Unterschiede zwischen beiden Phänomenen verwischen und zu einem allzu bequemen und unspezifischen *label* für die Asymmetrie von Machtverhältnissen werden. Schließlich handelte es sich bei der Erziehung von »Arbeitsscheuen« und »Negern« nicht um das identische Projekt. Bei allen Ähnlichkeiten, die durch die Zirkulation von Diskursen und Praktiken noch verstärkt wurden, lassen sich die Unterschiede zwischen beiden sozialreformerischen Unternehmungen nicht leugnen. So hatte die Einschärfung industrieller Produktionsweisen und Arbeitseinstellungen in Europa viel früher eingesetzt als dann in den Kolonien.[38] Vor allem aber war in Deutschland die Integration in die bürgerliche Gesellschaft durch »Erziehung zur Arbeit« möglich – während in Afrika die Differenz zwischen Kolonialherren und kolonialen Subjekten nicht überschritten werden konnte. Schließlich wurden die Konzepte zur Arbeitserziehung in den Kolonien in einem Kontext von Fremdherrschaft sowie vor dem Hintergrund kultureller und ethnischer Diskriminierung entwickelt, der sich von der innereuropäischen Konstellation unterschied. Während also im kolonialen Afrika die Kulturmission im Konfliktfall in Krieg und Vernichtung umschlagen konnte wie im Falle des Hererokrieges von 1904, stand die diakonische und armenfürsorgliche Beseitigung der »Vagabundennot« in Deutschland für eine aufgeklärte und emanzipatorische Sozialreform.

Es gab also unbestritten Unterschiede zwischen beiden Projekten; aber waren sie immer so absolut, wie das wilhelminische Selbstverständnis es suggerierte? Waren nicht nur die afrikanischen Kolonien, sondern auch die Arbeiterkolonien möglicherweise nichts als »eine raffinierte Dressuranstalt für menschliche Sklaven«, wie schon die zeitgenössische sozialdemokratische Kritik es formulierte?[39] Tatsächlich konnte es in den Herbergen mitunter rau zugehen, auch wenn nicht jede pädagogische Forderung (»drei Tage bei Wasser und Brot, und zu jeder Mahlzeit drei elektrische Hiebe würden Wunder tun«) umgesetzt wurde.

---

[38] Vgl. etwa Rudolf Schenda, Die Verfleißigung der Deutschen. Materialien zur Indoktrination eines Tugend-Bündels, in: Utz Jeggle u. a. (Hg.), Volkskultur in der Moderne. Probleme und Perspektiven empirischer Kulturforschung, Reinbek 1986, S. 88–108.

[39] Der Sozialdemokrat Nr. 13, 1883, zitiert nach Scheffler, Gründungsjahre, S. 31.

Wichtiger in unserem Zusammenhang ist jedoch die prinzipielle Entscheidung, die Grenzen der Gemeinschaft durch die geleistete Arbeit zu definieren. Die Wandererfürsorge, die Herbergen zur Heimat und Arbeiterkolonien waren den Arbeitswilligen vorbehalten. Alle anderen waren in der Fürsorge nicht willkommen. »Jeder, der die angebotene Arbeit abweist«, proklamierte Bodelschwingh rigoros, »ist zu verhaften.«[40]

Wer nicht arbeiten und sich auch nicht zur Arbeit erziehen lassen wollte, wurde zwangsweise in die Arbeitshäuser eingewiesen. Nach dem preußischen »Gesetz über die Bestrafung der Landstreicher, Bettler und Arbeitsscheuen« von 1843, das dann im Wesentlichen auch ins Reichsstrafgesetzbuch von 1871 übernommen wurde, wurden diejenigen Delikte, die man im fehlenden Arbeitswillen begründet sah, mit Arbeitshaushaft bestraft. Die Arbeitshäuser waren in Europa im 16. Jahrhundert entstanden und hatten ihre wichtigste Zeit in der Frühen Neuzeit. Aber im späten 19. Jahrhundert erlebten sie noch einmal einen Aufschwung: Zu Beginn der 1880er Jahre wurden jährlich mehr als 20 000 Menschen zwangsweise in Korrektions-Anstalten eingeliefert. Noch 1895 bestanden im Deutschen Reich 47 Arbeitshäuser, fast alle waren Gründungen des 19. Jahrhunderts.[41]

Die kulturmissionarische Rhetorik der »Hebung« war auch für die Arbeitshäuser typisch. Im Gegensatz zu regulären Haftstrafen sei der Freiheitsentzug hier nur Mittel zum Zweck, um die dem »gesellschaftsordnungswidrigen Hange ergebenen Personen tauglich zu machen, als ein nützliches Glied in die menschliche Gesellschaft wieder einzutreten.«[42] In der täglichen Praxis übersetzte sich die sozialreformerische Motivation in zahlreiche disziplinierende Bestimmungen. Die langen Arbeitszeiten, die rigide Zeiteinteilung, die geschorenen und eingekleideten Neuzugänge zeugen davon, dass sich hier das bürgerliche Individuum durch ein Regime von »Überwachen und Strafen« konstituieren sollte.

---

[40] Zitiert nach Scheffler, Gründungsjahre, S. 28.
[41] Vgl. dazu Wolfgang Ayaß, Das Arbeitshaus Breitenau. Bettler, Landstreicher, Prostituierte, Zuhälter und Fürsorgeempfänger in der Korrektions- und Landarmenanstalt Breitenau (1874–1949), Kassel 1992, sowie Christoph Sachse/Florian Tennstedt, Geschichte der Armenfürsorge in Deutschland, Band 1, Stuttgart 1980, S. 244–56.
[42] Programm des Arbeitshauses Breitenau, zitiert nach Ayaß, S. 178.

Exklusion und Deportation

Jenseits der Unterbringung der Arbeitsscheuen in den ländlichen Arbeiterkolonien markierten die Arbeitshäuser und Korrekturanstalten eine weitere und noch rigidere Grenze, welche die bürgerliche Gesellschaft und ihr ›Anderes‹ voneinander trennte. Aber auch diese Ausgrenzung war nicht ausschließlich eine innere Angelegenheit; auch hier gab es Versuche, die interne Marginalisierung zu externalisieren. So gab es seit Beginn der 1890er Jahre Bestrebungen, die Arbeitsscheuen in die »auswärtigen Kolonien« zu verfrachten, »wo er dem Vaterlande nicht mehr gefährlich werden kann.« Auf diese Weise ließen sich sozialreformerische und kolonialpolitische Probleme gleichermaßen lösen und die »Beschäftigung mit nutzlosen Arbeiten« in den Korrekturanstalten in die afrikanischen Kolonien umleiten: »Im Vaterlande vergeuden wir die Kräfte, während es in unseren Kolonien an Händen fehlt.«[43]

Wichtigster Vertreter dieser Verschiebung interner Ausgrenzungen nach Übersee war der Jurist Felix Friedrich Bruck, Professor an der Universität Breslau, der seit Mitte der 1890er Jahre in zahlreichen Schriften die Deportation der Arbeitsscheuen nach Deutsch-Südwestafrika propagierte. Dies führte dazu, dass auch der Reichstag im Jahre 1898 zweimal über die Deportationspläne diskutierte. Aber hier waren vornehmlich kritische Stimmen zu hören. Vor allem stand die hohe Kolonialbürokratie, in erster Linie die Leitung des Kolonialamtes, dem Ansinnen ablehnend gegenüber.[44] Immerhin wurde im Kolonialamt eigens ein Ressort für Deportationsfragen eingerichtet, und 1909 sandte man den jungen Kriminalist Robert Heindl zu Informationszwecken in die Strafkolonien in Neukaledonien, Australien und Ostasien. Aber anders als in Russland oder Frankreich wurden die Deportationspläne in Deutschland nie kolonialpolitische Realität.[45]

---

[43] Felix Friedrich Bruck, Die Gegner der Deportation, Breslau 1901, S. 60; ders., Die gesetzliche Einführung der Deportation im Deutschen Reich, Breslau 1897, S. v.

[44] Bruck, Gegner, S. 67–76.

[45] Vgl. Cathrin Meyer zu Hoberge, Strafkolonien – »Eine Sache der Volkswohlfahrt«? Die Diskussion um die Einführung der Deportation im Deutschen Kaiserreich, Münster 1999.

Dennoch zeigen die Diskussionen über die Strafverschickung, dass interne Diskriminierung und territoriale Ausgrenzung sich gegenseitig bedingten und überlagerten. »There is a relation of reciprocal determination«, hat Etienne Balibar diesen Mechanismus beschrieben, »between ›class racism‹ and ›ethnic racism‹ and *these two determinations are not independent. Each produces its effects, to some extent, in the field of the other and under constraints imposed by the other.*«[46] Die »Arbeitsscheuen« waren im Übrigen nicht die einzige soziale Gruppe, deren interne Marginalisierung in der öffentlichen Diskussion mit der Möglichkeit assoziiert wurde, sie auch physisch aus dem Raum der Gemeinschaft auszuschließen. Insbesondere in der frühen Kolonialpropaganda hatten Überlegungen, das revolutionäre Potenzial der Sozialdemokratie durch Einrichtung von Strafkolonien zu exportieren, eine große Rolle gespielt. Der sächsische Rittergutsbesitzer Ernst von Weber hatte sogar »weite Abzugskanäle« für die »alljährlich immer zahlreicher und gefährlicher werdenden Proletariermassen« gefordert, damit Deutschland nicht »mit Riesenschritten einer Revolution entgegen« treibe.[47] Auch die ersten Überlegungen zur erzwungenen Auswanderung der Juden, die bis in die Zeit des Nationalsozialismus als »Madagaskar-Plan« eine Rolle spielen sollten, fielen in diese Zeit. Paul de Lagarde hatte 1885 die afrikanische Insel erstmals als Ziel der Deportation genannt. In den nächsten Jahren häuften sich die Stimmen, die – mithilfe einer Rhetorik, bei der die brüchige Grenze zwischen Verschickung und Vernichtung bereits deutlich wurde – eine »Ausscheidung des Judenvolkes aus dem Verbande der arischen Völker« und ihre Zwangsansiedlung in den Kolonien forderten.[48]
Die Strategien innerer und äußerer Exklusion überlagerten

---

[46] Balibar/Wallerstein, Race, Nation, Class, S. 214.

[47] Ernst von Weber, Die Erweiterung des deutschen Wirtschaftsgebietes und die Grundlegung zu überseeischen deutschen Staaten, Leipzig 1879, S. 50–51.

[48] Hans Leuss, ›Das richtige Wanzenmittel‹: ein jüdischer Staat. Ein Vorschlag zur Güte, Leipzig 1893, S. 19. Der Antisemit und Schriftsteller Hans Leuss (1861–1920) war 1893/94 Reichstagsabgeordneter für die Deutsch-soziale Reformpartei. Vgl. dazu auch Magnus Brechtken, ›Madagaskar für die Juden‹. Antisemitische Idee und politische Praxis 1885–1945, München 1997.

sich gegenseitig und produzierten einen überdeterminierten Raum diskursiver und praktischer Ausgrenzung. Dabei erschienen das Deutsche Reich und seine afrikanischen Kolonien gar nicht so weit getrennt, wie man meinen sollte. »Deutsch-Südwestafrika«, so hat das etwa Felix Friedrich Bruck im Kontext seiner Pläne zur Deportation von »Arbeitsscheuen« auch gesehen, »ist einer entlegenen deutschen Provinz vergleichbar.«[49]

Deutsche Geschichte im kolonialen Kontext

Ließe sich diese Geschichte auch internalistisch erzählen, ganz ohne exotische Schauplätze, ganz ohne Afrika? Immerhin hatten ein wohltätiger Paternalismus und die Vorstellung von protestantischer Erziehungsmission in Deutschland eine lange Tradition. Auch die Arbeitshäuser waren keine Erfindung des Kaiserreichs, sondern waren in der Frühen Neuzeit entstanden. Gewiss: Im späten 19. Jahrhundert, im Zuge der Industrialisierung und der damit einhergehenden gesellschaftlichen Veränderungen, wurde die Zentralität der »Arbeit« noch einmal profiliert und institutionalisiert. Nicht nur die interne Klassifizierung der Gesellschaft war zunehmend an die Arbeit und den Beruf (und nicht mehr die Abstammung) gebunden; im modernen Interventions- und Wohlfahrtsstaat waren auch die Institutionen der Sozialversicherung direkt auf die Arbeit bezogen. Auch in den Humanwissenschaften avancierte Arbeit zunehmend zu einem Leitbegriff, etwa in der Ethnologie, aber vor allem in der Arbeitswissenschaft der Jahrhundertwende.[50]

Aber ist tatsächlich der Verweis auf die kolonialen Verflechtungen notwendig, um diese diskursiven Verschiebungen zu erklären? Ließe sich die Karriere der »Arbeit« nicht innerhalb der deutschen (und europäischen) Geschichte analysieren, also als Siegeszug des bürgerlichen Arbeitsverständnisses, dessen Wurzeln im 18. Jahrhundert zu suchen sind? Vermutlich

[49] Bruck, Gegner, S. 106.
[50] Vgl. etwa Anson Rabinbach, The Human Motor. Energy, Fatigue, and the Origins of Modernity, Berkeley 1992.

schon. Tatsächlich interpretieren die meisten Autoren die Entwicklung als interne Angelegenheit Europas.[51] Aber diese Form des Eurozentrismus greift zu kurz. Erst die Überlagerung dieser Debatten über Arbeit mit der kolonialen Erfahrung kann die qualitative Veränderung plausibel machen, die um 1900 im Verständnis von Arbeit als Ausschließungskriterium manifest wurde. Gemeint ist eine Überblendung des traditionellen Verständnisses von sozialer Ungleichheit und Klassenunterschieden mit den grundsätzlichen Dichotomien, die das koloniale Projekt kennzeichneten. Mechanismen der Ausschließung hatte es schon früher gegeben; zu diesen konventionellen Formen der Diskriminierung zählte die Marginalisierung von Armen, Arbeitslosen und Vagabunden. Diese traditionellen Praktiken der Abgrenzung wurden nun, als Folge der manichäischen Ontologie des Kolonialismus, verabsolutiert.

Der Kolonialismus stützte sich auf die zentrale und absolute Dichotomie der »Rassenunterschiede«, und mit Ann Laura Stoler (oder auch Partha Chatterjee) kann man sagen, dass Kolonialpolitik stets die Aufrechterhaltung dieser Differenz im Auge hatte.[52] Auf die Arbeitsordnung in den Kolonien traf dies in besonderem Maße zu. Wenn nun die Diskussionen über Arbeit und die Erziehung zur Arbeit in Deutschland und in den afrikanischen Kolonien auf komplexe Weise verbunden waren und sich gegenseitig (wenn auch unausgesprochen) informierten – dann wurde der Diskurs über die soziale Frage im Kaiserreich durch einen Diskurs überlagert, dessen Ausschließung nicht nur diskriminatorisch war, sondern absolut. Auf diese Weise radikalisierten sich Mechanismen der sozialen Herrschaft und der Ausgrenzung, die bereits eine lange (interne) Geschichte besaßen.

---

[51] Vgl. aus einer umfassenden Literatur Wolfgang Zorn, Arbeit in Europa vom Mittelalter bis ins Industriezeitalter, in: Venanz Schubert (Hg.), Der Mensch und seine Arbeit, St. Ottilien 1986, S. 181–212; Werner Conze, Arbeit, in: Geschichtliche Grundbegriffe. Historisches Lexikon zur politisch-sozialen Sprache in Deutschland, Bd. 1, Stuttgart 1972, 154–215; Jürgen Kocka/Claus Offe (Hg.), Geschichte und Zukunft der Arbeit, Frankfurt 2000.

[52] Vgl. Stoler/Cooper, Between Metropole and Colony; Partha Chatterjee, The Nation and its Fragments. Colonial and Postcolonial Histories, Princeton 1993, etwa Kapitel 2.

Die Radikalisierung des Arbeitsdiskurses war dabei keineswegs ein singuläres Phänomen. Die Geschichte des Antisemitismus in Deutschland etwa zeigt deutliche Parallelen. Auch der Antisemitismus war keine Erfindung des Kaiserreichs, sondern hatte eine lange Vorgeschichte. Dennoch lässt sich vor allem in der Wilhelminischen Epoche eine deutliche Verschiebung beobachten, eine Wendung zu einem biologischen Antisemitismus. Auch wenn dies keine lineare Entwicklung war, galten zunehmend nicht mehr einzelne Juden, sondern »der Jude« als Gegenstand von Polemik und Diskriminierung.[53] Auch der Antisemitismus radikalisierte sich, ethnisierte sich und wurde zu einem biologisch-rassistischen Diskurs – just zu einer Zeit, die vom scramble for Africa, vom kolonialen Ausgreifen des Deutschen Reiches und den ersten »Rassengesetzen« in den Kolonien geprägt war.

Ein Fluchtpunkt der Radikalisierung des Arbeitsdiskurses, um zu unserem Thema zurückzukehren, war die eliminatorische Logik der nationalsozialistischen Vernichtungspolitik ein halbes Jahrhundert später. Allerdings führt kein direkter Weg von der Überlagerung des Arbeitsdiskurses durch die koloniale Differenz zur Ideologie des »Arbeit macht frei«. Die Kolonien waren, bei allen Gräueln im Einzelnen, in aller Regel nicht Schauplatz einer genozidalen Politik. Auch der Antisemitismus des Kaiserreichs war ganz überwiegend nicht eliminatorisch. Die Unterschiede zwischen den Ausgrenzungsmechanismen des Kaiserreichs, auch seiner kolonialen Praxis, und der »Vernichtung durch Arbeit« des Dritten Reiches blieben groß.

Aber wenige Dekaden genügten, um aus einem diskriminatorischen Diskurs eine verbrecherische Praxis zu machen. Ja, schon in den kolonialen Plänen und Projekten des Kaiserreichs

---

[53] Vgl. stellvertretend für eine breite Literatur Helmut Berding, Moderner Antisemitismus in Deutschland, Stuttgart 1988; Jacob Katz, Vom Vorurteil bis zur Vernichtung. Der Antisemitismus 1700–1933, München 1989; Annegret Kiefer, Das Problem einer »jüdischen Rasse«. Eine Diskussion zwischen Wissenschaft und Ideologie (1870–1930), Frankfurt 1991; Shulamit Volkov, Die Juden in Deutschland 1780–1918, München 1994; Michael A. Meyer (Hg.), Deutsch-jüdische Geschichte in der Neuzeit, Bd. 3: 1871–1918, München 1997; Massimo Ferrari Zumbini, ›Die Wurzeln des Bösen‹. Gründerjahre des Antisemitismus: Von der Bismarckzeit zu Hitler, Frankfurt 2003.

waren radikale Ausschlussstrategien denk- und sagbar geworden, auch wenn sie bis dahin nur von einer Minderheit getragen wurden. So wurde die Deportation missliebiger Bevölkerungsgruppen diskutiert, und selbst Vernichtungsfantasien fanden – wenn auch nur als Exzess, als Ausnahme – den Weg in die koloniale Praxis.[54] Auch wenn also die Transformation der Exklusionspolitik, die ja nicht alle europäischen Länder gleichermaßen erfasste, kein lineares Produkt des Kolonialismus war: Diese Radikalisierung lässt sich ohne den kolonialen Kontext, in dem sie sich vollzog, kaum verstehen. Die Überlagerung mit dem kolonialen Diskurs hat, so scheint es, zentrale Dimensionen zumindest des deutschen Denkens nachhaltig verändert.

Epilog: »Aktion Arbeitsscheu Reich«

Im September 1933 verhafteten Polizei, SA und SS in einer konzertierten Aktion bis zu 100 000 Bettler und Landstreicher und überwiesen sie in die Arbeitshäuser. Durch Verfolgung und Arbeitsdienst nahm die Zahl der Wanderer in den folgenden Jahren merklich ab. Menschen ohne festen Wohnsitz wurden nun als »asoziale Volksschädlinge« verfolgt. Auch die kommunale Fürsorge wurde mehr und mehr durch Einweisung in Arbeitshäuser ersetzt. Wer arbeitslos oder vagabundierend angetroffen wurde, wurde nicht mehr Maßnahmen zur charakterlichen Besserung unterworfen, sondern galt nun als »Schädling am deutschen Volkskörper; die Ausmerzung der erwachsenen Minderwertigen« sei »vom Standpunkt der öffentlichen Fürsorge eine Notwendigkeit.«

1938 schließlich wurden in der »Aktion Arbeitsscheu Reich« noch einmal rund 11 000 »Arbeitsscheue« verhaftet. Diese Maßnahme stand bereits im Zeichen des beginnenden Arbeitskräftemangels, der im letzten Jahr vor dem Krieg bereits spürbar wurde, und sollte auch den letzten Rest der arbeitslosen Bevölkerung

---

[54] Gemeint ist der Hererokrieg, der von der Forschung zunehmend als Vernichtungskrieg beschrieben und von einigen Autoren in eine direkte Kontinuität zum Holocaust gerückt wird. Vgl. etwa Jürgen Zimmerer, Holocaust und Kolonialismus. Beitrag zu einer Genealogie des genozidalen Gedankens, in: ZfG 51 (2003), S. 1098–1119.

in den Arbeitsprozess integrieren. Wer sich diesem Zugriff verweigerte oder zur Arbeit nicht mehr in der Lage war, wurde nun jedoch nicht mehr in die Arbeitshäuser eingewiesen. Stattdessen wurden die »Arbeitssaboteure« und »unzuverlässigen Elemente« in die Konzentrationslager überführt. Sie wurden dort mit dem Schwarzen Winkel gekennzeichnet, als Asoziale, und stellten in den Lagern die Gruppe mit der höchsten Sterberate.[55]

[55] Ayaß, Arbeitshaus, S. 287–94; vgl. auch ders., »Ein Gebot der nationalen Arbeitsdisziplin«. Die Aktion »Arbeitsscheu Reich« 1938, in: Beiträge zur nationalsozialistischen Gesundheits- und Sozialpolitik 6 (1988), S. 43–74.

Philipp Ther

Deutsche Geschichte als imperiale Geschichte

Polen, slawophone Minderheiten und das Kaiserreich als kontinentales Empire

Es ist in der Bundesrepublik völlig selbstverständlich, die Reichsgründung von 1871 als die Bildung eines Nationalstaats anzusehen. Die Wiedervereinigung im Jahr 1990 hat diese Sichtweise auf die Geschichte noch einmal bestätigt. Die Erweiterung der Bundesrepublik um die fünf Neuen Länder wurde im öffentlichen Diskurs als eine zweite, glücklichere Vereinigung der Deutschen verstanden. An diesem Rekurs auf die Geschichte durch Helmut Kohl, Willy Brandt und viele andere maßgebliche Politiker der Wendezeit hat die Geschichtswissenschaft wesentlichen Anteil. Die wichtigen Synthesen zur deutschen Geschichte im »langen« 19. Jahrhundert haben das Kaiserreich in der Regel ebenfalls als Nationalstaat betrachtet. Dafür spricht auch Einiges, nicht zuletzt die nationale Begeisterung zahlreicher Deutscher im Jahr 1870/71 und die zeitgenössische Auffassung vom Reich als Nationalstaat.

Dennoch könnte es sich lohnen, die Geschichte des deutschen Reiches von 1871 einmal aus einer anderen Perspektive zu betrachten. Wenn man aus dem Osten Europas oder Preußens auf das Kaiserreich blickt, lässt sich das schiedersche Paradigma des »deutschen Kaiserreiches als Nationalstaat« umdrehen;[1] es erscheint dann viel stärker als ein Reich oder ein Empire.[2] Dies gilt insbesondere für gemischt besiedelte Regio-

---

[1] Vgl. dazu den Titel des Buches Theodor Schieder, Das deutsche Kaiserreich von 1871 als Nationalstaat, Göttingen ²1992.

[2] Vgl. zur kontinuierlichen Anziehungskraft der Reichsidee Dieter Langewiesche, Nation, Nationalismus, Nationalstaat in Deutschland und Europa, München 2000, S. 85; Otto Dann, Das alte Reich und die junge Nation. Zur Bedeutung des Reiches für die nationale Bewegung in Deutschland, in:

nen des Reiches, darunter die Lausitz, Schlesien, Pommern, Westpreußen, Ostpreußen und das preußische Teilungsgebiet Polens. Die folgenden Überlegungen knüpfen dabei an jüngere englischsprachige Studien zur Geschichte der europäischen Empires an.[3] Dominic Lieven beispielsweise versteht Empires als staatliche Gebilde, die über große Gebiete und viele Völker regieren und durch die Anwendung von Macht und eine überwiegend dynastische Legitimation und Tradition zusammengehalten werden.[4] Diese Definition trifft auch auf das Deutsche Reich von 1871 zu, denn es erstreckte sich über ein sehr weites Gebiet, regierte über eine große Anzahl von Polen, national noch nicht festgelegte slawophone Bevölkerungsgruppen und viele weitere Minderheiten. Außerdem spielte die Monarchie im politischen System und bei der Legitimation der Macht eine herausragende Rolle. Dies gilt insbesondere für den größten Einzelstaat Preußen. Es ist daher sinnvoll, von einem »preußisch-deutschen Empire« zu sprechen, wobei sich dieser Begriff auch für die Zeit vor der Gründung des Deutschen Reiches eignet. Beide Begriffe, der des Empire bzw. Imperiums und der des Reiches, erscheinen für diesen Aufsatz als gleichermaßen brauchbar, wenngleich beim Reich eine religiös fundierte Bedeutungsebene mitschwingt. Die Einordnung des Kaiserreichs als Empire ist nicht nur ex post für analytische Zwecke von Interesse, denn der Reichscharakter des 1871 gegründeten Staatswesens war bereits zu seiner Zeit insbesondere auf sprachlicher und symbolischer Ebene fest verankert.[5]

Es geht im Folgenden daher um eine alternative Verortung der deutschen in der europäischen Geschichte. Sobald man, angeregt durch die erwähnten Studien über Imperien und die *postcolonial studies*,[6] das Kaiserreich in einen Kontext mit den

Klaus Zernack (Hg.), Zum Verständnis der polnischen Frage in Preußen und Deutschland 1772–1871, Berlin 1987, S. 108–126, hier S. 121–124.

[3] Vgl. dazu insbesondere Dominic Lieven, Empire: The Russian Empire and its Rivals, New Haven 2001, mit weiterer Literatur.

[4] Vgl. Lieven, The Russian, S. xiv; Vgl. auch die Arbeiten von Alfred Rieber, darunter Approaches to Empire, in: http://empires.ru/pubarch/?tilldte=20021027.

[5] Vgl. Schieder, Das deutsche Kaiserreich, S. 82–88.

[6] Vgl. aus der deutschsprachigen Literatur: Sebastian Conrad/Shalini Randeria, Einleitung. Geteilte Geschichten – Europa in einer postkolonialen Welt, in: dies. (Hg.), Jenseits des Eurozentrismus. Postkoloniale Perspekti-

großen kontinentalen Imperien in Mittel- und Osteuropa stellt, ergeben sich für den Vergleich neue und fruchtbare Perspektiven. Umgekehrt entsteht so möglicherweise auch eine andere Perspektive auf die deutsche Kolonialgeschichte, die das Deutsche Reich bisher nur in seinen überseeischen Verbindungen untersucht hat. Die Einordnung des Kaiserreichs in den Kontext der kontinentalen Imperien legt überdies nahe, die Nationalstaatsbildung nicht mehr als eine notwendige Stufe der Modernisierung zu begreifen.

Vor allem im deutschen Fall bedeutet dies eine Abkehr von vorherrschenden Deutungsmustern. Hans-Ulrich Wehler und Wolfgang J. Mommsen haben den Imperialismus des Kaiserreichs als eine Externalisierung innen- und sozialpolitischer Probleme angesehen.[7] Außerdem haben sie sich auf jene Periode konzentriert, in der Deutschland überseeische Kolonien erwarb und besaß.[8] Diese Sichtweise greift eindeutig zu kurz. Deutsche Geschichte ist über lange Strecken der Moderne eine imperiale Geschichte, die spätestens mit der Bestätigung der Teilung Polens auf dem Wiener Kongress einsetzt. Die Zeit des preußisch-deutschen Empires beschränkt sich also nicht auf die

ven in den Geschichts- und Kulturwissenschaften, Frankfurt 2002, S. 9–49 (vgl. dort auch auf S. 39–42 den Überblick über die jüngste Literatur); Alexander Honold/Oliver Simons (Hg.), Kolonialismus als Kultur. Literatur, Medien, Wissenschaft in der deutschen Gründerzeit des Fremden, Tübingen 2002; Birthe Kundrus, Moderne Imperialisten. Das Kaiserreich im Spiegel seiner Kolonien, Köln 2003; dies. (Hg.), Phantasiereiche. Zur Kulturgeschichte des deutschen Kolonialismus, Frankfurt 2003.

[7] Vgl. die These zum Primat der Innenpolitik in Hans-Ulrich Wehler, Bismarck und der Imperialismus, Köln 1969, S. 464. Vgl. auch Wolfgang J. Mommsen, Der europäische Imperialismus. Aufsätze und Abhandlungen, Göttingen 1979; Klaus Bade, Friedrich Fabri und der Imperialismus in der Bismarckzeit. Revolution – Depression – Expansion, Freiburg 1975, bes. S. 21–24; Michael Fröhlich, Imperialismus. Deutsche Kolonial- und Weltpolitik 1880–1914, München 1994, S. 33. Grundsätzlich in Frage gestellt wurde Wehlers These durch Winfried Baumgart, Deutschland im Zeitalter des Imperialismus 1890–1914. Grundkräfte, Thesen und Strukturen, Stuttgart ⁴1982, S. 12–17.

[8] Für Bade ist die deutsche Kolonialgeschichte demnach nur eine »historische Episode«. Vgl. Klaus Bade (Hg.), Imperialismus und Kolonialmission. Kaiserliches Deutschland und koloniales Imperium, Stuttgart 1982, S. XI. Vgl. zur Kritik an dieser Sichtweise Kundrus, Moderne Imperialisten, S. 15.

drei Jahrzehnte zwischen dem Erwerb der überseeischen
»Schutzgebiete« und deren Verlust im Ersten Weltkrieg, sondern sie begann und endete mit der viel länger dauernden Herrschaft über große Teile Ostmitteleuropas.[9]

Die Rezeption der mittelalterlichen Kolonisation

Deutsche Geschichte hatte lange Zeit nicht nur einen imperialen Charakter, sondern sie ist fast von Anfang an zugleich Kolonialgeschichte – wenn auch in einem anderen Sinn, der sich
an die ursprüngliche Bedeutung des Wortes »Colon« anlehnt.
Seit dem Hochmittelalter ließen sich deutschsprachige Siedler
östlich der Saale und der Elbe nieder und erweiterten ihren
Radius rasch auf den Ostseeraum, die Randgebiete des böhmi-
schen Beckens und weiter nach Südosten. Die Siedlungsbewegung ließ im Spätmittelalter nach, setzte sich aber in begrenz-
tem Umfang in der Frühen Neuzeit fort und wurde innerhalb
Preußens insbesondere unter Friedrich II gefördert.[10] Jede Karte
über die Verteilung von Sprachen in Europa verdeutlicht die
Tragweite dieser »Ostsiedlung«. Die gesamte östliche Hälfte
des Kontinents war von deutschen Sprachinseln durchsetzt, deren Geschichte erst mit den ethnischen Säuberungen zwischen
1938 und 1948 endete.[11] Sogar der Name Preußens hat seine
Wurzeln in der Siedlungsbewegung und dem baltischen Volk

[9] Vgl. zur strukturellen Bestimmung dieser Region Europas u. a.: Klaus
Zernack, Osteuropa. Eine Einführung in seine Geschichte, München 1977,
S. 33–41; Jenö Szücs, Die drei historischen Regionen Europas, Frankfurt
a. M. 1990, S. 9–18.

[10] Vgl. dazu den umfassenden Sammelband Walter Schlesinger (Hg.), Die
deutsche Ostsiedlung des Mittelalters als Problem der europäischen Geschichte, Sigmaringen 1975; Klaus Zernack, Der hochmittelalterliche Landesausbau als Problem der Entwicklung Ostmitteleuropas, in: ders., Preußen – Deutschland – Polen. Aufsätze zur Geschichte der deutsch-polnischen
Beziehungen, Berlin 1991, S. 185–202.

[11] Vgl. zu den Tschechen František Graus, Die Problematik der deutschen
Ostsiedlung aus tschechischer Sicht, in: Schlesinger, Die deutsche Ostsiedlung, S. 31–78, hier S. 32 f. Vgl. zu Polen Benedikt Zientara, Die deutschen
Einwanderer in Polen vom 12. bis zum 14. Jahrhundert, in: Schlesinger, Die
deutsche Ostsiedlung, S. 333–48, hier S. 333.

der Pruzzen, war also wenn man diesem Forschungsparadigma folgen will, »postkolonial«.

Es gibt allerdings große Unterschiede zwischen der mittelalterlichen Kolonisation und dem modernen Kolonialismus. Die früheren Kolonisten hatten ein überwiegend friedliches Verhältnis zu den Ländern und ihren Bewohnern, in denen sie sich ansiedelten, ihnen fehlte die enge Verbindung zu einer fremden und zentral gesteuerten Staatsmacht und sie kannten noch keinen ideologisch fundierten Rassismus. Außerdem assimilierten sich die früheren Siedler häufig genug an ihre Umgebung,[12] so dass auch jede nationale Gegenüberstellung für diese Zeiten wenig sinnvoll ist. Der vermeintlich »deutsche Osten« war vor allem auf dem Lande und in katholischen Gegenden von einer sprachlichen und kulturellen Hybridität geprägt, sodass man ebenso gut von einem slawischen oder polnischen Westen sprechen könnte.

Obwohl auch die Unterschiede zwischen der friderizianischen Kolonisation und dem modernen Imperialismus und Kolonialismus nicht zu übersehen sind, wurden seit der Mitte des 19. Jahrhunderts in der Publizistik, der Literatur, aber auch in der Geschichtswissenschaft die mittelalterliche »Ostsiedlung« und die preußische Herrschaft über das polnische Teilungsgebiet zunehmend gleichgesetzt. Gustav Freytag, Heinrich von Treitschke, Max Weber und mit ihnen ein großer Teil der Öffentlichkeit sahen die Deutschen auf einer historischen Mission als Kulturträger gegenüber den Polen und den Slawen. Dieses Argument spielte bereits bei der Legitimation der Teilungen Polens eine wichtige Rolle.[13] Seit der Mitte des 19. Jahrhunderts wurde das Kulturträgertum zu einer Ideologie und zu einem wesentlichen Bestandteil des Selbstverständnisses der Deutschen; man sah die »Ostsiedlung« als die »kolonisatorische

---

[12] Auch in der Frühen Neuzeit war dies häufig der Fall. Vgl. Michael G. Müller, Zur Identitätsgeschichte deutschsprachiger Gruppen in Großpolen/Provinz Posen und dem Königlichen Preußen/Westpreußen vor 1848, in: ders./Rolf Petri (Hg.), Die Nationalisierung von Grenzen. Zur Konstruktion nationaler Identität in sprachlich gemischten Grenzregionen, Marburg 2002, S. 1–12, hier S. 2.

[13] Vgl. zur Geschichtsschreibung Jörg Hackmann, Ostpreußen und Westpreußen in deutscher und polnischer Sicht. Landesgeschichte als beziehungsgeschichtliches Problem, Wiesbaden 1996, S. 57 f.

Großtat des deutschen Volkes« an.[14] Die Vorstellung, dass erst
die Deutschen Böhmen, Polen und dem Osten Europas die
abendländische Kultur und das Christentum gebracht hätten,
wirkte bis in die Nachkriegszeit und beeinflusste auch weit verbreitete Bücher wie zum Beispiel die Biografie Friedrich II von
Theodor Schieder.[15] Erst nach 1989 verschwanden diese Ideologien allmählich; man kann daher auch erst seit kurzem von einem wirklich *post*kolonialen Verhältnis der Deutschen zu ihren
östlichen Nachbarn sprechen.

Die These der Kontinuität zwischen der mittelalterlichen Kolonisation und der imperialen Herrschaft Preußen-Deutschlands in der Moderne hatte eine starke Wirkung auf Polen. Die
polnische Öffentlichkeit reagierte darauf, indem sie den Deutschen einen kontinuierlichen »Drang nach Osten« unterstellte
und das eigene Land in einem Jahrhunderte langen Abwehr-
kampf sah. Auch in Polen wurde also nicht zwischen der mittelalterlichen Siedlungsbewegung, dem Landesausbau Friedrich II und dem modernen preußisch-deutschen Imperialismus
unterschieden. Vor allem die Schlacht von Grunwald bzw. Tan-
nenberg aus dem Jahr 1410, in dem die verbündeten Polen und
Litauer die Ordensritter vernichtend geschlagen hatten, wurde
zum nationalen Großereignis stilisiert und in unzähligen Büchern, Theaterstücken und Denkmälern vergegenwärtigt.[16] Die
Kommunisten pflegten dieses Erbe in der Nachkriegszeit, um
in Polen die Angst vor den Deutschen zu schüren und auf diese
Weise die Bindung an die Sowjetunion und ihre Herrschaft zu
festigen.

[14] Vgl. Karl Hampe, Der Zug nach Osten. Die kolonisatorische Großtat
des deutschen Volkes, Leipzig 1921.
[15] Vgl. Theodor Schieder, Friedrich der Grosse: Ein Königtum der Widersprüche, Berlin 1983. Nicht nur Schieder, sondern auch andere »Väter« der
modernen Sozialgeschichte wie Hans Rothfels taten sich zudem vor dem
Krieg als Vertreter der Kulturträgerthese hervor (vgl. dazu u. a. dessen Werk
Ostraum, Preußentum und Reichsgedanke. Historische Abhandlungen,
Vorträge und Reden, Leipzig 1935). Eine Aufarbeitung des Anti-Polonismus
dieser Gründergeneration der bundesdeutschen Sozialgeschichte steht
nach wie vor aus.
[16] Vgl. dazu mit einem Blick bis in die jüngste Zeit Sven Ekdahl, Tannen-
berg – Grunwald – Zalgiris: Eine mittelalterliche Schlacht im Spiegel deutscher, polnischer und litauischer Denkmäler, in: Zeitschrift für Geschichtswissenschaft 50 (2002), S. 103–118.

Der Aufstieg Preußens zum Empire

Seit der ersten Teilung Polens von 1772 kann man Preußen als ein europäisches Empire ansehen. Friedrich II sicherte sich mit diesem diplomatischen Coup erstmals ein großes geschlossenes Staatsgebiet, das von der mittleren Elbe bis an die Memel reichte. Mit der zweiten und dritten Teilung von 1793 und 1795 verschwand Polen schließlich ganz als selbstständiger Staat. Um die Teilungen zu legitimieren, wurde den Polen die Fähigkeit zur Aufrechterhaltung eines eigenen Staates abgesprochen; überdies warf man ihnen Anarchie und die mangelnde Sorge für die Wohlfahrt der eigenen Untertanen vor.[17] Durch diese Expansion nach Osten wurde Preußen de facto zu einem deutsch-polnischen Staat.

Friedrich II setzte in den östlichen Gebieten Preußen auf einen forcierten Landesausbau und ließ zahlreiche neue Siedlungen errichten. Diese unterschieden sich in ihrer Aufgabe und Legitimierung deutlich von den späteren überseeischen Kolonien des Kaiserreiches. Es ging vorwiegend um die Stärkung der Wirtschaftskraft und der Bevölkerungszahl und nicht um den Griff nach der Weltmacht oder die Zivilisierung vermeintlicher Barbaren. Nach dem Novemberaufstand der Polen von 1830 im russischen Teilungsgebiet verschärfte die preußische Regierung jedoch innenpolitisch die Gangart. Unter dem Posener Oberpräsidenten Eduard von Flottwell wurden die Reste der polnischen Selbstverwaltung abgeschafft und Deutsch zur Amtssprache gemacht. Damit sollte der Ausbruch von Unruhen verhindert und das Machtmonopol des Staates gestärkt werden.[18] Auch die antipolnische Propaganda wurde intensi-

[17] Vgl. dazu Michael G. Müller, Polen zwischen Preußen und Rußland: Souveränitätskrise und Reformpolitik 1736–1752, Berlin 1983. Vgl. zu den Teilungen ders., Die Teilungen Polens 1772, 1793, 1795, München 1984.

[18] Zur Stereotypisierung Polens vgl. u. a. Hendrik Feindt (Hg.), Studien zur Kulturgeschichte des deutschen Polenbildes. 1848–1939, Wiesbaden 1995; Hubert Orłowski, »Polnische Wirtschaft«. Zum deutschen Polendiskurs in der Neuzeit, Wiesbaden 1996; Kazimierz Wajda, Polacy i Niemcy. Z badań nad kształtowaniem heterostereotypów etnicznych, Toruń 1991; Hasso von Zitzewitz, Das deutsche Polenbild in der Geschichte. Entstehung – Einflüsse – Auswirkungen, Köln 1991. Vgl. zur polnischen Reaktion auf diesen preußisch-deutschen Antipolonismus Wojciech Wrzesiński, Sąsiad

viert; den Polen wurde nicht nur die Fähigkeit zu Staatsbildung, sondern generell zu einer historischen Existenz als Nation abgesprochen. Viele Staatsbeamten waren der Auffassung, dass sich die Polen wegen des vermeintlich höheren Standes der deutschen Sprache und Kultur langsam assimilieren würden. Vor allem die Bauern hoffte man zu loyalen preußischen Bürgern formen zu können. Die Unterdrückung in Posen und im russischen Teilungsgebiet stand im Gegensatz zu der Polenbegeisterung unter den deutschen Liberalen und Demokraten. Die aufkommende deutsche Nationalbewegung beobachtete den Freiheitskampf der Polen mit ebenso großer Sympathie wie jenen der Griechen, schickte Solidaritätsadressen, nahm Flüchtlinge auf und sammelte Geld für sie. Mit der Revolution von 1848 wandelte sich das Bündnis der beiden Nationalbewegungen jedoch in ein Konkurrenzverhältnis. Die Nationalversammlung in der Paulskirche beharrte nach einer langen Debatte auf der Eingliederung der polnischen Gebiete in das künftige Deutschland.[19] Sie begründete dies vor allem mit nationalen Machtinteressen. Diese Polenpolitik brachte die Nationalbewegung in strukturelle Abhängigkeit von Preußen, denn die imperiale Herrschaft über Posen konnte nur in Zusammenarbeit mit dem Staat aufrechterhalten werden.

Die deutsche Einheit von 1871 beruhte auf der Kontinuität der Teilung Polens. Sie stand damit in einem Zeitalter des Nationalismus legitimatorisch und politisch auf schwachen Füßen. Aus dieser Schwäche heraus lässt sich die spezifisch antipolnische Stoßrichtung des Kulturkampfes verstehen.[20] Eine der ersten Maßnahmen war neben der Monopolisierung der Schulaufsicht das Verbot der polnischen Sprache im Unterricht. Während die umstrittensten allgemeinen Bestimmungen des Kulturkampfes Mitte der achtziger Jahre zurückgenommen oder abgemildert wurden, blieben sämtliche gegen die polnische Kultur und Sprache gerichteten Maßnahmen in Kraft. Die rechtliche Diskriminierung der Polen wurde bis zum Ersten

czy wróg? Ze studiów nad kształtowaniem obrazu Niemca w Polsce w latach 1795–1939, Wrocław 1992.

[19] Vgl. dazu Michael G. Müller u. a. (Hg.), Die »Polen-Debatte« in der Frankfurter Paulskirche, Frankfurt 1991.

[20] Vgl. dazu Lech Trzeciakowski, Kulturkampf w zaborze pruskim, Poznań 1970 (The Kulturkampf in Prussian Poland, New York 1990).

Weltkrieg sogar Schritt für Schritt ausgebaut. Auf den Kultur-kampf folgten Einschränkungen gegen das Polnische als Ge-schäftssprache, gegen die Versammlungsfreiheit, das Assozia-tionsrecht und die Beschäftigung im Staatsdienst. Die Polen wurden damit rein rechtlich Schritt für Schritt Bürger zweiter Klasse.[21] 1886 wurde außerdem das »Reichsansiedlungsgesetz« erlassen, das eine Ansiedlung ethnisch deutscher Bevölkerung im Teilungsgebiet förderte. Das Ziel dabei war, die Polen auch dort in den Status einer Minderheit zu drücken. Die imperiale Herrschaft sollte also ethnisch fundiert werden. 1908 erließ die Regierung sogar ein Gesetz zur Enteignung polnischer Land-besitzer und verletzte damit die Reichsverfassung.

Auch wenn die Polen die preußische Politik im 19. Jahrhun-dert als ein Kontinuum wahrnahmen, sind Unterschiede nicht zu übersehen. Zu Beginn des 19. Jahrhundert versuchte Preu-ßen noch, die indigenen Eliten für den eigenen Staat einzuneh-men. Diese Politik ist in anderen Imperien ebenfalls zu beobach-ten. Auch Russland versuchte zunächst, zumindest einen Teil des polnischen Adels für sich zu gewinnen, und im Habsbur-gerreich wurde dies 1867 sogar zur Leitlinie der Politik gegen-über Polen. Doch als 1863 im russischen Teilungsgebiet Polens erneut ein Aufstand ausbrach, rückte Preußen endgültig von dieser Linie ab. Bismarck setzte in Westpreußen und Posen auf Unterdrückung und Assimilation und schließlich sogar auf eine ethnisch motivierte Bevölkerungspolitik.

Von der imperialen zur kolonialen Herrschaft

Die imperiale Herrschaft bekam fortan zunehmend koloniale Züge. Polen wurden immer mehr von der Mitwirkung an Staat und Gesellschaft ausgeschlossen – unabhängig davon, ob sie sich offen zu ihrem Polentum bekannten oder nicht. Noch wich-

[21] Vgl. Diskriminierung der Polen Dieter Gosewinkel, Einbürgern und Ausschließen. Die Nationalisierung der Staatsangehörigkeit vom Deut-schen Bund bis zur Bundesrepublik Deutschland, Göttingen 2001, S. 213–218. Vor diesem Hintergrund erscheint auch die angebliche Rechts-staatlichkeit in Preußen bzw. Deutschland, die in der traditionellen deut-schen Literatur immer wieder betont wird (vgl. als Beispiel Zitzewitz, Das deutsche Polenbild, S. 193 und 195), als ein Mythos.

tiger für die Kategorisierung der preußisch-deutschen Herrschaft als Kolonialismus ist jedoch die mentale Ebene und Konstruktion kultureller Fremdheit, die zu dessen konstitutiven Elementen gehört.[22] Die Polen wurden als ein primitives, faules und nicht zu eigener Kulturleistung fähiges Volk dargestellt, dem eigentlich nichts Besseres widerfahren könne als die preußisch-deutsche Herrschaft.

Eine Schlüsselstellung im Übergang von einem traditionellen imperialen zu einem kolonialen Verhältnis zwischen Deutschen und Polen nimmt der Roman »Soll und Haben« von Gustav Freytag ein.[23] Dieses 1855 publizierte Werk stellt die Lebensgeschichte des Deutschen Anton Wohlfahrt in den Mittelpunkt, der sich aus kleinbürgerlichen Verhältnissen zum Teilhaber einer großen Handelsfirma emporarbeitet. Ort der Handlung ist zunächst Schlesien, doch bald schickt Freytag den Leser mit dem Haupthelden zu einer abenteuerlichen Reise nach Galizien, wo Polen als ein in Anarchie, Schmutz und Armut versunkenes Land dargestellt wird. Demgegenüber herrscht in Schlesien Ordnung und Wohlstand, der durch deutsche Bürger und den preußischen Staat garantiert wird. Die nationale Differenz wird außerdem durch einen Gegensatz zwischen der bürgerlichen deutschen und der adelig-bäuerlichen polnischen Nation aufgeladen. »Was die Leute dort im Müßiggang durch den Druck der rohen Masse zusammengebracht haben, vergeuden sie in phantastischen Spielereien. Bei uns tun so etwas doch nur einzelne bevorzugte Klassen, und die Nation kann es zur Not ertragen. Dort drüben erheben die Privilegierten den Anspruch, das Volk darzustellen. Als wenn Edelleute und leibeigene Bauern einen eigenen Staat bilden könnten!«[24]

In der zweiten Hälfte des Romans verlagert sich die Handlung ins polnische Teilungsgebiet. Wohlfahrt verteidigt dort eine deutsche »Kolonie« in einem militärischen Kampf, der ihn zum vollen Charakter reifen lässt.[25] »Welches Geschäft auch

[22] Vgl. dazu die Definition des Kolonialismus in Jürgen Osterhammel, Kolonialismus. Geschichte – Formen – Folgen, München 1995, S. 21.

[23] Von diesem Roman gab es zahlreiche Auflagen. Für diesen Aufsatz wurde verwendet: Gustav Freytag, Soll und Haben. Roman in Sechs Büchern, in: ders., Gesammelte Werke. Neue wohlfeile Ausgabe, Berlin und Leipzig: E. Hirzel/H. Klemm, o. J.

[24] Vgl. Freytag, Soll und Haben, erster Teil, S. 394.

[25] Vgl. Freytag, Soll und Haben, zweiter Teil, S. 200. Freytag benutzte den

mich, den einzelnen, hierher geführt hat, ich stehe jetzt hier als einer von den Eroberern, welche für freie Arbeit und menschliche Kultur einer schwächeren Rasse die Herrschaft über diesen Boden abgenommen haben.«[26] Diese rassistische Unterscheidung war gegenüber der Teilungspropaganda im Vormärz neu und zeigt, dass die Polen nun mit allen Mitteln verfremdet wurden. Weil sie in den Augen Freytags nicht nur fremd, sondern auch minderwertig waren, sah er die Deutschen im Recht und in der Pflicht, über Polen zu herrschen. Neben polnischen Adeligen fungieren in dem Roman vor allem betrügerische Juden als Gegenspieler der ehrlichen Deutschen. Der Roman hatte eine große öffentliche Resonanz; »Soll und Haben« war der Bestseller des Kaiserreichs und wurde bis in die Weimarer Zeit hinein in neuen Auflagen gedruckt. Außerdem legte der Roman den Grundstein für das Genre der »Ostmarkenliteratur« mit ihrer Glorifizierung« der Rolle der Deutschen als Kulturträger.[27]

Man könnte also sagen, dass die Siedlungsgebiete der Polen in Preußen für das deutsche Kaiserreich mental zu einer Kolonie wurden. Allerdings darf ein wichtiger Unterschied zwischen dem kontinentalen und dem maritimen Kolonialismus nicht übersehen werden: Im Falle Polens war grundsätzlich eine Assimilation der Bevölkerung nicht ausgeschlossen, sie wurde lange Zeit sogar angestrebt. Dies steht im Kontrast zur Einstellung gegenüber den überseeischen Kolonien, wo es nach 1905 sogar ein Verbot von Mischehen gab.[28] Außerdem spielte die Furcht vor einem gesamtpolnischen Aufstand eine große

Begriff der Kolonie in verschiedenen Abwandlungen und Kombinationen auch in seinen zahlreichen anti-polnischen Briefen und Presseartikeln. Vgl. dazu auch Walter Müller-Seidel, Fontane und Polen. Eine Betrachtung zur deutschen Literatur im Zeitalter Bismarcks, in: Feindt, Studien zur Kulturgeschichte, S. 41–64, hier S. 47; Zitzewitz, Das deutsche Polenbild, S. 40.

[26] Vgl. Freytag, Soll und Haben, zweiter Teil, S. 163. Die rassistische Abwertung der Polen zieht sich durch den gesamten Roman. Vgl. als besonders krasses Beispiel auch Freytag, Soll und Haben, erster Teil. S. 394.

[27] Vgl. hierzu die unpublizierte Dissertation von Kristin Kopp, Contesting borders: German colonial discourse and the Polish eastern territories, Berkeley 2001; Walter Olma, Das Polenbild im deutschen Heimatroman. Clara Viebigs Erfolgsroman »Das schlafende Heer« als Beispiel, in: Feindt, Studien zur Kulturgeschichte, S. 103–29.

[28] Vgl. Kundrus, Moderne Imperialisten, S. 219–64.

Rolle im Kaiserreich, während die zahlreichen Kolonialkriege nur als eine periphere Bedrohung wahrgenommen wurden.

Eine wichtige Gemeinsamkeit zwischen dem kontinentalen und dem maritimen Kolonialismus des Kaiserreichs lag in der Konstruktion von Fremdheit. Auch die Polen waren Gegenstand einer rassistischen Stereotypisierung. Max Weber etwa warnte in seiner Freiburger Antrittsvorlesung davor, dass die Polen die Deutschen im Osten des Reiches verdrängen würden, weil sie als Rasse mit schlechteren Bedingungen leben könnten und zur Not »das Gras vom Boden essen«.[29] Ebenso ergiebig wie ein synchroner Vergleich erscheint jedoch eine Analyse der Beziehungen zwischen beiden Phänomenen. Der Roman »Soll und Haben« zeigt, dass koloniale Attitüden bereits voll entwickelt waren, ehe das Deutsche Reich Territorien in Übersee erwarb.[30] Im Falle Freytags existiert sogar ein biografischer Zusammenhang zwischen kontinentalem und maritimem Kolonialismus. Während sich der Schriftsteller in seinen jungen Jahren vor allem mit Polen befasste, war er später ein Aktivist des deutschen Kolonialvereins. Dieser war ideologisch und personell eng mit dem Alldeutschen Verband und dem Deutschen Ostmarkenverein verbunden.[31]

Die Polen reagierten auf ihre Verfremdung und Abwertung, indem sie eine gegen den preußisch-deutschen Staat gerichtete

[29] Der Nationalstaat und die Volkswirtschaftspolitik: Akademische Antrittrede von Dr. Max Weber o. ö. Professor der Staatswissenschaften in Freiburg i. B., in: Max Weber, Schriften und Reden, Bd. 4, 2. Halbband, Landarbeiterfrage, Nationalstaat und Volkswirtschaftspolitik. Schriften und Reden 1892–1899, hg. von Wolfgang J. Mommsen, Tübingen 1993, S. 535–74, dort v. a. S. 545, 551 und 553.

[30] Dies stützt Sebastian Conrads Plädoyer für die zentrale Bedeutung des Kolonialismus in der modernen deutschen Geschichte. Vgl. Sebastian Conrad, »Doppelte Marginalisierung. Plädoyer für eine transnationale Perspektive auf die deutsche Geschichte,« Geschichte und Gesellschaft 28 (2002), S. 45–69.

[31] Vgl. für die Phase vor dem Erwerb der überseeischen Kolonien Bade, Friedrich Fabri, S. 13 . Allerdings gab es trotz dieser Verbindungen auch innere Widersprüche. Die Ostmarkenvereine standen der Auswanderung nach Übersee eher skeptisch gegenüber, weil sie gerade aus den strukturschwachen Ostgebieten des Reiches erfolgte und damit dort zu Lasten des deutschen Bevölkerungsanteils ging. Vgl. zum Ostmarkenverein Sabine Grabowski, Deutscher und polnischer Nationalismus. Der deutsche Ostmarkenverein und die polnische Straż 1894–1914, Marburg 1998.

Gesellschaft aufbauten. Dem lag nach den gescheiterten Auf-
ständen das Konzept der »organischen Arbeit« (praca organiczna) zugrunde, das die Schaffung einer modernen Nation durch
Arbeit, Bildung und die Mobilisierung der Unterschichten vorsah. Darin waren also Werte enthalten, die Deutsche für sich
reklamierten. Dies hat den preußischen Polen als kleine Ironie
der Geschichte einen Ruf als polnische Preußen eingebracht.
Obwohl die »praca organiczna« erfolgreich war und den Überlegenheitsanspruch der Deutschen unterminierte, prägten die
kolonialen Diskurse die zeitgenössische polnische Publizistik.[32]
Auch nach der Wiederbegründung Polens gehörte das Bild des
»deutschen Kolonisten« zu den am meisten verbreiteten negativen Stereotypen über Deutsche – ein Bild, das bis heute Wirkung zeigt.[33]

Das Deutsche Reich als Nationalitätenstaat?

Die Fruchtbarkeit eines Vergleichs zwischen den kontinentalen Empires zeigt sich auch bei der Erforschung der deutschen
Nationalbewegung, die im Osten einen imperialen Charakter
hatte.[34] Ähnlich wie im habsburgischen, russischen und osmanischen Reich war der Nationalismus ein Mittel, dem
Herrschaftsanspruch der Imperien entgegenzutreten. Die beherrschten Völker waren daher den imperialen Nationen bei
der Aktivierung einer Nationalbewegung oft voraus. In Posen
und parallel dazu in Böhmen war die Formierung einer deutschen Nationalbewegung eine Reaktion auf die Aktivität polnischer bzw. tschechischer Patrioten.[35] Dieser Verlauf steht in
offensichtlichem Kontrast zu West-Ost-Verlaufsschemata der
Modernisierung und Nations- und Nationalstaatsbildung, wie
sie beispielsweise Theodor Schieder entworfen hat. Doch für

[32] Vgl. Wrzesiński, Sąsiad czy wróg, S. 276–282.
[33] Vgl. Przemysław Hauser, Kolonista Niemiecki w Polsce w XIX i XX
wieku, in: Wojciech Wrzesiński (Hg.) Polskie Mity Politycznie XIX i XX wieku, Wrocław 1994, S. 195–214.
[34] Vgl. dazu auch Dann, Das alte Reich, S. 123.
[35] Vgl. zu Posen Müller, Zur Identitätsgeschichte, S. 11. Vgl. zu Prag Gary
Cohen, The Politics of Ethnic Survival: Germans in Prague 1861–1914,
Princeton 1981, S. 26. Vgl. auch die vor kurzem erstellte Lokalstudie.

einen deutschsprachigen Kaufmann in Posen war es von se-
kundärer Bedeutung oder auch selbstverständlich, sich als
Deutscher zu definieren, denn er konnte sich in Preußen und
im Kaiserreich ohnehin frei bewegen und im Rahmen der gegebenen Verhältnisse privat und beruflich entfalten. Dagegen
war die Nationalität für die polnischsprachige Bevölkerung
spätestens nach der Einschulung eine prägende Erfahrung.
Der imperiale Kontext bestimmte auch die politische Ausrichtung. Während die deutsche Nationalbewegung in Preußen
und Böhmen im Laufe der Zeit immer konservativer wurde
und sich auf den Staat orientierte, konnten polnische und
tschechische Aktivisten unabhängig von ihrer eigenen sozialen Herkunft eine demokratische und emanzipatorische Version des Nationalismus entwerfen.

Der imperiale Charakter der deutschen Nationalbewegung
in der östlichen Hälfte des Reiches manifestierte sich auch in
ihrer sozialen Zusammensetzung. Sie wurde vorwiegend von
Beamten, Militärs und Pastoren getragen, unter ihnen der Vater
von Gustav Freytag. Katholiken und die ländlichen und städtischen Unterschichten wurden dagegen weniger erfasst und gerieten im Zuge des Kulturkampfes und des Sozialistengesetzes
in einen Gegensatz zu den selbst ernannten Trägern des
»Deutschtums«. Doch auch die konkurrierende polnische Nationalbewegung konnte die Bevölkerung nur begrenzt mobilisieren. Die Nationalität vieler Menschen blieb daher in der
Schwebe oder war multipel.

Vor allem in den östlichen Gebieten des Deutschen Reiches
war es bis zum Beginn des 20. Jahrhunderts nicht leicht bestimmbar, wer deutsch war oder sich als solches fühlte. Jüngere
Studien über die Sorben, Kaschuben, Masuren und Oberschle-
sier haben gezeigt, dass sich hier regionale Gemeinschaften bildeten, die man nicht von vornherein als Teil einer deutschen
Gesellschaft betrachten kann.[36] Insbesondere slawophone oder
zweisprachige Katholiken entwickelten eine Resistenz gegen-

---

[36] Vgl. Hans Henning Hahn/Peter Kunze (Hg.), Nationale Minderheiten
und Minderheitenpolitik in Deutschland im 19. Jahrhundert, Berlin 1999.
Vgl. speziell zu Oberschlesien auch Kai Struve/Philipp Ther (Hg.), Die
Grenzen der Nationen. Identitätenwandel in Oberschlesien in der Neuzeit,
Marburg 2002. Vgl. über Masuren den Aufsatz von Helmut W. Smith in
diesem Band.

über der protestantischen Mehrheitsnation und ihren Werten, die sich fast nur im Rahmen einer sozialen Mobilität nach oben löste. Transnationalität existiert also nicht nur »jenseits des Nationalstaates«, sondern auch diesseits.[37]

Wenn man diese Mischbevölkerung berücksichtigt, dann verändert sich außerdem das Bild des Deutschen Reiches als Nationalstaat. Der Anteil der polnischen Minderheit an der Gesamtbevölkerung des größten Bundesstaates Preußen lag 1871 zwar nur bei etwa einem Zehntel. Rechnet man aber die mindestens ebenso zahlreiche Mischbevölkerung hinzu, dann wird deutlich, dass Preußen gerade in seinen östlichen Gebieten ein Nationalitätenstaat war. Anders als Österreich konnte es diese Realität nie akzeptieren, was maßgeblich zu seinem innenpolitischen Stillstand beitrug.[38] Daher ist auch der Vergleich des Deutschen Reiches mit westeuropäischen Nationalstaaten problematisch.

Die Verzahnung und Überlagerung verschiedener Parallelgesellschaften gehört zu den strukturellen Merkmalen der kontinentaleuropäischen Empires. Es spricht deshalb viel dafür, an die Geschichte des Kaiserreichs nicht mit einer internalistischen, nur auf die deutschsprachige Bevölkerung reduzierten Sicht heranzugehen, sondern sie zumindest bis 1945 in einem weiteren ostmittel- und osteuropäischen Kontext zu betrachten. Gleichzeitig bietet sich an, die unterschiedlich strukturierten süd- und westdeutschen Gebiete im Zusammenhang mit den benachbarten westeuropäischen Regionen zu analysieren und auf diese Weise den nationalstaatlichen Rahmen zu überwinden.[39]

---

[37] Vgl. dazu Jürgen Osterhammel, Geschichtswissenschaft jenseits des Nationalstaats. Studien zu Beziehungsgeschichte und Zivilisationsvergleich, Göttingen 2001.

[38] Vgl. William Hagen, Germans, Poles and Jews. The nationality conflict in the Prussian East, 1772–1914, Chicago 1980, S. 199. Es ist eigentlich erstaunlich, dass dies nicht stärker Eingang in die Sonderwegsthese fand. In Hans-Ulrich Wehlers Synthese der Sonderwegsproblematik fehlen die Polen bzw. die Polenpolitik Preußen-Deutschlands ganz; vgl. Hans-Ulrich Wehler, Deutsche Gesellschaftsgeschichte, Bd. 3: Von der »Deutschen Doppelrevolution« bis zum Beginn des Ersten Weltkrieges, München 1995, S. 1250– 1295.

[39] Vgl. dazu Philipp Ther, Beyond the Nation. The Relational Basis of a Comparative History of Germany and Europe, in: Central European History 36 (2003), S. 45–74.

Aus dem Vergleich mit anderen kontinentalen Imperien heraus lässt sich auch das Bestreben zur Nationalisierung im Kaiserreich besser verstehen. Sie alle standen spätestens seit der Revolution von 1848 unter dem Druck der Nationalbewegungen. Gleichzeitig erodierten die traditionellen Pfeiler ihrer Legitimität. Die Empires reagierten darauf, indem sie sich die nationalen Forderungen der jeweiligen Mehrheitsnation zu Eigen machten. Das Zarenreich vertrat die Forderungen des großrussischen, die Hohenzollern jene des kleindeutsch-protestantischen Nationalismus, und Kaiser Franz Joseph versuchte, wenn er in die jeweilige Landestracht schlüpfte, alles zugleich zu sein: Böhme, Pole oder durch die Stefanskrone ein Ungar. Allerdings wirkte die Germanisierung im preußischen Teilungsgebiet genauso kontraproduktiv wie die Russifizierung in Kongresspolen und im Baltikum oder die Madjarisierung in Kroatien. Spätestens gegen Ende des 19. Jahrhunderts waren Versuche der erzwungenen Assimilation zum Scheitern verurteilt und trugen zur Krise der Imperien bei. Doch gleichzeitig zeugt ihr Wandel zu »nationalisierenden Reichen« von ihrer Flexibilität und Handlungsfähigkeit. Immerhin sieben Jahrzehnte lang, von 1848 bis 1917/18, bewältigten die Imperien die Herausforderung des Nationalismus und hielten auch den Ersten Weltkrieg etliche Jahre durch.

Die militärischen Erfolge im Osten im Jahr 1917 und der Zusammenbruch des Zarenreiches beflügelten die kolonialen Fantasien im Deutschen Reich. Die kräftige Expansion auf dem Kontinent, wie sie im Frieden von Brest für kurze Zeit zur Realität wurde, hätte noch weit größere Teile Ostmitteleuropas unter direkte oder indirekte Herrschaft des Deutschen Reiches gebracht, das damit auch den Verlust seiner überseeischen Kolonien kompensieren konnte.[40] Allerdings wurde aus diesen Plänen bekanntlich nichts, weil der Krieg im Westen verloren ging und die eigene Bevölkerung die Kriegslasten nicht mehr tragen konnte. Die Nationalsozialisten expandierten eine Generation später noch einmal nach Osteuropa, das sie mit einem Netz von Siedlungskolonien überziehen und so als »Lebens-

---

[40] Vgl. dazu unter anderem die »Professoreneingabe« an den Reichskanzler vom 20.6.1915, abgedruckt in: Horst Gründer, ». . . da und dort ein neues Deutschland gründen«. Rassismus, Kolonien und kolonialer Gedanke vom 16. bis zum 20. Jahrhundert, München 1999, S. 305–307.

raum« gestalten wollten. Erst mit dem verlorenen Zweiten Weltkrieg endeten diese kolonialen Fantasien auf dem Kontinent.

Bedingt durch die Niederlage im Ersten Weltkrieg zeigte das Deutsche Reich ähnlich wie zuvor die anderen kontinentalen Reiche Zeichen der Auflösung. In Oberschlesien, im Rheinland und in anderen Gegenden entstanden Autonomiebewegungen und Separatismen, die erst nach einiger Zeit unter Kontrolle gebracht werden konnten. Dies zeugt von der Integrationskraft der nunmehr beseitigten imperialen Symbole und Institutionen und von einer begrenzten Verwurzelung eines deutschen Nationalbewusstseins. Andererseits kam es aber auch nicht so weit, dass sich Regionen mit einer langen Tradition von Eigenstaatlichkeit selbstständig machten. Im Zarenreich war dies anders. Dort riefen die Ukrainer einen eigenen Staat aus, obwohl sie je nach Gebiet mindestens eineinhalb Jahrhunderte lang als vermeintliche »Kleinrussen« unter der Herrschaft des Zaren gestanden hatten. In Deutschland hingegen gelang die Konsolidierung durch Schrumpfung. Dennoch wurde das Jahr 1918/19 nicht als die Gründung eines republikanischen Nationalstaates, sondern als schmähliche Niederlage eines Reiches empfunden. Die Weimarer Republik verpasste es damit, sich einen eigenen, demokratischen Gründungsmythos zu geben.[41]

Stattdessen entstanden Phantomschmerzen über die verlorenen Kolonien – sowohl in Übersee als auch im Osten Europas.[42] Im Falle Polens ist dies insofern nicht selbstverständlich, als ein Großteil der Deutschen nach der Wiedererrichtung Polens aus Posen abwanderte und Deutschland damit verfrüht eine postkoloniale Remigration erlebte, die Frankreich und andere westeuropäische Staaten vor allem in den fünfziger und sechziger Jahren durchmachten. In Polen blieben fast nur jene Angehörigen der Minderheit, die dort bereits seit langer Zeit ansässig und gut in ihr Umfeld integriert waren. Dennoch konzentrierte

---

[41] Vgl. dazu auch Dann, Das alte Reich, S. 125.

[42] Vgl. Christian Rogowski, »Heraus mit unseren Kolonien!« Der Kolonialrevisionismus der Weimarer Republik und die »Hamburger Kolonialwoche« von 1926, in: Kundrus, Phantasiereiche, S. 243–62; Dirk van Laak, »Ist je ein Reich, das es nicht gab, so gut verwaltet worden?« Der imaginäre Ausbau der imperialen Infrastruktur in Deutschland nach 1918, in: Kundrus, Phantasiereiche, S. 71–90.

sich die nationale Agitation in der Weimarer Republik auf die
Wiedergewinnung dieser Gebiete bzw. die Wiederherstellung
des Reiches in seinen alten Grenzen. Dieser Appell an den deutschen Nationalismus war schließlich einer der Faktoren für den
Aufstieg von Adolf Hitler.

Obwohl die Nationalsozialisten eigentlich eine rassisch reine
Volksgemeinschaft anstrebten, konnten sie sich nicht zu einer
konsequenten Haltung gegenüber Polen entschließen. Über die
Volksliste wurden in den annektierten Gebieten Menschen in
die Nation eingeschlossen, die man nur schwerlich als Deut-
sche ansehen konnte.[43] Auch bei den Zwangsarbeitern war die
Abgrenzung unscharf. Polnische Arbeitnehmer wurden in die
Sozialversicherungssysteme integriert, obwohl es einfachere
Methoden der Ausbeutung gegeben hätte.[44] Gleichzeitig belegt
der Massenmord an den Eliten der polnischen Gesellschaft,
dass der Rassismus eine neue, zuvor nur in den afrikanischen
Kolonien erreichte Dimension hatte.

Zusammenfassung

Wenn man das gesamte imperiale Erbe in der deutschen Geschichte berücksichtigt, und sich nicht auf die Kolonien in Übersee beschränkt, dann ergeben sich Ansätze zu einer chronologi-
schen Unterteilung.[45] Die erste Periode des preußisch-deutschen
Empires dauerte von 1815, als die Teilung Polens bestätigt wurde, bis Anfang der sechziger Jahre. In dieser ersten Phase war die
imperiale Herrschaft Preußens (und analog dazu auch Öster-
reichs) über das polnische Teilungsgebiet informell und indirekt.
Der teilweise bestätigte polnische Adel behielt auf lokaler und

---

[43] Vgl. zur Volksliste Michael Esch, »Gesunde Verhältnisse«. Deutsche
und polnische Bevölkerungspolitik in Ostmitteleuropa 1939–1950, Marburg
1998, S. 229–46.

[44] Vgl. Ulrich Herbert, Fremdarbeiter. Politik und Praxis des »Ausländer-
Einsatzes« in der Kriegswirtschaft des Dritten Reiches, Berlin 1985, S. 92 ff.;
ders. Nicht entschädigungsfähig? Die Wiedergutmachungsansprüche der
Ausländer, in: Ludolf Herbst/Constantin Goschler (Hg.), Wiedergutma-
chung in der Bundesrepublik Deutschland, München 1989, S. 273–302.

[45] Vgl. dazu Mommsen, Der europäische Imperialismus, S. 215–28.
Mommsen unterscheidet zwischen einem Frühimperialismus (1815–1881)
und dem Hochimperialismus (1881–1918).

regionaler Ebene viele seiner Vorrechte, denn beide Teilungsmächte waren bestrebt, die Eliten teilweise für sich zu gewinnen. In Preußen kam jedoch ein erster Bruch nach dem Novemberaufstand von 1830. Vor allem der polnische Adel wurde nun bekämpft, auch wenn die Regierung später auch wieder Kompromisse einging.

Die zweite Phase begann mit dem Januaraufstand in Polen von 1863. Preußen griff nun zu einer Politik der strikten Unterdrückung und Assimilation. Im Zuge der allgemeinen Bürokratisierung erreichte der Staat auch entlegene Gebiete, die imperiale Herrschaft wurde also zunehmend direkt und formell. Die Einstellungen gegenüber Polen standen zunehmend unter rassistischen Vorzeichen und nahmen einen kolonialen Charakter an. Gleichzeitig entwickelten sich in dieser Phase auf überseeische Gebiete gerichtete Fantasien. Nahezu zeitgleich mit dem Erwerb der überseeischen Gebiete verschärfte das Deutsche Reich noch einmal die Gangart gegenüber den Polen. 1886 wurde das Reichsansiedlungsgesetz erlassen, das die Germanisierung der polnischen Gebiete durch deutsche Siedler anstrebte. Administrativ und juristisch war das polnische Teilungsgebiet zwar nie eine Kolonie, aber die Einstellungen der Deutschen gegenüber den Polen entwickelten sich, bei allen Unterschieden, doch in diese Richtung. Dies hatte vor allem während des Zweiten Weltkrieges schlimme Folgen, als die deutschen Besatzer die Polen wie Untermenschen behandelten und einen Massenmord an den Eliten der polnischen Gesellschaft begingen, um diese endgültig auf den Stand eines Kolonialvolkes zu drücken.

Das Kaiserreich nahm unter den kolonialen Imperien in Europa eine Zwischenstellung ein. Einerseits erwarb es ähnlich wie die meisten westeuropäischen Staaten Kolonien in Übersee, andererseits war es ähnlich wie Russland im Kaukasus ein kontinentales Empire. Die Ansiedlungspolitik im polnischen Teilungsgebiet zielte langfristig darauf ab, aus dem Reich auch dort einen Nationalstaat zu machen. Weil aber die Politik der Assimilation und Unterdrückung auf Widerstand traf, griff die Regierung zu immer schärferen Maßnahmen. Die Antwort auf die Krise der imperialen Herrschaft war die Entwicklung eines Kolonialismus, der auf die Schutzgebiete in Übersee übertragen wurde und von dort wiederum auf die Polenpolitik zurückwirkte. Um die imperiale Herrschaft über das polnische Tei-

lungsgebiet aufrechtzuerhalten, griffen das Kaiserreich und seine Eliten auf koloniale Denkmuster und Ideologien zurück. Der
maritime und der kontinentale Kolonialismus sind also nicht
ohne einander zu verstehen.

Helmut Walser Smith

An Preußens Rändern
oder: Die Welt, die dem Nationalismus verloren ging

> ».. . Seh ich aber die Nervatur
> des vergangenen Lebens vor mir
> in einem Bild, dann denk ich immer,
> es hätte dies etwas mit der Wahrheit
> zu tun ...«
>
> (W. G. Sebald)[1]

Zu den frühen Darstellungen Preußens gehört eine Landkarte aus dem späten 16. Jahrhundert von Gerhard Mercator, dem Kartographen, der die kugelförmige Erde auf eine Fläche projizierte, und zwar so, dass Deutschland nahe dem Zentrum platziert war und Europa und Nordamerika unverhältnismäßig groß erschienen. Auf dieser Landkarte definieren die unbesungenen Berge Pommerns, die sich sanft entlang dem, was Mercator als den 41. Längengrad imaginierte, hinziehen, die Westgrenze Preußens. Im Süden liegt die gefleckte »Desertum Mazouiae« und im Norden das Mare Balticum. Nur letzteres existiert tatsächlich. Die Berge und Wüste hingegen geben der historischen Landschaft imaginäre Umrisse, so wie auf anderen Karten jener Zeit Böhmen von einem Kranz nicht wirklich existierender Berge oder Wälder umschlossen wird. Von den Veränderungen politischer Markierungen absehend teilt uns Mercators Karte mit, dass Preußen etwas Dauerhaftes repräsentierte, einen geografischen Raum, der durch die Geschichte bereits markiert war. Dieses Preußen war jedoch keine Nation im modernen Sinne. Mehr als drei Jahrhunderte sollten noch vergehen, bevor Kartographen Mercators imaginäre Berge und Wüsten, seine fein skizzierten Wälder und seine üppigen grünen Ebenen durch die nüchter-

---

[1] W. G. Sebald, Nach der Natur. Ein Elementargedicht, Frankfurt 1995, S. 71.

nen, ausdruckslosen Farben nationaler Zugehörigkeit ersetzten. Von diesem Zeitpunkt im späten 19. Jahrhundert an waren es kaum mehr als 50 Jahre, bis die historischen Regionen Mitteleuropas, unter denen Preußen zu den prominentesten zählte, sich in Schauplätze nationalen und religiösen Völkermords verwandelten – »shatter zones« von Gewalt und Tod.

Letztere Geschichte hat einen bedrohlichen Schatten über die frühere geworfen, das Trauma der jüngsten Ereignisse ein Leichentuch über die »Nervatur des vergangenen Lebens« gebreitet. Um jedoch das Ausmaß der Tragödie des 20. Jahrhunderts zu verstehen, ist es notwendig, das Bild eines vergangenen Lebens zu zeichnen, als Nation noch nicht, wie Pierre Bourdieu es ausgedrückt hat, ein selbstverständliches »Prinzip von Vision und Division« war.[2] Das historische Preußen, sei es das jenseits der Grenzen des Heiligen Römischen Reiches oder das an den Rändern des neuzeitlichen Deutschland, war lange Zeit ein geografischer Raum, in dem unterschiedliche religiöse und ethnische Gruppen sich vermischten. Polnische, russische, litauische, deutsche und bis zu einem gewissen Grad skandinavische Einflüsse strömten durch seine Schlagadern. Doch in dem Maße, in dem die Geschichtsschreibung den Primat des Nationalstaats betonte, geriet die Tatsache des Vermischens ins Hintertreffen.

Es war auch kaum anders möglich. Die ersten Volkszählungen in Mitteleuropa, die Sprache als Index für Nationalität annahmen, zählten Bevölkerungsgruppen nicht, die zweisprachig waren oder deren Alltagssprache situationsbedingt bzw. synkretistisch war. Die Logik der Reihen-Anordnung, die statistische Basis für die monochrome Darstellung von Ethnizität, erforderte ganze Zahlen, keine Bruchteile.[3]

Wie man zählt, erwies sich damit als äußerst aufschlussreich. Als die preußischen Verwaltungsbeamten in den zwanziger Jahren des 19. Jahrhunderts erstmals Sprache zählten, konzentrierten sie sich auf die östlichen Provinzen und gingen von der Sprache aus, die in der Kirche gesprochen wurde. Religion, nicht ethnische Zugehörigkeit blieb das deutlichste Kennzeichen der Untertanen, die Minoritäten angehörten. Von den

---

[2] Zitiert in: Rogers Brubaker, Nationalism Reframed. Nationhood and the National Question in the New Europe, New York 1996, S. 3.

[3] Benedict Anderson, The Spectre of Comparisons. Nationalism, Southeast Asia and the World, London 1998, S. 36–37.

Staaten des Deutschen Bundes zählte vor 1871 nur Sachsen Sprache als Index für Nationalität, vor allem mit Blick auf die sorbische Bevölkerung.[4] Die höchst komplizierte Analyse der Dialektabstufungen der deutschen Sprache, Georg Wenkers monumentaler »Deutscher Sprachenatlas«, wurde bezeichnenderweise 1888 in Angriff genommen und erst 1923 von Wenkers Nachfolgern abgeschlossen. Und erst 2003, als mehr als 1600 handkolorierte Tafeln digitalisiert vorlagen, wurde der Atlas der Öffentlichkeit zugänglich gemacht.[5] Im 19. Jahrhundert jedoch stellte sich vor allem in Mitteleuropa die schwierige Frage, wie man Menschen oder Gemeinden zählen sollte, die zweisprachig waren oder deren Hauptsprache nicht eindeutig zu identifizieren war.[6] Statistische Vergleiche erfordern Standardisierung, deshalb wurde die Frage, wie man zählen sollte, zu einer transnationalen Streitfrage. Auf dem achten Internationalen Kongress für Statistik 1872 in St. Petersburg einigten sich die Experten darauf, Nationalität entweder nach der Staatsangehörigkeit oder der gesprochenen Sprache des Einzelnen zu zählen.[7] Da aber an den Rändern der zentraleuropäischen Imperien einzelne Menschen verschiedene Sprachen sprachen, je nachdem ob sie zu Hause, in der Schule, in der Kirche oder bei der Arbeit waren, hatte die statistische Wende gleichsam den Effekt, eine Jackson Pollock-Welt mit einer Plane zu verhüllen.

Auch die Historiker haben an dieser Verhüllung mitgewirkt. Das mag auf den ersten Blick nicht einleuchten. Denn die Historiker betrachten die östlichen Randgebiete Preußens schon lange als Zone des Kontakts zwischen verschiedenen konfessionellen und ethnischen Gruppen. Der linguistische Fachterminus »Kontaktzone«, der in der englischsprachigen Welt über die Arbeiten von Mary Pratt Aufnahme im historischen Diskurs gefunden hat, wurde schon längst von konservativen Historikern wie Wal-

---

[4] Zu dieser Frage vgl. Siegfried Weichleins erhellenden Essay ›Qu'est-ce qu'une Nation?‹ Stationen der deutschen statistischen Debatte um Nation und Nationalität in der Reichsgründerzeit, in: Walther von Kieseritzky/Klaus-Peter Sick (Hg.), Demokratie in Deutschland. Chancen und Gefährdung im 19. und 20. Jahrhundert, München 1999.

[5] Einzusehen auf www.diwa.info, einer Website der Universität Marburg.

[6] Vgl. Jeremy King, Budweisers into Germans. A Local History of Bohemian Politics, 1848–1948, Princeton 2002, S. 57–59.

[7] Vgl. Weichlein, ›Qu'est-ce qu'une Nation?‹, S. 79.

ter Hubatsch benutzt, um die vielgestaltige Landschaft des Ostens zu beschreiben.[8] Aber wenn Pratt »Kontaktzonen« definiert als »soziale Räume, in denen disparate Kulturen sich begegnen, kollidieren und miteinander ringen«, so bestand für Hubatsch kein Zweifel, dass aus dem Zusammenstoß der Kulturen Nationen hervorgingen. Das Ziel der Erforschung des Ostens war, so glaubte er, die Entstehung von Nationen zu analysieren, wobei die zivilisatorische Arbeit des preußisch-deutschen Nationalstaats Vorrang hatte. In diesem Sinne liefen die Thesen des konservativen deutschen Historikers Walter Hubatsch parallel zu denen von Legionen von polnischen Historikern, die seine Ergebnisse über die Zahlen der deutschen und polnischen Bürger, deren jeweilige Bindungen sowie die Beschaffenheit ihres objektiven und subjektiven Bewusstseins bestritten.[9]

Die daraus resultierende, im Sumpf nationalistischer Teleologien stecken gebliebene Geschichtsschreibung ließ das Leben, wie es wirklich war, unerforscht. Das Leben in den nordöstlichen Randgebieten Preußens war bunt gemischt, wobei das ethnische und religiöse Antlitz der Menschen changierte wie die Kristalle eines Kaleidoskops. Nicht Einheitlichkeit, sondern Vielfalt definierte das Leben an den Rändern. Trotzdem konzentriert sich der Großteil der Forschung auf einzelne Gruppen, als ob diese von einander isoliert existiert hätten. So beschäftigt sich eine Forschungstradition mit der Geschichte der deutschen Protestanten, die häufig – gleichsam *pars pro toto* – als Repräsentanten Preußens an sich betrachtet werden. Die polnisch sprechenden Untertanen werden bei dieser Art von Geschichtsschreibung zwar berücksichtigt, aber getrennt für sich.[10] Eine andere Forschungsrichtung befasst sich mit dem Aufstieg von Nationen und Nationalismus – entweder dem deutschen, polnischen, kaschubischen oder litauischen. Da hier jedoch die Dynamik der Gruppensoli-

[8] Vgl. Walther Hubatsch, Masuren und Preußisch-Litthauen in der Nationalitätenpolitik Preußens 1870–1920, Marburg 1966, S. 8. Vgl. in diesem Kontext auch Werner Conze, Hirschenhof. Die Geschichte einer deutschen Sprachinsel in Livland, Hannover ²1963.

[9] Zu diesem Problem vgl. die ausgezeichnete, umfassende Studie von Jörg Hackmann, Ostpreußen und Westpreußen in deutscher und polnischer Sicht, Wiesbaden 1996.

[10] Einen guten Ausgangspunkt bietet Ernst Opgenorth (Hg.), Handbuch der Geschichte Ost- und Westpreußens, Teil III: Von der Reformzeit bis zum Vertrag von Versailles 1807–1918, Lüneburg 1998.

darität an erster Stelle steht, wird die alltägliche Interaktion zwischen verschiedenen ethnischen Gruppen heruntergespielt, manchmal sogar als Ausdruck einer »schlummernden« nationalen Identität abgetan.[11] Wieder eine andere Forschungstradition hebt vor allem auf die preußische Politik und deren Wirkung auf die Minderheiten ab. Solche Untersuchungen sind zwar äußerst wichtig, aber sie sehen Berlin als Dreh- und Angelpunkt der Geschichte und das Lokale nur mehr als Reflex auf die im Zentrum getroffenen Entscheidungen.[12]

Betrachten wir folgende Beschreibung der Masuren eingehender – einer ethnischen Gruppe von protestantischen, polnisch sprechenden, loyalen preußischen Untertanen, die an der Seenplatte im südlichen Ostpreußen lebten. Die Beschreibung stammt aus einer Dissertation, die 1921 an der Universität Königsberg im Fach Nationalökonomie eingereicht wurde: »Was den Masuren kennzeichnet, ist in der Hauptsache: seine polnische Abstammung, seine deutsche Schulung, seine slawischen Sitten und Gewohnheiten, seine deutsche Tradition, sein polnischer Familien- und sein deutscher Vorname, seine polnische Sprache und seine deutsche Schrift, das polnische Sprichwort, das deutsche Lied, die slawische Religiosität, die evangelische Konfession.«[13]

Historiker, die kollektive Identität zu verstehen versuchen, werden fragen, ob es sich bei dieser fiktionalen Person, die als Träger äußerer Einflüsse vorgestellt wird, einen Deutschen, ei-

[11] Vgl. z. B. Lech Trzeciakowski, The Kulturkampf in Prussian Poland, New York 1990.

[12] Eine wichtige Studie zu diesem Thema, auch wenn sie sich hauptsächlich mit Posen beschäftigt, ist William W. Hagen, Germans, Poles and Jews. The Nationality Conflict in the Prussian East, 1772–1914, Chicago 1980. Einen etwas veralteten, aber immer noch hilfreichen Überblick bietet Geoff Eley, German Politics and Polish Nationality. The Dialectics of Nation Forming in the East of Prussia, in: ders., From Unification to Nazism, Boston 1968, S. 200–228.

[13] Zitiert in: Andreas Kossert, Masuren. Ostpreußens vergessener Süden, Berlin 2001, S. 202. Vgl. auch seine aufschlussreiche Dissertation Preußen, Deutsche oder Polen? Die Masuren im Spannungsfeld des ethnischen Nationalismus 1870–1956, Wiesbaden 2001. Diesen zwei Studien verdankt die Forschung über die Masuren ein neues analytisches Niveau. Vgl. auch Richard Blanke, Polish Speaking Germans Language and National Identity among the Masurians since 1871, Köln 2001. Diese Arbeit unterstreicht die politische Dimension der Geschichte der Masuren sowie deren weitgehend erfolgreiche Assimilation in die deutsche Nation.

nen Polen oder etwas in sich Einzigartiges handelt: nämlich einen Masuren. Wenn er letzteres war, dann war zu klären, ob Masuren eine eigene Nationalität konstituierten oder nur eine regionale Identität.

Eine kleine Gruppe von Forschern rechnet sie zu einem Volk, das inzwischen so gut wie ausgestorben ist.[14] Im preußischen Osten gab es noch mehr solcher Völker: die Kaschuben, eine ethnische Gruppe, die von den Pommern abstammte und einen polnischen Dialekt sprach (manche behaupten, es sei eine eigene slawische Sprache), die aber aufgrund ihrer besonderen Geschichte und Bräuche bis ins späte 19. Jahrhundert der Assimilation in die polnische Nation widerstanden. Sie zerfielen ihrerseits in zwei Gruppen, die Kaschuben, die innerhalb der Grenzen Pommerns lebten und evangelisch waren, und die Kaschuben, die in Westpreußen westlich von Danzig und nördlich von Konitz lebten und katholisch waren. Im äußersten Ostpreußen gab es noch eine andere Bevölkerungsgruppe – die preußischen Litauer. Im Gegensatz zu ihren katholischen Verwandten jenseits der russischen Grenze waren die preußischen Litauer Protestanten mit einer – wie die Masuren – ausgesprochenen Loyalität gegenüber den Hohenzollern. Konzentriert man sich nicht nur auf die ethnischen Gruppen, die eine eigene Nation zu schaffen versuchten, dann stößt man schnell auf religiöse Gruppen mit einem komplizierten ethnischen und nationalen Selbstverständnis. Im Ermland etwa schenkten viele polnischsprachige Katholiken bereitwillig ihre Loyalität Preußen und nicht der polnischen Nationalbewegung. Bis tief in die Geschichte des Kaiserreichs unterstützten viele deutschsprachige Katholiken sowohl im Ermland als auch in den Mischzonen Westpreußens bei Wahlen polnische Kandidaten und über die ethnischen Grenzen hinweg teilten sie die sakralen Räume mit ihren Glaubensbrüdern.

In diesen Konfigurationen könnte man leicht eine Bestätigung dessen sehen, was man neuerdings als »klischeehaften Konstruktivismus« bezeichnet, nämlich die Feststellung, dass »Identität [...] vielfältig, instabil, fließend, kontingent, fragmentiert, konstruiert und so weiter« sei.[15] Doch in diesem Fall

---

[14] Ebd.
[15] Rogers Brubaker/Frederick Cooper, Beyond Identity, in: Theory and Society 29 (2000), S. 11.

eröffnet die »Nervatur des vergangenen Lebens« die Möglichkeit, noch etwas anderes zu sehen: Grenzüberschreitungen, wo
man normalerweise die Aufrechterhaltung von Grenzen konstatiert, und die Entstehung echter Netzwerke. In der Tat existierte hier eine Art Kosmopolitismus. Es war nicht das Weltbür-
gertum Immanuel Kants, die auf den Maximen universeller
Vernunft basierende körperlose Liebe zur Humanität. Es war
vielmehr ein bescheidenerer, begrenzterer und verwurzelterer
Kosmopolitismus. Partikularistisch und pluralistisch schlug
diese Form von Kosmopolitismus, wenn wir es als solchen bezeichnen dürfen, weniger ein Bogen zur Humanität als vielmehr eine Reihe von notwendigen Brücken zum Anderen.[16]

Es ist möglich, unsere historische Analyse an diesen Brücken
zu schulen und Geschichte an den reibungsreichen Rändern
kultureller Gruppen und an den Übergängen zwischen diesen
zu verorten. Bereits Mitte der achtziger Jahre konzedierte Paul
Rabinow, auch wir »leben dazwischen« und beteiligen uns an
Unternehmungen – sei es streitend, entgegenkommend, über-
setzend, bewirtend oder teilend –, die Solidarität stiften und
Differenzen außerhalb unserer unmittelbaren Identitäten markieren.[17] Will man dem »Dazwischen«, dem Liminalen, der
(Web-) Kante im Muster der Kultur auf die Spur kommen, darf
man weder nach dem Wesen der Dinge oder Personen, noch
nach erfundenen oder konstruierten Identitäten suchen, sondern man muss die Gemeinsamkeiten und Bindungen, auch
wenn diese noch so abgenutzt erscheinen, herausarbeiten.

Zunächst müssen jedoch nationalistische Teleologien umgekehrt werden. Wo man bisher die sozialen Gruppen untersuchte, die zur Herausbildung des Nationalismus beitrugen, fragt
man jetzt, wer die sich abzeichnenden Spaltungen überbrück-
te.[18] Wo man Lexikographen analysierte, die historische Wör-

---

[16] Pheng Cheah/Bruce Robbins, Cosmopolitics. Thinking and Feeling Be-
yond the Nation, Minneapolis 1998, besonders die Einleitung von Robbins,
S. 1–19. Vgl. auch das Schlusskapitel von Lutz Niethammer, Kollektive
Identität. Heimliche Quellen einer unheimlichen Konjunktur, Reinbek 2000.

[17] Paul Rabinow, Representations are Social Facts. Modernity and Post-
Modernity in Anthropology, in: James Clifford und George E. Marcus (Hg.),
Writing Culture, Berkeley 1986, S. 258; James Clifford, Mixed Feelings, in:
Cheah/Robbins, Cosmopolitics, S. 369; vgl. auch Sherry B. Ortner (Hg.),
The Fate of »Culture«. Geertz and Beyond, Berkeley 1999.

[18] Selbst Miroslav Hroch, der Nestor einer sozialgeschichtlichen Erfor-

terbücher zusammenstellten, die die Verwurzelung einer Landessprache nachwiesen, berücksichtigt man nun auch diejenigen, die zweisprachige Wörterbücher zusammenstellten, um Sprachen zu übersetzen und damit – im Sinne von Karl Deutsch –Verständigung über die Nation hinaus zu ermöglichen. Und wo man sich auf Pastoren und Priester konzentrierte, die mal den deutschen, mal den polnischen Nationalismus mit einer sakralen Aura ausstatteten, richtet man jetzt den Blick auf die Geistlichen, die – über weite Strecken des langen 19. Jahrhunderts – versuchten, zwei Sprachen zu jonglieren und so ihren Gemeinden mal auf Deutsch, mal auf Polnisch geistlichen Beistand zu leisten. Schauplätze ethnischer Exklusivität – nationalistische Vereinigungen und staatliche *pressure groups* – wären dann in Relation zu Schauplätzen ethnischer Vermischung zu sehen: dem Marktplatz, dem Wirtshaus (oft von dreisprachigen jüdischen Gastwirten betrieben) und dem Traualtar. Kurz, um eine Geschichtswissenschaft zu balancieren, die die Nahtstellen daraufhin untersucht, wo und wie sich die Fäden gelöst haben, sieht man sich nun die Fäden genauer an, die noch halten.

Diese Sichtweise ist den Forschungsarbeiten einer Gruppe von Wissenschaftler verpflichtet, die mit dem Deutschen Historischen Institut in Warschau in Verbindung stehen. Diese Forscher – vor allem Jörg Hackmann, Andreas Kossert, Mathias Niendorf und Robert Traba – haben die ermüdenden Diskussionen zwischen polnischen und deutschen Historikern über das »objektive« nationale Bewusstsein ethnischer Gruppen in den Grenzgebieten neu belebt.[19] Mit Bezug auf diese neuere Forschung und unter Heranziehung deutschsprachiger Primärquellen konzentriere ich mich auf drei Volksgruppen an den

schung des Nationalismus, räumte kürzlich ein: »Bislang ist wenig über die Intellektuellen gearbeitet worden, die aufgrund ihrer Bildung und ethnischen Zugehörigkeit an der nationalen Bewegung hätten teilnehmen können, es aber nicht taten.« Miroslav Hroch, From National Movements to Fully-Formed Nation. The Nation-Building Process in Europe, in: Geoff Eley/Grigor Suny (Hg.), Becoming National, New York 1996, S.69.

[19] Zusätzlich zu den oben zitierten Arbeiten von Kossert und Hackmann vgl. Mathias Niendorf, Minderheiten an der Grenze. Deutsche und Polen in den Kreisen Flatow (Zlotow) und Zempelburg (Sepolno Krajenskie) 1900–1939, Wiesbaden 1997; Robert Traba (Hg.), Selbstbewusstsein und Modernisierung. Sozialkultureller Wandel in Preußisch-Litauen vor und nach dem Ersten Weltkrieg, Osnabrück 2000.

Rändern Preußens, deren nationaler Status während der zweiten Hälfte des 19. Jahrhunderts fließend war – die Preußisch-Litauer, die Masuren und die Kaschuben. Für jede dieser Gruppen strukturierte die Alltagsfrömmigkeit nicht nur die Beziehungen zwischen ihnen, sondern eröffnete auch überraschende Möglichkeiten für das, was James Clifford »kosmopolitische Kompetenz – die Kunst der Überquerung, der Übersetzung und Hybridität« genannt hat.[20]

I.

In historischen Standardwerken zur Entstehung von Nationen ist die Beziehung von Religion zu Ethnizität häufig eine einfache Gleichung. Im Fall der preußischen Randgebiete ist zunächst wichtig, die Affinität zwischen litauischen Protestanten und deutschen Protestanten, zwischen protestantischen Masuren und protestantischen Deutschen und zwischen katholischen Kaschuben und katholischen Polen zur Kenntnis zu nehmen. In der Tat reichten bei den ersten beiden Gruppen die konfessionellen Gemeinsamkeiten aus, um die Beschränkungen von Sprache und Ethnizität zu überwinden, die normalerweise die Preußisch-Litauer an ihre Brüder jenseits der russischen Grenze gebunden und die Masuren an die ethnischen Polen hätten. Was die Kaschuben angeht, so ist es komplizierter, da Religion und Ethnizität sich deckten. Dennoch entwickelte jede dieser ethnischen Gruppen erst relativ spät nationale oder auch regionale Bewegungen. Sie waren überwiegend ländlich, ökonomisch rückständig und unverhältnismäßig wenig alphabetisiert.[21] Und in allen drei Gruppen übte die Geistlichkeit großen Einfluss aus.

Unterschiedliche religiöse Überzeugungen schaffen oft Barrieren zwischen den Menschen. Das ist auch der Hauptgrund, weshalb die protestantischen Litauer nicht gemeinsame Sache machten mit ihren katholischen Mitbürgern, die Masuren nicht mit den Polen und die Kaschuben nicht mit den Deutschen. Re-

---

[20] Clifford, Mixed Feelings, S. 368.
[21] Zu den Masuren siehe Kossert, Preußen, Deutsche oder Polen?, S. 37–38.

ligion lieferte aber auch die Bausteine und den Mörtel für überraschende Brücken. Das wird deutlich, wenn man die Frömmigkeit etwas genauer untersucht. Die Preußisch-Litauer und
die Masuren der Seenplatte waren zwar Protestanten, aber ihr
Protestantismus war von einer Art, der beide Gruppen offen
machte für erstaunliche Affinitäten, selbst zum Katholizismus.

Wie die Litauer, so beeindruckten die Masuren durch ihre
offen gezeigte Frömmigkeit. 1884 berichtete ein kirchlicher
Würdenträger anlässlich einer Visitation in Ortelsburg über die
»in allen Bänken und Gängen bis zum Altarplatz hin und bis in
den letzten Winkel hinein vollgefüllten Gotteshäuser« Masu-
rens.[22] Gleichzeitig gaben Marienverehrung in protestantischen
Kirchen und Heiligenfiguren in masurischen Privathäusern
den Kirchenoberen zu denken.[23] Ebenso die Neigung protestantischer Masuren, katholische Kirchen zu besuchen und am Altar
Opfer in Form von Geschenken darzubringen.[24] Darüber hinaus feierten protestantische Masuren katholische Feiertage
und nahmen an Wallfahrten teil. Um dieses Problem einzudäm-
men, planten protestantische Organisationen an katholischen
Feiertagen Versammlungen. Um die Wallfahrten zu stoppen,
konnten sie nicht mehr als an ihre Gläubigen appellieren.[25] Jedoch ohne Erfolg, denn in den siebziger und achtziger Jahren
des 19. Jahrhunderts pilgerten protestantische Masuren zu den
heiligen Stätten Heiligenlinde, Wuttrienen und Dietrichswalde.

Dietrichswalde im Ermland, westlich von Masuren, war das
Marpingen der Ostprovinzen.[26] 1877 soll dort die Jungfrau Maria in einer Eichelschale erschienen sein, vor der Kirche, die bereits im 18. Jahrhundert ein Wallfahrtsort gewesen war und
zwar in Verbindung mit der Krönung der Madonna von Czes-
tochowa (Tschenstochau). Angeblich hatte die Jungfrau Maria
mit zwei Mädchen im Alter von zwölf und dreizehn Jahren ge-

[22] Iselin Gundermann und Walther Hubatsch (Hg.), Die evangelischen
General-Kirchen- und Schulvisitationen in Ost- und Westpreußen
1853–1944, Göttingen 1970, S. 92.

[23] Kossert, Preußen, Deutsche oder Polen?, S. 31.

[24] Die evangelischen General-Kirchen- und Schulvisitationen, (Visitation
in Ortelsburg 1855). Vgl. auch Walther Hubatsch, Geschichte der Evangelischen Kirche Ostpreußens, Bd. 1. Göttingen 1968, S. 412.

[25] Hubatsch, Geschichte der Evangelischen Kirche Ostpreußens, S. 413.

[26] Kossert, Preußen, Deutsche oder Polen?, S. 31. Zu Marpingen vgl. David Blackbourn, Wenn ihr sie seht, fragt wer sie sei, Reinbek 1997.

sprochen, für deren Glaubwürdigkeit sich der örtliche Priester verbürgte. Die offizielle Untersuchung des Falls verlief jedoch weniger großzügig, mit dem Ergebnis, dass die Erscheinung von der Kirche nie offiziell anerkannt wurde. Dennoch pilgerten noch Jahrzehnte danach Abertausende von Gläubigen, überwiegend aus Polen, Posen, Westpreußen und Schlesien dorthin.[27] Dietrichswalde wurde auch ein wichtiger Ort für den polnischen Nationalismus. »Die Jungfrau Maria sprach zu den zwei Schulkindern [...] in hervorragendem und schönem Polnisch«, lautete ein Spruch. »Sie ist die Königin Polens, die zu ihrem bedrückten Volk gekommen ist«, hieß ein anderer.[28] Dass sich unter den polnischen Pilgern protestantische Masuren befanden, war deshalb sowohl aus religiösen als auch nationalen Gründen beunruhigend.

Diese Brücke vom masurischen Protestantismus zum polnischen Katholizismus deutet auf eine Art von Netzwerk, das in späteren Jahren, als die Öffentlichkeit zunehmend nationalisiert wurde, undenkbar gewesen wäre. Ebenso bemerkenswert war die Durchlässigkeit der Grenzen. Masuren reisten zu Jahr- und Wochenmärkten in Kongresspolen, das zum russischen Zarenreich gehörte, um dort mit Pferden und Vieh zu handeln, vor allem mit den jenseits der Grenze viel zahlreicheren Juden.[29] Wie wir aus den Erzählungen von Siegfried Lenz wissen, florierte an der Grenze auch der Schwarzmarkthandel mit Schmuggelgut. Aber auch wegen religiösen Belangen überquerten die Masuren die Grenze, genauso wie die protestantischen Polen nach Masuren kamen. An der Grenze, wo die seelsorgerische Betreuung eher dürftig war, nahm man, wie etwa in Opalenietz, »sogar Rücksicht auf Gottesdienstbesucher aus Polen, die den langen Weg zur Kirche auf sich nahmen«.[30]

Diese Grenzgänge stellten jedoch vom Standpunkt der evangelischen Kirchenleitung, die auch in dieser Region ethnisch deutsch war, nicht das größte Problem dar. Wie bei den Masuren, so auch bei den Litauern war das Gespenst, das sie verfolgte, die ekstatische Frömmigkeit und das konfessionelle Sektie-

[27] PAAA Bonn, R4083 Reg. Assessor Eilsberg, Oberpräsidium Königsberg, Mai 1902: »Die polnische Frage in der Provinz Ostpreußen«.

[28] Ebd.

[29] Ebd., S. 192–93.

[30] Kossert, Masuren, S. 127, 113.

rertum. Ein Großteil der Gläubigen in Preußisch-Litauen wurde in den siebziger und achtziger Jahren des 19. Jahrhunderts von der »Gemeinschaftsbewegung« ergriffen. Ihre charismatischen Prediger, pietistisch, alltagsgebunden und darauf beharrend, dass das Wort Gottes in der Volkssprache verbreitet werden müsse, propagierten ein emphatisches allumfassendes Christentum, das von der Kirche in die Häuser der Gläubigen überlief. So genannte »Stundenhalter« hielten in den Häusern der Frommen Andachten – eine Form der Erbauung, die von der Kirche nicht einfach zu kontrollieren war. Der berühmteste dieser Reformer war Christoph Kukat, ein bekehrter Aristokrat, der Geistliche gern als »Baalspfaffen« brandmarkte und wegen ihrer »Feindschaft gegen die reine Lehre« anprangerte.[31] 1885 gründete er den »Ostpreußischen Evangelischen Gebetsverein«, von dem die kirchlichen Amtsträger zu Recht fürchteten, dass er sich zu einer Spaltungsbewegung auswachsen könnte. Sie hatten durchaus Grund zur Sorge. Denn diese pietistischen Bewegungen erwiesen sich als besonders attraktiv für arme, ungebildete Litauer vom Lande.

Diese Bewegungen griffen auch nach Masuren über, wiederum ein Hinweis auf die Kraft religiöser Formen, Grenzen der Sprache und Nationalität zu überwinden. Im Kreis Goldap, wo Deutsche, Litauer und Masuren lebten, war die Brücke dreisprachig und überwiegend protestantisch. Als ein polnischsprachiger Proselyt Kukats Predigten übersetzte, gewann die Bewegung, die in Masuren unter dem Namen »Gromadki« (Häuflein) bekannt wurde, an Popularität. Überall auf dem Lande hielten zu Laienpredigern avancierte Bauern Andachtsstunden und Erweckungsversammlungen ab. Ein besorgter Geistlicher berichtete 1884 über »Privaterbauungsversammlungen, die gleich einem Netz mit vielen untereinander verbundenen Maschen ganz Masuren umstricken«.[32] Die Prediger riefen zur Buße und Enthaltsamkeit von Alkohol, Glücksspiel und Tanz auf, während sie »zugleich mit flammenden, zornigen Worten

---

[31] Christoph Ribbat, Protestantische Schwärmer im Kaiserreich, Frankfurt 1996, S. 85, 89. Vgl. auch Arthur Hermann, Preußisch-Litauer und die Evangelische Kirche Ostpreußens 1871–1933, in: Robert Traba (Hg.), Selbstbewusstsein und Modernisierung. Sozialkultureller Wandel in Preußisch-Litauen vor und nach dem Ersten Weltkrieg, Osnabrück 2000, S. 103.
[32] Die evangelischen General-Kirchen- und Schulvisitationen, S. 93.

die vermeintliche oder wirkliche Weltförmigkeit der Kirche, ihrer Diener und Glieder geißeln und damit eine reiche Saat des Misstrauens in die Seele ausstreuen«.[33] Nach Schätzungen von Historikern hing mehr als ein Viertel der masurischen Bevölkerung dieser Erweckungsbewegung an. Unter den masurischen Bergleuten im Ruhrgebiet, vor allem in und um Gelsenkirchen, hatte diese Bewegung eine noch stärkere Wirkung, stellten die gemeinsamen Rituale und Formen der Andacht doch eine Bindung an ihre ostpreußische Heimat her.

Religiöse Erweckungsbewegungen konnten diese Kraft entfalten, weil sie in der Vermittlung der Heiligen Schrift und der Erfahrung des Glaubens emphatisch auf der Bedeutung der Volkssprache beharrten, sei diese Litauisch oder Polnisch. Dieses Beharren auf der Volkssprache brachte die Erweckungsbewegungen auf Kollisionskurs zur preußischen Verordnung vom 24. Juli 1873, welche die sofortige Einführung von Deutsch als Unterrichtssprache in allen Grundschulklassen, außer beim Religionsunterricht auf niedrigstem Niveau, vorschrieb. Dieser Spracherlass hatte, darauf wurde bereits mehrfach hingewiesen, die grundsätzliche Verschiebung von einer relativ toleranten Sprachpolitik zu einer aggressiveren Germanisierung zur Folge.[34] In Verbindung mit den im selben Jahr erlassenen Kulturkampfgesetzen verlagerten sich mit dieser Verordnung die Nationalitätskonflikte vom Säkularen aufs Religiöse. Besonders deutlich wurde diese Verschiebung im polnischen Widerstand, der sich von nun an auf die nationalistischen Aktivitäten der katholischen Geistlichkeit konzentrierte. Aber sie zeigte sich auch im protestantischen Preußisch-Litauen und im protestantischen Masuren, eben weil die Erweckungsbewegungen – vor allem auf dem Land und auf Sprachinseln wie dem Memelgebiet – darauf insistierten, das Wort Gottes in der Muttersprache zu vermitteln.

Die Evangelische Kirche verstand das nur zu gut. »Die kirchliche Sphäre ist der letzte Rest des Volkstums, an das sich der Litauer mit zäher, fast krampfhafter Liebe festklammert«, schrieb ein Kirchenbeamter 1885 über seine Visitation in Heyde-

---

[33] Ebd.
[34] Lech Trzeciakowski, The Kulturkampf in Prussian Poland, New York 1990, S. 125–27. Marjorie Lamberti, State, Society and the Elementary School in Imperial Germany, New York 1989.

krug.[35] Allerdings leisteten die Litauer nicht mit der gleichen politischen Entschiedenheit Widerstand wie die katholischen Polen. 1881 reichten die Kirchenkreise von Memel und Heydekrug Petitionen beim Kultusministerium ein mit der Klage, »dass die Kinder nicht genügend Deutsch verstehen würden, um dem Religionsunterricht zu folgen, und dass die Germanisierung nicht auf Kosten der sittlichen Erziehung gehen dürfe.«[36] Gegenmaßnahmen wurden jedoch nicht ergriffen. Stattdessen wurde das Misstrauen gegen Pastoren, die als germanisierend empfunden wurden, immer spürbarer. Noch 1911 klagten Visitationsberichte aus Memel darüber, dass die Germanisierung mehr der Form als der Substanz nach stattfände, und dass die Litauer »im Verkehr und für die kirchlichen Handlungen an ihrer Volkssprache und Volkssitte festhalten.«[37] Inzwischen hatte sich jedoch die Position der Evangelischen Kirche Ostpreußens verändert, von der anfänglichen Toleranz, ja der Pflege des Litauischen als Sprache der Verkündung von Gottes Wort hin zu einer Mittelposition, die die allmähliche Germanisierung als unausweichlich für den kulturellen Fortschritt in Preußisch-Litauen ansah. Seit den neunziger Jahren des 19. Jahrhunderts vertrat die Kirche dann eine aggressivere Haltung: Deutsch, wo immer möglich, Litauisch nur, wo es absolut notwendig war.[38]

In Masuren verlief die Entwicklung ganz ähnlich. Dort wurde die »Gromadki«-Bewegung zum Zentrum des Widerstands gegen die Sprachverordnungen des Kulturkampfs und zur Quelle eines religiös grundierten masurischen Nationalismus. In einigen Fällen führten die Proteste zu der Drohung, die Staatskirche zu verlassen. Aber wenn die »Gromadki«-Bewegung dem Germanisierungsdruck des ostpreußischen Protestantismus Widerstand entgegensetzte, so war das noch lange keine Loyalitätserklärung gegenüber Polen.[39] Es war vielmehr die Suche nach einem »Dazwischen«.

Das war der Raum, der verloren gehen sollte – auch wenn der Verlust erst nach dem Ersten Weltkrieg irreversibel wurde

---

[35] Die evangelischen General-Kirchen- und Schulvisitationen, S. 140–41.
[36] Zitiert bei Hermann, Preußisch-Litauer, S. 92.
[37] Die evangelischen General-Kirchen- und Schulvisitationen, S. 787.
[38] Hermann, Preußisch-Litauer, S. 97–98.
[39] Kossert, Preußen, Deutsche oder Polen?, S. 82–83.

–, als die Preußisch-Litauer und die Masuren durch Volksabstimmungen gezwungen wurden, sich zwischen Nationalkulturen zu entscheiden. Wie allgemein bekannt, optierten sie für Preußen und Deutschland. Aber es gab einmal einen Raum, und zwar über lange Zeit, in dem Religion und Sprache Orte komplexer Loyalitäten waren. Im Laufe des 19. Jahrhunderts schrumpfte dieser Raum – wie die Felder unter den Bulldozern der Stadtplaner.[40] Doch gegeben hatte es ihn. Es war ein Ort, wo Kirchen in zwei Sprachen geweiht wurden, wo Sonntagsgottesdienste mal auf Deutsch, mal auf Polnisch oder Litauisch abgehalten wurden, und wo die Volkssprachen höchst synkretistisch waren. Deshalb war Verständigung eine Frage des Kontakts und des Verhandelns zwischen Sprachen.

Intellektuelle, die noch nicht von der Neuheit des Nationalismus mitgerissen waren, gaben diesem Raum Gestalt. Sie stellten preußische Wörterbücher zusammen, um die Sprache im »Dazwischen« zu fixieren, und sie versuchten, die Menschen jenseits der kulturellen Grenzen zu verstehen. Max Toeppen, Direktor eines Gymnasiums und preußischer Geschichtsforscher, verfasste 1870 einen wohlwollenden Bericht über die Eigentümlichkeiten des masurischen Lebens. Zwischen Deutschen und Polen stehend stellten die Masuren für Toeppen »den Gegensatz und die Versöhnung beider Nationalitäten« dar.[41] Zu den größten Sammlern litauischer Volkskunst und Verteidigern der besonderen Sprache Preußisch-Litauisch gehörte ein deutscher Gymnasiallehrer aus Tilsit namens Eduard Gisevius. Es gab noch eine ganze Reihe vielleicht weniger bedeutende Intellektuelle, ferne Nachkommen Herders, die die verschiedenen Kulturen überbrücken halfen. Einige übersetzten religiöse Schriften, andere schrieben für Lokalzeitungen.[42]

[40] Robert Traba, Einführung in die Problematik. Vereinsleben und Modernisierung als identitätstiftende Faktoren in den ethnisch gemischten Gebieten von Preußisch-Litauen, in: ders., Selbstbewusstsein und Modernisierung, S. 12.

[41] Zitiert bei Hackmann, Ostpreußen und Westpreußen, S. 113. Vgl. auch Kossert, Preußen, Deutsche oder Polen?, S. 107.

[42] Vgl. Hubatsch, Geschichte der Evangelischen Kirche Ostpreußens, S. 413.

II.

Die Entwicklungen bei den Kaschuben weisen bemerkenswerte Parallelen zu den Preußisch-Litauern und den Masuren auf. Aber es gab einen entscheidenden Unterschied, nämlich das Religionsbekenntnis. Wie die Litauer und Masuren waren die Kaschuben bis weit ins 19. Jahrhundert hinein loyale Untertanen der Hohenzollern, so dass an ihnen die polnischen nationalen Bestrebungen abprallten. Eine ebenfalls vorwiegend ländliche Bevölkerung, lebten sie in relativer Isolierung und wegen ihres Aberglaubens genossen sie einen zweifelhaften Ruf. Noch 1787 und dann wieder 1837 erregten lokale Hexenjagden die Besorgnis preußischer Beamter, vor allem als im letzteren Fall die beschuldigte Frau bei einer so genannten »Hexenschwemmung«, einem Prozess, bei dem geprüft wurde, ob die angebliche Hexe mit Steinen beschwert noch schwimmen konnte, zu Tode kam.[43] Die große Nähe der Kaschuben zu ihrer natürlichen Umwelt war Teil ihrer Identität, die sich stark auf die örtlichen Sitten und Gebräuche stützte. Kaschubisch, dem Polnischen sehr nahe, war eine religiöse, potenziell sogar eine Literatursprache geworden. Als jedoch die ersten Versuche unternommen wurden, Kaschubisch zu einer Sprache der Feder zu machen, waren die meisten protestantischen Masuren in Ostpommern bereits germanisiert und nur einige wenige Gemeinden hielten ihre Gottesdienste noch in der einheimischen Sprache ab. Lange Zeit, vom späten 18. bis Mitte des 19. Jahrhunderts war das protestantische Kaschubien zweisprachig gewesen. Der russische Slawophile Alexander Hilferding portraitierte in den frühen sechziger Jahren des 19. Jahrhunderts diese Welt und ihr Verschwinden. Folgende Szene beobachtete er an einem Sonntagmorgen am Ufer des Lebasees in der Gemeinde Glowitz:

»Zuvörderst las der Geistliche die Liturgie und hielt dann eine polnische Predigt. Es waren ziemlich viele Kirchgänger versammelt, jedoch meistens ältere Personen; sie waren größtentheils von den entfernten Fischerdörfern gekommen. Kinder und junge Leute sah ich fast gar nicht. Diese trieben sich im Sonntagsstaat vor der Kirche umher und warteten auf die Beendigung des ›wendischen‹ Gottesdienstes. Wenn irgendeine alte Frau in kaschubischer Nationaltracht vorüberschritt, so blickten sie mit spottender Neugier

---

[43] F. W. F. Schmitt, Land und Leute von Westpreußen, in: Zeitschrift für preußische Geschichte und Landeskunde 7 (1870), S. 22.

auf dieselbe. Bei dem letzten Liede des slawischen Gottesdienstes drängte sich die geputzte Menge junger Frauenzimmer, Mädchen und Burschen in die Kirche zum Beginn des deutschen Gottesdienstes und beeilte sich die Bänke zu besetzen, welche von den Kaschuben, den Überbleibseln eines ablebenden Geschlechts, langsam verlassen wurden.«[44]

Diese Welt ging – wie die schnell gesprochenen letzten Zeilen von T. S. Eliots »Hollow Men« – unter mit einem Wimmern. So kam es in Schmolsin in Ostpommern nach der Abschaffung des kaschubischen Gottesdienstes zu kleineren Unruhen.[45] Im Kreis Stolp hielt 1886 ein deutscher Pastor, der den slawischen Dialekt gelernt hatte, um seine älteren Gemeindemitglieder seelsorgerisch betreuen zu können, den letzten kaschubischen Gottesdienst für protestantische Kirchgänger.[46]

In den katholischen Teilen Kaschubiens verlief die Nationalisierung in umgekehrter Richtung, als sich die Kaschuben mehr und mehr mit ihren polnischen Glaubensgenossen identifizierten. In Umrissen, wenn auch nicht in ihren sozialgeschichtlichen Details, ist diese Geschichte bekannt. Kaschubien war in den sechziger Jahren des 19. Jahrhunderts zweisprachig. Deutsche, Kaschuben, Polen und Juden konnten sich über die Sprachgrenzen hinweg miteinander verständigen. In einem 1863 verfassten Dokument mit dem Titel »Statistische Darstellung des Berenter Kreises«, gelegen im Herzen Kaschubiens, hieß es: »In vielen Familien wird deutsch und polnisch zugleich gesprochen.« Das traf auf alle Gruppen zu, obwohl auch zu lesen war: »Das cassubische Element verschwindet aber [...] gänzlich im polnischen.«[47] Die Ähnlichkeit zwischen Kaschubisch und Polnisch übte natürlich eine große Anziehungskraft aus. Aber wie wir von den Masuren wissen, bedeutete diese Affinität nicht notwendigerweise Identifikation. In Kaschubien, das zum Bistum Kulm gehörte, spielten auch spezifische Entwicklungen in der Kirche eine nicht unwichtige Rolle. Unter Bischof von der Marwitz, der das Amt fast drei Jahrzehnte von 1856 bis 1884 innehatte, wurde die ka-

[44] Alexander Hilferding, Die Überreste der Slawen an der Südküste des Baltischen Meeres, in: Zeitschrift für slawische Literatur, Kunst und Wissenschaft 1 (1862).

[45] Kazimierz Slaski, Volkstumswandel in Pommern vom 12. bis zum 20. Jahrhundert, in: Hans Georg Kirchhoff (Hg.), Beiträge zur Geschichte Pommerns und Pommerellens, Dortmund 1987, S. 105.

[46] Ebd.

[47] Statistische Darstellung des Berenter Kreises, Berent 1863.

tholische Geistlichkeit fast ausschließlich polnisch hinsichtlich
der Herkunft und nationalistisch in der Gesinnung, obwohl ungefähr ein Drittel der Gemeindemitglieder deutsch war.[48] Darüber hinaus genoss der örtliche Priester besondere Autorität,
weil die Kaschuben wie die Litauer und Masuren ländlich, über-
durchschnittlich analphabetisch und fromm blieben. »Das Volk
ist tief religiös, oder besser gesagt, kirchlich«, schrieb der Volkskundler Ernst Seefried-Gulgowski an der Wende zum 20. Jahrhundert. »Vor allem die aus den entlegensten Dörfern nehmen
sehr eifrig am Gottesdienst teil.«[49] Diese Kirchlichkeit existierte
im Kontext einer Besiedlung, die sich erheblich unterschied von
der in Preußisch-Litauen, wo die Litauer die Kirchen mit den
deutschen Protestanten teilten, oder von der in Masuren, das ein
ethnisch geschlossenes Gebiet war. »Was katholisch ist, ist kaschubisch«, lautete eine Redensart, »was protestantisch ist, ist
deutsch.« Die Dörfer auf dem Lande waren nicht gemischt und
Deutsche (und Juden) wurden mit kleineren und größeren Städten assoziiert. Deshalb verschärften die religiösen Differenzen
die Spannungen zwischen Stadt und Land. Die dicken Mauern,
die die Kaschuben bereits von ihren deutschen Nachbarn trenn-
ten, wurden zudem verstärkt durch soziale und wirtschaftliche
Unterschiede.[50]
    Das ist der Kontext der Kulturkampf-Gesetzgebung: Sie war
darauf angelegt, die Macht der der Priester, die für das Dorfle-
ben so zentral waren, und der religiösen Volkssprache, der Le-
bensader der Kultur, zu untergraben. Für die Kaschuben traf es
den Kern der Sache. Trotz aller Hindernisse gegen Gemeinsamkeiten mit den Deutschen, war es für die Kaschuben noch nicht
ausgemacht, wohin sie ihre Identität ausrichten würden, nicht
zuletzt wegen ihrer Loyalität gegenüber dem preußischen
Staat, dessen Erbe wenn auch kein Land des Überflusses, so
doch auch keines der bitteren Armut war. Unter den Historikern ist man sich generell darin einig, dass der Kulturkampf

---

[48] Vgl. Erwin Gatz (Hg.), Akten zur preußischen Kirchenpolitik in den
Bistümern Gnesen-Posen, Kulm und Ermland 1885–1914, Mainz 1977,
S. LXXV.
[49] Ernst Seefried-Gulgowski, Von einem unbekannten Volke in Deutschland, Berlin 1911, S. 208–09.
[50] PAAA Bonn, R4063, Ober-Präsident der Provinz Westpreußen,
15.9.1896.

der Wendepunkt oder vielleicht genauer der Punkt war, an dem es kein Zurück mehr gab für die Identifikation der Kaschuben mit der polnischen Nation.[51] Das wird auch in internen Memoranden deutlich. So war der Gouverneur von Westpreußen 1896 nicht mehr optimistisch hinsichtlich der Möglichkeiten, die Identifizierung der Kaschuben mit den polnischen Bestrebungen zurückzudrehen. Vielmehr war er darum bemüht, die deutschen Katholiken davon abzuhalten, sich zu ›polonisieren‹.[52]

Die kaschubische Nationalität verdampfte wie stehendes Wasser in der Sonne – allerdings nicht vollständig. So wie die Romantiker den Urwald aufwerteten, als er im Verschwinden begriffen war, so versuchten jetzt Intellektuelle, nicht-kaschubische wie kaschubische, eine kaschubische Identität herauszudestillieren, jedoch nicht auf der Basis von Religion, sondern von Sprache und Gebräuchen. Friedrich Lorentz, ein Linguist und Volkskundler aus Mecklenburg und Mitglied der Leningrader Akademie der Wissenschaften, schrieb nicht nur eine Reihe von Büchern über die kaschubische Sprache, Geschichte und Zivilisation, sondern er gründete 1907 auch eine Gesellschaft für kaschubische Volkskunst mit, die ihre Berichte auf Deutsch veröffentlichte. Außerdem verfasste er ein pommerisches und ein slowinzisches Wörterbuch sowie eine Geschichte Kaschubiens, in der er die kaschubische Zivilisation zu einer im Kern slawischen Kultur erklärte.[53] Lorentz' Forschungen sind bis heute der Ausgangspunkt für das Verständnis dieser untergegangenen Welt. Sie erinnerten Bronislaw Malinowski, den berühmten polnischen Anthropologen, der für die englische Ausgabe das Vorwort schrieb, an »den objektiven Geist der deutschen Wissenschaft, wie wir ihn von Alters her kannten«.[54] Auf polnischer Seite stellte Stefan Ramult ebenfalls ein kaschubisches Wörterbuch zusammen und fertigte Statistiken über die

---

[51] Leszek Belzyt, Sprachliche Minderheiten im preußischen Staat 1815–1914, Marburg 1998, S. 22.

[52] Zu deutschen Katholiken im östlichen Grenzland Helmut Walser Smith, German Nationalism and Religious Conflict. Culture, Ideology, Politics, 1870–1914, Princeton 1995, S. 185–90.

[53] Friedrich Lorentz, Slowinzisches Wörterbuch, St. Petersburg 1908–1912; Gramatyka Pomorska, 4 Bde, Posen 1927–1934; Geschichte der Kaschuben, Berlin 1926.

[54] Bronislaw Malinowski, Vorwort zu Friedrich Lorentz, Adam Fischer und Tadeusz Lehr-Splawinski, The Cassubian Civilization, London 1934.

Entwicklung der kaschubischen Ethnizität an. Diese Studien
wiederum inspirierten die »Jungkaschubische Bewegung«, deren Mitglieder sich der Pflege kaschubischer Literatur und Kultur verschrieben.[55] In ihren politischen Optionen hatten sich die
Kaschuben jedoch ganz auf die Seite der polnischen Nation gestellt.

III.

In einer brillanten Arbeit über die kleinen Völker der sibirischen
Taiga und Tundra mit dem Titel »Arctic Mirrors« hat Yuri Slezkine gezeigt, wie sich in der russischen Wahrnehmung der kleinen Nationen an der äußeren Peripherie die Sehnsüchte und
Ängste der dominanten Nation im Zentrum spiegeln.[56] Das
scheint auch in unserem Fall zuzutreffen. Besorgte Berichte
über Grenzüberschreitungen, religiösen Synkretismus und ekstatische Religiosität legen auch hier nahe, dass eine dominante
Nationalität nicht nur die Grenzen ethnischer Gemeinschaft mit
zunehmender Genauigkeit zog, sondern sich auch darüber Sorgen machte, ob das protestantische Zentrum standhalten würde. Slezkine unterstreicht außerdem die harte Realität der Völker des Nordens. Auch in diesem Punkt sollte man ihm folgen.
Denn das Leben an der Peripherie Preußens, wo die kulturellen
Systeme sich nicht in der Weise gegenseitig stützten, wie es die
deutschen Historiker gewohnt sind und wo die Mondrian-Li-
nien der Milieutheorie unangebracht erscheinen, war tatsächlich ungewöhnlich.[57] Das Alltagsmaterial der Geschichte bestand hier vielmehr aus der wechselseitigen Durchdringung
und provisorischen Weltanschauungen, da die Notwendigkeit

[55] Joset Borzyszkowskii, Die Kaschuben im 19. und 20. Jahrhundert zwi-
schen Polen und Deutschland, in: Hans Henning Hahn und Peter Kunze
(Hg.), Nationale Minderheiten und staatliche Minderheitenpolitik in
Deutschland im 19. Jahrhundert, Berlin 1999, S. 97.

[56] Yuri Slezkine, Arctic Mirrors. Russia and the Small Peoples of the
North, Ithaca 1994.

[57] Zur begrenzten Brauchbarkeit der Milieutheorie in konfessionell und
ethnisch komplexen Gegenden Deutschlands siehe Helmut Walser Smith/
Chris Clark, The Fate of Nathan, in: Helmut Walser Smith (Hg.), Protestants,
Catholics and Jews in Germany, 1800–1914, Oxford 2001, S. 3–32.

die Menschen dazu zwang, eine gemeinsame Sprache und gemeinsame Fantasiewelten zu schaffen, wie partikular und improvisiert auch immer.

Natürlich lässt sich nicht bestreiten, dass um die Jahrhundertwende der Nationalismus sich als die mächtigere Kraft erwies. Der preußische Osten war eine historische Landschaft, die eingezwängt schien in etwas, was wie das unerbittliche Vorwärtsschieben eines Gletschers gewirkt haben muss, einem starken deutschen, polnischen und bis zu einem gewissen Grade auch russischem nationalkulturellen Druck, der alles, was im Weg stand, niederwalzte und abschliff. Diese Gletscher bestimmten auch die weitere Geschichte der Region, die, wie nur wenige andere Regionen Europas im 20. Jahrhundert, von katastrophalen Ereignissen bestimmt wurde: von zwei Weltkriegen und von massiven Bevölkerungsverschiebungen. Vor diesem Hintergrund muss die Aufdeckung der besonderen Bindungen kleiner, weitgehend untergegangener Völker ähnlich quichotisch erscheinen wie die Rettung von »armen Strumpfwirkern, Ludditischen Schnittern, Handwebstuhlwebern, ›utopischen‹ Handwerkern und sogar den betrogenen Anhängern Joanna Southcotts vor der enormen Herablassung der Nachwelt.«[58] Historiker sind schlechte Sozialreformer, schreibt Greg Dening. Hinter die Geschichte zu schauen und ihre Alternativen zu betrachten, hält den Marsch der Geschichte nicht auf. Auch wenn die Untersuchung solcher Bindungen wenig mehr als »ein Satz in einer Unterhaltung über uns selbst« ist, so schärft sie doch unser Verständnis für die Welt, die der Nationalismus moderner Staaten zugedeckt hat.[59] Darüber hinaus erlaubt sie uns, über die Gegennarrative zum Aufstieg moderner Nationalstaaten nachzudenken, nämlich die des Niedergangs menschlicher Vielfalt. Sie ist eine Geschichte, die noch nicht zu Ende ist.

[58] E. P. Thompson, The Making of the English Working Class, New York 1963, S. 12.

[59] Greg Dening, Islands and Beaches. Discourse on a Silent Land: Marquesas 1774–1880, Chicago 1980, S. 6.

Alexander Honold

Ausstellung des Fremden – Menschen- und Völkerschau um 1900

Zwischen Anpassung und Verfremdung: Der Exot und sein Publikum

Die Schaustellung »wildfremder Menschen« in Gärten und Gehegen, auf den Bühnen der Varietés und in den Hörsälen der
Medizin ist um 1900 eine in Mitteleuropa wie Nordamerika üb-
liche Praxis. Sie ist dennoch weit davon entfernt, zum gewöhnlichen Anblick zu werden. Im Blickwechsel mit den Ausgestellten mischen sich Affekte von Empathie und Abwehr im Bezug
auf das erblickte Objekt, von manifestem Voyeurismus und
klandestiner Scham in der Haltung der Betrachter. Auch historisch gesehen ist die Menschenschau ein Ereignis zweideutigen
Ursprungs. Sie changiert zwischen der bloßen Jahrmarkts-Be-
lustigung (von beachtlichem kommerziellem Ertrag) und einem Experiment mit wissenschaftlichem Anspruch, aber zweifelhaften positivistischen Befunden. Aus nachträglicher Sicht
aber erweist sie sich als Spektakel von symptomaler Bedeutung.

Die alte Frage: Was ist der Mensch? gewinnt in den Zooge-
hegen und Attrappendörfern der Welt- und Kolonialausstellungen eine neue Dimension. Mit der organisierten Schaustellung
fremder Ethnien ist zwar die Fremdheit des Menschen als anth-
ropologisches Thema in neuer, sinnlicher Prägnanz formulier-
bar geworden. Im Gegenzug freilich erweist sich das Mensch-
sein selbst als ein zunehmend fragwürdiges Produkt der
Zivilisationsgeschichte. So sehr, dass sogar die gefangene und
domestizierte Kreatur als Sprachrohr dieses befremdlichen
Menschentums auftreten kann, wie in Franz Kafkas 1917 ent-
standener Erzählung »Ein Bericht für eine Akademie«:

>»Ich stamme von der Goldküste. Darüber, wie ich eingefangen wurde, bin
>ich auf fremde Berichte angewiesen. Eine Jagdexpedition der Firma Hagen-
>beck [. . .] lag im Ufergebüsch auf dem Anstand, als ich am Abend inmitten

eines Rudels zur Tränke lief. Man schoß; ich war der einzige, der getroffen wurde; ich bekam zwei Schüsse. [...] Nach jenen Schüssen erwachte ich – und hier beginnt allmählich meine eigene Erinnerung – in einem Käfig im Zwischendeck des Hagenbeckschen Dampfers. Ich hockte [...] mit eingebogenen, ewig zitternden Knien, und zwar, da ich zunächst wahrscheinlich niemanden sehen und immer nur im Dunkel sein wollte, zur Kiste gewendet, während sich mir hinten die Gitterstäbe ins Fleisch einschnitten. Man hält eine solche Verwahrung wilder Tiere in der allerersten Zeit für vorteilhaft, und ich kann heute nach meiner Erfahrung nicht leugnen, daß dies im menschlichen Sinn tatsächlich der Fall ist. Daran dachte ich aber damals nicht. Ich war zum erstenmal in meinem Leben ohne Ausweg ...«[1]

Kafkas kleine Geschichte erschließt das Zeitalter des europäischen Kolonialismus aus der Praxis der Tier- und Menschenschau. Nichts an der imaginierten Szene ist zufällig oder bedeutungslos, weder der Ursprungsort des erbeuteten Tieres noch das Firmenzeichen des Jägers und Transporteurs. In den Brennpunkt der Aufmerksamkeit rücken mit dem bestaunten Tier zugleich seine menschlichen Peiniger und Bewunderer, ihre neugierigen Blicke, ihre Lockrufe, ihr verächtliches Getue vor den Gitterstäben – kurzum, präsentiert wird nicht das Fremde selbst, sondern seine *Auftrittsbedingungen*. Dass Kafka dem ausgestellten Exoten die Gestalt eines domestizierten, vermenschlichten Affen verlieh, ist ein überdeterminiertes Indiz. Es verweist auf Zoologie und Ethnologie als die beiden flankierenden Wissenschaften des anthropologischen Diskurses. In den zeitgenössischen Debatten um die Evolutionstheorie, aber auch in der vergleichenden Völkerkunde maß man den entwicklungsgeschichtlichen ›Randzonen‹ der menschlichen Gattung entscheidende Beweiskraft zu. Darwins Abstammungslehre hatte im letzten Drittel des 19. Jahrhunderts die Grenzen des Menschseins zu den Primaten hin durchlässiger werden lassen; das belegen seine populären Adepten, nicht minder aber jene heftige Abwehr, die sich gegen die Mutmaßung äffischer Frühstadien des Menschen (oder auch nur gemeinsamer Vorfahren) formierte.[2] Die Schaustellung betont »wilder« Ethnien aus Afrika, Süd-

[1] Franz Kafka: Ein Bericht für eine Akademie. Gesammelte Werke, hg. von Hans-Gerd Koch. Frankfurt a. M. 1994, Bd. 1, S. 237.

[2] Zur Darwin-Rezeption im deutschsprachigen Literaturraum vgl. Werner Michler, Darwinismus und Literatur. Naturwissenschaft und literarische Intelligenz in Österreich 1859–1914, Wien 1999; Peter Sprengel, Darwin in der Poesie. Spuren der Evolutionslehre in der deutschsprachigen Literatur des 19. und 20. Jahrhunderts, Würzburg 1998.

ostasien, Ozeanien und den indianischen Gebieten Amerikas
tendierte zur selben Zeit dahin, den Geltungsbereich menschlicher Würde strikter und enger zu fassen als zuvor, so dass die
begafften Objekte von ihr ausgeschlossen blieben. Diese wurden – symbolisch zumindest – auf jene Stufe der Evolution zu-
rückgedrängt, von der sich die Anti-Darwinisten mit aller
Macht abzugrenzen versuchten.

Der Werdegang des Affen zum exotischen Schauobjekt spielt
zudem auf das historische Hervorgehen der Völkerschauen aus
den europäischen Tierparks und die faktische Kooperation zoologischer und ethnologischer Schaustellungen an, für welche
die Karriere Carl Hagenbecks das treffende Beispiel abgibt.
Schon Mitte der siebziger Jahre des 19. Jahrhunderts hatte der
Hamburger Tierhändler mit der Vorführung fremdländischer
Menschen begonnen, um die schwindenden Gewinnspannen
aus seinem Importgeschäft für exotische Tiere zu kompensieren. Am Anfang stand 1874 eine kleine lappländische Gruppe
von 3 Männern, einer Frau und zwei Kleinkindern; zwei Jahre
später folgte eine schon fünfzehnköpfige Nubiergruppe aus
dem Sudan, deren Tournee nach Hamburg, Berlin, Frankfurt,
Dresden und London führte. Bald folgten Singhalesen und Eskimos, Somali und Patagonier – was immer das weltweit ope-
rierende Netz von Werbern, Impresarios und Schiffskapitänen
für Hagenbeck heranschaffen konnte.[3] In Wien zeigte Hagenbeck 1878 erneut eine Nubier-Karawane, die zuvor im Pariser
Jardin d'Acclimatation zu sehen war. Die Präsentationstouren
waren aus Rentabilitätsgründen möglichst international ausgerichtet, in vielen Städten Europas konnten dieselben Wilden be-
sichtigt werden; auch die Einrichtungen der Schaustellung gli-
chen sich einander an.

Die ersten Zoologischen Gärten Mitteleuropas waren in der
ersten Hälfte des 19. Jahrhunderts entstanden, mancherorts aus
den Menagerien bei Hofe hervorgegangen. Als zugleich populäre und wissenschaftliche Tiersammlungen entsprachen sie

---

[3] Hilke Thode-Adora, Für fünfzig Pfennig um die Welt. Die Hagenbeckschen Völkerschauen, Frankfurt a. M. 1989, S. 34 ff.; vgl. auch Lothar Ditt-
rich/Annelore Rieke-Müller, Carl Hagenbeck (1844–1913). Tierhandel und
Schaustellungen im Deutschen Kaiserreich, Frankfurt a. M. 1998, S. 144–
173; Matthias Gretzschel/Ortwin Pelc (Hg.), Hagenbeck. Tiere, Menschen,
Illusionen, Hamburg 1998.

dem faktenbesessenen Sammlereifer des positivistischen Zeitalters und seiner Museumsgründungen ebenso wie dem circensischen Element der Präsentation von Raritäten und Monstro-
sitäten. Im Dreieck von populärer Vergnügungskultur,
botanisch-zoologischen Anlagen und wissenschaftlich-didakti-
scher Schau entwickelten sich jene Techniken der Inszenierung
von Wildheit, die nach 1900 in Hagenbecks »Freigehege« ihre
für zoologische Einrichtungen lange Zeit musterhafte Präsen-
tationsform fanden. Kernstücke der Hagenbeckschen Innovationen waren die kunstvoll kaschierten Barrieren und die le-
bensecht gestalteten Requisiten und Staffagen der jeweiligen
Gehege. Wie bei den als ästhetisches Vorbild fungierenden Panoramen[4] waren die von Architekten und Malern entworfenen
Freiluft-Anlagen perspektivisch auf die frontal vor ihnen pos-
tierten Betrachter ausgerichtet, so dass sich dem Publikum ein
Gesamtbild der ausgestellten Arten in ihrer natürlichen, landes-
bzw. klimatypischen Umgebung darbot, dessen optische Un-
mittelbarkeit ein unverstelltes Erlebnis von Wildheit und Exotik
ermöglichte und zugleich ein Höchstmaß an Bequemlichkeit
und Sicherheit gewährte.[5] Die Tiere selbst könne man dabei »je-

---

[4] Zu diesem Medium umfassend Stephan Oettermann, Das Panorama.
Die Geschichte eines Massenmediums, Frankfurt a. M. 1980; vgl. auch Seh-
sucht. Das Panorama als Massenunterhaltung des 19. Jahrhunderts, hg. von
der Kunst- und Ausstellungshalle Bonn, Frankfurt a. M. 1993; Vanessa R.
Schwartz, Representing Reality and the O-Rama Craze, in: dies., Spectacu-
lar Realities. Early Mass Culture in Fin-de-siècle Paris, Berkeley 1998,
S. 149–176.

[5] Prototyp dieser Innovation, für die Hagenbeck 1896 ein Patent bean-
tragte (vgl. Carl Hagenbeck, Naturwissenschaftliches Panorama. Patent-Be-
schreibung, Berlin 1896; Tierpark Hagenbeck-Archiv), ist sein im selben Jahr
auf der Berliner Gewerbe-Ausstellung gezeigtes »Eismeer-Panorama«.
Ohne störende Gitter und Zäune versetzte es den Zuschauer in eine von
Eisbären durchstreifte arktische Schneelandschaft, in deren Vordergrund
sich ein Wasserbecken für Robben und Pinguine befand; am Rande ergänzten einige Eskimos diese artifizielle Mixtur beider Polregionen. Durch die
vertikal gestaffelte Szenerie schien sich der Blick endlos bis zum Horizont
zu erstrecken; auch mit dieser perspektivischen Illusion gelang Hagenbeck
eine Weiterentwicklung der Panorama-Optik (vgl. dazu Eric Ames, Wilde
Tiere. Carl Hagenbecks Inszenierung des Fremden, in: Alexander Ho-
nold/Klaus R. Scherpe (Hg.), Das Fremde. Reiseerfahrungen, Schreibformen und kulturelles Wissen. ZfG, N. F. (2000), Beiheft 2, S. 123–147, bes.
S. 129 ff.). Zur Tradition der Darstellung lebender Tiere in Panoramen vgl.

de Art in einer ihrer Heimat angemessenen Umgebung, gleichsam frei sich bewegen sehen«,[6] erläutert Hagenbeck selbst das
Konzept, doch eben nur innerhalb einer möglichst unsichtbar
bleibenden Grenze.[7]

Hagenbeck verglich – wie auch Kafka – die Präsentations-
form seiner Tiere mit der darstellerischen Leistung von Schau-
spielern. Um 1900 bieten sich den Exoten in Europa, so analysiert Kafkas Affe Rotpeter die Lage, im Grunde nur zwei
Optionen: »Zoologischer Garten oder Varieté«.[8] Im Arrange-
ment der Völkerschau aber verschränken sich beide Karrieren,
beeinflussen und befördern einander wechselseitig. Die aparten
Vergleichsmöglichkeiten zwischen Mensch und Tier fanden Ergänzung durch jene zwischen »Zivilisierten« und »Wilden«, besonders aber durch die Kontraste zwischen den wechselnden
Vorführungen. Wie die Praxis des Ausstellens von Menschen
einen interpretatorischen Schlüssel für den Bericht des domestizierten Affen bereitstellt, so sind auch Hagenbecks exotische
Freigehege kaum denkbar ohne den Zwischenschritt einer ›Eth-
nisierung‹ der zoologischen Bestände und Darbietungsformen.
Und wie es umgekehrt Kafkas Affe ist, der mit seinen mimeti-
schen Fortschritten der Vermenschlichung die vermeintliche
evolutionäre Folgerichtigkeit des Zivilisationsprozesses persifliert, so rücken mit den zoologischen und ethnologischen In-
szenierungen auch die älteren Theoreme der Akklimatisierung
und Akkulturation in das grellere, darwinistische Licht eines
Dramas verfehlter Anpassung. Denn im Zuge der Bestrebungen
zur kolonialen Expansion und Integration ging es nicht mehr
allein um die Eingewöhnung exotischer Pflanzen, sondern um
die klimatischen und kulturellen Adaptionsleistungen des
Menschen.

Carl Thinius, Damals in St. Pauli. Lust und Freude in der Vorstadt, Hamburg 1975, S. 14 ff., 122.

  [6] Carl Hagenbeck, Von Tieren und Menschen. Erlebnisse und Erfahrungen. Neuaufl., Leipzig 1958, S. 209.

  [7] »Die Freiheit, welcher sich alle diese Geschöpfe erfreuen, ist Schein und
Wahrheit zugleich. Die Löwen in ihrer Grotte können zwar ihre Kräfte frei
entfalten, kein Gitter schließt sie von der Umgebung ab – wohl aber ein
breiter Graben, der durch eine mit Gewächsen bepflanzte Barriere unsichtbar gemacht ist.« Hagenbeck: Von Tieren und Menschen, S. 212.

  [8] Kafka: Ein Bericht für eine Akademie, S. 244.

Gärten und Kulissen: Die Welt als Ausstellung

Ein wichtiger Ausgangspunkt der Verschränkung wissenschaftlicher, populärkultureller und kolonialpolitischer Entwicklungslinien ist Paris, das als Ausrichter von Weltausstellungen und Veranstaltungsort ethnologischer Spektakel tatsächlich den Titel einer »Hauptstadt des 19. Jahrhunderts« beanspruchen konnte.[9] Von ihrer inszenatorischen Logik her als Vergegenwärtigung eines globalen Wirtschafts- und Handelsgeflechts angelegt, verstanden sich die so genannten »Weltausstellungen« zunächst als genuin kosmopolitische Unternehmen. Der universelle Anspruch, nichts weniger als »die Welt« in einem singulären Schauplatz zu bannen, ist den ersten Veranstaltungen dieser Art bereits an ihren symbolstarken Ausstellungsgebäuden abzulesen. Der zur ersten Weltausstellung von 1851 in Glas und Eisenträgern errichtete Londoner Kristallpalast, der Pariser Stahlskelett-Galeriebau von 1867 und der Trocadéro von 1878, auch die Rotunde des Wiener Industriepalastes 1873 fungierten durch ihre transparente und konzentrische Formensprache als architektonische Metaphern der Weltgemeinschaft unter einem Dach.[10]

Im Gegenzug aber wuchs auch das Bedürfnis nationaler Selbstdarstellung und Distinktion, architektonisch manifest in der Pavillon-Bauweise späterer Weltausstellungen. Die zitathafte Vorblendung nationaler Baustile schuf eine zumindest optische Diversität der Auftrittsformen. Gegen Ende des 19. Jahrhunderts belebten Bauernhütten und gotische Kathedralen, mittelalterliche Trutzburgen und altfränkisches Fachwerk die Ausstellungen von Antwerpen, Brüssel und Paris – Volkskultur als Surrogat und Effekt eines Retro-Looks. Dass solche Kulissenstädtchen auch aktiv bespielt werden mussten, diese Einsicht beherzigte etwa die auf der Pariser Jahrhundertschau präsentierte »Village Suisse«. Vor einem Bergpanorama mit künstlichen Felsen und Wasserfall warteten schmucke Bäuerin-

---

[9] »the idea of making exhibitions international evolved not in Britain but in France, some time before 1851.« (Paul Greenhalgh, Ephemeral Vistas. The Expositions universelles, Great Exhibitions and Wold's Fairs, 1851–1939, Manchester 1988, S. 10.)

[10] Martin Wörner, Vergnügen und Belehrung. Volkskultur auf den Weltausstellungen 1851–1900, Münster 1999; zum Folgenden ebd., S. 28, 36–42.

nen, um ihren Gästen Alpenmilch zu kredenzen. Für den Extra-
eintritt von 5 Francs konnten sich die Besucher bequemen Fußes
in ein originalgetreu rekonstruiertes Bergdorf begeben, das, finanziert durch eine eigens hierfür gegründete Aktiengesell-
schaft, mitsamt seinem »lebendigen Inhalt« komplett nach Paris versetzt worden war. Das Gegenstück zur alpinen Idylle
gaben die »ethnographischen Dörfer« aus den afrikanischen
Kolonialgebieten oder anderen ›entlegenen‹ Weltregionen ab.
So wurden im Rahmen der Pariser Kolonialausstellung von
1889 ein javanisches und ein neukaledonisches Dorf errichtet;
1893 waren in Chicago bewohnte Siedlungen aus Lappland,
Dahomey, Java und der Südsee zu besichtigen.[11] Auch auf späteren Weltausstellungen waren Schaugruppen verschiedener
Ethnien zu sehen, die überdies noch in einstudierten Sonder-
vorführungen aufzutreten hatten – hier näherte sich die Weltausstellung konzeptionell dem Unterhaltungsprogramm der
Hagenbeckschen Völkerschauen an –, oder auch als Kellner
und Verkäufer in den Restaurantbetrieb eingebunden waren.

Damit hatte sich, mit einem gewissen »Höhepunkt« um
1900,[12] eine Praxis durchgesetzt, die in dieser Form noch drei
Jahrzehnte zuvor undenkbar gewesen wäre. Zwar hatte es die
Zurschaustellungen exotischer Menschen auch schon in früheren Jahrhunderten, in Mitteleuropa zumindest seit dem Zeitalter der Entdeckungen, gegeben.[13] Im Zeitalter der Aufklärung
und bis weit ins 19. Jahrhundert hinein konnte jedoch eine ge-
werbsmäßige Ausstellung von Menschen, ob nun zu wissenschaftlichen oder unterhaltsamen Zwecken, keineswegs auf un-
geteilte Zustimmung rechnen. Überliefert ist der Fall einer im
Zoo von Basel 1837 gezeigten südamerikanischen »Indianerin«;

---

[11] Wörner, Vergnügen und Belehrung, S. 65, 72.

[12] »Den Höhepunkt der Präsentation lebender Menschen als folkloristi-
sche Ausstellungsobjekte bildete die Weltausstellung 1900 in Paris.« Wörner, Vergnügen und Belehrung S. 164. »Between 1889 and 1914, the exhibitions became a human showcase, when people from all over the world were
brought to sites in order to be seen by others for their gratification and
education.« Greenhalgh, Ephemeral Vistas, S. 82. Vgl. auch Richard D. Man-
dell, Paris 1900. The Great World's Fair, Toronto 1967.

[13] Vgl. hierzu den umfassenden Überblick bei Horst Gründer, Indianer,
Afrikaner und Südseebewohner in Europa: Zur Vorgeschichte der Völkerschauen und Kolonialausstellungen, in: Jahrbuch für Europäische Übersee-
geschichte 3 (2003), S. 65–88.

dass die Frau dort zusammen mit dem »unvernünftigen Vieh« in würdeloser Gefangenschaft gehalten und neugierigen Blicken preisgegeben wurde, empfanden viele Zeitgenossen seinerzeit als skandalös.[14] Es bedurfte wohl erst einer populärdarwinistischen Relativierung der Spezies und überdies einer zunehmenden Präsenz kolonialer Themen in der Alltagskultur, um hier eine fundamentale Änderung weniger der Denkweise als der Wahrnehmungsmuster einzuleiten.

Gerade die zoologischen Gärten (und die ihnen nachempfundenen Ausstellungsgelände und Vergnügungsparks) konnten sich durch ihre zunehmende dramaturgisch-exotische Ausrichtung auch als Medium und Institution für die ethnographische Schaulust etablieren. Die Vorreiterrolle hatte einmal mehr Paris inne mit seinem »Jardin d'Acclimatation«, dicht gefolgt von einer Wiener Einrichtung ähnlichen Zuschnitts.[15] Das vor den Toren der Stadt Paris 1859 von der Societé imperiale zoologique d'acclimatation angelegte Areal verfolgte zuvörderst wissenschaftliche und didaktische Ziele; es war nach spanischem Vorbild als ein zur Forschung und Belehrung dienendes botanisch-zoologisches Demonstrationsgelände angelegt worden. Die Akklimatisierung tropischer Pflanzen, die allmähliche Eingewöhnung exotischer Produkte überhaupt war im Gefolge des zweiten Entdeckungszeitalters ein von Kultur und Wissenschaft so intensiv wie kontrovers erörtertes Thema. Der Akklimatisierungsgarten funktionierte als eine vegetative Klimaschleuse zwischen Süd und Nord, zwischen dem Tropengürtel und Europa. Sein Prinzip der ausgleichenden Temperierung wurde dann mit architektonischen Mitteln durch die beliebten Palmenhäuser, Wintergärten und Passagen des 19. Jahrhunderts weiterentwickelt, wobei die Implantierung tropischer Atmosphäre in das mitteleuropäische Straßenbild zugleich den Innen-Außen-Gegensatz überspielte zugunsten des neuen Raumgefühls eines gewissermaßen öffentlichen Interieurs.

Im selben Jahr wie der Akklimatisierungsgarten am Bois de Boulogne wurde die Pariser Anthropologische Gesellschaft ins

[14] Balthasar Staehelin, Völkerschauen im Zoologischen Garten Basel 1879–1935, Basel 1993, S. 124.

[15] Der Wiener Akklimatisierungsgarten musste sich im Prater allerdings die Gunst des Publikums mit benachbarten Volksbelustigungen wie Zirkus und Panoptikum teilen.

Leben gerufen, mit der sich die ethnographische Forschung in Frankreich institutionell etablieren konnte. Eine Zusammenarbeit von Ethnologen und Zoologen führte in den siebziger Jahren erstmals zu kombinierten Schauprogrammen im Jardin, die zur exotischen Flora und Fauna nun auch – ästhetisch konsequent – die ›passenden‹ fremdländischen Menschen präsentierten.[16] Freilich diktierten auch ökonomische Zwänge die Suche nach neuen Attraktionen. Im Vorfeld der Planungen für die Weltausstellung von 1878 wurde im August 1877 eine afrikanische Tierschau (Kamele, Giraffen, Elefanten) angeworben, die von vierzehn Nubiern begleitet wurde. Das Echo war sensationell; sprunghaft stiegen die Publikumszahlen und die Einnahmen an, erst recht mit der im November desselben Jahres eingerichteten Eskimo-Schau. Lappländer, argentinische Gauchos und nochmals eine Nubier-Karawane machten in den folgenden Jahren den Jardin zu einem massenhaft frequentierten Vergnügungspark, der zudem seit 1880 durch eine neue Straßenbahnlinie von der Porte Maillol aus leicht zu erreichen war.[17]

Der vergleichende Blick nach Wien zeigt, dass man dort in den neunziger Jahren ebenfalls den Übergang vom »zoologischen« zu einem veritablen »Menschengarten« vollzog, wie Theodor Herzl, Feuilletonchef der Neuen Freien Presse, eine Glosse über die neue Attraktion des Praters betitelte. Nachdem die didaktische Zielsetzung des Akklimatisierungsgartens sich als wenig zugkräftig erwiesen hatte, setzte Viktor Bamberger, der Betreiber des Wiener Tiergartens, auf die von Hagenbeck bereits erfolgreich praktizierten ethnologischen Schaustellungen. Diese waren es denn auch, welche die angeschlagene Einrichtung wirtschaftlich über Wasser hielten. »Im Prater«, so kommentierte Herzl 1897, »sind jetzt mancherlei ›wilde‹ Menschen und Tiere versammelt, von Unternehmern herbeigeholt für die Schaulustigen, die niemals in solche Fernen reisen könnten. Man sieht da Samoaner, Singhalesen und Aschantis, und in den Käfigen, Zwingern, Gruben und Behältern allerlei Vieh, Gewürm und Gefieder.« Diese bunte Versammlung des Disparaten, für den vom Darwinismus beeinflussten Herzl gerät sie

[16] »It was only natural to exhibit the inhabitants of the lands whose flora and fauna already provided many of the exhibits at the Jardin«, befindet William Schneider, An Empire for the Masses, S. 126.

[17] Schneider, An Empire for the Masses, S. 129–132.

zum Sinnbild des universellen Existenzkampfes alles Lebendigen: »In welche Formen flüchten sich die Arten, die sich erhalten wollen! Unter welchen Schrecken vollzieht sich der Kampf ums Dasein!«[18]

Die Verwilderung der Auftritte

Mit dem kommerziellen Erfolgsdruck der Veranstaltungen nahm auch ihr Schau-Charakter zu; vor 1878 hatten sich die exotischen Bau-Ensembles der Weltausstellungen noch einen eher dokumentarischen Anstrich gegeben. Für private Impresarios wie Hagenbeck war die permanente Steigerung des Publikumsinteresses naturgemäß noch wichtiger als für Einrichtungen in institutioneller Trägerschaft. Schon bei der Entstehung der gewerbsmäßigen Völkerschauen waren Jahrmarkt und Zirkus, die aus Amerika übernommenen Freakshows und Wildwest-Vorführungen impulsgebende Elemente.[19] Während der zoologische Rahmen für die wissenschaftliche Legitimierung der Schaulust an menschlichen Objekten sorgte, sollte der ethnologische Informationsgehalt zunehmend auch als Unterhaltungspotenzial abgeschöpft werden. Fremde Sitten und Gebräuche wurden auf den Völkerschauen erst in dem Maße zum Thema, wie sie auch bühnenwirksam präsentabel waren. Dem eigens in einer Arena versammelten Publikum wurden Demonstrationen »einheimischer Fertigkeiten und Bräuche« gegeben.[20] Anders als mit solchen zirkusähnlichen Extra-Vorstellungen war die Nachfrage bald nicht mehr zu decken.

Derlei Innovationen des Gewerbes waren an der Zeit; in Paris und in Wien, und andernorts ebenfalls. Nicht nur der »Tiergarten« im Wiener Prater nahm eine ähnliche Entwicklung wie sein Pariser Vorbild, auch der Zoologische Garten in Leipzig durchlief die nachgerade typischen Stationen eines halb didaktischen, halb circensischen Vergnügungsparks.[21] Zur Spezialität des

---

[18] Theodor Herzl, Der Menschengarten (1897), in: Feuilletons, Bd. 1. Berlin 1911, S. 153.

[19] Thode-Adora, Für fünfzig Pfennig um die Welt, S. 21–28.

[20] Ebd.

[21] Zur Geschichte des Leipziger Zoos vgl. Johannes Gebbing (Hg.), 50 Jahre Leipziger Zoo. Eine Festschrift, Leipzig 1928; Gisela Krische, 100 Jahre

Hauses wurde eine aus sechzehn Löwen, mehreren Panthern und Königstigern bestehende Raubtierzucht. Als weitere Publikumsattraktionen ließ Zoodirektor Ernst Pinkert Menschen aus fremden Völkern auf dem Gelände ausstellen: u. a. Kalmücken, Kirgisen und Suaheli. Nachdem auch dieses Spektakel sich verbraucht zu haben schien, wurden die Exoten überdies zu Sonderauftritten angehalten. In ›Lebenden Bildern‹ sollten sie nun freilich nicht die Kultur ihrer Heimat darstellen – sondern in diesem Falle typische Situationen und berühmte Gemälde aus der europäischen Tradition; je unbeholfener dabei ihre Spielweise ausfiel, desto mehr diente sie zur Erheiterung des Publikums. Kulturkontrastive Komik war ein solchen Belustigungen inhärenter, wohlfeiler Mehrwert, dessen kathartische Wirkung jederzeit abrufbar war. Als 1894 eine aus Ostafrika importierte Suaheli-Gruppe im Leipziger Zoo die sprichwörtliche, von Carl Joseph Begas 1841 gemalte Szene der »Mohrenwäsche« aufführen musste, wurde das solche Komik begründende Prinzip der ethnologischen Kluft im dargestellten Bilde selbst thematisch: Zum rassistischen Klamauk geriet hier das in der abendländischen Tradition verankerte Stereotyp von der schwarzen Färbung als Indikator essenzieller schuldhafter Verfehlungen, die auch durch größte Anstrengungen nicht weiß zu waschen waren.

So wurden die Schaustellungen zum Ort für Experimente – auch solche ästhetischer Art. In dieser Hinsicht sind die journalistischen und literarischen Berichte von der Menschenschau aufschlussreich, die ihrerseits ebenfalls unter wachsendem Originalitätsdruck standen. Zwar mussten sie rhetorisch und poetisch sämtliche Register ziehen, um auch uneingeweihten Lesern den besonderen Kitzel solcher Veranstaltungen nahe zu bringen, doch durften sie die mit solchen Spektakeln bereits Vertrauten nicht mit der bloßen Wiederholung des Erwartbaren langweilen. Wenn schon die Auftritte des Fremden immer stärker dramaturgisch durchgestaltet waren, so überboten die Be-

Leipziger Zoo, in: Panthera 1978. Informationen über die Völkerschauen dortselbst geben besonders die Schilderungen von Alfred Lehmann, Zeitgenössische Bilder der ersten Völkerschauen, in: Werner Lang et al. (Hg.), Von fremden Völkern und Kulturen. Hans Plischke zum 65. Geburtstag, Düsseldorf 1955, S. 31–38; ders.: Schaustellungen im Leipziger Zoo, in: Karl Max Schneider (Hg.), Vom Leipziger Zoo. Aus der Entwicklung einer Volksbildungsstätte, Leipzig 1953, S. 72–92.

richte dies mit einer Inszenierung zweiten Grades. Ein ebenso typisches wie singuläres Beispiel sind die Arbeiten des Berliner Romanciers und Journalisten Julius Stinde. Wiederholt machte dieser Autor die Spielarten zeitgenössischer Exotismus-Moden zum Gegenstand, das wachsende Interesse an Fernreisen oder auch die in Teilen der Bevölkerung grassierende Kolonial-Euphorie.

Im Sommer 1884 durfte Stinde für seine Reportage über ein Berliner Gastspiel von australischen Aborigenes durchaus auf gewisse Resonanz rechnen. Schon der Titel seiner Glosse zeigt, mit welchen Mitteln der Chronist diese Resonanz noch zu steigern und die dem Thema innewohnende Faszination auf seine eigene Sicht- und Darstellungsweise zu lenken wusste. »Aus dem Leben der Hauptstadt. Bei den Menschenfressern« lautete sein Bericht – und die Leser des Deutschen Montagsblattes waren dabei. Den Erwartungen eines sensationshungrigen Publikums entsprechend, mussten die im Berliner Panoptikum ausgestellten Australier wilde und gefährliche Kannibalen sein. Die praktizierte Einverleibung menschlicher Wesen lag indes bei dieser Veranstaltung ganz auf seiten des Schaubetriebes selbst und der ihm zuströmenden Kundschaft. »Es war von jeher einer meiner Lieblingswünsche, einmal im unservirten Zustande mit echten veritablen Menschenfressern zusammen zu kommen, mit diesen, viel wahrer und unverfälschter als wir empfindenden Naturmenschen, da wir im Affekt doch bloß sagen, dass wir Jemand aus Liebe aufessen möchten, während Jene nicht lange reden, sondern gleich zur Thatsache schreiten, von der die überbleibenden Knochen noch der späten Nachwelt Zeugnis geben.«[22]

Stindes humorvolle Überzeichnung der Klischees von den Menschenfressern entfaltet ihren Witz nicht einseitig auf Kosten der Ausgestellten, sondern lässt ihn auf die Schaulustigen selbst zurückfallen, so dass, in Anbetracht der thematisierten Weltgegend, von einem Bumerang-Effekt gesprochen werden kann. Erschüttert wird dabei zuvörderst der darwinistische Glaube an die Stringenz der Evolution und ihre Fortsetzung auf dem Gebiet zivilisatorischer Verfeinerung. Von Stinde persifliert, liest sich jenes Credo wie folgt: »Wir anderen jedoch, wir Kul-

---

[22] Julius Stinde, Aus dem Leben der Hauptstadt. Bei den Menschenfressern, in: Deutsches Montagsblatt Jg. 8, Nr. 28 vom 14. 7. 1884.

turmenschen, [...] gaben das Menschenfressen auf, und lernten Gänseleberpastete dem Gehirn kleiner Kinder vorziehen. [...] wir gaben die Kriegstänze auf und führten dafür die Quadrille ein; wir gruben eine gewaltige Kluft zwischen uns und unseren Urahnen. Diese Kluft heißt die Kultur.« – Aus solchem überschwänglichen Bekenntnis leitet Stinde seine Begründung für den Besuch im Panoptikum ab, denn – so die gängige anthropologische Denkfigur – die primitiven Stämme und Völker dienen den Höherentwickelten als Studienobjekte ihrer eigenen phylogenetischen Vorzeit.»Hieraus ergibt sich, wie wichtig es ist, in den jetzt lebenden Wilden das Spiegelbild unserer Urahnen zu studiren«.

Doch die Chance zur Selbsterkenntnis verstreicht ungenutzt, wenn die Identifikation vorschnell und reduktiv erfolgt. Nicht im mindesten gibt das Gebaren der begafften Australier dem Betrachter ethnographische Rätsel auf:»Die wilden Menschenbrüder waren ganz gesellig. Sie tranken Kaffee und aßen Napfkuchen dazu, viel Kaffe und recht viel Napfkuchen. Dann rauchten sie, welche sie in höchst friedlicher Kampfweise von den Zuschauern eroberten. [...] So war der erste Berührungspunkt zwischen dem civilisierten Europäer und dem im Austral-Kannibalen konservirten prähistorischen Urahnen gefunden: der Mensch der Steinzeit war ein Schnorrer.« Wie die marktschreierische Anpreisung von Kannibalen die kulturelle Differenz grotesk übersteigert, so betreibt die Präsentationsweise selbst deren Verniedlichung; und auch diese Tendenz wird durch Stindes Schilderung eines arglosen Kaffeekränzchens drastisch hervorgekehrt. Als der älteste Teilnehmer der Schau Gesänge anstimmt, glaubt Stinde einen »Schunkelwalzer« als melodische Grundlage auszumachen; zartfühlend beschreibt er, wie eine Frau der Gruppe mit zwei jungen Mädchen aus dem Publikum Kontakt aufzunehmen versucht.»Sie hielten sich an den Händen gefaßt und lächelten einander zu, da sie sich sprachlich nicht verständlich machen konnten.« Am stärksten beeindruckt den Reporter ein »wildes Kind«, da es »noch besser als die Alten den Urzustand verkörpert«. Der »kleine Kannibale« tanzte für seinen Besucher »einen Extra-Kriegstanz« und »verlangte dafür einen Extra-Nickel«. Schließlich »brachte er seine Photographie zum Vorschein und suchte die zu verkaufen. Ich nahm ihm eine zum Andenken ab.«

Die Wilden sind, wie Aussteller und Publikum sie haben

wollen; primitiv und angepasst zugleich, finstere Steinzeitmenschen und geschulte Marktteilnehmer. Stindes Fazit beleuchtet die Schizophrenie einer Darbietung, die aus pseudowissenschaftlichen Vorurteilen unter den prostituierenden Bedingungen der Schaustellung eine leicht konsumierbare, gefällige Exotik schafft – den Sonntagnachmittags-Kannibalen sozusagen. »Sehr befriedigt verließ ich das Lokal. Auf Grund der Wissenschaft und eigener Beobachtung bin ich nun im Stande, folgendes Bild vom prähistorischen Menschen zu liefern: Der prähistorische Mensch lebte in Höhlen, sog das Mark aus den Knochen seines Mitmenschen und genoß Kaffee mit Napfkuchen dazu. Seinen Unterhalt erwarb er durch Ballettvorstellungen primitivster Art und durch den Handel mit Photographien. Den Tabak wußte er sich zu erbetteln. [...] Wenn er sich wohl fühlte, sang er den Schunkelwalzer, vor dem Schlachten überzeugte er sich von der Bratfähigkeit seines Opfers durch Betasten mit den Händen. Mit einem Wort: er war gar nicht übel.«

Weder das ethnographische Wissen noch die eigene Anschauung entkommen der suggestiven Macht ihrer Projektionen. Nur selten freilich trug die Anverwandlung des Fremden so humorvolle Züge wie bei den Menschenfressern Julius Stindes; jenen hatte nicht das Berliner Panoptikum solche vergleichsweise ›menschenwürdigen‹ Auftrittsbedingungen gewährt, sondern allein der korrigierende Mutterwitz des Chronisten. Gerade weil sich in die demonstrierte Alterität so rasch auch Regungen spontaner Empathie und die Ahnung eines gemeinsamen Menschlichen zu mischen drohten, gaben die Schaustellungen häufig Anlass zur Befangenheit. Ohne zusätzliche Vorkehrungen, wie z. B. das Korsett einer verlässlichen Dramaturgie, waren sie weniger ein Vergnügen als eine Peinlichkeit. Dieser vorzubeugen, boten bereits die betonte Kommerzialität und Künstlichkeit, der zu entrichtende Eintrittspreis und die demonstrative Abgrenzung der Ausstellungsräume dem Betrachter einen bequemen Rückzug auf die Haltung des zum Voyeurismus berechtigten Konsumenten an.

Durch Einsatz theatralisch-kulinarischer Elemente wurde die ethnographische Situation an das Regiment eingespielter Affekte – prickelnde Angst, abstoßender Ekel, befreiendes Lachen – überstellt. Mit den stärksten Affekt-Appellen arbeiteten die Vorführungen in den Varietés und Panoptiken, denen schon ausstattungstechnisch die Möglichkeiten zur tiefendimensionalen Simulation authentischer exotischer Milieus abgingen. Die Schaustellung menschlicher Deformationen und auffälliger Körpermerkmale gehörte zum gängigen Repertoire der bei Zirkus- und Wildwest-Vorstellungen angeschlossenen »Freak Shows«, von »Fat Ladies« bis zu tätowierten Zwergen reichte im Circus Barnum das Angebot. Nachdem das Anbringen von Tattoos in den 1880er Jahren fast zu einer Modeerscheinung geworden war, nahmen Einrichtungen wie Castans Panoptikum in Berlin neben Haarmenschen und anderen Skurrilitäten auch Ganzkörper-Tätowierte in ihr Programm auf.[23] Eher fasziniert als empört berichtet der Mediziner Rudolf Virchow, »daß im Passage-Panopticum feine Damen sich vor den Tischen birmanischer Tättowirer drängten, um sich Zeichen in die Haut einstoßen zu lassen.«[24] Die Tätowierten, die es in den Varietés zu bestaunen gab, täuschten nicht einmal mehr vor, authentische Zeugen eines fremden Kulturkreises zu sein; sie agierten als Vorboten und Animateure einer auch für Mitteleuropäer längst verfügbar gewordenen kosmetischen Manipulation. Weil die legendären Vorbilder der rätselhaft-schönen Hautzeichen längst durch leicht anzufertigende Massenware verdrängt worden waren, musste sich der Reizwert solcher Vorführungen ins Kolossale, Monströse oder Erotische verlagern.

Schaustellung als koloniale Geste

Die Hochkonjunktur der Ausstellung fremder Ethnien ist um 1900 in ihren ökonomischen wie kulturellen Rahmenbedingungen deutlich durch die epochalen Tendenzen des Kolonialismus geprägt. Gleichwohl verbreitete sie sich weitgehend unabhängig von der Frage, ob und wie die jeweils beteiligten Nationen selbst als Kolonialmacht etabliert waren und möglicherweise auf die Kooperation ›eigener‹ exotischer Populationen zurückgreifen konnten. Was in Hamburg, Berlin, Leipzig oder München an Ethnographica zu sehen war, stand hinter Paris, Lon-

---

[23] Zur Geschichte und Konjunktur der Tätowierungen, vgl. Stephan Oettermann, Zeichen auf der Haut. Die Geschichte der Tätowierung in Europa, Frankfurt a. M. 1985.

[24] Rudolf Virchow, Europäische Tätowierungen, in: Zeitschrift für Ethnologie 29 (1897), S. 328–331, hier 330.

don und Wien kaum zurück. Dass manche der Weltausstellungen (vor allem in Frankreich) durch zusätzliche Kolonialausstellungen flankiert wurden, verrät zwar – genealogisch durchaus zutreffend – eine gewisse Komplizenschaft beider Schaustellungen; man kann ihre räumliche Trennung jedoch auch als Indiz dafür sehen, dass eine strikt national oder gar nationalistisch markierte koloniale Leistungsschau auf internationalem Parkett als störend empfunden worden wäre. Besitzansprüche und Verwertungsinteressen sollten im Konzert der Nationen nur verdeckt thematisiert werden, während die Kolonialpropaganda auf politischem Felde für ihre Zwecke mit recht drastischen Mitteln zu arbeiten pflegte. Vor diesem Hintergrund empfiehlt es sich, zwischen Kolonialismus im Sinne staatlich verfasster Kolonialherrschaft und den kulturellen Phänomenen des Kolonialzeitalters deutlich zu unterscheiden. Mit ihren überseeischen Besitzansprüchen dividierten sich die europäischen Nationen auseinander, während sie in der exotischen Schaulust bei gleichzeitigem ethnozentrischen Superioritätsanspruch gegenüber dem Rest der Welt vereint waren.

Gegenüber anderen europäischen Metropolen war die Präsenz kolonialer Themen und Phänomene in der deutschen Reichshauptstadt dadurch gekennzeichnet, dass sich hier sowohl die populäre Ausstellungskultur wie auch die Inszenierung des eigenen kolonialen Engagement erst relativ spät, und noch dazu weitgehend ohne wechselseitige Beeinflussung, entwickelt hatten. Dies zeigt sich gerade an dem historisch singulären Versuch, das Nebeneinander von kulturellem Exotismus und politischem Expansionismus in einem groß angelegten, die Kolonien einbeziehenden Spektakel zu überwinden. Für den entgangenen Glanz, sich selbst einmal als ausrichtende Metropole einer Weltausstellung präsentieren zu können, entschädigte sich die Reichshauptstadt 1896 mit der Berliner Gewerbeausstellung, die ihren Ambitionen wie auch dem Umfang nach als »verhinderte Weltausstellung« gelten konnte.[25] Zum 25-jährigen Jubiläum der Reichsgründung hatten Berliner Industrielle und Kaufleute die Errungenschaften deutschen Gewerbefleißes vorstellen und zugleich Berlin als weltgewandte Metropole ins Licht rücken wollen. Dass es zu einer »Exposition universelle«

[25] Die verhinderte Weltausstellung. Beiträge zur Berliner Gewerbeausstellung von 1896, hg. vom Bezirksamt Treptow von Berlin, Berlin 1996.

nach französischem Muster nicht gereicht hatte, lag wohl nicht nur an der mangelnden Unterstützung durch Kaiser und Reichskanzler, sondern auch an der Unfähigkeit zur Anbahnung der erforderlichen internationalen Kooperation.[26] Statt also die Länder der Welt an einem Schauort vereint zu finden, so kommentierte Georg Simmel das Ereignis, war in Berlin umgekehrt zu bestaunen, wie sich »eine einzige Stadt in die Gesammtheit der Culturleistungen verbreitert«.[27]

Stärker als die vorausgegangenen Weltausstellungen bewegte sich die Schau in Berlin-Treptow noch in der Tradition einer Industrie- und Handelsmesse. Zugleich aber nahm sie die Impulse des ›jungen‹ deutschen Kolonialreichs auf und verband diese mit einer symbolischen Aufwertung der seit der Gründerzeit wirtschaftlich erstarkten Metropole. Nicht von ungefähr lag ein Schwerpunkt der technischen Leistungsschau auf dem Gebiete des Schiffsbaus und Seeverkehrs; dies entsprach der persönlichen Vorliebe des Kaisers ebenso wie dem von nationalistischen Kreisen geforderten Flottenbau-Programm. Als Wilhelm II. am 1. Mai die Berliner Gewerbeausstellung feierlich eröffnete, hatte Seine Majestät demonstrativ eine Anfahrt auf dem über die Oberspree führenden ›Seeweg‹ gewählt. Nach Abschluss der Zeremonie begab sich der Kaiser auf einen Rundgang. Ausgiebig verweilte er auf der Sonderschau aus Deutschlands Kolonialgebieten, wo in »Deutsch-Afrika« für ihn ein »Kriegstanz von unseren schwarzen Kompatrioten aufgeführt« wurde.[28] Die Treptower Parkanlagen versprachen nicht nur dem Kaiser und seinem Tross, sondern auch allen weiteren der immerhin rund 7,5 Mio. Besucher eine prächtige Tour d'Horizon durch die deutsche Welt mehrerer Kontinente, ohne die preußische Metropole verlassen zu müssen. »Für nur dreißig Pfennige Thoreinlaß treten wir in unsere Kolonieen, am Karpfenteich zwischen den Gebüschen malerisch gelegen, und können eine Vorstellung von unseren Erwerbungen in Afrika ge-

---

[26] Vgl. Erhard Crome, Berliner Gewerbeausstellung 1896: Betrachtung eines Jahrhundertstücks, in: Die verhinderte Weltausstellung, S. 11–27, bes. S. 15 f.

[27] Georg Simmel, Berliner Gewerbe-Ausstellung, in: Die Zeit Nr. 95, Wien 25.7.1896, 59 f. Wieder abgedruckt in: Ästhetik und Kommunikation 18 (1987), 67/68, S. 101–105.

[28] Vossische Zeitung 25 (1896), Nr. 205, Morgen-Ausgabe.

winnen«, lässt Julius Stinde, der über die Schau im Treptower Park einen ganzen Roman verfasste, seine Protagonistin Wilhelmine Buchholz schwärmen.[29]

Mit der Diversität ihrer Darbietungen und der rezeptionslenkenden Mixtur aus Belehrung, Amüsement und Rekordsucht erwies sich die Berliner Ausstellung als gelungene Adaption der internationalen Vorbilder. Dass die Veranstaltung mit inszenatorischen Mitteln »Propaganda für Flottenbau und Kolonialpolitik« betrieb, war unübersehbar, gab den Berlinern aber immerhin Gelegenheit, »erstmals in breitem Maße Bekanntschaft mit der Banane«[30] zu machen. Nicht allein als ideologische Parteigänger, sondern auch als Konsumenten sollten die deutschen Steuerzahler für die Unterstützung der Kolonialgebiete gewonnen werden. Dazu diente besonders die von der Deutschen Kolonialgesellschaft initiierte Sonderausstellung, auf der Wirtschaftsvertreter, Händler und Produzenten sich zu einer gemeinsamen Präsentation des deutschen Kolonialhandels und seiner Produkte zusammenfanden. Kaffee und Schokolade, Bananen, Erdnussöl und andere Kolonialwaren, die zuvor fremde Luxusgüter darstellten, wurden durch eine Werbekampagne als Erzeugnisse deutscher Kolonien herausgestellt. »Welcher in Berlin außerhalb der Kolonialkreise Stehende wußte vor der Eröffnung der Kolonial-Ausstellung etwas von Usambarakaffee, von Kamerunkakao, Neu-Guineazigarren, Namen, die alle mit gutem Klang während und nach der Ausstellung genannt wurden?«[31]

Anschaulich und genussreich sollte die Warenschau belegen, dass die afrikanischen und ozeanischen Schutzgebiete zum Teil prosperierende Wirtschaftsbereiche aufwiesen und überdies lohnende Einsatzgebiete zusätzlicher Investitionen sein konnten. Für den »wissenschaftlich-kommerziellen Teil« der Kolonialausstellung wurde eine aus sechs Ausstellungshallen bestehende, so genannte Sansibarstadt errichtet. Hier stellten Missionen, Kolonial- und Schifffahrtsgesellschaften ihre Arbeit vor.[32] Den lebhaf-

---

[29] Julius Stinde, Hotel Buchholz. Ausstellungs-Erlebnisse der Frau Wilhelmine Buchholz, Berlin 1897, S. 200.

[30] Crome, Berliner Gewerbeausstellung 1896, S. 17 f.

[31] Deutsche Kolonialzeitung N. F. 16 (1899), Nr. 48, S. 82–484, hier 483.

[32] Vgl. Deutsche Kolonial-Ausstellung 1896. Offizieller Katalog und Führer. Gruppe XXIII der Berliner Gewerbe-Ausstellung 1896, hg. vom Arbeits-

testen Anschauungsunterricht erteilten indes die aus den deutschen Kolonien eingeführten Menschen. Die 103 ›Schutzbefohlenen‹ aus Afrika und der Südsee, die es im ethnographischen Teil der ersten Deutschen Kolonialausstellung zu sehen gab, waren deren publikumswirksamstes Zugpferd. Denn, so Gustav Meinecke im »Amtlichen Bericht«, »tote Sammlungen allein sind nie imstande, die große Masse des Volkes [...] heranzuziehen«.[33] Wie in früheren Weltausstellungen wurden die »Eingeborenen« aus Kamerun, Togo, Deutsch-Südwest und Ostafrika in Hüttendörfern ausgestellt; für die 8 Bewohner aus dem von Deutschland annektierten Teil Neuguineas wurde eine Unterkunft in Nachbildung des dortigen Pfahlbaustils errichtet.[34] Frau Buchholz, die auf diesen Teil der Kolonialausstellung besonders gespannt ist, stellt bei ihrer Musterung des ethnographischen Ensembles eine erhebliche Diskrepanz von fremder Lebensweise und heimischen Witterungsbedingungen im Berliner Spreetal fest: »Die Hütten der auswärtigen Eingeborenen sind für das Stralau-Rummelsburger Klima nicht geeignet«.[35]

In den vom Publikum gut einsehbaren Anlagen saßen die ethnischen Selbstdarsteller wie auf dem Präsentierteller. Vertraglich hatten sie sich dazu verpflichtet, traditionelle Bekleidung zu tragen, ihre handwerklichen Künste, Tänze und Gesänge vorzuführen. Doch auch außerhalb ihrer täglichen Schaueinlagen waren sie während der Öffnungszeiten ›immer im Dienst‹ und profitieren, wie Julius Stindes scharfsinnige Beobachterin zu bedenken gibt, nicht einmal von den zivilisatorischen Segnungen des deutschen Sonntags. »Nun lernen die Wilden auf der Ausstellung die Berliner Sonntagsruhe aus eigenster Anschauung, wo sie den vorüberdrängenden Menschenströmen ihre Tänze vorspringen müssen und rudern und Matten flechten und fechten und was sie sonst auf der Walze haben zur Verbreitung anthropologischer

ausschuß der Deutschen Kolonial-Ausstellung, Berlin 1896.

[33] Deutschland und seine Kolonien im Jahre 1896. Amtlicher Bericht über die erste Deutsche Kolonial-Ausstellung, hg. vom Arbeitsausschuß der Deutschen Kolonial-Ausstellung. Redaktion: Gustav Meinecke, Berlin 1897, S. 6 f.

[34] Roland Richter, Die erste deutsche Kolonial-Ausstellung 1896. Der »Amtliche Bericht« in historischer Perspektive, in: Robert Debusman/János Riesz (Hg.), Kolonialausstellungen – Begegnungen mit Afrika? Frankfurt a. M. 1995, S. 25–42, hier S. 28.

[35] Stinde, Hotel Buchholz, S. 201.

Studien.«[36] Der saloppe Kommentar reflektiert die entstellte Form, welche der Gedanke einer lebensnahen Popularisierung ethnologischen Wissens angenommen hatte. Wie es bei den Wilden zugeht, diese Frage ließ sich nun ganz ohne Buchgelehrsamkeit beantworten. Man konnte fremden Menschen bei ihren »täglichen Beschäftigungen« zuschauen, »die anscheinend meist im Anfertigen handwerklicher Gegenstände, zum Teil im Vorbereiten der Mahlzeiten und zuweilen in Vergnügungen bestanden.«[37] Das Leben der Fremden sollte im fremden Land seinen ganz normalen Gang gehen, unbeeindruckt von dem Zustrom ihrerseits dorffremder, aufdringlich und glotzend herumstehender Besucher.

Mit der Illusion ungezwungener Natürlichkeit vertrugen sich weder der durchorganisierte Zeitplan der Vorführungen noch die teils recht dreisten Kontaktversuche seitens des Publikums. Nicht untypisch dürfte die folgende, fiktive Begegnung mit einer afrikanischen Mutter und ihren Kindern gewesen sein, von der Wilhelmine Buchholz berichtet: »Wir gebildeten Europäer standen an dem Gehege und sahen zu. Manche riefen Redensarten, die sie gottlob nicht verstanden, aber mir schien, als wenn die Frau unter ihrer Wangenschwärze erröthete, wenn den Schnodderigkeiten wieherndes Gelächter folgte. Sie erhob sich und blickte die Weißen an. Was sie wohl dachte? Dann nahm sie ihre Kinder an der Hand und verzog sich in die Hütte. Und wir verzogen uns auch.«[38] Anders als den meisten zahlenden Gästen bewusst war, galt die ethnographische Versuchsanordnung auch in der Umkehrrichtung, wie sogar der »Amtliche Bericht« festhält: »Manches, was die Leute am Tage gesehen und einen besonderen Eindruck bei ihnen hinterlassen hatte, wurde nun in kindlicher Weise nachgeahmt. Bald kopierte einer ein Patentgigerl, kniff einen Ring als Monocle ins Auge und stolzierte, ein Spazierstöckchen schwingend, schloddrig, den Kopf nach vorn übergebeugt, einher, wie er es dem Original abgelauscht hatte.«[39]

Der hauptsächlich über voyeuristische Blickkontakte, Provokationen und Nachahmungen bestrittene kulturelle Austausch

[36] Stinde, Hotel Buchholz, S. 52.
[37] Thode-Adora, Für fünfzig Pfennig um die Welt, S. 104.
[38] Stinde, Hotel Buchholz, S. 203 f.
[39] Deutschland und seine Kolonien im Jahre 1896. Amtlicher Bericht, S. 38.

wurde zur kompromittierenden Angelegenheit. Doch ist dieses
auch aus anderen Völkerschauen bekannte Phänomen weniger
erstaunlich als der Umstand, dass man während der Berliner
Schau und vor allem im Nachhinein von offizieller Seite daran
Anstoß nahm. Der »schlechte zivilisatorische Einfluß von Weißen, auf Eingeborene gelegentlich von Schaustellungen geübt«,
wurde zum Gegenstand einer Denkschrift, die gegen die »Aus-
fuhr von Eingeborenen aus den deutschen Kolonien zum Zwecke der Schaustellung« gerichtet war.[40] Es handelte sich eben, der
politischen Doktrin des Kolonialrechts gemäß, um deutsche Untertanen, die in den Treptower Gehegen ausgestellt waren. Das
teils vulgäre und würdelose Verhalten des gaffenden Publikums,
so die in jener Denkschrift vorgetragenen Befürchtungen, übe
auf die kolonialen Subjekte den »verderblichsten Einfluß« aus
und werde zudem auch »das Ansehen der Weißen schädigen«.
Überdies würden »die Eingeborenen durch das Anlernen der
den Zuschauern vorzuführenden Gaukeleien [...] schon zu Lüg-
nern gestempelt«. Beides untergrabe in letzter Konsequenz auch
die Autoritätsstruktur der kolonialen Herrschaftsform selbst.

Im Spiel der Kräfte schien sich während der Völkerschau eine dem Kolonialismus abträgliche Verschiebung abzuzeichnen.
Die Rolle der exhibierten Exoten wurde durch die Artifizialität
und Attraktivität ihrer Darbietungen ästhetisch aufgewertet,
während die auf exotische Reize erpichten, zahlenden Zuschauer auf den Status passiver Konsumenten zurückfielen. Weil zudem einige der nach Deutschland verbrachten Darsteller nach
Ende der Ausstellung die Rückkehr verweigerten und weitere
Erwerbsmöglichkeiten in der Metropole ansteuerten, drohte die
Schau zu einer unfreiwilligen kulturellen Brücke zu werden,
die aus einem neofeudalen Kolonialverhältnis in eine auf ethnischer Diversität fußende, kommerzielle Arbeitsbeziehung
führte. Als Spätfolge der Kolonialausstellung von 1896 wurde
im Jahre 1901 die Rekrutierung von Schaustellern aus fast allen
der deutschen Kolonialgebiete untersagt.[41]

---

[40] Harald Sippel, Rassismus, Protektionismus oder Humanität? Die gesetzlichen Verbote der Anwerbung von »Eingeborenen« zu Schaustellungs-
zwecken in den deutschen Kolonien, in: Debusman/Riesz (Hg.), Kolonialausstellungen, S. 43–64, zit. S. 61; die nachfolgenden Zitate ebd.
[41] Zu den teils divergierenden Regelungen für die einzelnen Territorien
vgl. Sippel, Rassismus, Protektionismus oder Humanität?, S. 44 ff.

Andrew Zimmerman

Ethnologie im Kaiserreich

Natur, Kultur und »Rasse« in Deutschland und seinen Kolonien

Im Folgenden soll anhand der Entwicklung der Disziplin der Ethnologie gezeigt werden, dass sich während des Kaiserreichs die Geschichte der Geisteswissenschaften – die spätestens seit Dilthey als Inkarnation deutscher Innerlichkeit gelten – tatsächlich in dynamischer Auseinandersetzung mit dem globalen Kontext des deutschen und des europäischen Imperialismus entwickelt hat.[1] Der Kontext des Imperialismus erlaubte es der Ethnologie, die herkömmlichen akademischen Disziplinen innerhalb Deutschlands herauszufordern und den interpretierenden und textorientierten Arbeitsweisen der Geschichte und anderer Geisteswissenschaften eine naturwissenschaftliche Methodik entgegenzusetzen. Sie machte auch dem humanistischen Historismus den Platz als hegemoniale Ideologie im Kaiserreich streitig und warb für eine naturwissenschaftliche und transnationale Ideologie, die im Einklang mit der Politik eines Kolonialreiches stand.

Es wäre also irreführend, einerseits von einer internen, national-wissenschaftlichen und andererseits einer separaten, externen, transnational-ideologischen Seite der Ethnologie zu sprechen. Eine transnationale Annäherung an die deutsche Geschichte verspricht, nicht etwa einen Jahrzehnte alten »Primat

---

[1] Wilhelm Dilthey, Einleitung in die Geisteswissenschaften (1883), in: Gesammelte Schriften, Bd. 1, Stuttgart 1914, S. XV–XX. Diltheys Arbeit über die Geisteswissenschaften stand am Beginn einer bedeutenden Forschungstradition, zu der auch die folgenden Werke gehören: Georg G. Iggers, The German Conception of History. The National Tradition of Historical Thought from Herder to the Present, Connecticut 1968; Fritz K. Ringer, The Decline of the German Mandarins, Cambridge/Mass. 1969.

der Innenpolitik« bei der Erforschung des Kaiserreiches einfach umzukehren, sondern vielmehr die Last der Dichotomie von Innen- und Außenpolitik ganz abzuwerfen.[2] Die deutsche Ethnologie wäre eine Wissenschaft ohne Objekte gewesen, hätte es nicht diesen Strom von Waren, Arbeit und Völkerschau-Darstellern gegeben, den die deutsche und die europäische koloniale Expansion möglich machte. Die Ethnologie stützte auch die ideologische Fantasie einer wissenschaftlich fundierten Opposition von Kultur- und Naturvölkern, welche die politisch-ökonomische Realität des deutschen Kolonialismus bestätigte. Der politische Einfluss dieser transnationalen Fantasie trat nicht nur im Bereich einer eng definierten Kolonialpolitik auf. Rudolf Virchow, einer der führenden deutschen Ethnologen, benutzte die Ethnologie als Arena, um zwei der wichtigsten politischen Grundzüge des deutschen Liberalismus im Kaiserreich herauszuarbeiten: die Ideale der wissenschaftlichen Moderne, ausgedrückt im antikatholischen Kulturkampf, und einen rassistischen Begriff von Nation, der mit dieser neuen wissenschaftlichen Modernität im Einklang stand.[3] Wissenschaft und Politik, Inland und Ausland, sind nahtlos verbunden wie bei einem Möbiusschen Band oder einem Kleinschen Schlauch. Die Ethnologie gedieh an den Austauschpunkten zwischen Innen und Außen; sie ermöglicht damit einen besonders guten Blick auf den transnationalen Charakter von Wissenschaft und Politik im Kaiserreich.[4]

---

[2] Vgl. Sebastian Conrad, Doppelte Marginalisierung. Plädoyer für eine transnationale Perspektive auf die deutsche Geschichte, in: Geschichte und Gesellschaft 28 (2002), S. 145–69; Jürgen Osterhammel, Geschichtswissenschaft jenseits des Nationalstaats. Studien zu Beziehungsgeschichte und Zivilisationsvergleich, Göttingen 2001.

[3] Die meisten Historiker haben hingegen Virchows Liberalismus als Alibi für die deutsche Ethnologie benutzt in der Annahme, dass etwas, das mit einem so prominenten Liberalen in Verbindung steht, nichts mit Imperialismus oder gar Rassismus zu tun haben kann. Eine dennoch exzellente Darstellung der deutschen Ethnologie, die sich auf diese fehlerhafte antirassistische These stützt, ist H. Glenn Penny, Objects of Culture. Ethnology and Ethnographic Museums in Imperial Germany, Chapel Hill 2002.

[4] Das Material für dieses Kapitel entnehme ich meinem Buch Anthropology and Antihumanism in Imperial Germany, Chicago 2001. Vgl. auch Johannes Fabian, Time and the Other. How Anthropology Makes its Object, New York 1983 und Jürgen Osterhammel, ›Peoples without History‹ in British and German Historical Thought, in: Benedikt Stuchtey/Peter Wende

Ethnologie contra Geisteswissenschaften im deutschen Kaiserreich

Dass die Ethnologie aus der Ablehnung einer eurozentrischen Geschichte hervorgegangen ist, ist an nahezu jeder nationalen Variante dieses Fachs ablesbar. Die Ablehnung des Eurozentrismus beruhte nicht auf einem wohlwollenden Kosmopolitismus, sondern vielmehr auf der realen Geschichte des europäischen Imperialismus. Zwar hatte Deutschland vor 1884 noch kein offizielles Kolonialreich in Übersee, aber deutsche Kaufleute, Missionare, Ärzte und Andere waren in den Reichen anderer europäischer Nationen tätig und spielten eine wesentliche Rolle bei der Entwicklung einer deutschen Ethnologie. Wenn an der deutschen Ethnologie etwas besonders war, dann die eigentümliche Deutlichkeit, mit der sich an ihr die globalen Prozesse ablesen ließen, welche die Geisteswissenschaften in den meisten Nationen im späten 19. und frühen 20. Jahrhundert geprägt haben. Deutschland war schließlich in dieser Zeit das bedeutendste Zentrum der Geisteswissenschaften, und der Konflikt zwischen Ethnologie und Humanismus war deshalb auch in Deutschland am ausgeprägtesten.[5] Auf die Studien der Historiker über regierende Eliten antworteten die deutschen Ethnologen mit dem, was sie als naturwissenschaftliche Erforschung von Gesellschaften ohne Geschichte ansahen. Den Textinterpretationen der Historiker stellten die Ethnologen ihre eigenen Untersuchungen der Gegenstände, Besitztümer und Körperteile entgegen, die sie ihren Forschungsobjekten abgenommen hatten. Deutsche Ethnologen setzten ihr Fach als Naturwissenschaft von den *Natur*völkern der geisteswissenschaftlichen Erforschung der *Kultur*völker durch die Historiker entgegen. Historiker und Ethnologen einigten sich auf die Strukturen dieses Gegensatzes, obwohl sie natürlich darüber uneins waren, welcher der beiden Ansätze den Königsweg zur Erkenntnis der Menschheit wies.

Alle wichtigen deutschen Geschichtsphilosophen des 19. und frühen 20. Jahrhunderts konstruierten ein Konzept der histori-

---

(Hg.), British and German Historiography, 1750–1950. Traditions, Perceptions and Transfers, Oxford 2000, S. 265–87.

⁵ Siehe Fritz K. Ringer, Fields of Knowledge. French Academic Culture in Comparative Perspective 1890–1920, Cambridge 1992.

schen Geisteswissenschaften zum Teil durch den Ausschluss dessen, was sie als Natur und Naturvölker betrachteten. So lehnte Hegel in seinen »Vorlesungen über die Philosophie der Weltgeschichte« bekanntlich die Erforschung Afrikas südlich der Sahara ab, weil es sich bei den Menschen dort um »Geschichtslose« handele, die »noch ganz im natürlichen Geiste befangen« seien. Leopold von Ranke, methodisch in mancherlei Weise in Opposition zu Hegel, war ebenso gegen die geisteswissenschaftliche Erforschung solcher Gesellschaften, denen es an Geschichte fehle, darunter Indien und China; um sie sollte sich die »Naturgeschichte« kümmern.[6] Droysen lehnte die Ethnologie ausdrücklich ab, weil sie Menschen ohne Geschichte erforschte.[7] Diese Unterscheidung zwischen dem Natürlichen und dem Historischen machte sogar Karl Lamprecht, der seinerseits die enge Sichtweise der Historiker im Allgemeinen kritisierte.[8]

Was wir heute vielleicht als Ethnozentrismus der deutschen Geschichtsschreibung des 19. Jahrhunderts bezeichnen würden, war tatsächlich von zwei Richtungen her bestimmt. Dass es Naturmenschen gab, ergab sich aus einer Idee der Geschichte, die konzeptionell auf der Ablehnung der Natur beruhte. Dass diese Naturmenschen zufällig die Gesellschaften waren, welche die Europäer kolonisiert hatten, war das Ergebnis der Geschichte des Imperialismus zu einer Zeit, als die globale ökonomische und politische Macht in Europa konzentriert war.

Im letzten Drittel des 19. Jahrhunderts griffen Ethnologen die Vorrangstellung der Historiker in der deutschen ideologischen und akademischen Landschaft an, indem sie eine Humanwissenschaft kreierten, die eine radikal ahistorische Vorstellung von Natur privilegierte – just jener Kategorie also, deren Ausschluss die Geschichte konstituierte. Im Deutschland des 19. Jahrhunderts war Ethnologie überwiegend eine Freizeitbeschäftigung für Naturwissenschaftler, vor allem Ärzte, die In-

[6] Leopold von Ranke, Idee der Universalhistorie, in: Volker Dotterweich/Walther Peter Fuchs (Hg.), Vorlesungseinleitungen, München 1975, S. 72–89.

[7] Johann Gustav Droysen, Rekonstruktion der ersten vollständigen Fassung der Vorlesungen (1857), in: Peter Leyh (Hg.), Historik Bd. 1, Stuttgart 1977, S. 1–412, hier: 380.

[8] Karl Lamprecht, Was ist Kulturgeschichte? Beitrag zu einer empirischen Historik, in: Deutsche Zeitschrift für Geschichtswissenschaft, Neue Folge 1 (1896/97), S. 75–150.

teresse an physischer Anthropologie, Ethnologie und prähisto-
rischer Archäologie hatten. Die wichtigsten Organisationen waren die Berliner Gesellschaft für Anthropologie, Ethnologie und
Urgeschichte sowie die Deutsche Anthropologische Gesellschaft, beide 1869 gegründet. Rudolf Virchow (1821–1902), der
berühmte Mediziner und liberale Parlamentarier, stand beiden
vor. Zu den anderen führenden Ethnologen gehörten der Mu-
seumsdirektor und ehemalige Virchowschüler Adolf Bastian
(1826–1905), die Berliner Anatomieprofessoren Gustav Fritsch
(1838–1927) und Robert Hartmann (1831–1893) und der Mu-
seumskurator Felix von Luschan (1854–1924).

Für die Ethnologen waren die Naturvölker »natürlich«, weil
sie weder Schrifttum noch Geschichte noch Kultur besaßen. Da-
mit betonten die Ethnologen einen radikalen Bruch innerhalb der
Menschheit: »Kultur« war für sie kein universeller menschlicher
Besitz. Vielmehr teilten die Ethnologen die Menschen auf, in die
mit Kultur und die *ohne* Kultur. Natur besaßen alle Menschen,
aber nur einige waren in der Lage, mit der Natur zu brechen und
Kulturvölker zu werden. Deutsche Ethnologen weigerten sich im
Gegensatz zu ihren evolutionistischen Kollegen in England, das
Entstehen von Kultur zu erklären; damit zerstörten sie, während
sie noch die Universalität des Konzepts vom Menschlichen be-
stätigten, ein historisches Narrativ, das alle Menschen hätte verbinden können. In diesem System war Natur radikal ahistorisch
und offenbar keine evolutionäre Voraussetzung für Kultur. Die
deutschen Ethnologen waren sich in ihrer Ablehnung des Darwinismus vor Beginn des 20. Jahrhunderts fast durchweg einig.

Ethnologische Methoden und ethnologische Themen setzten
den Methoden der akademischen Geschichtswissenschaft ein
naturwissenschaftliches Modell entgegen. Die Ethnologen wiesen darauf hin, dass Historiker, wenn sie die Vergangenheit erforschten, auf Dokumente angewiesen waren, die die Gesellschaften über sich selbst geschrieben hatten, und die schlössen
Übertreibungen und sogar Lügen mit ein.[9] Damit taten Ethnologen historische Dokumente als »subjektiv« ab.[10] Statt geschriebe-

[9] Robert Hartmann, Untersuchungen über die Völkerschaften Nord-
Ost-Afrikas, in: Zeitschrift für Ethnologie 1 (1869), S. 23–45, 135–158.
[10] Vgl. Bastian, Ethnologie und Geschichte in ihren Berührungspunkten
unter Bezugnahme auf Indien, Bd. 2 von Ideale Welten in Wort und Bild,
Berlin 1892, S. 21.

ne Quellen zu interpretieren, betrachteten die Ethnologen Objekte, die sie denjenigen Menschen weggenommen hatten, die sie erforschten, darunter Schädel, Werkzeug und andere Gebrauchsgegenstände. Wenn sie diese Objekte untersuchten, so behaupteten die Ethnologen, dann interpretierten sie sie nicht als historische Spuren, sondern wendeten naturwissenschaftliche Methoden an. Bastian verkündete, Ziel der Ethnologie sei es, einen »Total-Eindruck« der Menschheit in all ihren Variationen zu erreichen.[11] Die deutschen Ethnologen stellten den gesuchten »Total-Eindruck« den selektiven Darstellungen entgegen, welche die Historiker lieferten. Damit focht die Ethnologie nicht nur die privilegierte Position an, welche die traditionellen Geisteswissenschaften der Kultur zugewiesen hatten, sondern auch die Verfahren, mit denen in den Geisteswissenschaften Wissen konstruiert wurde. Der Ort, an dem ethnologisches Wissen entstand, war somit eher das Museum als Universität, Bibliothek und Archiv. Tatsächlich und in der Vorstellung ihrer führenden Fachleute interpretierte die Ethnologie die Negierung jeglicher Geschichte.

So wie die Historiker bestimmte Gesellschaften als natürlich und damit ihrer gelehrten Zuwendung unwürdig ablehnten, so war die Vereinnahmung der angeblich »natürlichen Völker« durch die Ethnologen doppelt determiniert, einerseits intern, durch den Gegensatz zum Fach Geschichte, und andererseits extern, durch die globale Geschichte des Imperialismus. Einerseits ermöglichte das wachsende Ansehen der Naturwissenschaften eine Herausforderung der geisteswissenschaftlichen Geschichte.[12] Andererseits veränderte gleichzeitig der Imperialismus die Beziehung zwischen deutschen Wissenschaftlern und den Gesellschaften, welche die Position der »Natur« in dem binären System von Natur- und Kulturvölkern einnahmen. Die Ethnologen bauten ihr Fach auf dem Kontakt zu den angeblichen »Naturvölkern« auf, die im letzten Drittel des 19. Jahrhunderts koloniale Subjekte geworden waren. Diese Gesellschaften waren als Folge der deutschen kolonialen Expansion von allgemeinem politischem und ökonomischem Interesse. Und was ebenso wichtig

[11] Bastian, Das natürliche System in der Ethnologie, in: Zeitschrift für Ethnologie 1 (1869), S. 1–23, hier: S. 2
[12] Vgl. dazu Zimmerman, Anthropology and Antihumanism, vor allem die Kapitel 1, 3 und 8.

war: Im Zuge der Kolonisierung wurden diese Gesellschaften den Ethnologen als Studienobjekte zugänglich. Die Wendung zu den Naturvölkern, die Rückkehr der Natur und ihre Herausforderung der Geschichte war damit überdeterminiert – intern durch den Aufstieg der Naturwissenschaften und extern durch den Aufstieg des Imperialismus.

Die Herausforderung der Ethnologie an die Geschichte fand nicht nur im philosophischen Sinne statt, sondern auch – was vielleicht wichtiger war – in der Wahl der Studienobjekte beider Disziplinen. Die Historiker privilegierten damals (wie heute) Texte als Objekte und gründeten ihre Disziplin auf deren kritische Exegese. Die Ethnologen taten Texte als subjektiv ab, als Objekt, das nur die Bilder spiegelt, die eine Gesellschaft von sich mitzuteilen wünscht. Werkzeug, Geräte, Körperteile und anthropometrische Messungen dagegen waren nicht intendierter Ausdruck einer Kultur, sondern vielmehr die unmittelbare, ahistorische, kulturlose Reaktion einer »Naturgesellschaft« auf ihre Umwelt (und Unterschiede in der Umwelt erklärten Unterschiede zwischen Naturvölkern). Sie boten nicht nur keine Interpretation von Seiten der Produzenten, sondern forderten auch keine subjektive Interpretation von Seiten der Ethnologen. Durch das Sammeln und Sichten von Objekten ohne vorgefasste Kategorien glaubten Ethnologen, einen »Total-Eindruck« der Naturvölker und damit wahres Wissen von der menschlichen Natur erlangen zu können.

Die Objekte, die die Ethnologen studierten, wurden gekauft, als Geschenke entgegengenommen oder im Alltag kolonialer Herrschaft geraubt. Oft waren sie das Ergebnis der Unterwerfung der Kolonisierten, zum Beispiel, wenn sie als Teil einer »Strafexpedition« erworben wurden, oder als Tribut, der die Ergebenheit eines einheimischen Herrschers gegenüber der deutschen Fahne ausdrücken sollte. Wenn die Kolonisierer diese Dinge an die Ethnologen schickten, galt das als Beitrag der Kolonialherrschaft zur Wissenschaft, zur Kultur im modernisierenden Sinn, wie ihn Ethnologen und Historiker gleichermaßen entwickelt hatten. Die Objekte selbst, ihrer Verbindung zu den Individuen entkleidet, die sie produziert und vorher besessen hatten, verkörperten die Abwesenheit von Geschichte und Kultur in kolonisierten Gesellschaften. Damit waren die Objekte vorab interpretiert als Verkörperung eines grundlegenden Unterschieds zwischen Kolonisierern und Kolonisierten: Die Kolonisierten waren passiv und wurden beherrscht, die Kolonisierenden waren aktiv und herrschten. Das entsprach der Trennung der Völker in Kultur- und Naturvölker durch die Ethnologen. Das Sammeln von ethnologischen Objekten war eine der Strategien, durch die Europäer sich selbst als »Kulturvölker« präsentieren konnten und ihre kolonialen Untertanen als »Naturvölker«.

Die »Natürlichkeit« ethnologischer Objekte war damit doppelt festgelegt. Einerseits war ihre vorgebliche Natürlichkeit eine schlichte Inversion der von den Historikern bevorzugten Objekte und Methoden gewesen: Historiker lasen Texte, Ethnologen studierten Objekte. Andererseits waren diese angeblich natürlichen Objekte das Produkt politisch-ökonomischer Verschiebungen im Kontext des neuen Imperialismus: Ohne den deutschen Kolonialismus hätte es keine – oder nur wenige – Objekte für die Ethnologen gegeben. Ebenso wären ohne die ideologischen Interessen deutscher Kolonisten an der scharfen Unterscheidung zwischen Kolonisierern und Kolonisierten – einer Unterscheidung, die der zwischen Naturvölkern und Kulturvölkern entsprach und von ihr gestützt wurde – diese Objekte nicht vorab als ethnologisch, als natürlich interpretiert worden. So haben wir hier abermals eine seltsame Überdeterminierung, in der das Innen und das Außen der Ethnologie einander wie zufällig zu entsprechen scheinen. Die »Natur«, das ethnologische Objekt, war tatsächlich ein Produkt der Geschichte, auch wenn es durch die Ausschließung von der Geschichte definiert wurde.[13] Sowohl die Geschichte als auch die Ethnologie gründeten sich auf der Dichotomie von Natur und Kultur zu einem bestimmten Moment der Entwicklung des imperialistischen Weltsystems. Die Konzepte Natur und Kultur, von fundamentaler Bedeutung für die interne Geschichte der europäischen Humanwissenschaften, waren tatsächlich nur relativ autonome Folgen der globalen politischen Ökonomie des neuen Imperialismus.

[13] Vgl. Zimmerman, Anthropology and Antihumanism, Kapitel 8 und 9.

Kultur und Kulturkampf.
Das ethnologische Konzept von Kultur
und naturwissenschaftlicher liberaler Modernität
im Kaiserreich

Die Herausforderung der Ethnologie an die Geisteswissenschaften war Teil einer umfassenden Rekonstruktion von »Kultur« im kaiserlichen Deutschland, die ihren bedeutendsten politischen Ausdruck in der antikatholischen Gesetzgebung Preußens in den 1870er Jahren fand. Diese Politik wurde auch als »Kulturkampf« bezeichnet – mit einem Begriff, den kein anderer als Rudolf Virchow, der liberale Parlamentarier und Direktor der Deutschen und der Berliner Anthropologischen Gesellschaft geprägt hatte.[14] Nach 1871 setzte Bismarck mit Unterstützung der Fortschrittlichen wie der Nationalliberalen eine Reihe von Gesetzen durch, welche die angebliche Macht des Katholizismus in Politik, Gesellschaft und Bildung beschneiden sollten. Der Kulturkampf sollte den politischen, gesellschaftlichen und wissenschaftlichen Fortschritt stärken gegen das, was seine Befürworter als katholische Rückständigkeit darstellten.[15] Die ethnologische Kritik am Humanismus griff nicht nur die im 19. Jahrhundert dominierenden akademischen Disziplinen an, sondern veränderte auch das ideologische Vokabular im kaiserlichen Deutschland. Die Ethnologie stand im Mittelpunkt einer größeren Bewegung zur Neudefinition von »Kultur« im Kaiserreich. Diese progressive, modernisierende Vorstellung von Kultur war verbunden mit den Naturwissenschaften und dem Kulturkampf, und gar nicht mit

[14] Zu Virchow vgl. Constantin Goschler, Rudolf Virchow. Mediziner, Anthropologe, Politiker, Köln 2002.
[15] Zur Bedeutung des Kulturkampfs vgl. Margaret Lavinia Anderson/Kenneth Barkin, The Myth of the Puttkamer Purge and the Reality of the Kulturkampf. Some Reflections on the Historiography of Imperial Germany, in: The Journal of Modern History 54 (1982), S. 647–86; David Blackbourn, Progress and Piety. Liberalism, Catholicism and the State in Imperial Germany, in: History Workshop Journal 26 (1988), S. 57–78; Michael B. Gross, Kulturkampf and Unification. German Liberalism and the War against the Jesuits, in: Central European History 30 (1998), S. 545–66; Helmut Walser Smith, German Nationalism and Religious Conflict. Culture, Ideology, Politics, 1870–1914, Princeton 1995.

dem, was üblicherweise unter der deutschen Idee von Kultur verstanden wird.[16]

Für deutsche Liberale wie Virchow bezeichnete Kultur den politischen, ökonomischen und intellektuellen Fortschritt, den sie nach 1870 der »verspäteten Nation« bringen wollten, und den Katholizismus zu bekämpfen schien ein guter Weg dahin. Im preußischen Abgeordnetenhaus definierte Virchow »Kultur« als modern und naturwissenschaftlich und stellte sie dem Katholizismus entgegen. Er verfolgte den Gegensatz zwischen Katholizismus und naturwissenschaftlicher Modernität bis zur Ächtung der Schriften des Aristoteles zurück, die er fälschlich ins 13. Jahrhundert verlegte, und verteidigte den Antikatholizismus als Kulturkampf:

»Da beginnt die Inquisition, da beginnt die Censur, da beginnt die scholastische Philosophie mit ihrer Opposition gegen die Naturwissenschaft, mit ihrem Formalismus und ihrer Unterdrückung jeder freien Geistesrichtung, und meine Herren, von da beginnt eben der Gegensatz des Papismus gegen die moderne Welt ... Das moderne Ordenswesen von der Zeit an, wo es dem jesuitischen Geiste dienstbar wurde, ist absolut unverträglich mit der Kultur, als deren Träger wir uns betrachten.«[17]

Kultur war ein polemisches Konzept, das auf der Seite dessen stand, was seine Verfechter für fortschrittlich und naturwissenschaftlich hielten; sie implizierte kein relativistisches Verständnis für menschliche Unterschiede, wie es oft mit Kulturanthropologie im heutigen Sinn in Verbindung gebracht wird. Der Ausdruck Kultur tauchte in diesem Zusammenhang abermals im so genannten »Kulturexamen« in Geschichte, Philosophie und deutscher Literatur auf, das nach einem preußischen Gesetz von 1873 alle Geistlichen ablegen mussten.[18] Virchow

---

[16] Zum herkömmlichen Verständnis der deutschen Vorstellung von Kultur siehe Norbert Elias, Zur Soziogenese des Gegensatzes von »Kultur« und »Zivilisation« in Deutschland, in: ders., Über den Prozeß der Zivilisation. Soziogenetische und psychogenetische Untersuchungen, Bd. 1, Frankfurt 1976, S. 1–42. Georg Bollenbeck, Bildung und Kultur, Glanz und Elend eines deutschen Deutungsmusters, Frankfurt 1994, ist ein hervorragender Bericht, der Elias' These mithilfe der Begriffsgeschichte von Bildung und Kultur im 19. und 20. Jahrhundert korrigiert.

[17] Stenographische Berichte über die Verhandlungen des Preußischen Hauses der Abgeordneten, 8. Mai 1875, 64. Sitzung, Bd. 3, S. 1797–1801.

[18] Zum Überblick über die Kulturkampf-Gesetze vgl. Douglas W. Hatfield, Kulturkampf. The Relationship of Church and State and the Failure of German Political Reform, in: Church and State 23 (1981), S. 465–84.

brandmarkte die Katholiken als Gegner Deutschlands und der Hohenzollern-Monarchie und pries Bismarck, Wilhelm I. und den preußischen Staat als fortschrittlich und liberal, zum Teil wegen ihrer Unterstützung der antikatholischen Maßnahmen. »Der nationale Gedanke«, verkündete Virchow, »ist ein liberaler Gedanke.«[19] Der Kulturkampf versöhnte Liberale wie Virchow mit dem Bismarckschen Staat, nicht weil sie ihre Prinzipien aufgegeben hätten, sondern weil der Staat einen progressiven Begriff von Kultur umsetzte, den sie mit geschaffen hatten, von dem die Ethnologie abhing und den sie pflegte. Die im Kulturkampf manifestierte Vorstellung von Kultur war nicht mit dem humanistischen Projekt der Bildung verbunden, sondern vielmehr mit einem modernisierenden Projekt, das besonderen Wert auf Naturwissenschaft und Fortschritt legte.

Das Studium der Kultur in den traditionellen Geisteswissenschaften hatte die Gelehrten und ihr Umfeld an die Vergangenheit gebunden, die, so meinten Ethnologen, im Widerspruch stand zu der modernen Kultur, die sie anstrebten. Die Griechen, erklärte Virchow 1868 in einer Rede vor dem preußischen Abgeordnetenhaus, hätten die altägyptische Sprache nicht zur Grundlage ihrer Bildung gemacht, und ebenso wenig solle Deutschland »die alten klassischen Sprachen« zur Basis seiner Bildung machen.[20] Die Ethnologie schlug eine Neuinterpretation der Beziehung zwischen Zeit und Geisteswissenschaften vor. Humanistische Bildung ist immer verstanden worden als Wiederbelebung der Vergangenheit in der Gegenwart, ein Verständnis, das von einer Auffassung von Zeit ausgeht, die Vergangenheit und Gegenwart kontinuierlich verbindet.[21] Dieses Modell von klassischer Bildung war im 19. Jahrhundert in Deutschland besonders wichtig, wo Schulkinder zum Beispiel mehr Zeit mit dem Erlernen von Altgriechisch und Latein verbrachten als mit irgendeinem anderen einzelnen Fach. Diese

[19] Stenographische Berichte über die Verhandlungen des Preußischen Hauses der Abgeordneten, 1. März 1873, 54. Sitzung, Bd. 2, S. 1322–1324, hier: S. 1327.
[20] Rudolf Virchow, 15. Dezember 1868, Stenographische Berichte über die Verhandlungen des Preußischen Hauses der Abgeordneten, 24. Sitzung, Bd. 1. S. 791.
[21] Zu Humanismus und Geisteswissenschaften vgl. Anthony Grafton, Defenders of the Text. The Traditions of Scholarship in the Age of Science, 1450–1800, Cambridge/Mass. 1991.

klassische Bildung war die Grundlage für die Kultur der deutschen gebildeten Mittelklasse, des Bildungsbürgertums, das sich selbst mehr über die humanistische Bildung als über Wohlstand oder ein bestimmtes Verhältnis zu den Produktionsmitteln definierte.[22] Die Ethnologie war Teil einer größeren Herausforderung an dieses humanistische Verständnis von der Moderne als einem Kulminationspunkt der Vergangenheit und führte stattdessen Modernität als einen Bruch mit der Vergangenheit ein. Geschichte, wie sie von Ethnologen und Historikern gleichermaßen verstanden wurde, war nicht einfach Vergangenheit, sondern eine mit dem Historiker in Beziehung stehende Vergangenheit: Die historische Zeit verband das Selbst mit Anderen. Deshalb würde für Bastian Geschichte immer »subjektiv« bleiben. Die Ethnologie war wegen der radikalen Trennung zwischen den Ethnologen und den Gesellschaften, die sie untersuchten, eine Naturwissenschaft. Ethnologen waren Teil der Zeit, die Völker, die sie erforschten, waren es nicht. Die Behauptung, dass Naturvölker nicht in der Zeit seien (und nicht etwa nur aus einer früheren Zeit), bedeutete eine grundlegende begriffliche Neufassung der Humanwissenschaften und ihrer Beziehung zur Gegenwart.

Die Ethnologie griff den Humanismus nicht nur als gelehrte Betätigung, sondern auch als politische Bildung der Bürger an. Bastian prangerte wiederholt den »'Dogmatismus der Classicität' im Rückblick auf zwei kleine Halbinseln« an. Er behauptete, die Ethnologie sei eine bedeutsamere Quelle für politische Bildung als der klassische Humanismus: »Die klassischen Lehren bewahren, bei strenger Einhaltung des Consensus, ihren wohlthätigen Einfluss bei der Erziehung im empfänglichen Jugendalter, aber sie bleiben unzulänglich für den gereiften Mann, der sich gewaltigeren und weiter tragenden Problemen gegenübergestellt findet, im heutig politischen Leben und unter den schwierigen Pensa, die es zu lösen aufgiebt.«[23]

Bastian zufolge war klassische Bildung, die Basis der tradi-

[22] Zum Bildungsbürgertum vgl. die Beiträge in Werner Conze/Jürgen Kocka (Hg.), Bildungsbürgertum im neunzehnten Jahrhundert, 4 Bde., Stuttgart 1985–1992.
[23] Adolf Bastian, Zur Mythologie und Psychologie der Nigritier in Guinea mit Bezugnahme auf socialistische Elementargedanken, Berlin 1894, S. 110–11.

tionellen humanistischen Erziehung in Deutschland, eine Doktrin, die vielleicht geeignet war, Kinder zu sozialisieren, aber nicht, deutsche Bürger zu bilden. Die traditionelle humanistische Bildung sei unzureichend geworden, fuhr er fort, »seitdem sich der Horizont über die Gesammtweite des Globus ausgeweitet hat«. Humanismus als Europas Autobiografie war zu einer zu schmalen Basis für die Erziehung geworden. Die Ethnologie hingegen konnte die Basis für eine neue nationale Bildung legen, so wie es deutsche Humanisten im späten 18. Jahrhundert getan hatten: »In Ethno-Anthropologie (als Volks- und Menschenkunde) liegt bereits die Popularisierung ausgesprochen, wie zu der Zeit der – einer (unserer Dichterfürsten Aera zeitigenden) Sturm- und Drangperiode vorhergehenden – ›Popularphilosophie‹, in derem [sic] Sinn Mösers ›patriotische Phantasien‹ die Jugend aus dem ›lateinischen Nothstall‹ hinausführen sollten . . .«[24]

Bastians Hinweis auf den frühen Versuch, »die Jugend aus dem ›lateinischen Nothstall‹ hinaus« zu führen, zeigt, inwieweit der Antihumanismus der Ethnologie auf dem ehrwürdigen Konflikt Klassik/Moderne innerhalb des Humanismus beruhte. Dieser Angriff auf den Humanismus beruhte auf einer humanistischen Konzeption von Bildung als einer Quelle der politischen Tugend und der moralischen Erziehung der Bürger. Bastian radikalisierte die moderne Position, indem er den Eurozentrismus und die Konzentration auf Geschichte, Literatur und Interpretation ablehnte, die den Humanismus immer gekennzeichnet hatten.

Der Kulturkampf war daher keineswegs eine manipulative Strategie der negativen Integration von Seiten Bismarcks, sondern war tatsächlich integraler Bestandteil des Liberalismus, selbst bei so »linken« Liberalen wie Virchow. Virchow meinte den Ausdruck Kulturkampf durchaus wörtlich: Der Kampf gegen den Katholizismus war ein »Kampf für die Kultur«, und zwar Kultur nach dem Verständnis der Naturwissenschaften, weniger der humanistischen Geisteswissenschaften. Die Ethnologie, die einen Eingriff in die akademische und schulische Bildungslandschaft bedeutete, focht einen parallelen Kulturkampf im kaiserlichen Deutschland, mit einem Angriff auf das, was sie

---

[24] Ebd., Fn. S. 111.

für »rückständige« Geisteswissenschaften hielt, so wie Virchow und andere Liberale den Katholizismus als »rückständig« ansahen. Das Konzept von Kultur gehörte, wie wir gesehen haben, ebenso zur internationalen politischen Ökonomie des Imperialismus wie zur internen Kontroverse in den deutschen und europäischen Geisteswissenschaften. Tatsächlich spielte die Sprache des Kulturkampfs selbst wiederum eine bedeutende Rolle in der deutschen Rhetorik vom Kolonialismus als »Kulturmission«.[25] Nach der Jahrhundertwende nahm diese Vorstellung von einer kolonialen Kulturmission eine deutlich naturwissenschaftliche Wendung, als man begann, eine Kolonie als eine Gesamtheit von natürlichen Objekten anzusehen, die man mit wissenschaftlicher Landwirtschaft und Sozialpolitik kultivieren müsse.[26] Die Ethnologie war der Schnittpunkt für eine Reihe von politischen und wissenschaftlichen Bewegungen im kaiserlichen Deutschland; sie illustriert die Unentwirrbarkeit von Wissenschaft und Politik sowie von imperialer und innerer Politik und Ideologie.

Die deutsche nationale Identität im Zeitalter der Ethnologie

Als Naturwissenschaft vom Menschen maß die Ethnologie der Erforschung von »Rasse« große Bedeutung bei. Die Ethnologen mit ihrer Vorstellung von Natur als zeitlos und unveränderlich lehnten den Darwinismus nachdrücklich ab. Biologistische Erklärungen menschlicher Gesellschaften spielten keine große Rolle im ethnologischen und im imperialistischen Ethnozentrismus, der die Unterlegenheit der Kolonisierten gegenüber den Kolonisierern eher einem Mangel an Kultur als inhärenten biologischen Unterschieden zuschrieb. Dennoch waren

---

[25] Friedrich Fabri, Bedarf Deutschland der Colonien? Eine politisch-ökonomische Betrachtung, Gotha 1879; Friedrich Wohltmann, Neujahrsgedanken 1905, in: Der Tropenpflanzer 9 (1905), S. 1–19, hier: S. 17; Otto Köbner, Einführung in die Kolonialpolitik, Jena 1908, S. 114.

[26] Das traf vor allem auf Deutsch-Ostafrika zu und ist Gegenstand meiner jetzigen Forschung. Das Thema ist auch brillant behandelt von Juhani Koponen, Development for Exploitation. German Colonial Policies in Mainland Tanzania, 1884–1914, Helsinki 1994.

für Ethnologen Rassenmerkmale grundlegende Eigenschaften menschlicher Gruppen, die genutzt werden konnten, um Bevölkerungen in einzelnen Gebieten zu unterscheiden und Vermutungen über Migration und andere Beziehungen zwischen Gruppen in voneinander entfernten Standorten anzustellen. Die Ethnologen waren besonders daran interessiert, Schädel zu vermessen, und in ihrem Bestreben, soviel empirisches Material wie möglich zu sammeln, entwickelten sie eine lebhafte Korrespondenz mit kolonialen Gefängnissen, Krankenhäusern, Militäreinheiten und Konzentrationslagern (in Südwestafrika); allein in Berlin häuften sie eine Sammlung von mehr als 6000 Schädeln an. Die Entwicklung eines offiziellen Kolonialreiches erleichterte solche Leichensammlung, aber die Ethnologen sammelten durch ihre Kontakte auch in den Reichen anderer Nationen, sowohl vor als nach 1884.

Als sich deutsche Ethnologen europäischen Völkern zuwandten, konnten sie offensichtlich nicht ebenso ungestraft Körperteile sammeln wie in den Kolonialreichen. Als die Deutsche Anthropologische Gesellschaft in den siebziger Jahren des 19. Jahrhunderts beschloss, das Geschick der hellhäutigen, blonden, blauäugigen »classischen Erscheinungen des Germanen«, wie sie Tacitus beschrieben hatte, festzustellen, überredete sie die deutschen Länder, die Haar-, Augen- und Hautfarbe von über sechs Millionen deutscher Schulkinder zu erfassen.[27] Diese Erhebung, von Rudolf Virchow geleitet, brachte wichtige ethnologische Theorien über die Nation hervor und behauptete, die Germanen seien eine besonders blonde, blauäugige und hellhäutige »Rasse«, im Gegensatz zu den brünetten »Rassen«, vor allem den Juden. Was vielleicht noch wichtiger war: Sie lehrte die mehr als sechs Millionen Schüler, die sie untersuchte, sowie die Lehrer, die die Daten sammelten, dass das ›Deutsche‹ über Rassenmerkmale wahrgenommen werden konnte, die für jeden Laien offen sichtbar waren. So instrumentalisierten die Ethnologen ihre Vorstellung von Rasse, die sie bei der Erforschung von Nichteuropäern entwickelt hatten, auch für Fragen europäischer Identität. An die Stelle von Humboldts Volk von Gebildeten oder Fichtes Sprache als Kriterium alles

---

[27] Virchow, Die Ziele und Mittel der modernen Anthropologie, in: Correspondenz-Blatt der Deutschen Anthropologischen Gesellschaft (fortan: CBDAG) 8 (1877), S. 1–7.

Deutschen setzten die Ethnologen eine Auffassung von biologischer nationaler Identität, die von größter Tragweite für die spätere deutsche Geschichte sein sollte.[28]

Die Deutsche Anthropologische Gesellschaft war überzeugt, dass es nur zwei reine, physisch unterschiedene Typen gab und alle anderen eine Mischung dieser beiden seien. Der eine Typus, so nahmen sie an, war der »blonde Typus« mit blonden Haaren, blauen Augen und weißer Haut.[29] Den anderen, den »brünetten Typus«, scheinen die Ethnologen einfach aus dem Gegenteil zusammengesetzt zu haben: Der brünette Typus hatte braune Haare, braune Augen und eine bräunliche Haut. Alle anderen Kombinationen von Haar-, Augen- und Hautfarbe, so wurde behauptetet, ergäben sich aus verschiedenen Mischungen der zwei reinen Typen. Der blonde Typus wurde mit der »germanischen Rasse« assoziiert, der brünette mit einer Reihe von anderen Rassen, darunter Tschechen, Wallonen, Slawen, Franken und Juden. So waren Blonde und Brünette zwar nicht selbst Rassen, aber ihre physischen Kennzeichen definierten die rassischen Gruppierungen, die in Deutschland wohnten.

Die Annahme eines Rassenunterschieds zwischen nichtjüdischen und jüdischen Deutschen war fast von Beginn an in der Studie enthalten. Als Virchow 1873 der Deutschen Anthropologischen Gesellschaft bei ihrem Jahreskongress die Methode dieser Studie vorstellte, rief ein Mitglied, dessen Name nicht überliefert ist, aus: »Herr Dr. Virchow wird vielleicht erlauben, dass auch die Confessionen aufgenommen werden, denn es giebt

---

[28] Obwohl es Geist und Buchstaben fast jeder Erklärung zuwiderläuft, die Virchow über seine Studie geäußert hat, haben die Historiker im Allgemeinen zugelassen, dass der liberale, antirassistische Mythos von Virchow und der deutschen Anthropologie das historische Beweismaterial ausstach. Der einzige Historiker, der erkannte, dass Virchow glaubte, die Studie beweise, dass Deutschland radikal »arisch« sei, war zunächst Léon Poliakov, The Aryan Myth. A History of Racist and National Ideas in Europe, London 1974, S. 264–266; Christian Geulen, Blonde bevorzugt. Virchow und Boas, Eine Fallstudie zur Verschränkung von ›Rasse‹ und ›Kultur‹ im ideologischen Feld der Ethnizität um 1900, in: Archiv für Sozialgeschichte 40 (2000), S. 147–179. Vgl. auch Zimmerman, Anti-Semitism as Skill. Rudolf Virchow's Schulstatistik and the Racial Composition of Germany, in: Central European History 32 (1999), S. 409–29; Werner Kümmel, Rudolf Virchow und der Antisemitismus, in: Medizinhistorisches Journal 3 (1968), S. 165–79.

[29] Virchow, Die Ziele und Mittel.

viele Gegenden, wo die Juden in großer Zahl vorhanden sind, und da würden die Resultate zu falschen Schlüssen führen.«[30] Andere Teilnehmer an der Versammlung waren der gleichen Ansicht: Jüdische Bürger würden die Daten über »deutsche« Rassenmerkmale verzerren. Bis zur nächsten Zusammenkunft hatte Virchow seine Methode dieser Forderung angepasst.[31] Im Gegensatz zu den Daten von in Deutschland lebenden Ausländern, zum Beispiel aus England oder Frankreich, die von der Erhebung ganz und gar ausgeschlossen waren, sollten die Daten der Juden aufgenommen und separat verzeichnet werden. Ursprünglich hatte Virchow die Religionszugehörigkeit aller Personen verzeichnen wollen, aber es heißt, er sei in der Presse beschuldigt worden, er wolle die Daten für eine »Inquisition« gegen die Katholiken nutzen. Virchows Interesse an der Religion muss Katholiken besonders bedenklich vorgekommen sein, angesichts seiner lautstarken Unterstützung des antikatholischen Kulturkampfs.[32]

Virchow war ein bekannter Gegner des politischen Antisemitismus und behauptete, dass seine separate Auswertung der rassischen Daten von Juden keine negative Bewertung dieser Gruppe darstelle. Er habe in der Studie die Juden nicht aus religiösen Überlegungen von Deutschen getrennt, sondern weil Juden »ihrer Origo nach als andere Nation« zu betrachten seien. Er führe also, erklärte Virchow, keine neue antisemitische »Inquisition« durch.[33] Für ihn war offenbar Antisemitismus primär ein religiöses Vorurteil, so dass ein rein rassischer Begriff von Juden nicht als antisemitisch angesehen werden konnte. In diesem frühen Stadium des Projekts verkörperten die Juden eine Gruppe mit unbestimmten rassischen Merkmalen, die die Rein-

---

[30] Bericht über die statistische Untersuchung von Schädelformen von Rudolf Virchow, Die Vierte Allgemeine Versammlung der Deutschen Anthropologischen Gesellschaft zu Wiesbaden, S. 28–30. Es war nicht das erste Mal, dass Juden in Statistiken ausgeschlossen wurden.

[31] Die Frage nach einer besonderen »jüdischen Rasse« hatte Anthropologen seit dem späten 18. Jahrhundert beschäftigt, auch wenn sie vor Virchows Studie nie in einem solchen Umfang untersucht worden war. Zur Frage einer »jüdischen Rasse« in der deutschen Anthropologie vgl. Annegret Kiefer, Das Problem einer »Jüdischen Rasse«. Eine Diskussion zwischen Wissenschaft und Ideologie (1870–1930), Frankfurt 1991.

[32] CBDAG 6 (1875), 32–36.

[33] CBDAG 6 (1875), 32–36.

heit der zu sammelnden Daten gefährdeten. Die Rolle der Juden
änderte sich aber im Laufe der Untersuchung deutlich, als ihre
Daten von der Peripherie ins Zentrum der Aufmerksamkeit bei
der Befragung rückten.

Um die Landesregierungen zur Unterstützung der Studie zu
bewegen betonte Virchow, dass die Statistik von politischem
Wert sein würde, denn sie liefere »genaue Kenntnisse des ganzen Volkes und seiner einzelnen Stämme, namentlich der besonderen körperlichen und geistigen Anlagen, die es in sich
trägt«.[34] Der potenzielle politische Nutzen der »Schulstatistik«,
wie das Projekt dann genannt wurde, veranlasste die Landesregierungen zur Mitarbeit, aber das Vorgehen bei der Untersuchung erschreckte die Untersuchten und ihre Eltern. Anscheinend waren die Menschen in Süddeutschland nicht geneigt,
Preußen Informationen über ihre Hautfarbe zugänglich machen, weil sie fürchteten, sie könnten für die Erhebung neuer
Steuern benutzt werden.[35] Auch in Preußen, vor allem unter der
katholischen Bevölkerung in der östlichen Hälfte der Monarchie, gab es Unruhen, offenbar angeführt von Frauen, die fürchteten, die Statistik könne zur Weiterführung des Kulturkampfs
benutzt werden.[36] Nach einer schwer glaubhaften, aber oft wie-
derholten Darstellung fürchteten viele, die Erhebung solle benutzt werden, Kinder mit einem bestimmten Teint auszuwäh-
len, um sie nach Russland oder in die Türkei zu schicken
(letzteres, um Spielschulden Kaiser Wilhelms beim Sultan ab-
zuzahlen).[37] Solche Gerüchte, auch wenn sie nicht besonders
glaubhaft waren, zeigen, dass eine erhebliche Zahl der unter-

[34] Virchow, in: CBDAG 6 (1875), S.3. Dass die Länder die Lehrer anweisen
konnten, an der Studie mitzuarbeiten, wurde durch das Schulaufsichtsge-
setz von 1872 ermöglicht, das Teil der Kulturkampf-Gesetzgebung war und
durch das die kirchliche Kontrolle der Schulen reduziert und der staatliche
Einfluss bei der Ausbildung erhöht wurde. Vgl. Marjorie Lamberti, State,
Society and the Elementary School in Imperial Germany, New York 1989.
[35] Vgl. Oscar Fraas, in: CBDAG 6 (1875), S. 36/37.
[36] Verhandlungen der Berliner Gesellschaft für Anthropologie, Ethnologie und Urgeschichte 7 (1875), S. 90. Vgl. Georg von Mayr, Bericht über die
Schulstatistik in München 6, Allgemeine Versammlung der Deutschen
Anthropologischen Gesellschaft in München, 9.–1. August 1875, Anhang zu
CBDAG 6 (1875), S. 50–55.
[37] Vgl. etwa Erwin H. Ackerknecht, Rudolf Virchow, Stuttgart 1957,
S. 213.

suchten Menschen den Zweck der Studie nicht erfasste und einer möglichen politischen Nutzung mit Argwohn begegnete.

Um sich die Mitarbeit der Lehrer zu sichern, die die Daten erheben sollten, verteilte die Deutsche Anthropologische Gesellschaft eine Broschüre, in der der Zweck der Erhebung und die Methoden erläutert waren, mit denen die Lehrer Augen-, Haar- und Hautfarbe feststellen sollten.[38] Diese Broschüre wandte sich an die humanistisch Gebildeten im deutschen Schulsystem und erklärte, die Erforschung der rassischen Zusammensetzung in Europa sei »eine nothwendige Vorbedingung für die Erforschung der Culturgeschichte der Menschheit überhaupt und der Special-Vorgeschichte jedes Landes«. Die geografische Verteilung des blonden und des brünetten Typus' in Deutschland festzustellen würde Ethnologen helfen, die deutsche Vorgeschichte zu rekonstruieren, als zu einer oder mehreren originären Bevölkerungsgruppen in Europa eine spätere »arische (indogermanische)« Migration hinzukam. Die Ethnologen versprachen, dass die durch die Einrichtung von Tabellen über die rassische Zusammensetzung in den Klassenräumen rekonstruierte Vorgeschichte »schließlich demselben Ziele zuführen soll, welchem auch die Schule zustrebt, der Selbsterkenntniß«. Die Schulstatistik war ein groß angelegter Versuch, die Ethnologie als Ausgangspunkt eines neuen bürgerlichen Humanismus zu etablieren.

Zusätzlich zu den Erläuterungen über den Zweck der Studie vermittelte die Broschüre mit ihren Empfehlungen zum Verfahren Lehrern und Schülern die Kenntnisse, die notwendig waren, um eine Untersuchung der Rassenproblematik im eigenen Klassenzimmer durchzuführen. Damit konstituierte die Erhebung ein Ritual, bei dem die Schüler nicht nur eingeteilt wurden, um ethnologische Wahrnehmungen von Rasse *auszudrücken*, sondern auch, um diese Vorstellungen von Rasse zu *erfahren*. Die Broschüre der Ethnologen für die Lehrer wie auch der anfängliche Widerstand der Eltern zeigen deutlich, dass der Gedanke, die Deutschen könnten aus verschiedenen, unterscheidbaren Rassen zusammengesetzt sein, normalen Deutschen alles andere als klar war. Die für die Messungen erforder-

---

[38] Eine Kopie dieser Broschüre »Der Vorstand der deutschen anthropologischen Gesellschaft an die Lehrer der höheren Unterrichtsanstalten und der Volksschulen« befindet sich in NL Virchow, Akte 2642.

lichen Einteilungen, bei denen die Schüler nach der Farbe der
Augen vom hellsten Blau bis zum dunkelsten Braun aufgereiht
wurden, lehrte Schüler und Lehrer – und nicht theoretisch, sondern praktisch, durch den Körper –, dass der eigene Körper und
die Körper der anderen erfahren und nach genauen rassischen
Unterscheidungen eingestuft werden konnten. Von dieser anfänglichen, noch eher schlichten Einteilung ausgehend lehrten
dann die Lehrer sich und ihre Schüler die feineren Unterschiede
und Zusammenhänge. Sie erfuhren, dass Körper nicht nur nach
Augenfarbe, sondern auch nach Haarfarbe eingestuft werden
konnten. Sie erfuhren, wenn nicht durch räumliche Bewegungen, so doch durch die Gesten des Zeigens und Zählens, dass
zwei viel schwerer zu unterscheidende Eigenschaften, nämlich
Hautfarbe und »Jüdischsein«, auch als Prinzip einer Einteilung
eingesetzt und als körperliche Phänomene behandelt werden
konnten. Das Ausfüllen der von der Deutschen Anthropologischen Gesellschaft verteilten Formulare lehrte Schüler und Lehrer, die Rasse eines Individuums auf der Grundlage schlichter
Beobachtungen von Augen- und Haarfarbe wahrzunehmen
und zu beurteilen, und diese rassischen Beobachtungen mit der
Frage zu verbinden, ob eine Person jüdisch war oder nicht.

Schon 1876, bevor die Resultate der Schulstatistik vollständig vorlagen, schloss Virchow aus den Daten, in Juden zeige
sich ein »recht respektabler Gegensatz gegen die wirklichen
Germanen«.[39] Die Durchführung der Erhebung hatte Virchow
veranlasst, Juden als eine eigene Rasse zu betrachten. Virchow
selbst war sich dieser Entwicklung bewusst und notierte, dass
»die Kinder jüdischer Konfession« ursprünglich nur deshalb
separat betrachtet worden seien, weil man angenommen habe,
sie könnten »eine Störung in der Summirung« der Daten ver-
ursachen. Obwohl die Daten der jüdischen Schüler, wie sich
herausstellte, die statistische Analyse nicht beeinträchtigt hätten, führte die separate Untersuchung zu einem unerwarteten
Schluss: »Aber es ist doch durch die gesonderte Erhebung he-
rausgekommen, dass gewisse sehr scharfe Gegensätze der
Rassen vorhanden sind.«[40] Zwar seien nicht alle »Brünetten«

---

[39] Virchow, Berichterstattung über die statistischen Erhebungen bezüglich der Farbe der Augen, der Haare und der Haut, in: CBDAG 7 (1876),
S. 91–102, hier: S. 102.

[40] Rudolf Virchow, Gesammtbericht über die Statistik der Farbe der Au-

jüdisch, aber Juden unterschieden sich rassisch von dem
»blonden Typus«, der überwiegend aus »Germanen« bestand.
Obwohl es eine große Zahl von brünetten Deutschen gab, war
der blonde Typus, schloss Virchow, »der herrschende Typus«
und der brünette dagegen ein »Nebentypus«. Die zwei »Kar-
dinalphänomene«, die Virchow aus der Studie ableitete, waren, dass trotz der Schwankungen Juden einem braunen Einzeltypus angehörten und dass Deutsche ein überwiegend
blonder (und damit weißer) Einzeltypus waren. Die Untersuchung der Deutschen Anthropologischen Gesellschaft war
nicht nur weit entfernt davon, den wissenschaftlichen Rassismus zu kippen, sie verlieh – selbst in Virchows Interpretation
– dem Rassismus eine neue statistische, wissenschaftliche und
praktische Basis.

Mit der Schulstatistik begannen die Ethnologen die Grundlage der deutschen Identität auf einer antihumanistischen, naturwissenschaftlichen Basis neu zu gestalten. Die Erhebung
war vielleicht das wichtigste Mittel, mit dem die Ethnologie
als Modus für die Wahrnehmung der Welt und den Umgang
mit ihr im Deutschland des 19. Jahrhunderts propagiert wurde. Natürlich lieferten Publikationen sowie Museen und andere Ausstellungen ebenfalls wichtige Beiträge zur Popularisierung der Ethnologie. Aber die Schulerhebung war einzigartig
in ihrem gewaltigen Umfang, ihrer systematischen Anwendung und ihrer Verbreitung ethnologischer *Fähigkeiten* und
nicht nur Theorien. Die Erhebung lehrte eine riesige Zahl von
normalen Deutschen, Nationalität im eigenen Körper und in
dem der anderen wahrzunehmen. Sie verwandelte die sicht-
baren Kennzeichen von Haar- und Augenfarbe in Zeichen ab-
strakterer Qualität – Hautfarbe und Nationalität. Außerdem
lehrte sie die Teilnehmer, jüdische Deutsche als rassisch unterschieden von nichtjüdischen Deutschen zu begreifen. Deutsche Ethnologen beteiligten sich nicht wesentlich an den antisemitischen Bewegungen des späten 19. Jahrhunderts, und
Ziel ihrer Studie war nicht, Juden von der deutschen Staatsbürgerschaft oder aus dem Leben der Nation auszuschließen.
Tatsächlich hatte vor dieser Studie Virchow selbst ausdrücklich bestritten, dass Rasse etwas mit der Staatsbürgerschaft in

gen, der Haare und der Haut der Schulkinder in Deutschland, in: CBDAG
16 (1885), S. 89–100, hier: S. 91.

Deutschland zu tun haben könnte.[41] Dennoch stellte die Ethnologie einen Versuch dar, die humanistischen politischen Traditionen zu verdrängen – oder zumindest zu ergänzen – durch eine Kultur der Naturwissenschaft, in der die Konzepte von Rasse eine bedeutende Rolle spielten. Die Kategorien von Rasse, wie sie von Ethnologen entwickelt worden waren, wurden damit intern wie extern verbreitet, in Deutschland und den europäischen und deutschen Kolonien.

Das Fach Ethnologie entwickelte sich im Zuge des Austausches zwischen Nationalem und Internationalem und zwischen Wissenschaft und Politik, es war Teil dieses Austausches und verdeutlichte ihn. Die Konflikte zwischen der Ethnologie und den Geisteswissenschaften waren überdeterminiert durch die globale Politik des Imperialismus, die Politik der Staats- und Nationsbildung in Deutschland und die interne Entwicklung der Humanwissenschaften. Die abnehmende Bedeutung der Geisteswissenschaften und der Aufstieg des naturwissenschaftlichen Zugriffs auf Fragen des menschlichen Lebens, der Kulturkampf, die Entwicklung eines deutschen Kolonialreiches und die wachsende Bedeutung der Rasse für die deutsche nationale Identität – alle diese Entwicklungen überlagerten sich im Fach Ethnologie. Diese vier Elemente sind alle seit langem bekannt, ebenso ihre zentrale Rolle in der Geschichte des Kaiserreichs. Aber erst eine transnationale Betrachtung der Ethnologie im Kaiserreich beleuchtet die gegenseitige Beeinflussung der politischen und intellektuellen Geschichte dieser Zeit und erklärt damit die Geschichte der deutschen Nation auf eine Weise, die einer strikt nationalen Perspektive nicht zugänglich wäre.

[41] Virchow, Über die Methode der wissenschaftlichen Anthropologie, Eine Antwort an Hrn. De Quatrefages, in: Zeitschrift für Ethnologie 4 (1872), S. 300–320.

Birthe Kundrus

Weiblicher Kulturimperialismus

Die imperialistischen Frauenverbände des Kaiserreichs

Die politische Partizipation von Frauen an Staat und Nation ist angesichts der Tatsache, dass sich die Nation durch »Aggressionsbereitschaft und Wehrhaftigkeit nach außen sowie durch den Ausschluss der Frauen vom politischen Regiment im Innern«[1] definierte, ein lange vernachlässigtes Forschungsfeld gewesen. Wenn überhaupt, dann fand die organisierte Frauenbewegung in ihren bürgerlichen und proletarischen Erscheinungsformen Aufmerksamkeit.[2] In der Tat erlebte das Frauenvereinswesen insbesondere in den 1890er Jahren einen enormen Aufschwung. Er lässt sich auf eine umfassende Politisierung der deutschen Gesellschaft, aber auch auf Aufbrüche und Veränderungen im Verhältnis der Geschlechter zurückzuführen, die als »Frauenfrage« diskutiert sowohl Motor als auch Aus-

---

[1] Thomas Kühne, Staatspolitik, Frauenpolitik, Männerpolitik. Politikgeschichte als Geschlechtergeschichte, in: Geschlechtergeschichte und Allgemeine Geschichte. Herausforderungen und Perspektiven, hg. von Hans Medick/Anne-Charlott Trepp, Göttingen 1998, S. 171–231, hier S. 202–3; Ute Planert, Vater Staat und Mutter Germania. Zur Politisierung des weiblichen Geschlechts im 19. und 20. Jahrhundert, in: dies. (Hg.), Nation, Politik und Geschlecht. Frauenbewegungen und Nationalismus in der Moderne, Frankfurt 2000, S. 15–65.

[2] Vgl. v. a. die neueren Einzelstudien von Angelika Schaser, Helene Lange und Gertrud Bäumer. Eine politische Lebensgemeinschaft, Köln 2000; Kirsten Heinsohn, Politik und Geschlecht. Zur politischen Kultur bürgerlicher Frauenvereine in Hamburg, Hamburg 1997; Iris Schröder, Arbeiten für eine bessere Welt. Frauenbewegung und Sozialreform 1890–1914, Frankfurt 2001; Christina Klausmann, Politik und Kultur der Frauenbewegung im Kaiserreich. Das Beispiel Frankfurt am Main, Frankfurt 1997; Ulla Wischermann, Frauenbewegungen und Öffentlichkeiten um 1900. Netzwerke, Gegenöffentlichkeiten, Protestinszenierungen, Königstein 2003.

druck internationalen gesellschaftlichen Wandels waren. Als
Stichworte seien hier nur die Themen Frauenerwerbsarbeit,
Frauenbildung und Frauenstudium, die Diskussionen um
»freie Liebe« und eine neue Sexualmoral und damit die »Gefahr« des Geburtenrückgangs und schließlich die Wahlrechts-
frage genannt, die bis dahin in Deutschland allein von der Sozialdemokratie »besetzt« worden war.[3] Aber nicht nur die
Frauenbewegungen steigerten ihre Mitgliederzahlen. Auch nationale Frauenorganisationen hatten, vom mainstream der historischen Forschung zum Kaiserreich weitgehend unbemerkt,[4]
einen beeindruckenden Zulauf in karitativen, protestantischen,
nationalistischen und Hausfrauenvereinen.[5] Ihre Politisierung
verlief weniger entlang der Geschlechterfrage, vielmehr ging es
ihnen um nationale Agitation. Sie waren damit Teil der neuen
politischen Rechten, die ebenfalls im Zuge der Krise des traditionellen Parteiensystems und des gesellschaftlichen Struk-
turwandels der deutschen Gesellschaft um 1900 begann, als
bürgerliche Agitationsverbände am politischen Geschehen mitzuwirken.[6] Allen demokratischen Emanzipationsbestrebungen
ansonsten feindlich gegenüberstehend, war es Ausdruck der
Modernisierung dieser Verbände, die »Kulturarbeit der Frau«
für die Erhaltung des Deutschtums als unverzichtbar zu erklä-

[3] Vgl. als Überblick: Marlene LeGates, In Their Time. A History of Feminism in Western Society, New York 2001, S. 197–280; Karen Offen, European
Feminisms, 1700–1950. A Political History, Stanford 2000, S. 213–49.

[4] Auch im jüngst erschienenen Gebhardt Handbuch zur deutsche Geschichte Bd. 16 fanden diese Vereine keine Aufnahme: Volker Berghahn, Das
Deutsche Kaiserreich (1871–1914), Stuttgart 2003.

[5] Vgl. Jean H. Quataert, Staging Philanthropy. Patriotic Women and the
National Imagination in Dynastic Germany, 1813–1916, Ann Arbor 2001;
Andrea Süchting-Hänger, Das »Gewissen der Nation«. Nationales Engagement und politisches Handeln konservativer Frauenorganisationen 1900 bis
1937, Düsseldorf 2002; Planert, Staat; Roger Chickering, »Casting their gaze
more broadly«. Women's patriotic Activism in Imperial Germany, in: Past
and Present 118 (1988), S. 156–85. Übersichten bei Karin Bruns, Völkische
und deutschnationale Frauenvereine im »zweiten Reich«, in: Handbuch zur
»Völkischen Bewegung« 1871–1918, hg. von Uwe Puschner u. a., München
1996, S. 376–94, hier S. 377–79; Christiane Streubel, Sammelrezension: Literaturbericht: Frauen der politischen Rechten, http://hsozkult.geschichte.
hu-berlin.de/rezensionen/id = 1697.

[6] Vgl. Süchting-Hänger, Gewissen, S. 23; Hans-Peter Ullmann, Das
Deutsche Kaiserreich 1871–1918, Darmstadt 1995, S. 126.

ren. Dieses Zugeständnis entsprang zu einem nicht unerheblichen Teil der schlichten Einsicht, dass die Nation zu ihrer physischen wie ideellen Reproduktion auf den weiblichen Beitrag angewiesen war.[7] Diese Organisationen dokumentieren die Beteiligung von Frauen an dem Prozess der Fundamentalpolitisierung und zeigen zugleich die Heterogenität des Frauenvereinswesens im Wilhelminischen Reich auf.[8]

Neben diesen selbstständigen Frauenbünden unterhielten die Flotten-, Ostmarken- und Kolonialvereine eigene Frauengruppen, die vor allem nach der Jahrhundertwende ihre Mitgliederzahlen ebenso wie ihre Bedeutung ausbauten. Keineswegs also waren diese Vereine reine Männerorganisationen, gerade der Koloniale Frauenbund nahm eine exponierte Stellung ein. Die weiblichen Mitglieder teilten die grundlegenden politischen Überzeugungen ihrer männlichen Mitstreiter: Die soziale Ordnung Deutschlands müsse auf einer inneren sozialen, kulturellen und ethnischen Homogenität beruhen. Eine Nation zu sein beinhalte, Kolonien bzw. eine starke Flotte zu besitzen, beides bedeute Weltmacht, und Weltmacht zu sein, zeige die Überlegenheit der deutschen Kultur. Die imperiale Aufladung des Nationalismus seitens seiner Vertreterinnen wie Vertreter definierte daher den Besitz von Kolonien oder Schlachtschiffen primär als nationale Prestigeangelegenheit. Dispute sollten sich allerdings an der Frage entzünden, welchen Einfluss Frauen über das zunächst zugestandene karitative und sozialpolitische Engagement hinaus haben sollten.

In diesen Vereinen gingen Nationalismus, Imperialismus, Rassismus und frauenpolitische Strategien eine bemerkenswerte Gemengelage ein, die im Folgenden eingehender analysiert wird. Dieses Thema ist in mehrfacher Hinsicht von Interesse: es bietet nicht nur einen Beitrag zu Politik und Ideologie des neuen rechten Spektrums im Kaiserreich, sondern auch dazu, wie essenziell für die Radikalisierung dieses Lagers die europäische und überseeische Bemächtigungsgeschichte war und wie Vereinsaktivistinnen diesen Prozess mitgestalteten, um die eigene Inklusion und neue Handlungsräume zu legitimieren.

---

[7] Planert, Staat, S. 19.
[8] Streubel, Literaturbericht, S. 3.

Gründungen

Der erste Verein, der als ›weiblicher Ableger‹ eines männlichen Agitationsvereins gegründet wurde, war der Deutsche Frauenverein für die Ostmarken, der bereits 1896 ins Leben gerufen wurde, um die Arbeit der Männer im Deutschen Ostmarkenverein zu unterstützen.[9] 54.000 Mitgliedern der Männerorganisation standen 1914 jedoch nur 3.400 Anhängerinnen gegenüber. Es folgten 1905 der Flottenbund deutscher Frauen, der unter den nationalistischen Vereinen die meisten weiblichen Mitglieder mobilisieren konnte (1913 60.000 Mitglieder), und der Frauenbund der Deutschen Kolonialgesellschaft (DKG), der bei der Gründung 1907 noch Deutsch-Kolonialer Frauenbund hieß und sich ein Jahr später offiziell der DKG anschloss. Auch seine Mitgliederzahlen (1914 18.700 Mitglieder) sind bemerkenswert, lagen sie doch immerhin fast halb so hoch wie die der Männerorganisation und entsprachen etwa denen des Alldeutschen Verbandes.

Die Gründung dieser Ableger beruhte vor allem auf zwei Momenten: Erstens gab es offenbar ein Bedürfnis mancher Frauen aus dem Umfeld der Vereine, nicht länger von der politischen Sphäre ausgeschlossen zu sein, wie eine Frau gegenüber dem Flottenbund anmahnte: »Auch ich möchte sehr gerne Mitglied des Flottenvereins sein, dem mein Gatte längst angehört, doch wurde mein Vorschlag mit Lächeln übergangen! Wir Frauen werden einfach beiseite geschoben, deshalb wollen wir nun erst recht Mitglied sein!«[10] Ganz entgegen seiner ursprünglichen Intention förderte der Ausschluss von der politischen Sphäre die Politisierung von Frauen.[11] Zweitens sahen die Männer in der Gründung von Frauenabteilungen »willkommene Hilfstruppen« zur Popularisierung konservativer und nationalistischer Politik.

Ferner gab es bei jedem Verein noch spezifische Anlässe. War beim Flottenbund deutscher Frauen z. B. die erste Marokko-Krise der aktuelle Impuls, so stellte die Initiative der »Hakatisten« anscheinend eine Reaktion auf die engagierte Mitarbeit von Frauen in der polnischen Nationalbewegung dar. Diesem Ein-

---

[9] Vgl. Streubel, Literaturbericht; Süchting-Hänger, Gewissen.

[10] Bismarck-Frauen Kalender für 1902, S. 97, zit. nach Bruns, Frauenvereine, S. 379.

[11] Vgl. auch Schröder, Arbeiten, S. 12.

satz polnischer Frauen wollten die Vertreter des Ostmarkenvereins das Engagement deutscher Frauen gegenüberstellen. »Da die polnischen Frauen eine so bedeutende Rolle in der großpolnischen Agitation spielen, möchte man wünschen, daß auch die deutschen Frauen mehr noch als bisher die deutschen Gegenbestrebungen unterstützen«, formulierte Justizrat Heinz Brunner, Juraprofessor an der Universität Berlin, anlässlich der Gründung der Berliner Ortsgruppe und der gleichzeitigen Bildung der ersten Frauengruppe des Vereins im April 1895.[12] Überhaupt spielte in der Propaganda des Ostmarkenvereins das Feindbild »der Polinnen« eine herausragende Rolle. Sie seien »im Osten unsere wirksamsten und gefährlichsten Gegner«[13], weil sie nicht nur mit ihrer Fertilität die deutschen Frauen und das deutsche Volk an die Wand drückten, sondern auch noch durch Einheiraten rechtschaffene deutsche katholische Männer »polonisierten«. Nicht nur in den Kolonien, auch in Ostpreußen wurde das »Problem« der »Mischehen« und des kulturellen »Abfalls« entdeckt. Eine komparative Studie zu diesen Diskursen um die ›kulturelle Krise an der Peripherie‹ stellt aber noch ein Forschungsdesiderat dar. Da der Ostmarkenverein sich als nationaler »Volksverein« sah, der keiner politischen Partei, keiner Bevölkerungsklasse und keiner Glaubensgemeinschaft verpflichtet war, fand das Vereinsgesetz, das Frauen bis zu seiner Aufhebung 1908 die Mitgliedschaft in politischen Organisationen verbot, hier keine Anwendung. Mitglieder wurden, wie auch in den anderen Ablegern der Agitationsvereine, überwiegend die Ehefrauen oder Töchter der Angehörigen des Männervereins. Insofern spiegelte die Mitgliederschaft des Frauenvereins die Sozialstruktur des Männervereins wider: Die Mehrheit waren die Ehefrauen von Beamten, Lehrern und Kaufleuten.

Im Fall der Kolonialbewegung hatte sich schon um die Jahrhundertwende eine Zusammenarbeit zwischen der DKG und ebenso kolonialbegeisterten wie nationalistisch gesinnten Frauen angesponnen. Insbesondere die Vortragstätigkeit von Frau-

---

[12] Zit. nach Elizabeth A. Drummond, »Durch Liebe stark, deutsch bis ins Mark«: Weiblicher Kulturimperialismus und der Deutsche Frauenverein für die Ostmarken, in: Ute Planert (Hg.), Nation, Politik und Geschlecht. Frauenbewegungen und Nationalismus in der Moderne, Frankfurt 2000, S. 147–64, hier S. 152.

[13] Zit. nach ebd.

en wie der bekannten Schriftstellerin Frieda von Bülow erregte das Interesse einzelner Mitglieder der DKG. Nach den Kriegen in Deutsch-Südwestafrika und Deutsch-Ostafrika sowie auf den Wellen des durch die Reichstagswahlen hoch geputschten Kolonialinteresses begann im Jahre 1907 die offizielle Zusammenarbeit. Mit Unterstützung nicht nur durch den Präsidenten der Kolonialgesellschaft, sondern auch des Staatssekretärs im Reichskolonialamt, Bernhard Dernburg, gründeten überwiegend Ehefrauen von Mitgliedern der DKG und Kolonialpolitikern wie Maria Kuhn, Ehefrau des umtriebigen Berliner DKG-Mitglieds und Oberstabsarztes Philalethes Kuhn, und Sophie Sander, Ehefrau von Karl Ludwig Sander, Marinearzt und Sekretär der DKG, 1907 den »Deutsch-kolonialen Frauenbund«.[14] Ehrenmitglieder wurden die Frauen von ranghohen Kolonialpolitikern, und Herzogin Elisabeth von Mecklenburg, die Ehefrau des Präsidenten der Kolonialgesellschaft, übernahm die Schirmherrschaft. 1908 erfolgte dann der Anschluss an die DKG als korporatives Mitglied und die Umbenennung in »Frauenbund der Deutschen Kolonialgesellschaft«. Dazu musste der Bund drei Vorstandsmitglieder der Kolonialgesellschaft in seinen Vorstand übernehmen. Ursächlich für die höchste politische Unterstützung war vermutlich die von allen Seiten als dringlich empfundene Aufgabe, Frauen stärker als bisher in die Verbandsarbeit zu integrieren.

Weiblicher Kulturimperialismus

Trotz interner Konflikte war den männlichen Hauptvereinen nämlich sehr bewusst, dass sie die Mitarbeit von Frauen dringend benötigten – nicht nur wegen der reichlichen Finanzmittel, die die weiblichen Mitglieder in unzähligen Bazaren, Thea-

---

[14] Vgl. Karen Smidt, »Germania führt die deutsche Frau nach Südwest«. Auswanderung, Leben und soziale Konflikte deutscher Frauen in der ehemaligen Kolonie Deutsch-Südwestafrika 1884–1920, Magdeburg 1997, S. 55–74; Lora Wildenthal, German Women for Empire, 1884–1945, Durham 2001, S. 131–71; dies., Rasse und Kultur. Koloniale Frauenorganisationen in der deutschen Kolonialbewegung des Kaiserreichs, in: Birthe Kundrus (Hg.), Phantasiereiche. Zur Kulturgeschichte des deutschen Kolonialismus, Frankfurt 2003, S. 202–19.

terauffführungen und anderen Wohltätigkeitsveranstaltungen
sammelten, sondern vor allem, weil die zeitgenössischen Konzepte von der deutschen Nation und dem deutschen »Weltreich« auch die Partizipation »der deutschen Frau« beinhalte-
ten, indem sie diese als »Kulturträgerin« vorsahen, ein Status,
der besonders hervorgehoben wurde, wenn die Territorien dieser Nation als umkämpft galten. Die allmählich in diesen Diskussionen sich herausschälende Definition der deutschen Frau
als »Hüterin deutscher Art und Sitte« sollte die imperiale Macht
der Männer in den eroberten Kolonien und deutschen Sied-
lungsgebieten kulturell absichern. »Weiblicher Kulturimperialismus«[15] wurde fester Bestandteil nationaler Expansion.

Sehr eindringlich lassen sich die Grundannahmen dieses
Konzepts und seine Folgen am Frauenbund der Deutschen Kolonialgesellschaft ablesen.[16] Kolonien im Allgemeinen und
Deutsch-Südwestafrika im Besonderen waren als männlich-
kriegerischer Raum gedacht. Männer sollten jungfräuliches Territorium erobern, die Wildnis erschließen, an männliche Tugenden wie Abenteuerlust und Tapferkeit wurde appelliert und
nicht zuletzt auf die Kapitalkraft von Männern gehofft. Hier
konnte »Mann«, so verhieß es vor allem die Kolonialliteratur,
nicht nur die Auflösungserscheinungen der Moderne hinter
sich lassen, sondern auch die längst verlorene Sicherheit männlicher Macht und Überlegenheit zurückerhalten.[17] Diese latent
antimoderne Stoßrichtung erwies sich aber aus nationaler Perspektive als Nachteil: Gerade Siedlungskolonien bedurften keineswegs archaischer, ja atavistischer Gesellschaftszustände, so

[15] Drummond, Liebe, S. 147.
[16] Vgl. Birthe Kundrus, Moderne Imperialisten. Das Kaiserreich im Spiegel seiner Kolonien, Köln 2003, S. 77–96.
[17] Sehr bekannt und evident in Gustav Frenssens Roman Peter Moors
Fahrt nach Südwest, Berlin 1906. Zur Überschneidung des kolonialen mit
einem männlichen sexuellen Begehren vgl. Thomas Schwarz, Die Kultivie-
rung des kolonialen Begehrens – ein deutscher Sonderweg, in: Alexander
Honold / Oliver Simons (Hg.), Kolonialismus als Kultur. Literatur, Medien,
Wissenschaft in der deutschen Gründerzeit des Fremden, Tübingen 2002,
S. 85–103; Robert Tobin, Venus von Samoa. Rasse und Sexualität im deut-
schen Südpazifik, in: ebd., S. 197–220; zur Feminisierung der Kolonien und
Geographisierung ihrer weiblichen Bewohner Rosa B. Schneider, »Um
Scholle und Leben«. Zur Konstruktion von »Rasse« und Geschlecht in der
deutschen kolonialen Afrikaliteratur um 1900, Frankfurt 2003.

Vertreter und Vertreterinnen des Frauenbundes, sondern der komplementären Ergänzung deutscher Männer durch deutsche Frauen und deren kulturellen Prägemöglichkeiten: »Wenn anstelle der einigen tausend Männer, die jetzt in den Kolonieen wohnen, erst einige tausend Familien draußen ein zweite Heimat sich geschaffen haben, werden die Kolonieen nach und nach zu dem werden, was sie werden sollen und können, zu einem ›Neu-Deutschland‹!«[18] In der Vorstellungswelt aller kolonialen Meisterdenker und -denkerinnen galten deutsche Frauen daher als rassenpolitischer, psychosozialer, ökonomischer, medizinischer, kultureller und nationaler Aktivposten.[19] »Ohne deutsche Frau keine deutsche Kultur«, hieß es emphatisch in den Kolonialen Monatsblättern, die den Einfluss der weißen Frau in den Kolonien für das entscheidende »Heilmittel gegen das ›Verniggern‹, ›Verkaffern‹ oder Verkanakern‹«[20] der männlichen Kolonisten hielt. Dessen Abwertung, im englischen Kontext als »going native« bezeichnet, stellte das diskursive Gegenstück zur Aufwertung der deutschen Frau dar. Nach einigen Kolonialskandalen und als die Kolonisten zahlreicher wurden, es engere und regelmäßigere Kontakte zu Deutschland gab,[21] wurde nach und nach das Bild von der Kolonie als Oase einer heroisch-kriegerischen Männlichkeit abgelöst von Entwürfen, die den Kolonisten als psychisch labil und verführungswillig skizzierten, gefährdet durch die soziale wie natürliche koloniale Umgebung. Ihren Ausdruck fanden diese Bedrohungsängste in dem Sujet des »Verkafferns«. Dieser Begriff meinte, dass Teile der deutschen Siedler ihre persönliche, kulturelle, nationale Identität verlören und sich in der sozialen Praxis den – gemäß der überwiegenden Einschätzung – kulturlosen Beherrschten anglichen. Als nahezu bewiesen galt die »Verkafferung«, wenn der Migrant mit einer einheimischen Frau lebte: Der »stete Umgang mit dem farbigen Weib und deren ganzer Freundschaft und Verwandtschaft zieht sie [die Ansiedler] in vielen Fällen rettungslos soweit hinunter, daß schwer abzusehen ist, wie aus

[18] Aufforderung zum Eintritt in den Deutschkolonialen Frauenbund, in: Windhuker Nachrichten vom 06.06.1907.
[19] Wildenthal, Women, S. 151–156.
[20] Ludwig Külz, Zur Frauenfrage in den deutschen Kolonien, in: Koloniale Monatsblätter 15 (1913), Nr. 2, S. 61–67, hier S. 62–63.
[21] Wildenthal, Rasse, S. 203–06.

einem solchen, in seinem ganzen Empfindungsleben einmal unter das bescheidenste weiße und europäische Niveau hinabgesunkenen Mann mit seinem Schwarm verwilderter, unerzogener, schmutziger Bastardkinder noch einmal eine national wertvolle Existenz werden könnte«, warnte der Journalist und Siedlungskommissar von Deutsch-Südwestafrika Paul Rohrbach.[22] Diese Kolonialvariante der Degeneration ergänzte die medizinischen Diskussionen im Reich, die zumeist ein Übermaß an Zivilisation als Ursache für die »Entartung« ausmachten. Im kolonialen Kontext dagegen ging es den Kolonialagenten um das herrschafts- und prestigegefährdende Problem, wie der Migrant in die Lage versetzt werden konnte, deutsche Kultur zu entbehren, ohne kulturlos zu werden. Wie konnte verhindert werden, dass in der »Wildnis« aus »Kulturmenschen« »Wilde« würden – und mit diesem Verhalten die nur mühsam gewonnene Vormachtstellung ebenso in Frage stellten wie die nationale Eigenart verfälschten?

Keineswegs präsentierte sich in den Diskussionen und Entwürfen ausschließlich der strahlende Kolonialheros, dessen Bewusstsein der eigenen kulturellen Höherwertigkeit sich im Wissen um die natürliche Minderwertigkeit der Kolonisierten spiegelte. Im Gegenteil: Wurden diese Bedeutungskonstruktionen an der Elle des kolonialen Lebensraumes gemessen, erlebten sich die Kolonialherren als überaus anfällig. Der fremden Natur, dem fremden Klima, den fremden Bewohnern, dem fremden Erdteil wurde die Macht zugesprochen, die Deutschen (ver-)formen zu können. Insofern ruhte der Kolonialrassismus, der versuchte, eine historisch-strukturell erzeugte Ungleichheit als natürliches Ergebnis körperlicher Dispositionen darzustellen und damit Macht zu legitimieren, auf tönernen Füßen. Denn seine Vertreter stellten die ihm zugrunde liegende Essenzialisierung immer wieder in Frage. Ob und wie dieser Widerspruch zwischen der Annahme einer genetischen Grundausstattung und einer kulturellen Praxis, die diese »aushebeln« könne, zeitgenössisch reflektiert worden ist, müssen weitere Forschungen klären. Im Kolonialnarrativ bedurfte es jedenfalls der »deutschen Kultur« und der »deutschen Frau«, um die fremden Mächte außer Kraft zu setzen. Erst durch seinen stabilen weißen, deutschen, weiblichen

---

[22] Bundesarchiv Berlin (BAB), R 1001, Nr. 1139, Bl. 131, Bericht Rohrbachs vom 16.08.1904.

Gegenpart würde sich der instabile, zwischen Weißheit und Männlichkeit, Geist und Sexus pendelnde deutsche Mann als wahrer deutscher Mann konstituieren und erfahren können, ausgestattet mit der Sicherheit männlicher wie ethnischer Macht und Überlegenheit. Zudem beruhte die Nation auf der Institution der bürgerlichen Familie. Ein Gemeinwesen bestehend nur aus Männern, fast ohne jede zivilisatorisch-formierenden Einflüsse, und dann auch noch überwiegend aus proletarisch-kleinbürgerlichen Verhältnissen: So stellten sich die Kolonialadvokaten ein überseeisches Neu-Deutschland nicht vor. Wie beklagenswert und wie dringlich mithin der »Einsatz deutscher Frauen« sei, das fasste die Generalsekretärin des Frauenbundes, Gertrud von Richthofen-Damsdorf, retrospektiv mit Blick auf Deutsch-Südwestafrika folgendermaßen zusammen: »Die Männerwelt begann zu verrohen, der Alkoholgenuß nahm Überhand, die deutsche Sprache wurde mit Brocken aus der Eingeborenen- und Burenrede durchsetzt. Da auf eine weiße Frau sechs schwarze Frauen kamen, gab es kein Mittel, um das Anwachsen der Mischlingsbevölkerung zu verhindern. Es wuchs ein Bastardgeschlecht heran, das im Jahre 1909 schon 4.282 Köpfe zählte und die Eigenschaften beider Rassen in ungünstiger Mischung vereinte.«[23]

Um diesen Übelstand abzuhelfen, um die überseeischen Besitzungen, zumal wenn dort wie in Deutsch-Südwestafrika deutsche Siedlungen angestrebt wurden, »innerlich deutsch zu machen«, sollte ein bevölkerungspolitisches Programm zum Tragen kommen: Mit der Entsendung möglichst vieler deutscher weißer Frauen in die Kolonien, Vorbild waren hier die Britinnen[24], wollte man den deutschen Siedlern und Militärs ein Reservoir an potenziellen Heiratskandidatinnen zur Verfügung stellen, um zum einen Beziehungen mit einheimischen Frauen und zum andern die Annäherung an die indigene Kultur und damit den Verlust des »Deutschtums« zu verhindern. Bis Ende 1913 wurden insge-

---

[23] Zit. nach Cornelia Carstens/Gerhild Vollherbst, »Deutsche Frauen nach Südwest!« – Der Frauenbund der Deutschen Kolonialgesellschaft, in: Ulrich van der Heyden/Joachim Zeller (Hg.), Kolonialmetropole Berlin. Eine Spurensuche, Berlin 2002, S. 50–56, hier S. 51.

[24] Vgl. Julia Bush, Edwardian Ladies and Imperial Power, London 2000, S. 146–69; Cecillie Swaisland, Servants and Gentlewomen to the Golden Land. The Emigration of Single Women from Britain to Southern Africa, 1820–1939, Providence 1993.

samt 2.039 Personen verschifft, etwa ein Drittel der erwachsenen Frauen kam mit dem Frauenbund ins Land.[25] In den Auswahlkriterien spiegelten sich eugenische, soziale und moralische Zielsetzungen im Hinblick auf die künftige Einwohnerstruktur der Kolonie. In diesen Entwürfen korrelierten Bildung und Charakter, und hier inszenierte sich Bürgerlichkeit mit ihrem Weiblichkeitsprogramm von »Fleiß, Sparsamkeit, praktische[m] Sinn, Anspruchslosigkeit und Herzensbildung«[26] als Eigenschaften, die die Migrantinnen mitzubringen hatten. Doch auch in einem handfesteren Sinne spielte die Kategorie Klasse eine Rolle. Teile der DKG und der Koloniale Frauenbund postulierten, dass nicht nur Dienstmädchen, sondern auch Angehörige aus den eigenen Kreisen, aus dem Adel und höheren Bürgertum, nach Deutsch-Südwestafrika gehen müssten, wenn die Kolonie ein »Neudeutschland« werden sollte.

Diese Vision wurde gerade nach Meinung rassefester Kolonialinteressierter durch »Mischehen«[27] zwischen weißen Kolonisten und einheimischen Frauen nachhaltig in Frage gestellt, denn es war eine der Grundannahmen des modernen sozialdarwinistischen Kolonialrassismus, dass – ausgehend vom kolonialpolitischen Primat der Rassenhierarchie – jeder Kontakt zwischen den Ethnien Weiße wie »Eingeborene« kontaminieren müsse.[28] Da die Anhängerinnen des Frauenbundes zu seinen eifrigsten Advokatinnen gehörten, basierten doch alle Ansprüche des Bundes auf eine Partizipation am Kolonialprojekt auf dem Ziel der »Rassenreinheit«, gehörten sie auch zu den schärfsten Kritikerinnen der »Mischehen«. Besonders heftig

[25] Vgl. Smidt, Germania, S. 440.

[26] Henriette Davidis, Praktisches Kochbuch für die gewöhnliche und feinere Küche, neu bearbeitete und erweiterte Auflage, Reutlingen o. J. (1911), S. 922: Kochen in den Kolonien.

[27] Zu den Mischehen vgl. Kundrus, Imperialisten, S. 219–280 (dort auch weiterführende Literatur); Wildenthal, Women, S. 79–130; Frank Becker, Kolonialherrschaft, Rassentrennung und Mission in Deutsch-Südwestafrika, in: ders. u. a. (Hg.), Politische Gewalt in der Moderne, Münster 2003, S. 133–64. Eine Binnenperspektive versucht Dag Henrichsen, Heirat im Krieg. Erfahrungen von Kaera Getzen-Leinhos, in: Jürgen Zimmerer/Joachim Zeller (Hg.), Völkermord in Deutsch-Südwestafrika. Der Kolonialkrieg in Namibia (1904–1908) und seine Folgen, Berlin 2003, S. 160–70.

[28] Vgl. Michael Schubert, Das Bild des Schwarzafrikaners in der parlamentarischen und publizistischen Kolonialdiskussion in Deutschland von den 1870er bis in die 1930er Jahre, Stuttgart 2003.

verfocht 1913 die 24jährige Journalistin und Frauenbund-Funktionärin Leonore Niessen-Deiters rassistische Theoreme innerhalb des Frauenbundes: »Unentbehrlich ist das starke und lebendige Nationalgefühl für den Einzelnen. Gewiss, die Fremde, das Leben im Auslande, meißelt die Persönlichkeit. Aber die Heimat bildet die Rasse aus, und Rasse und Persönlichkeit stehen in untrennbarer Wechselwirkung. Ohne das starke und klare Zusammengehörigkeitsgefühl zu Heimat und Rasse, zu Nation und Volk, geht auch die kräftigste Persönlichkeit rettungslos im fremden Volkstum unter.«[29] Rettung könne nur die weiße Partnerschaft bringen, so Niessen-Deiters: »Der Bastard von Weißen und Negern, dieser Mischling aus zwei blutsfremden Rassen – das fatale Halbgeschöpf, zusammengeschraubt aus zwei nicht zusammengehörenden Hälften, aus widersprechenden und widernatürlich vereinigten Eigenschaften zweier unvereinbarer Entwicklungsstufen, dieses in sich unglückliche und seiner Charaktereigenschaften halber für andere schädliche Wesen ist eine dauernde und wachsende Gefahr für jede Kolonie. Und es gibt nur ein wirklich wirksames Gegenmittel dagegen: die normale Verbindung zwischen Weißen, die das Rassebewußtsein hochhält und es verhindert, daß der draußen arbeitende Deutsche durch eine farbige Frau und Bastardkinder kulturell und wirtschaftlich herunterkommt.«[30] Nicht nur überschritten die Vereine durch ihre Existenz im öffentlichen Raum die Grenze der weiblich konnotierten Sphäre des Privaten, auch ihre rassenpolitischen Forderungen zielten darauf ab, dass der Staatsapparat sich in die Privatbereiche seiner Bürger und Bürgerinnen einmischen sollte.[31]

[29] Leonore Niessen-Deiters, Die deutsche Frau im Auslande und in den Schutzgebieten. Nach Originalberichten aus fünf Erdteilen, Berlin 1913, S. 9.
[30] Niessen-Deiters, Frau, S. 24. Dass die Übersiedelung von weißen, deutschen Frauen die Rate von Mischbeziehungen auch erhöhen könnte, nämlich zwischen schwarzen Männern und weißen Frauen, diese »Gefahr« hat im deutschen Kolonialkontext, verglichen mit der südafrikanischen Debatte um die »black peril«, offenbar keine Rolle gespielt. Vgl. Gareth Cornwell, George Webb Hardy's The Black Peril and the Social Meaning of ›Black Peril‹ in Early Twentieth-Century South Africa, in: Journal of Southern African Studies 22 (1996), Nr. 3, S. 441–53.
[31] Vgl. Pascal Grosse, Zwischen Privatheit und Öffentlichkeit. Kolonialmigration in Deutschland, 1900–1940, in: Kundrus, Phantasiereiche, S. 91–109.

Der Frauenbund und die Diskussion um deutsche Frauen in den Kolonien produzierten unter Zuhilfenahme des traditionellen Dualismus von Natur und Kultur Geschlechter-, Rassen- und Klassendifferenzen – und am Ende stand immer die erfolgreiche Bestätigung der eigenen Wichtigkeit. Die »koloniale Frauenfrage« wurde in einem ersten Schritt zur »kolonialen Männerfrage« umgedeutet. Vorstellungen über die ideale Siedlerfrau mischten sich mit dem Rekurs auf die für sehr real gehaltene Gefahr, dass die männlichen Migranten und damit die ganze Kolonie vom »Deutschtum« abfielen. Den bürgerlichen Ordnungsvorstellungen galten Frauen zwar als die »Naturwesen«, die ihre ursprüngliche Natur im Gegensatz zum Mann bewahrt hätten. Gerade deshalb aber koinzidiere ihre Seinsweise mit den höchsten Werten, also den höchsten kulturellen Anforderungen. Deutsche Frauen seien mithin das überlegene moralische Geschlecht. Einmal mehr lässt sich hier der biologisierende Argumentationsstrang finden, dass wahre Kultur natürlich sei. Zudem sollte das »deutsche Wesen« vor allem in der Familie, also im Einflussbereich der Frau gepflegt werden. Zugleich zeigte sich, dass der deutsche Mann ohne Familie nur ein halber Mann war. Die Nationalisierung der Kultur bzw. Kulturalisierung der Nation politisierte das scheinbar Private und »feminisierte« den Nationsbegriff. Darüber hinaus verkörperte im kolonialen Unterwerfungskontext die weiße deutsche Frau Kultur, weil der indigenen Frau der Part der Natur übertragen wurde. Das Frauenbild wurde aufgespalten in die einheimische Frau als triebhaftes Naturwesen und in die deutsche Frau als natürliches Kulturwesen. »Die deutsche Frau« blieb in all diesen Konstruktionen eine flexible Metapher der Ausgrenzung, die vor allem als Selbstentwurf den Gegensatz zu »den« Polinnen, Afrikanerinnen, Ozeanierinnen markieren sollte, deren fixes nationales Charakteristikum aber unbestimmt blieb, sieht man von bestimmten sozialen Formationen wie der »christlichen, weißen Ehefrau« und einigen als deutsch-traditional verstandenen kulturellen Praktiken wie der Pflege des Vereinswesens, deutscher Esskultur und Weihnachtsbräuche ab.[32] Von

[32] Vgl. auch Kisten Heinsohn, Denkstil und kollektiver Selbstentwurf im konservativ-völkischen Frauen-Milieu der Weimarer Republik, in: Rainer Hering/Rainer Nicolaysen (Hg.), Lebendige Sozialgeschichte, Wiesbaden 2003, S. 189–205.

diesen Argumentationssträngen war es nur ein kurzer Schritt
zum Bild der deutschen Frau als Kulturträgerin, die mit ihren
weiblichen Tugenden einen Schutzwall gegen alles Fremdartige
bildete. Das (Selbst-)Bild, das in den Konzeptionen der kolo-
nialinteressierten Männer und Frauen vom deutschen starken
Geschlecht entworfen wurde, zeichnete sich einmal mehr durch
Schwäche und überaus große Anfälligkeit aus.[33] Dessen (tem-
porärer) Kulturabfall wurde inszenierbar, weil das zukünftige
Geschlechterverhältnis in den Kolonien wie in der Metropole
nur als Dualismus denkbar war, der deutsche Frauen und Männer vor allem als Familie konzeptionell aneinanderschmiedete.

Männer und Frauen – Handlungsräume im Verein

Nicht nur in den Überseegebieten, auch im Osten Preußens, wo
die Mehrheit der Bevölkerung polnisch sprach und wo die polnische Volksgruppe der ethnischen Unterdrückungspolitik der
Regierung den Kampf um kulturelle Selbstbestimmung ange-
sagt hatte, der immer schärfere Formen annahm, und in anderen Gebieten mit deutschen Minderheiten setzten die imperialen Agitationsverbände auf den kulturellen Einfluss deutscher
Frauen. Entsprechend aggressiv rührten auch die Frauen des
Ostmarkenvereins die deutsche Werbetrommel und schickten
Landpflegerinnen und Rednerinnen in den »Nationalitäten-
kampf«.[34] Andere Agitationsmittel waren eine institutionali-
sierte Sprachenpflege in Kindergärten, Büchereien, Schulen
oder der Versuch, Einfluss auf die Erziehung in den eigenen
Familien zu nehmen.
    Der Koloniale Frauenbund wiederum wollte das Interesse an
den Kolonien unter Frauen fördern, deutsche Frauen und Mädchen gewinnen, die in die Kolonien migrieren wollten, und die
wirtschaftlichen wie geistigen Beziehungen zwischen der Metropole und den Kolonien festigen. Schwerpunkt der Aktivitäten
war Deutsch-Südwestafrika als wichtigste Ansiedlungskolonie,
später auch Deutsch-Ostafrika. Dieses Ziel einer engen Verbin-

---

[33] Das Phänomen des »Verkafferns« von deutschen Frauen findet man in
den zeitgenössischen Veröffentlichungen nicht.
[34] Vgl. auch Ute Planert, Antifeminismus im Kaiserreich. Diskurs, soziale
Formation und politische Mentalität, Göttingen 1998, S. 232–34.

dung von »Kolonie und Heimat« spiegelte sich nicht nur in der gleichnamigen auflagenstarken Zeitschrift – einem kolonialen Familienjournal, das mit seiner bildbetonten lockeren Aufmachung wesentlich mehr Anklang fand als die bleiwüstenartige und trockene »Deutsche Kolonialzeitung« der DKG –, sondern wurde auch in der praktischen Arbeit realisiert. So legten sich im Laufe der Jahre die regionalen Abteilungen, die recht autonom die Schwerpunkte ihrer Arbeit gestalten konnten, eigene Projektpatenschaften zu, Posen unterstützte etwa die weiße Grundschule in Lüderitzbucht, die Abteilung Hameln richtete der Gemeinde Okahandja eine Ortsbibliothek ein, und Braunschweig stiftete dem Windhoeker Wöchnerinnenheim Betten und sonstige Ausrüstungsgegenstände.[35] Weitere Interessen galten der kolonialspezifischen haus- und landwirtschaftlichen Ausbildung, die sich in der Gründung des »Heimathauses« in Keetmanshoop, einem Stützpunkt für einwandernde Frauen und »Bollwerk gegen die Verburung, Verengländerung und Verkafferung«[36] Südwestafrikas oder der Zusammenarbeit mit den Kolonialfrauenschulen in Carthaus bei Trier und Witzenhausen (später Bad Weilbach) niederschlugen, sowie der Fürsorge für weiße Kinder in Form von Kindermädchen, Kindergärten und Schulen. In der Metropole veranstalteten die Frauen *fundraising* für die DKG mit Kostümfesten, Basaren, Lotterien, aber auch Kolonialkaffees, Lichtbilder- und Theateraufführungen. Zudem entwickelten sie ein überaus intensives Vortragswesen, das beliebt und stets gut besucht war. Diese rege koloniale Propagandatätigkeit zeigte auch Erfolge bei der Werbung von neuen Mitgliedern. Zwischen 1909 und 1914 konnten die Mitgliederzahlen fast vervierfacht werden.

In allen drei Filialvereinen gab es bald eine Gruppe von Frauen, die mit dem Status einer untergeordneten Hilfstruppe unzufrieden wurde und auf eine Ausweitung der Handlungsfelder drängte. Einige Frauen des Flottenbundes erklärten, dass ihre Gelder nicht für »Kleinigkeiten« ausgegeben werden sollten. Statt für ein Seemänner-Genesungsheim wollten sie lieber für ein Schlachtschiff sparen. Überhaupt sei der Frauenflotten-

---

[35] Vgl. auch Imre Josef Demhardt, Deutsche Kolonialgesellschaft 1888–1918. Ein Beitrag zur Organisationsgeschichte der deutschen Kolonialbewegung, Wiesbaden 2002, S. 78–81.

[36] Niessen-Deiters, Frau, S. 63.

bund kein Fürsorgeverein, proklamierte diese Gruppe schon 1912. Der Vorstand diskutierte 1913 sogar die Möglichkeit eines Beitritts zum BDF.[37] Im Frauenverein für die Ostmarken stach die Ortsgruppe Posen heraus, in der besonders viele Lehrerinnen und andere Berufsfrauen organisiert waren.[38] Die Posenerinnen forderten die Anerkennung der Frau als Staatsbürgerin, die zwar nicht unbedingt wählen, aber stärkeren Einfluss in öffentlichen Angelegenheiten erhalten sollte. Statt auf Krankenpflege und Kindererziehung setzte man auf eine bessere Ausbildung und die Förderung selbstständiger Geschäftsfrauen. Eine starke Unterstützerin fand diese Gruppe in Käthe Schirmacher, Propagandistin einer unnachgiebigen Germanisierungspolitik. Schirmacher hatte sich bis zur Jahrhundertwende im radikalen Flügel der bürgerlichen Frauenbewegung engagiert und ihre frauenrechtlerischen Ideen auch als radikale Nationalistin nicht abgelegt.

Am besten dokumentiert sind die Konflikte zwischen männlicher und weiblicher Führung aber für den Frauenbund der DKG. Aufgrund der Popularität des Frauenbundes kam es zu »Eifersüchteleien«, wie die Deutsche Kolonialzeitung öffentlich eingestehen musste.[39] Zum ersten ärgerte es die Kolonialgesellschaft, dass der Frauenbund es verstand, in der konservativen Presse und in den Eigenpublikationen seine Erfolge bei der Vermittlung von Frauen in die Kolonien bestens hervorzuheben und die finanzielle Unterfütterung des Projektes durch die DKG unter den Tisch fallen zu lassen. Zum zweiten verstimmte es die Herren, dass sie nicht über die Gründung neuer Zweigvereine informiert wurden. Drittens begann der Frauenbund in manchen Orten, der Kolonialgesellschaft ihren Mitgliederstamm streitig zu machen. Satzungswidrig nahm er nämlich Männer auf, die nicht auch der Deutschen Kolonialgesellschaft angehörten. Mit dieser Konkurrenz warb er potenzielle Mitglieder ab und stellte die ursprüngliche Mitgliederstruktur des Vereins als lediglich »eheweiblichem« Ableger auf den Kopf. 1909 waren schon zehn Prozent der Mitglieder des Frauenbundes Männer, bis 1910 stieg ihr Anteil auf 17 Prozent.[40] Überhaupt,

---

[37] Vgl. Süchting-Hänger, Gewissen, S. 69.
[38] Drummond, Liebe, S. 156–157.
[39] Deutsche Kolonialzeitung 27 (1908), Nr. 33, S. 551.
[40] Wildenthal, Women, S. 150.

so lautete ein weiterer Vorwurf, würden die Frauen absichtlich ihre Veranstaltungen zur gleichen Zeit stattfinden lassen wie die der DKG, um deren Teilnehmerzahlen zu dezimieren. Viertens kam es immer wieder zu Zwistigkeiten über die Finanzierung von Projekten.[41]

Diese scheinbare Undankbarkeit und Aufmüpfigkeit erregten den Verdacht auf Seiten der DKG, man habe sich ein frauenrechtlerisches Kuckucksei ins Nest gelegt. In der Tat bestanden vielfältige Verflechtungen mit dem BDF, dem der Frauenbund als Organisation 1911 beitrat. Die Gründe lagen aber auch in der dynamischen Persönlichkeit von Hedwig Heyl, die nach der militärenthusiastischen Adligen Adda von Liliencron und der nur ein Jahr amtierenden Irmgard von Richthofen 1910 für zehn Jahre den Vorsitz übernahm.[42] Sie war eine Vertreterin der gemäßigten bürgerlichen Frauenbewegung und stand dem linken Flügel der Nationalliberalen nahe. Früh verwitwet, hatte sie jahrelang eine ihr hinterlassene Fabrik erfolgreich geleitet, bevor sie als 60jährige den Frauenbund energisch reformierte. Ebenso wurde Paula Müller, Vorsitzende des Deutsch-Evangelischen Frauenbundes, Mitglied der kolonialen Frauenorganisation. Kurzzeitig war sogar erwogen worden, die Vorsitzende des Bundes Deutscher Frauenvereine, Gertrud Bäumer, in den Vorstand aufzunehmen.[43]

Wie konnten die Dinge für die DKG so aus dem Ruder laufen, dass der Frauenbund entgegen der ursprünglichen Konstruktion eines »Hilfsvereins« eine so autonome Rolle einnahm? Zunächst einmal konnten sich die Frauen auf eine breite Anerkennung ihrer Wichtigkeit verlassen. Die entscheidende Rolle von Frauen im kolonialen Projekt zeigte sich nicht nur darin, dass auffallend viele Texte der autobiografischen Siedlungs-, aber auch der fiktiven Literatur von Frauen verfasst worden waren, die zumeist zumindest dem Frauenbund nahe standen, wenn sie nicht gar Mitglied waren.[44] Sie erwies sich ebenso in der großen Unterstützung, die das Frauenprojekt unter politisch einflussreichen Frauen, aber vor allem unter Männern genoss, nicht zuletzt indem sie auch direkt Mitglied wurden. Zudem waren auch die

---

[41] Vgl. Süchting-Hänger, Gewissen, S. 72–75.
[42] Vgl. Wildenthal, Women, S. 156–167.
[43] Vgl. Süchting-Hänger, Gewissen, S. 75.
[44] Vgl. Schneider, Scholle, Literaturverzeichnis.

modernen Agitationsformen der Männerorganisationen in Form von Massenveranstaltungen und Kundgebungen sowie die Professionalisierung als effiziente moderne Bürokratie, die nicht nur aufwändig und erfolgreich publizierte, sondern z. B. auch Migrationen administrativ lenkte, dazu geeignet, Frauen politische Entscheidungsräume zu eröffnen und Selbstbewusstsein zu verleihen. Überdies kann die Bedeutung der konkreten Arbeit der Frauen- wie Männervereine nicht hoch genug veranschlagt werden. Gerade ihre täglichen Arbeiten, ob Routine-Tätigkeiten wie die briefliche und telegrafischer Korrespondenz mit Gouverneuren, Missionsleitern und Frauen in Übersee oder ritualisierte *events* wie koloniale Liederabende oder Theateraufführungen, ließen das deutsche Kolonialreich erst manifest werden.[45] Vor allem aber gab es ideologische Gründe für die starke Stellung des Frauenbundes. Das Projekt Kolonien mit seinem Ideal-Paar von Farmer und Farmersfrau schien einen völlig anderen Frauentypus zu erfordern, als die bürgerliche Norm es vorsah: Physische, moralische und mentale Härte waren ebenso notwendig wie Führungsqualitäten gegenüber der kolonisierten Bevölkerung.[46] Zudem betonte die Herrschaftsposition der Weißen über die Kolonisierten die Gleichstellung von deutschen Frauen und Männern, die in den Kolonialszenarien ohnehin eine ambivalente Rolle einnahmen.

Daher schien es nur konsequent, mit der kolonialen Geschlechterideologie, dieser Konvergenz aus Kolonialismus, Frauenpolitik, Rassismus und Nationalpathos, emanzipative Forderungen nach staatsbürgerlicher Gleichberechtigung zu legitimieren, wie es Leonore Niessen-Deiters 1913 tat: »Denn die Frau, die auch nach aussen hin mit vollstem Verständnis die Interessen ihrer Nation vertritt, mit vollem Verantwortungsgefühl ihre Pflichten ihrer Nation gegenüber erfüllt, diese Frau darf mit umso grösserer Selbstverständlichkeit verlangen, dass die Nation auch für ihre Rechte verständnisvoll eintritt.«[47] Das Frauenwahlrecht war und blieb die klassische Gretchenfrage

[45] Vgl. auch Quataert, Philanthropy, S. 7.

[46] Niessen-Deiters, Frau, S. 59. Vgl. auch Wildenthal, Women, S. 151–156. Der Begriff »Freiheit« zieht sich durch fast die gesamte Literatur auch von weiblichen Autoren, vgl. zu Frieda von Bülow Russell A. Berman Enlightenment or Empire. Colonial Discourse in German Culture, Lincoln 1998, S. 171–94.

[47] Niessen-Deiters, Frau, S. 14.

jeder weiblichen staatsbürgerlich-nationalen Zugehörigkeit.
1909 hatten in Deutschland der Schlesische Verein für Frauenstimmrecht und der Schlesische Frauenverband, dem immerhin
41 Vereine angehörten, eine Eingabe an den Reichskanzler gerichtet, die im Zuge der Neuordnung des Gemeinwesens in
Südwestafrika forderte, auch Frauen in der Gemeindeverordnung das Wahlrecht zu verleihen. Anna Plothow von der Kolo-
nialfrauenschule Witzenhausen forderte 1910: »Soll die deutsche Frau als Kulturträgerin in den Kolonien wirken, so muß
sie auch mit dem Recht ausgestattet sein, an der Gestaltung dieser Kultur bestimmend mitzuwirken.«[48] Obwohl sich Wilhelm
Külz, der diese Gemeindeverordnung ausarbeitete, gegen das
Frauenstimmrecht ausgesprochen hatte, erkämpften die Wort-
führerinnen immerhin einen Erfolg: Der Landesrat in Windhoek beschloss 1913 mit knapper Mehrheit, dass weiße allein-
wirtschaftende Farmerinnen das Zensus-Wahlrecht für den
Landrat erhielten. Es war das alte Lied: Da nicht alle Männer
das Stimmrecht hatten, bekam auch nur eine kleine Minderheit
von Frauen das Stimmrecht zugesprochen.[49] Die Ausdehnung
des lediglich restriktiven Wahlrechts auf deutsche Farmerinnen
schien den Frauenverbänden vermutlich keine so schlechte Lösung, hielt es doch weiterhin die weißen Unterschichten – von
der afrikanischen Bevölkerung war in all diesen Diskussionen
nicht die Rede[50] – von der Machtteilhabe fern. Ein demokrati-

[48] Anna Plothow, Die deutsche Koloniale Frauenschule, in: Deutsch-Süd-
westafrikanische Zeitung 12 (1910), Nr. 78, Bl. 2.
[49] Wildenthal, Women, S. 104; Smidt, Germania, S. 244–246. Vgl auch Ian
Christopher Fletcher u. a. (Hg.), Women's Suffrage in the British Empire.
Citizenship, Nation, and Race, London 2000. Die männlichen Wähler mussten wenigstens 25 Jahre alt sein, seit mindestens zwei Jahren in der Kolonie
ansässig und ökonomisch unabhängig. Armut, ein schlechter Leumund
oder das Zusammenleben mit Afrikanerinnen schlossen von der Wahl aus.
Bei der Wahl 1910 konnten so nur 2.000 von 6.999 erwachsenen deutschen
Männern über die Gemeinderäte abstimmen. Vgl. allgemein zum Frauenwahlrecht: Gisela Bock, Frauen in der europäischen Geschichte. Vom Mittelalter bis zur Gegenwart, München 2000, S. 201–215.
[50] Anders als die britischen oder australischen Frauenbewegungen haben
deutsche Frauenrechtlerinnen ihr Verhältnis zu den kolonisierten Frauen
nicht reflektiert. Vgl. Antoinette Burton, The Burdens of History. British Fe-
minists, Indian Women, and Imperial Culture, 1865–1915, Chapel Hill 1994;
Vron Ware, Beyond the Pale. White Women, Racism and History, London
1992.

sches Frauenwahlrecht hatten die Petentinnen bei ihren Anträgen jedenfalls wohl kaum vor Augen gehabt. Die im rechten Lager heiß umstrittenen Postulate nach gleichen Rechten unterstützten im Frauenbund, wie auch beim Flottenbund und im Ostmarkenverein, keineswegs alle weiblichen oder männlichen Mitglieder. Immer wieder wurden auch nostalgische Vorstellungen laut, die von einer domestizierten Frauenwelt in den Schutzgebieten fern aller das Familienleben zerstörenden Fabriken träumten. Ob die emanzipatorischen Positionen innerhalb des rechten Frauenvereinswesens im Kaiserreich die Sache einer Minderheit blieben, müssen weitere Forschungen belegen. Zumindest scheinen diese gegenteiligen Auffassungen in allen Vereinen koexistiert zu haben, ohne sich zu Richtungskämpfen auszuwachsen.

Resümee

An das imperiale Projekt knüpften sich Hoffnungen an neue Handlungsräume und Freiheiten für deutsche Männer. Den Frauenorganisationen der imperialistischen Verbände ging es um Teilhabe an diesem national-imperialen Projekt.[51] Der nur vermeintlich exklusiv männliche wilhelminische Imperialismus kam diesen Bedürfnissen entgegen mit der Öffnung seiner Organisationen für Frauen, was die integrativen Kräfte des imperialen Vorhabens unterstreicht. Mit diesen Mitsprache- und Mitbestimmungsrechten unter dem Banner eines kommenden »deutschen Weltreiches« wurden der Wandel der Geschlechterverhältnisse und die Öffnung der politischen Sphäre für deutsche Frauen schichtenspezifisch akzeleriert.

Möglich wurde die im Vergleich zu den politischen Parteien und den eher karitativen Verbänden des rechten Spektrums stärkere Stellung dieser Vereine insbesondere durch die imperiale Geschlechterideologie. Da jede Vision von einer deutschen Weltmacht auf die Ewigkeit ausgerichtet war, hatten die weiblichen Imperialisten leichtes Spiel, indem sie mit den Frauen als Trägerinnen der kommenden Generationen argumentierten. Sie nutzten zudem die Zukunftsprojektionen der Nation im imperialistischen Denken, in denen der Prozess des ›nation-build-

---

[51] Vgl. Planert, Antifeminismus, S. 222.

ing‹ seine Vollendung[52] oder seinen Aufbruch[53] erlebte, um Versatzstücke aus dem Nationen- und kolonialen Rassendiskurs, den Dichotomien von Weiblichkeit und Männlichkeit, Natur und Kultur sowie von Privatheit und Öffentlichkeit zusammenzufügen mit dem Ergebnis, dass allein die deutsche weiße Frau die Kulturleistung, die nötig war, um die Gebiete »einzudeutschen«, absichern würde. Der Rekurs auf die »deutsche Kultur« erwies sich nicht zuletzt deshalb als wirkungsvoll, weil »Kultur« ohnehin als Inbegriff »deutschen Wesens« einen hohen Stellenwert im bürgerlichen Wertehimmel einnahm.

Diese Legitimation neuer weißer weiblicher Handlungsräume verfing im rechten politischen Spektrum, weil sie zunächst ganz traditionell anmutete und größtenteils weit entfernt schien von einer staatsbürgerlichen, rechtlichen Partizipation.[54] Der vermeintlich ungefährliche, weil unpolitische Türöffner entpuppte sich aber als Sprungbrett für zunehmend auch allgemeinpolitisches Engagement. Manche weiblichen Mitglieder drängten auf die Anerkennung der Frauenarbeit als gleichwertig, wollten in ihren Frauenorganisationen autonom arbeiten und die Ziele und Aktionsgebiete selbstständig festlegen. Auch wenn sie auf dem Differenzdenken beharrten und auf einen spezifisch weiblichen Beitrag zur Imperialbildung verwiesen: Irgendwann erlebten die Männer in diesen Organisationen die »Hilfsvereine« doch als ungebetenen frauenrechtlerischen Übergriff.

Die imperialistischen Frauenorganisationen sind, da sie letztlich heterogene Sammelbewegungen waren, nur schwer im rechten Spektrum der politischen Szene des Kaiserreichs zu verorten. Wichtige Elemente des völkischen Denkens finden sich z. B. im Kolonialen Frauenbund wieder: Die Wandlung des Volksbegriffes von der Gemeinschaft aller Staatsbürger zur ethnischen Gemeinschaft, die Vorstellung von der Frau als »Hüterin deutscher Art« als besonders verantwortlich für die »Reinhaltung des Deutschtums und der Rasse«, das Eindringen

[52] Klaus J. Bade, Die »Zweite Reichsgründung« in Übersee: Imperiale Visionen, Kolonialbewegung und Kolonialpolitik in der Bismarckzeit, in: Adolf M. Birke/Günther Heydemann (Hg.), Die Herausforderung des europäischen Staatensystems. Nationale Ideologie und staatliches Interesse zwischen Restauration und Imperialismus, Göttingen 1989, S. 185.

[53] Christian Geulen, »The Final Frontier...«. Heimat, Nation und Kolonie um 1900. Carl Peters, in: Kundrus, Phantasiereiche, S. 35–55, hier S. 48.

[54] Vgl. Süchting-Hänger, Gewissen, S. 399; Wildenthal, Women, S. 1–11.

rassenhygienischer Präambeln in den nationalen Wertekanon und ein übersteigerter Antiindividualismus, der als höchsten Seinsbegriff nur noch das Volk anerkennt.[55] Andere essenzielle Elemente hingegen fehlten völlig, vor allem ein erklärter Antisemitismus wie etwa bei den Alldeutschen.[56] Vielleicht am ehesten stehen die imperialistischen Frauenverbände für das – sich nur langsam entfaltende –Modernisierungspotenzial des Konservatismus in der wilhelminischen politischen Konstellation.[57] Sie entsprangen dem konservativen Lager und zeichneten sich durch Loyalität zu Monarchie, Adel und Militär aus und damit zur Verfassungsrealität des Kaiserreichs. Mit dieser sozial konservierenden Haltung reproduzierten sie die gesellschaftlichen Ungleichheiten von Macht und Reichtum ihrer Zeit. Allerdings entsprachen manche Positionen sowohl in Bezug auf Frauenrechte als auch auf Rassenfragen keineswegs traditionell konservativen Überzeugungen, sondern entstammten »modernen« Konzepten.

Von der liberalen bürgerlichen Frauenbewegung unterschieden sich die imperialistischen Frauenorganisationen in ihrer Konstruktion als Filialverein von männlich geprägten Verbänden, ihrer Zugehörigkeit zu einer bürgerlich-adligen Honoratiorenöffentlichkeit und ihrer primär nationalen Zielrichtung. Die bürgerliche Frauenbewegung verstand sich zwar als nationale Organisation, unterstützte das wilhelminische Flottenbauprogramm und nahm den Kolonialen Frauenbund in ihre Reihen auf. Sie suchte gleichzeitig aber die internationale Ausrichtung, etwa mit ihrem Beitritt 1897 als dritter Nationalverband zum International Council of Women ICW. Zudem kennzeichnete sie ein Lavieren zwischen Integration und Aufbau einer Gegenkultur bzw. -bewegung.[58] Beide Bewegungen

---

[55] Süchtig-Hänger, Gewissen, S. 396.

[56] Vgl. Rainer Hering, Die konstruierte Nation. Der Alldeutsche Verband 1890–1939, Hamburg 2003, S. 380–394.

[57] Vgl. Klaus Tenfelde, 1890–1914: Durchbruch der Moderne? Über Gesellschaft im späten Kaiserreich, in: Lothar Gall (Hg.), Otto von Bismarck und Wilhelm II. Repräsentanten eines Epochenwechsels? Paderborn 2000, S. 119–41, hier S. 140–41; Geoff Eley/James Retallack (Hg.), Wilhelminism and its Legacies. German Modernities, Imperialism, and the Meaning of Reform, 1890–1930, Oxford 2003.

[58] Vgl. Schröder, Arbeiten, S. 15; Wischermann, Frauenbewegungen, S. 261–269.

können hingegen durchaus als Teile eines Frauen-Netzwerkes
verstanden werden, teilten sie über einige persönliche Doppel-
mitgliedschaften hinaus doch ein bürgerlich-liberales Nations-
modell, in dem Partizipation kein Menschenrecht war, sondern
Belohnung für nationale Einsatzbereitschaft. Zudem oszillier-
ten sie zwischen Differenz- und Gleichheitsdenken, in Bezug
auf die »Frauenfrage« fand dies im Fall der imperialistischen
Frauenverbände seinen Ausdruck in deren Defensiv-Slogan
»gleichwertig, aber nicht gleichrangig«. Die »Klassen-« bzw.
»Rassenfrage« hingegen wurde eindeutig zugunsten von Distinktion und Hierarchie beantwortet.[59] Das Hinausgreifen in die
Welt wurde möglich durch die prinzipielle Absicht und Praxis,
die kolonisierten Gesellschaften zu Unterworfenen zu machen.
Dieser Weg, die Stellung der deutschen Frau über das Paradigma der Rasse aufzuwerten, wurde erkauft mit der Aufgabe des
bürgerlichen Gleichheitsversprechens und der Absage an allen
Universalismus. Insofern zeigten auch die imperialistischen
Frauenvereine, dass seit der Jahrhundertwende rassistische
Muster der Selbst- und Fremddeutungen in wesentlichen Teilen
des deutschen Bürgertums an Boden gewannen.[60] Zu fragen
bleibt daher, woher dieses starre Ausrichten an Differenzargu-
menten rührte und ob nicht in diesem vehement kolonialrassis-
tischen Paradigma der entscheidende Unterschied zu dem in
seinen Strukturen und Erscheinungsformen ähnlichen, seinen
Welt- und Fremdheitsdeutungen aber offeneren britischen »or-
ganised imperial feminism« liegt.[61] Die imperialistischen Frauenverbände des Wilhelminismus und mit ihnen die politische
Rechte hatten sich offenbar vor dem Ersten Weltkrieg gerade
auch über die Imaginationsfläche der Kolonien und eines
»deutschen Weltreiches« so weit radikalisiert, dass der Begriff
Egalität aus den politischen Ordnungsvorstellungen rundweg
verbannt worden war.

[59] Untersuchungen zum Verhältnis der deutschen Frauenbewegungen
zum Imperialismus liegen nicht vor; vgl. aber Anette Herlitzius, Frauenbe-
freiung und Rassenideologie. Rassenhygiene und Eugenik im politischen
Programm der »Radikalen Frauenbewegung« (1900–1933), Wiesbaden
1995.
[60] Vgl. Kundrus, Imperialisten; H. Glenn Penny/Matti Bunzl (Hg.),
Worldly Provincialism. German Anthropology in the Age of Empire. Social
History, Popular Culture, and Politics in Germany, Ann Arbor 2003.
[61] Vgl. Burton, Burdens; Bush, Ladies.

Dieter Gosewinkel

Rückwirkungen des kolonialen Rasserechts?
Deutsche Staatsangehörigkeit zwischen Rassestaat und Rechtsstaat

Das Deutsche Kaiserreich war zur Zeit seiner Entstehung 1871 in der Imagination, nicht in der Praxis ein National- oder Kolonialstaat. Es wurde vielmehr zum Nationalstaat in einem Vorgang der *Nationalisierung*, der, von den politischen Eliten ausgehend, über politische und rechtliche Institutionen zunehmend das Alltagsleben, die politische Mentalität und die Assoziationen breiterer Bevölkerungsgruppen zu prägen begann. Richtete sich dieser Vorgang zunächst vor allem ›nach innen‹, auf die institutionelle, wirtschaftliche und kulturelle Angleichung der Lebensverhältnisse in einem territorialen Binnenraum, überlagerte und vermischte er sich von Beginn an mit Einflüssen ›von außen‹. Zu diesen Einflüssen ›von außen‹ zählte die koloniale Expansion des Deutschen Reiches, die sich zunächst territorial außerhalb der Reichsgrenzen abspielte, um von dort auf die institutionellen Verhältnisse und politischen Wahrnehmungsmuster im deutschen Nationalstaat zurückzuwirken. An die Existenz, den Umfang und die Folgen derartiger Rückwirkungen von den kolonialen in die metropolitanen Gesellschaften, die ein ›innen‹ und ›außen‹ zunehmend auflösen, knüpft sich eine zentrale Hypothese der postcolonial studies, die auch im Mittelpunkt dieses Beitrags steht.[1] Der Nachweis

---

[1] Zu dieser Perspektive der Rückwirkung auf die deutsche Gesellschaft: Sebastian Conrad, Doppelte Marginalisierung,. Plädoyer für eine transnationale Perspektive auf die deutsche Geschichte, in: Geschichte und Gesellschaft 28 (2002), S. 145–69, besonders S. 162–68; Andreas Eckert/Albert Wirz, Wir nicht, die Anderen auch, in: Sebastian Conrad/Shalini Randeria (Hg.), Jenseits des Eurozentrismus. Postkoloniale Perspektiven in den Geschichts- und Kulturwissenschaften, Frankfurt 2002, S. 372–92; Rüdiger Voigt, Kolonialisierung des Rechts? Zur kolonialen Rechts- und Verwal-

solcher Rückwirkungen in der Hochphase des deutschen Kolonialismus, an der Wende vom 19. zum 20. Jahrhundert, bewegt sich im Spannungsfeld zweier einander kreuzender Entwicklungen. Auf der einen Seite stehen starke Tendenzen der *Nationalisierung* im Sinne einer nationalen Vereinheitlichung von Institutionen und politischen Denkweisen im Deutschen Reich und ihrer Ausrichtung auf den Höchstwert einer imaginierten homogenen Nation.[2] Auf der anderen Seite entwickeln sich räumliche Erschließungsvorgänge, politische Denkweisen und Bewegungen, die die Grenzen des Nationalstaats überschreiten und von daher *transnationale* Vorstellungen und Wirkungen verfolgen. Die Vorgänge der Nationalisierung und Transnationalisierung verlaufen gleichzeitig, parallel oder auch gegenläufig, bzw. überlagern einander. Vieles spricht dafür, dass in diesem Schnittfeld das Recht, das koloniale Recht im Besonderen, als Indikator und Instrument sowohl der Nationalisierung als auch Transnationalisierung eine wesentliche Rolle spielt.[3]

Diese These soll anhand der Staatsangehörigkeit im Deutschen Kaiserreich untersucht werden. In der rechtlichen Gestaltung der Staatsangehörigkeit bildeten sich ebenso Prozesse der Nationalisierung des Kaiserreichs wie auch transnationale Einflüsse ab: z. B. der Umgang mit der Einwanderung verschiedener Ausländergruppen; die politische Behandlung der Aus-

tungsordnung, in: ders./Peter Sack (Hg.), Kolonialisierung des Rechts, Baden-Baden 2001, S. 15–40.

[2] Siehe z. B. Michael Stolleis, »Innere Reichsgründung« durch Rechtsvereinheitlichung 1866–1880, in: ders., Konstitution und Intervention, Frankfurt 2001, S. 195–225; zur Rechtsinstitution der Staatsangehörigkeit Dieter Gosewinkel, Einbürgern und Ausschließen. Die Nationalisierung der Staatsangehörigkeit vom Deutschen Bund bis zur Bundesrepublik Deutschland, Göttingen ²2003.

[3] Siehe aus der wachsenden Literatur z. B. Rüdiger Voigt (Hg.), Kolonialisierung des Rechts: zur kolonialen Rechts- und Verwaltungsordnung, Baden-Baden 2001; Marc Grohmann, Exotische Verfassung. Die Kompetenzen des Reichstags für die deutschen Kolonien in Gesetzgebung und Staatsrechtswissenschaft des Kaiserreichs (1884–1914), Tübingen 2001; Hans-Jörg Fischer, Die deutschen Kolonien. Die koloniale Rechtsordnung und ihre Entwicklung nach dem ersten Weltkrieg, Berlin 2001; Norbert Berthold Wagner, Die deutschen Schutzgebiete. Erwerb, Organisation und Verlust aus juristischer Sicht, Baden-Baden 2002; Sebastian Conrad, Regime der Segregation. Kolonialismus, Recht und Globalisierung, in: Rechtsgeschichte 4 (2004), S. 187–204.

wanderung Deutscher in deutsche Kolonien und in das nicht-
deutsche Ausland; die rechtliche Kategorisierung der »Eingeborenen« und kolonialen Gebietsangehörigen in den deutschen
Schutzgebieten. Als rechtliche Institution war die Staatsangehörigkeit indessen nicht nur Abbild, sondern auch praktisches
Regulativ, das auf die Handhabung durch administrative In-
stanzen angelegt war und politisch gestaltend bis hinein in das
Alltagsleben wirkte.

Die folgenden Überlegungen lassen sich von folgender Fragestellung leiten: Inwieweit verliefen Prozesse der Nationalisierung einerseits, Vorgänge transnationaler Reichweite und Wirkung im Deutschen Kaiserreich andererseits nicht nur parallel,
sondern waren in Abfolge und Inhalt miteinander verknüpft?
Diese Frage lässt sich an der Wirkung der Kolonialexpansion
und, damit verbunden, der so genannten »Rassefrage« auf das
deutsche Staatsangehörigkeitsrecht untersuchen. Die Institution der Staatsangehörigkeit, genauer: Die Entwicklung der
Staatsangehörigkeitsgesetze ist daher Ausgangspunkt dieser
Studie, die sich 1.) einführend mit dem Prozess der Nationalisierung befasst, um anschließend 2.) die Veränderung der Debatte um das Staatsangehörigkeitsrecht aufgrund kolonialer Erfahrungen und rassepolitischer Forderungen zu skizzieren,
und 3.) knapp die Rückwirkung des kolonialen auf das metropolitane Recht zu resümieren.

1. Die Nationalisierung der Staatsangehörigkeit

Ausgangspunkt ist der Befund, dass die Staatsangehörigkeit in
Deutschland 1871 weder ›national‹ noch ›rassisch‹ determiniert
war. Das Kaiserreich von 1871 übernahm das Staatsangehörigkeitsrecht des Norddeutschen Bundes von 1870, das in der
Grundkonstruktion föderativ war, allerdings mit einer unitari-
schen Stoßrichtung: Einerseits wurde die Staatsangehörigkeit
von einzelnen Bundesstaaten verliehen, d. h. man wurde Preu-
ße, Bayer, Sachse usw. und nicht unmittelbar »Deutscher«. Andererseits enthielt das Bundesgesetz von 1870 erstmals für das
gesamte Reichsgebiet geltende Regeln über den Erwerb und
Verlust der Staatsangehörigkeit. In Verbindung mit der Schaffung eines nationalen, nach allgemeinem, gleichem Wahlrecht

bestimmten Parlaments und einer zentralen Bundessteuerkompetenz wurde das Bundesstaatsangehörigkeitsrecht zu einer Institution der Unitarisierung.

Die Anlage zur institutionellen Unitarisierung ging in einen Prozess der substanziellen Nationalisierung über. Nach einem Jahrzehnt innerer Konsolidierung des Kaiserreichs setzte in den 1880er Jahren verstärkt ein Prozess der Abgrenzung nach außen ein, genauer: eine genauere Bestimmung und schärfere Selektion der als ›erwünscht‹ eingestuften (dauerhaften) Einwanderung, die auf längere Sicht zur Einbürgerung führen konnte. Initiator dieser auf nationale Homogenisierung angelegten Verwaltungspraxis war Preußen, der Hegemonialstaat im Deutschen Reich. Aufgrund diplomatischen Drucks wurden die preußischen Einbürgerungsvorschriften zunehmend für die anderen Bundesstaaten verbindlich gemacht, so dass sich eine Rangskala der Einbürgerungswürdigkeit herausbildete, die der Nationalstaat Deutsches Reich weitgehend einheitlich Einwanderern und Ausländern im Reichsgebiet entgegenhielt. Als besonders einbürgerungswürdig galt die kleine Gruppe der Schweizer Einwanderer, die problemlos eingebürgert wurden, weil sie als »dem deutschen Volksstamm« zugehörig betrachtet wurden. Gleiches galt für Niederländer.[4] Am unteren Ende der Skala standen Einwanderer und Ausländer polnischer Nationalität. Keine andere nationale Gruppe erfuhr in der preußischen Einbürgerungspolitik eine auch nur annähernd vergleichbare Beachtung und Kontrolle. Das lag zum einen daran, dass die ›polnische Frage‹ den weitaus bedeutendsten Nationalitätenkonflikt im Deutschen Reich darstellte. Darüber hinaus gewann die Behandlung der Polen einen weitergehenden, prinzipiellen Stellenwert: Mit der Abwehr der Polen schärfte die deutsche Staatsangehörigkeit ihre spezifische nationale Kontur. Noch schärfer als Polen trafen die Einbürgerungsrestriktionen die Gruppe der Juden. Sie sollten als Sondergruppe diskriminiert werden. In ihnen bündelten sich nationale, wirtschaftliche und konfessionelle Ablehnungsgründe, die neben hergebrachter, zugespitzter Judenfeindschaft bisweilen bereits rassische, antisemitische Abwehrmuster verrieten.

In all dem zeigt sich geradezu ein Muster der Nationsbildung: die Nationalisierung durch die Definition und den Aus-

---

[4] Vgl. dazu Gosewinkel, Einbürgern, S. 261–277.

schluss von Fremden als Feinden.[5] In die Bestimmung der eigenen Nation gingen kulturelle, ethnische, auch rassische Kriterien ein. Diese Abwehr- und Feindbilder verfestigten sich in den 1880er und 90er Jahren, einer Phase der wirtschaftlichen Depression, und vor dem Hintergrund eines tiefgreifenden politischen Wandels der politischen Atmosphäre insgesamt. Die Schärfung und Verengung der Kriterien nationaler Zugehörigkeit schlug sich in einer politisch-parlamentarischen Initiative zur Novellierung des deutschen Staatsangehörigkeitsrechts im Jahre 1895 nieder. Für diesen Zusammenhang ist entscheidend, dass sich dieser Vorstoß zur expliziten Nationalisierung des Staatsangehörigkeitsrechts im Verlauf einer längeren Entwicklung mit zwei *transnationalen* Tendenzen verband: zum einen mit einer qualitativen Veränderung in der grenzüberschreitenden Migration, zum anderen mit der Kolonialexpansion des Deutschen Reiches. Diese politischen Veränderungen beförderten ihrerseits die Diskussion um die Eugenik als Instrument rassepolitischer Selektion und Steuerung transnational bedingter Veränderungen der Bevölkerung.[6] Die Gesetzesinitiative der Jahre 1894/95 fiel zusammen mit der ersten transnationalen Veränderungstendenz, der Wende im Migrationsgeschehen des Deutschen Reiches. Erstmals in der Geschichte des Kaiserreichs gab es mehr Zu- als Auswanderung in Deutschland. Das Reich vollzog den Übergang zum Arbeitsimportland und damit – auf lange Sicht – den strukturellen Umbruch zum Einwanderungsland. In diesem Kontext forderte die nationalliberal-konservative Gesetzesinitiative im Reichstag, den Schutz der ethnischen Substanz des deutschen »Volkes« dadurch zu sichern, dass das ›Deutschtum‹ im Staatsinnern wie im Ausland gegen den Andrang »Fremder«, gegen Vermischung und Auflösung, geschützt werden sollte. Die ethnisch-kulturelle Abstammung als Kernkriterium der nationalen ›Homogenität‹ deutscher Staatsangehörigkeit wurde damit erstmals grundsätzlich und mit Schärfe zur Grundlage einer Reform des deutschen Staatsangehörigkeitsrechts erhoben. Dabei verbanden sich in den initiativ werdenden Parteien und Ver-

---

[5] Zur Literatur s. Michael Jeismann, Das Vaterland der Feinde, Stuttgart 1991.

[6] Eingehend dazu Pascal Grosse, Kolonialismus, Eugenik und bürgerliche Gesellschaft in Deutschland 1850–1918, Frankfurt 2000.

bänden, unter denen insbesondere der Alldeutsche Verband eine tragende und besonders radikale Rolle spielte, Rassevorstellungen und antisemitische Ideen, wenn sie auch nicht offen dominierten.[7] Dieses Konglomerat von Abwehr- und Feindvorstellungen changierte zwischen mehr kulturellen, sprachlichen und umweltbedingten Kriterien einerseits, naturbezogenen, rassebiologisch und -anthropologisch unterlegten Kriterien andererseits. Diese Mischung blieb bis zum Ende des Kaiserreichs bestehen und bestimmte die spezifische Ambivalenz des Rassebegriffs in der Diskussion um das deutsche Staatsangehörigkeits- und Kolonialrecht.[8] Verbindender Kern dieser Abwehrvorstellungen war ein Ideal kultureller und ethnischer Homogenität, in dem auch eugenisch bestimmte Reinheitsvorstellungen einen festen Platz besaßen. Der zweite Schauplatz transnationaler Veränderung im Kaiserreich, die koloniale Expansion, wurde zum zentralen Erprobungsfeld biologistischer Gesellschaftsmodelle, die das eugenische Programm der Rassereinheit und selektiven Menschenzüchtung über das koloniale Recht in die Praxis umzusetzen versuchten.[9]

2. Koloniales Staatsangehörigkeitsrecht mit rassepolitischen Rückwirkungen?

Die parlamentarische Initiative zur Reform des Staatsangehörigkeitsrechts setzte einen fast zwei Jahrzehnte währenden Prozess der Gesetzgebung in Gang, auf dessen Entscheidungsphase zwischen 1905 und 1913 sich die transnationale Dimension kolonialpolitischer Vorstellungen zunehmend auswirkte, denn die koloniale Expansion des Reiches und die administrative Durchdringung der kolonialen Besitzungen integrierten diese zunehmend in den wirtschaftlichen Verband des Reiches und intensivierten die Austauschbeziehungen zwischen Kolonisatoren und

[7] Rainer Hering, Konstruierte Nation. Der Alldeutsche Verband 1890 bis 1939, Hamburg 2003, S. 118 ff., 152, 155, 202.

[8] Birthe Kundrus, Moderne Imperialisten. Das Kaiserreich im Spiegel seiner Kolonien. Wien 2003, S. 222 f.

[9] Zum Zusammenhang zwischen Kolonialismus und Eugenik, siehe Grosse, Kolonialismus, S. 41–52.

Kolonien.[10] In der letzten Phase der Gesetzgebung 1912/13 drangen politische Initiativen vor, die neben der nationalen die rassische Homogenisierung der deutschen Staatsangehörigkeit forderten: So genannte »Fremdrassige«, insbesondere aus den deutschen Kolonien, sollten von der deutschen Staatsangehörigkeit ferngehalten werden. In der Neuformulierung des Staatsangehörigkeitsrechts wurde mithin die Grundfrage nach dem Selbstverständnis des Deutschen Reiches entschieden: War es ein Nationalstaat oder (auch) ein »Rassestaat«? Diese Frage soll anhand der zwei zentralen Zugänge zur Staatsangehörigkeit untersucht werden: die Aufnahme durch Eheschließung und durch Einbürgerung. An ihnen entschied sich, ob und inwieweit Rassekriterien die Vorstellung staatlicher Gemeinschaft prägten, indem sie so genannte ›Rassenmischehen‹ und die Einbürgerung ›Rassefremder‹ unterbanden oder einschränkten.

Diese Frage setzt zugleich eine weitere voraus, nämlich inwieweit sich »Nationalstaat« und »Rassestaat« als Kategorisierungen des Deutschen Kaiserreichs unterscheiden lassen oder vielmehr zusammenhängen, so dass die Übergänge zwischen den Konzepten gleitend sind. Ein erster Befund spricht für die Eigenart des rassepolitischen Denkens, betrachtet man seine Konsequenzen: Das politische Verlangen nach Diskriminierung so genannter ›Fremdrassiger‹ 1912 – insbesondere in so genannten ›gemischtrassigen Ehen‹ – stellte die hergebrachte Leitfunktion des Ehemanns und Vaters bei der Weitergabe und Vererbung der Staatsangehörigkeit in Frage. Es plädierte letztlich dafür, dem eugenischen Postulat der Rassereinheit Vorrang zu geben vor der sexuellen Autonomie der Männer.[11] In dieser antitraditionalen Stoßrichtung wies die rassepolitische Initiative eine bemerkenswerte Gemeinsamkeit mit Forderungen der Frauenbewegung auf, die seit der Jahrhundertwende zunehmend auf die Gesetzesberatungen einwirkte mit dem Ziel, die selbstständige Staatsangehörigkeit der Ehefrau durchzusetzen. Stritten die Frauenverbände für eine Verbesserung der individuellen Rechtsstellung der Frau, forderten die Verfechter des Rassegedankens, die patrilineare Vererbung der deutschen Staatsangehörigkeit einzuschränken, um den ›deutschen Volkskörper‹ rassisch rein zu erhalten. Demgegenüber trat die gemä-

---

[10] Die Ausführungen folgen Gosewinkel, Einbürgern, S. 303–309.
[11] Zu diesem Kernkonflikt treffend Grosse, Kolonialismus, S. 192.

ßigt nationale Mehrheit der bürgerlichen Parteien im Reichstag für die Beibehaltung des traditionellen Staatsangehörigkeitsprinzips der Patrilinearität ein.

Die Einwirkung der ›Rassenfrage‹ auf die Reformdebatte um das Staatsangehörigkeitsrecht zeigt einmal mehr die politische Bedeutungssteigerung und wachsende Politisierbarkeit dieser Rechtsmaterie. Einlasstor für den Rassegedanken war die Lage der Staatsangehörigkeit in den deutschen Schutzgebieten. Das Schutzgebietsgesetz von 1888 bzw. 1900 sah ohne Einschränkung vor, dass nicht nur Ausländer, sondern auch »Eingeborene« der Schutzgebiete in die deutsche Reichsangehörigkeit aufgenommen werden konnten.[12] Daraus ergab sich, dass naturalisierte »eingeborene« Männer ebenso die deutsche Staatsangehörigkeit an »Eingeborene« oder »Mischlinge« weitergeben konnten wie nicht-eingeborene deutsche Männer, die »eingeborene« Frauen oder Mischlingsfrauen in den Schutzgebieten heirateten und mit diesen Kindern zeugten. Das heißt: Mit der Erstreckung des hergebrachten Staatsangehörigkeitsrechts auf die deutschen Schutzgebiete fand eine ›rassische‹ Durchmischung der deutschen Staatsangehörigkeit statt. Deutsche wurden demnach auch Menschen nicht-weißer Hautfarbe, nicht-christlicher Kultur und Religion, mithin fremder »Rasse«, wie es in der Terminologie des beginnenden 20. Jahrhunderts durchgängig in allen politischen Lagern hieß.[13]

Diese Entwicklung zeichnete sich seit dem Beginn des Jahrhunderts ab, als die Zahl der Eheschließungen zwischen Deutschen und Einheimischen, z. B. in Südwestafrika, zunahm.[14] Zwischen 1905 und 1912 verboten daraufhin die deutschen Gouverneure von Deutsch-Südwestafrika, Deutsch-Ostafrika und

---

[12] § 6 Gesetz wegen Abänderung des Gesetzes, betreffend die Rechtsverhältnisse der deutschen Schutzgebiete, vom 17. April 1886. Vom 15. März 1888, RGBl 1888, S. 71; § 9 Schutzgebietsgesetz vom 10.9.1900, RGBl 1900, S. 813.

[13] Siehe Werner Conze, Art. »Rasse«, in: Otto Brunner/Werner Conze/Reinhart Koselleck (Hg.), Geschichtliche Grundbegriffe, Bd. 5, Stuttgart 1984, S. 135–178, besonders S. 169 ff.

[14] Zu statistischen Angaben über die Zahlen der Mischehen in den deutschen Schutzgebieten, vgl. Norbert Berthold Wagner, Die deutschen Schutzgebiete, Baden-Baden 2002, S. 264: Es gab 1913 in Deutsch-Ostafrika, Togo und Kamerun keine Mischehen, in Deutsch-Südwestafrika 46, in Deutsch-Samoa 76. 1912 existierten im Südsee-Inselgebiet 22 Mischehen.

Samoa die Rassenmischehen in den Schutzgebieten bzw. behielten sich ausdrücklich deren Zulassung vor. In Südwestafrika wurden alle vor dem Verbot geschlossenen rassisch gemischten Ehen – insgesamt 30 – für nichtig erklärt. Deutsche Männer, die mit einer einheimischen Frau verheiratet waren bzw. im Konkubinat lebten, durften nicht mehr an Gemeinderatswahlen teilnehmen. In Samoa wurden nach dem Verbot geborene ›Mischlinge‹ rechtlich den Einheimischen gleichgestellt.[15]

Diese Maßnahmen zielten auf rassische Segregation zwischen ›Weißen‹ und ›Nicht-Weißen‹ mit rechtlichen Mitteln. Die Frage nach ihrem politischen Stellenwert stellt sich in doppelter Weise: Waren sie zum einen Anzeichen für eine besondere rassepolitische Rigidität der deutschen Kolonialpolitik im Vergleich zu anderen Kolonialmächten und Siedlungsgesellschaften? Waren sie zum anderen Vorboten einer ›Rassifizierung‹ des deutschen Staatsangehörigkeitsrechts, d. h. einer Beeinflussung und allmählichen Überformung der Staatsangehörigkeit, die von den kolonialen Rändern her auf Dauer auch das metropolitane Rechtsverständnis beeinflusste und veränderte?

Zunächst ist festzuhalten: Es handelte sich um Maßnahmen, die hinsichtlich ihrer rassepolitischen Grundintention und Rigidität in ihrer Zeit nicht einzigartig waren. In einer demokratisch verfassten Einwanderungsgesellschaft wie den USA herrschten bis in die zweite Hälfte des 20. Jahrhunderts hinein scharfe zivil- und strafrechtliche Restriktionen so genannte ›Rassemischehen‹.[16] Als 1912 in der deutschen Südseekolonie Samoa das Eheverbot erging, gab es in den Südseekolonien anderer Mächte teils seit längerem ähnliche Verbotsvorschriften.[17] Mit zeitlicher Verzögerung gegenüber dem Deutschen Kaiserreich setzten sich in den Kolonialgebieten Großbritanniens und Frankreichs Beschränkungen von ›Rassemischung‹ durch, die,

[15] Eingehend zur Diskussion um ›Rassenmischehen‹ und ihren sozialen Folgen: Lora Wildenthal, German Women for Empire, 1884–1945, Durham 2001, S. 79–130; Kundrus, Moderne Imperialisten, S. 219–80.

[16] Martha Hodes, White Women, Black Men. Illicit Sex in the Nineteenth Century South, New Haven 1997.

[17] Nach Hermann Joseph Hiery, Die deutsche Verwaltung Samoas 1900–1914, in: ders. (Hg.), Die deutsche Südsee 1884–1914, Paderborn 2001, S. 649–75, hier S. 669, praktizierten die USA derartige Verbote in Guam und baten 1912 die deutsche Regierung um genauere Informationen zur deutschen Verordnung, denn Ähnliches sei für die Philippinen geplant.

weit über Eheverbote hinausgehend, den vorehelichen Bereich ›gemischtrassiger‹ Sexualbeziehungen unter Strafe stellten. Mochten also die Maßnahmen der Eheverbote in den deutschen Schutzgebieten hinsichtlich ihres Umfangs und der Entschiedenheit ihrer Durchsetzung international herausragen, so galt dies allenfalls zur Zeit ihres Erlasses und nicht im internationalen Gefüge kolonialrechtlicher sexueller Dissimilation insgesamt.[18]

Die Eheverbote zielten darauf, die europäische Rasse in ihrer herausgehobenen Herrschaftsstellung unvermischt gegenüber den Farbigen zu erhalten. Die Maßnahmen fielen in eine Phase schwerer kolonialer Unruhen und Aufstandsbewegungen gegen die deutsche Kolonialmacht. Der Widerstand gegen die deutsche Kolonialherrschaft löste eine Krise aus, die zu einer Neuorientierung der Kolonialpolitik führte.[19] Den Kolonialbehörden war dabei durchaus bewusst, dass die Maßnahmen letztlich nicht die Rassenmischung verhinderten. Insoweit war klar, dass über die Beschränkungsmaßnahmen

---

[18] Im britischen Mandatsgebiet Südafrikanische Union stellte die Immorality Proclamation Nr. 19 von 1934 den Geschlechtsverkehr zwischen männlichen Europäern und einheimischen Frauen unter Strafe, vgl. Fischer, Die deutschen Kolonien, S. 251; Martin Chanock, The Making of South African Legal Culture 1902–1936, Cambridge 2001, S. 212. Vgl. Alice L. Conclin, Redefining »Frenchness«. Citizenship, Race Regeneration, and Imperial Motherhood in France and West Africa, in: Julia Clancy-Smith/Frances Gouda (Hg.), Domesticating the Empire. Race, Gender, and Family Life in French and Dutch Colonialism, Charlottesville 1998, S. 65–83, hier S. 75, 83; dies., A Mission to Civilize. The Republican Idea of Empire in France and West Africa, 1895–1930, Stanford 1997, S. 164, 169–173 zum wachsenden Widerstand gegen ›Rassenmischehen‹ in den französischen Kolonien in der Zwischenkriegszeit. Bereits vor den deutschen Eheverboten war in britischen Kolonien Südafrikas der sexuelle Verkehr europäischer *Frauen* mit schwarzen Männern unter Strafe gestellt worden, siehe Kundrus, Moderne Imperialisten, S. 241. Im niederländischen Kolonialreich hat offenbar die ›Rassenmischung‹ nicht den Eheschluss als solchen gehindert, sondern Debatten um die interkulturellen und zivilrechtlichen Folgen ausgelöst, siehe Elsbeth Lochner-Scholten, Women and the Colonial State. Essays on Gender and Modernity in the Netherlands Indies 1900–1942, Amsterdam 2000, S. 189 ff., 194–97.
[19] Vgl. Lora Wildenthal, Race, Gender, and Citizenship in the German Colonial Empire, in: Frederick Cooper/Ann Laura Stoler (Hg.), Tensions of Empire. Colonial Cultures in a Bourgeois World, Berkeley 1997, S. 263–83, besonders S. 267 f.

keine strikte Politik der sozialen Dissimilation und Segregation zu erreichen war.[20] Ihr Ansatzpunkt war vielmehr, die
rechtlichen und sozialen Folgewirkungen auszuschließen, die
sich aus dem Privileg der deutschen Staatsangehörigkeit ergaben. Verhindert werden sollte, dass einheimische Frauen
durch Heirat eines Deutschen und die Kinder aus solchen
Mischehen die deutsche Staatsangehörigkeit erlangten. Um
den Abschreckungszweck zu erreichen, ging die Kolonialverwaltung sogar so weit, deutsche Männer in ihren staatsbürgerlichen Rechten zu beschneiden.[21] Diese Unterordnung männlicher Vorrechte unter die Ziele kolonialer Rassenpolitik löste
schwere Kontroversen um die juristische Haltbarkeit der Eheverbote aus. Es waren deutsche Siedler und Familienväter, seit
langem in den Schutzgebieten ansässig und von gutem Leumund, die mit Eingaben gegen die Beschneidung ihrer Rechte
als Ehemänner und Familienväter protestierten. So opponierte
z. B. ein Siedler aus Südwestafrika, der mit einer Rehobother-
frau verheiratet war, gegen die rückwirkende Annullierung
seiner Ehe. Er empfand dies als schweren Undank gegenüber
einem alten Soldaten, der zur Eroberung und Befriedung des
Schutzgebietes im Namen des Deutschen Reiches beigetragen
habe. Er kündigte an, er werde um keinen Preis seine Frau verlassen, die ihm eine treue Gefährtin gewesen sei, und forderte
für seine Söhne die Anerkennung ihrer staatsbürgerlichen
Rechte als Deutsche. Ein deutscher Grundbesitzer aus Samoa,
dessen Ehe mit einer Samoanerin nicht anerkannt wurde, erreichte, dass sein Fall im Petitionsausschuss des Reichstags
verhandelt wurde. Die Interessen angesehener und fürsorgli-
cher Familienväter, die treu zu ihren einheimischen Ehefrauen
standen, kollidierten eben aus der Sicht der Kolonialverwaltung mit dem »öffentlichen Interesse« an der Aufrechterhaltung von Rang und Reinheit der weißen Rasse.[22]
    Die Konflikte führten nicht zu einer eindeutigen rechtlichen
Lösung. Die in ihrer Rechtmäßigkeit vielfach angezweifelten

---

[20] Kundrus, Moderne Imperialisten, S. 245.
[21] Eingehend dazu Franz-Josef Schulte-Althoff, Rassenmischung im kolonialen System, in: Historisches Jahrbuch 105 (1985), S. 52–94, hier S. 60 ff.;
Wildenthal, German Women, S. 186–229.
[22] Vgl. die Fälle und die Argumentation des Reichskolonialamts bei Wildenthal, Race, Gender, and Citizenship, S. 268 ff.

Mischehenverbote[23] wurden aufgrund ihrer kolonialpolitischen Symbolwirkung zwar formal aufrechterhalten, aber in vielen Einzelfällen durch interne Verwaltungsmaßnahmen abgeschwächt bzw. zurückgenommen. Die rechtliche Lage der Ehefrauen und Mischlingskinder aus kolonialen Mischehen blieb in der Schwebe. Eine grundsätzliche Lösung im Sinne der Reichskolonialpolitik konnte nur eine entsprechende Neuformulierung des Staatsangehörigkeitsrechts mit der Aufnahme von Rasseklauseln erbringen. Denn die politischen Kontroversen um die Ehebeschränkungen und Diskriminierung der ›Mischlingskinder‹ gingen im Kern auf den Vorwurf des staatlichen Willkürakts zurück, der darin bestand, dass deutschen Staatsangehörigen – vielfach nachträglich – ihre staatsbürgerlichen Rechte vorenthalten wurden. Grundsätzliche und rechtlich konsistente Lösungen mussten demnach bei Zugangsbeschränkungen zur deutschen Staatsangehörigkeit nach rassischen Kriterien ansetzen.

Eben dieser Gedanke wurde seit längerem in kolonialpolitischen Verbänden und juristischen Debatten vorgetragen. Es war erneut der Alldeutsche Verband, der sich – wie bereits 1895 – zum vehementesten Fürsprecher einer entsprechenden Novellierung des Staatsangehörigkeitsrechts machte. Er vollzog unter seinem 1908 gewählten Vorsitzenden Heinrich Claß den Übergang zu einer Programmatik, die eine umfassende Umgestaltung der Reichspolitik nach rassebiologischen Kriterien verlangte.[24] Nationalliberal-konstitutionelle Beschränkungen, die noch in der Ära Hasse bestanden hatten, wichen einer ›modernen‹, radikalen Machtpolitik, die hergebrachte ethische und rechtliche Schranken überwand. Rasseantisemitische und rassebiologische Positionen, die Claß anonym popularisierte, wurden vom Alldeutschen Verband zwar nicht offiziell zum Programm erhoben, dominierten aber die Entwicklung der Verbandsideologie in den Jahren vor Beginn des Ersten Weltkriegs. Die Eingabe, die Claß namens des Alldeutschen Verbandes im Oktober 1912 an die Reichsregierung richtete, war ein weiterer Versuch, rassebiologi-

---

[23] Siehe Kundrus, Moderne Imperialisten, S. 250–260.
[24] Vgl. dazu Michael Peters, Der Alldeutsche Verband am Vorabend des Ersten Weltkriegs (1908–1914). Ein Beitrag zur Geschichte des völkischen Nationalismus im spätwilhelminischen Deutschland, Frankfurt ²1996, S. 35 ff.; Hering, Konstruierte Nation, S. 193 ff.

schen Kategorien im Recht Geltung zu verschaffen. Die Haupt-
versammlung des Verbandes forderte darin, durch das neue
Staatsangehörigkeitsrecht in Zukunft durchweg zu verhindern,
»daß Abkömmlinge von Weißen und Farbigen durch Geburt die
Reichsangehörigkeit erwerben können«. Ausdrücklich begrüßte
die Eingabe die bestehenden Eheverbote in den Kolonien und
die gesellschaftliche Ächtung der weißen Männer, die in Südwestafrika mit einer Farbigen in Geschlechtsgemeinschaft lebten. Für »Mischlingskinder« müsse wieder der »altgermanische
Grundsatz« gelten: »Das Kind folgt der ärgeren Hand«. Dies sei
nach bisherigem Recht bei Kindern aus Mischehen mit farbigen
Müttern nicht gewährleistet. Der Verband beklagte überdies,
dass zwar die beabsichtigten Maßnahmen nicht die »Rassen-
schande« unterbänden, die insbesondere deutsche Frauen mit
farbigen Männern begingen. Doch könnten die rechtlichen Folgen daraus mit einfachen Mitteln beschränkt werden. Im Dienste
der »Reinhaltung der weissen Rasse«, schloss die Eingabe, dürf-
ten »Farbige . . . ein für alle Mal nicht in den deutschen Volkskörper aufgenommen werden«.[25]

Bereits im Jahre 1908 hatte die Deutsche Kolonialgesellschaft,
das mit dem Alldeutschen Verband personell und programmatisch eng verbundene Zentrum der deutschen Kolonialbewegung, den grundsätzlichen Ausschluss der »Eingeborenen« von
der Reichsbürgerschaft und die Verhinderung einer »Misch-
lingsrasse« gefordert. Unter den deutschen Kolonialjuristen,
die ihrerseits vielfach in enger Verbindung mit den Kolonialorganisationen standen, löste die Rassenmischung eine eingehen-
de Diskussion aus, in der sich die überwiegende Mehrheit für
rassepolitische Maßnahmen der Diskriminierung aussprach.
Die Rassenmischung wurde um das Jahr 1910 zum zentralen
Konfliktpunkt des kolonialpolitischen Diskurses, angeheizt
noch von den verstärkten Forschungen der anthropologischen
Wissenschaft und Eugenik. Der Vorstoß des Alldeutschen Verbandes für die Rassentrennung im Staatsangehörigkeitsrecht
stützte sich mithin auf eine breite rassepolitische Grundströ-
mung sowohl in der deutschen Kolonialbewegung als auch in
den völkisch-nationalen Verbandsorganisationen.[26] Gemein-

---

[25] Alldeutscher Verband (gez. Claß) an den Reichskanzler, 25.10.1912,
BA-Lichterfelde, RDI, Nr. 8014.

[26] Unter anderem der »Deutschbund« und der »Deutschnationale Kolo-

sam war diesen Positionen, dass sie die Beschneidung männlicher Ehevorrechte im rassepolitischen Interesse selbstverständlich hinnahmen. Die Ehefreiheit und die vom Vater her bestimmte staatsangehörigkeitsrechtliche Einheit der Familie, die im Staatsinnern feste Prinzipien darstellten, wurden in den Kolonien dem bevölkerungspolitischen Gedanken rassischer Reinerhaltung untergeordnet.

Angesichts dieser Interessengewichtung überrascht es nicht, dass die geforderte Restriktion der Rassenmischung Unterstützung bei Frauen fand, die sich in den Kolonialverbänden organisiert hatten. Dabei wirkten Argumente unterschiedlicher Herkunft zusammen. Unübersehbar war, dass in der weiblichen Bevölkerung der Kolonien deutsche Frauen eine kleine Minderheit darstellten.[27] Überdies konnten einheimische Frauen bereits aufgrund ihres minderen Rechtsstatus weniger Ansprüche an ihre männlichen Partner stellen als deutsche Frauen. Der kulturelle Überlegenheitsanspruch der europäischen Siedler wies ihnen gewissermaßen eine natürlich untergeordnete Stellung zu. Die Argumente der in den Kolonialverbänden organisierten Frauen, die sich gegen derartige Geschlechtsverbindungen richteten, stellten denn auch die Verletzung ethischer und kultureller Grundsätze in den Vordergrund.[28]

Die ethischen und geschlechterpolitischen Grundsatzargumente dieser Kritik waren begleitet von Ressentiments gegen den ›sexuellen Betrug‹ der Männer, die eine Mangelsituation zu ihren Gunsten und zum Nachteil der Rassereinheit nutzten.[29] Die in der deutschen Kolonialbewegung organisierten Frauen befürworteten ganz überwiegend die Restriktion der Rassenmischehen.[30] Sie übernahmen – mit unterschiedlichen Abstu-

---

nialverein«, vgl. Schulte-Althoff, Rassenmischung, S. 84 f.; zur Wissenschaft vgl. Grosse, Kolonialismus, S. 26–30.

[27] Wagner, Schutzgebiete, S. 264: In Kamerun waren von 1537 ansässigen ›Weißen‹ 1473 Männer und nur 178 Frauen., die damit nur 12 % der ›weißen‹ Gesamtbevölkerung ausmachten. Insgesamt machten Frauen im Jahre 1912 28,7 % der ›weißen‹ Bevölkerung aus (4329 erwachsene Frauen gegenüber 15.100 Männern in der weißen Gesamtpopulation).

[28] Wildenthal, German Women, S. 139 ff.

[29] Siehe Wildenthal, Race, Gender, and Citizenship, S. 278.

[30] Vgl. dazu eingehend Roger Chickering, »Casting their Gaze more broadly«. Women's Patriotic Activism in Imperial Germany, in: Past and Present 118 (1988), S. 156–85, hier S. 180.

fungen und Begründungen – die Rassenhierarchie aus der
männlich dominierten politischen Vorstellungswelt. Die Teilhabe an der »heroischen Mission« der Kolonisierung und
rassischen Herrschaft galt ihnen als Wertbeweis und Zeichen
öffentlicher, ja, nationaler Nützlichkeit, die weit über die hergebrachten Grenzen des Frauen gemeinhin zugewiesenen häusli-
chen Tätigkeitskreises hinausging. Der Weg zur Aufwertung
der öffentlichen Rolle der deutschen Frau führte jedoch gerade
nicht über die Solidarisierung mit gleichfalls diskriminierten
›eingeborenen‹ Frauen. Auch in Fällen gewaltsamer Unterdrückung einheimischer Frauen ging es den deutschen Frauen in
den Kolonialorganisationen kaum um die unterdrückten Afrikanerinnen oder Samoanerinnen,[31] sondern zunächst darum,
die eigene Rasseüberlegenheit nicht in Frage stellen zu lassen.
Der koloniale Rassismus dieser Frauenvereinigungen fiel nicht
in der Intention, wohl aber in der Wirkung mit emanzipatorischen Bestrebungen zur Aufhebung des patrilinearen Prinzips
im Staatsangehörigkeitsrecht zusammen.

Der Druck rassepolitischer Argumente auf die Staatsangehö-
rigkeitsgesetzgebung wuchs also. Zugleich formierten sich die
politischen Kräfte gegen ein Verbot der Mischehe. Im Mai 1912,
drei Monate nach der ersten Lesung des Regierungsentwurfs
zu einem neuen Staatsangehörigkeitsgesetz, verabschiedete der
Reichstag eine Resolution, die die Anerkennung der Rassenmischehen forderte.[32] Der Beschluss war zustande gekommen
mit den Stimmen des Zentrums, der Fortschrittlichen Volkspar-
tei und der SPD, die bei den Reichstagswahlen im Januar 1912
stärkste Fraktion geworden war. Damit fand sich erstmals eine
oppositionelle Mehrheit gegenüber der Reichsregierung zusammen, die auf die ›Weimarer Koalition‹ vorauswies und nach
dem Ersten Weltkrieg den demokratischen Gegenentwurf zum
Kaiserreich ins Werk setzen sollte. Während die imperialistischen und rassepolitischen Vorstellungen der konservativen
und nationalen Vereinigungen, die bis weit hinein in das natio-
nalliberale Lager Unterstützung fanden, ihren Höhepunkt er-

---

[31] So Wildenthal, Race, Gender, and Citizenship, S. 280; Grosse, Kolonialismus S. 172 f.
[32] Siehe Cornelia Essner, Zwischen Vernunft und Gefühl. Die Reichstags-
debatten von 1912 um koloniale »Rassenmischehe« und »Sexualität«, in:
Zeitschrift für Geschichtswissenschaft 45 (1997), S. 503–19.

reichten, markierte die Resolution eine liberale Gegenposition. Zwar waren in der Sozialdemokratie ebenso wie im Zentrum durchaus ethnozentrische oder gar rassistische Strömungen und Untertöne nachweisbar.[33] Doch gaben grundsätzliche, universale Gleichheitsüberlegungen und christlich-humanitäre Glaubensgebote letztlich für ihre Entscheidung den Ausschlag. Das Zentrum machte sich dabei zum Fürsprecher der christlichen Kirchen, die sich gegen staatliche Verbote der Rassenmischehe aussprachen.[34]

Entgegen der parlamentarischen und kirchlichen Opposition erwog die Reichsregierung in der Endphase der Staatsangehörigkeitsreform 1912/13, unterstützt von den Vorstößen der kolonialpolitischen Verbände und des Alldeutschen Verbandes, eine Regelung in das neue Staatsangehörigkeitsgesetz hineinzubringen, die Frauen und Kindern aus rassischen Mischehen die deutsche Staatsangehörigkeit versagte.[35] Sie sollte, ohne ein Verbot von Mischehen auszusprechen, zugleich aber ihre staatsbürgerlichen Folgen beseitigen helfen. Zu einer klaren, abschließenden Gesetzesregelung kam es jedoch nicht. Es wurde ein Kompromiss zwischen der Reichsregierung und der oppositionellen Reichstagsmehrheit geschlossen, der darauf beruhte, dass gesetzliche Diskriminierungen von Rassenmischehen im Reichstag nicht durchsetzbar waren. Das Zentrum verzichtete auf einen gesetzlichen Zusatz im neuen Staatsangehörigkeitsrecht, der die Legalität von ›Rassenmischehen‹ ausdrücklich klargestellt hätte. Die Regierung ließ ihrerseits die Staatsangehörigkeitsfrage der Mischehen fallen. Damit waren zwar fortan rassische Mischehen nicht eigens gesetzlich legitimiert, und auch die Fortsetzung der bisherigen Verbotspraxis in den Kolonien war nicht ausgeschlossen. Andererseits aber

[33] Mit Beispielen für die SPD und das Zentrum vgl. Schulte-Althoff, Rassenmischung, S. 80, 90; Essner, Vernunft und Gefühl, S. 518, zu dem Gefühl »rassischer Bedrohung« auch bei den Gegnern der Mischehenverbote.

[34] Auch wenn einzelne Zentrumsabgeordnete, kirchliche Repräsentanten und Missionare beider Kirchen die Politik der Rassentrennung und die Einschränkung der Rechtsfähigkeit für Mischlinge und Farbige befürworteten, vgl. Schulte-Althoff, Rassenmischung, S. 88 ff. Insgesamt galten beiden Kirchen Rassenmischehen als unerwünscht, gleichwohl aber nicht von Staats wegen zu verbieten.

[35] Staatssekretär des Innern an Staatssekretär des Reichsjustizamts, 18.11.1912, BA-Lichterfelde, Reichsjustizministerium, Nr. 5065.

wurde die Patrilinearität des deutschen Staatsangehörigkeitsrechts zumindest gesetzlich nicht durch rassische Diskriminie-
rungsklauseln angetastet. Das neue Reichs- und Staatsangehörigkeitsgesetz von 1913 bekräftigte überdies die Regelung des
Schutzgebietsgesetzes von 1900, dass »Eingeborenen in einem
Schutzgebiet« die unmittelbare Reichsangehörigkeit und damit
die volle staatsbürgerliche Gleichstellung verliehen werden
konnte.[36]

Der rassepolitische Vorstoß der kolonialpolitischen und nationalen Verbände hatte sich somit auf der Gesetzesebene nicht gegen das geltende Modell der patrilinearen Staatsangehörigkeit
durchsetzen können. Der ›männliche Staat‹ hatte insoweit über
den Rassestaat obsiegt.[37] Doch bedarf dieser Befund der näheren
Begründung. Denn die Frage nach seiner Reichweite erhebt sich,
sobald man die Gesetzesebene verlässt und die koloniale Verwaltungspraxis in den Blick nimmt, zumal die Grundsatzfrage der
Einbürgerungspraxis in den Kolonien offen geblieben war. Bereits bei der Verabschiedung des Gesetzes kündigte das Reichs-
amt des Innern im Reichstag an, auch in Zukunft »reinrassige
Eingeborene« grundsätzlich nicht, »Mischlinge« nur in seltenen
Ausnahmefällen einzubürgern.[38] Diese Regelung wurde vom
Reichskolonialamt den Behörden der Schutzgebiete eingeschärft
und wohl auch durchgesetzt.[39] Dies bestätigen erste systemati-
sche Erhebungen zur Einbürgerungspolitik in den Kolonien am
Vorabend des Ersten Weltkriegs. Die Naturalisationen betrafen
fast ausschließlich Bewerber, die nach ethnisch-kulturellen Kriterien als (ehemals) ›deutsch‹ kategorisiert wurden. Nicht-weiße
Bewerber scheinen fast nie, in Deutsch-Ostafrika z. B. zwischen
1901 und 1914 überhaupt nicht eingebürgert worden zu sein.[40]

Rechtfertigt also die Staatsangehörigkeitspolitik am Vorabend
des Ersten Weltkriegs, vom Deutschen Reich als Rassestaat zu
sprechen? Diese Qualifizierung trifft zu, wenn man den Blick auf

---

[36] § 33 Nr. 1 Reichs- und Staatsangehörigkeitsgesetz vom 22.7.1913.

[37] So auch Kundrus, Moderne Imperialisten, S. 237, 245 f.

[38] Erklärung Dr. Lewald, RT-Prot., 13. LP, 155. Sitzung, 30.5.1913, S. 5334.

[39] Staatssekretär Reichskolonialamt an Gouverneur, BA-Lichterfelde,
Reichskolonialamt, Nr. 5156.

[40] Dies zeigt Dominik Nagl, »Nationalität: Neger« – Staatsangehörigkeit
und Kolonialherrschaft, untersucht am Beispiel der deutschen »Schutzgebiete« 1886–1914, M.A. phil. (FU Berlin, FB Geschichts- und Kulturwissenschaften, 2003), auf dessen Quellenstudien ich mich stütze.

die duale Rechtsordnung in den Kolonialgebieten konzentriert, die nach eindeutig rassischen Kriterien Bevorrechtigte von Minderberechtigten unterschied. Sie trifft hingegen nicht zu, wenn man die metropolitane Rechtsordnung der Staatsangehörigkeit insgesamt betrachtet. Im Gegenteil: Das rassistische Sonderrecht der Staatsangehörigkeit blieb eine – von der Reichszentrale nur teilweise unterstützte – koloniale Verwaltungspraxis, die ausdrücklich keine gesetzliche Bekräftigung erfuhr, obwohl rassepolitische Protagonisten dies gefordert hatten. Rassenmischehen konnten auf dem Gebiet des Reiches wirksam geschlossen werden.[41] Ausdrücklich bekräftigte das Staatsangehörigkeitsgesetz von 1913 die Möglichkeit, »eingeborene« Bewerber in den Kolonien zu naturalisieren. Damit war einer Staatsangehörigkeitspolitik die Legitimation entzogen, die offen die ›Rassefremdheit‹ zum absoluten Einbürgerungshindernis erhob. Es lag am parlamentarischen Gesetzgeber, ob er diese Entscheidung gegen ein rassisches Staatsangehörigkeitsrecht auch gegen koloniales Sonderrecht durchsetzte. Die Opposition der späteren ›Weimarer Koalition‹ gegen das Mischehenverbot im Reichstag 1912 vermittelt einen Eindruck von diesen parlamentarischen Möglichkeiten, die nach 1918 und dem Ende der deutschen Kolonialherrschaft nicht mehr erprobt werden konnten.

Schließlich sind die kolonialpolitischen Bezüge im Gesamtkontext der Staatsangehörigkeitsreform von 1913 zu sehen. In diesem Zusammenhang ist auch das ius sanguinis und seine Bekräftigung als Leitprinzip des Reichs- und Staatsangehörigkeitsgesetzes von 1913 kein Beleg für den ›Weg in den Rassestaat‹.[42] Das Wort ›Blut‹ im römisch-rechtlichen ius sanguinis-Prinzip verleitet zu einem Fehlschluss. Es bedeutete nicht die Übernahme des blutsbezogenen, biologistischen Rassetheorems in das deutsche Staatsangehörigkeitsrecht. Zwar unterlegten die Vertreter einer rassepolitischen Veränderung des deutschen Staatsangehörigkeitsrechts dem Abstammungsprinzip eben diese Lesart rassischer Homogenität. Doch traf dies nicht die Konstruktion des Abstammungsprinzips. Zwar wurde die deutsche Staatsangehörigkeit durch Abstammung vererbt. So-

[41] Obwohl sie als »unerwünscht« bezeichnet wurden, s. Kundrus, Moderne Imperialisten, S. 224 f.; Wildenthal, German Women, S. 85.
[42] Vgl. § 4 Abs. 1 Reichs- und Staatsangehörigkeitsgesetz vom 22. Juli 1913; Gosewinkel, Einbürgern, S. 321–325.

lange aber daneben ein Einbürgerungsverfahren stattfand, das nicht – oder nicht zwingend – rassischen Kriterien folgte, blieb die deutsche Staatsangehörigkeit grundsätzlich erwerbbar auch für solche Bewerber, denen eine fremde Rassezugehörigkeit zugeschrieben wurde. Eben diese Offenheit wurde mit der Nichtaufnahme rassebezogener Gesetzeskriterien in das Einbürgerungsverfahren bestärkt.

3. Resümee

Insgesamt ist daher die deutsche Staatsangehörigkeitspolitik am Vorabend des Ersten Weltkriegs kein Beleg für den Transfer kolonialer Rassepolitik in die metropolitane Rechtsordnung und deren institutionelle Überformung. Dazu trug die Vieldeutigkeit, teilweise Auflösung des Begriffs der Rasse bei, der – wie Birthe Kundrus gezeigt hat – entgegen eugenischen Deutungen fast nie als ein rein biologischer benutzt und allein auf Abstammung gegründet wurde. Fast immer spielten kulturelle und habituelle Komponenten in die Bestimmung der ›Rassezugehörigkeit‹ hinein.[43] Nicht nur der ›männliche Staat‹ hatte in der Mischehenfrage gegenüber dem ›Rassestaat‹ obsiegt. Auch der ›nationale Staat‹ hatte gegenüber dem Rassestaat seine Kategorien der Staatsangehörigkeit bewahrt. Die Nationalisierung der Staatsangehörigkeit im Sinne der verstärkten Durchsetzung kultureller und ethnischer Homogenitätsvorstellungen hat die Durchsetzung rassebezogener Kriterien im kolonialen Raum bestärkt. Umgekehrt jedoch wurden die metropolitanen Rechtsinstitutionen nicht im Sinne eines Rasserechts überformt. Eine Kolonialisierung des metropolitanen Staatsangehörigkeitsrechts im Wege der Rückwirkung transnationaler Kolonisierung stieß an die Grenze des dominanten Nationalisierungsvorgangs. Das Verhältnis von ›Innen‹ und ›Außen‹ zwischen den beiden Rechtssphären löste sich nicht auf.

Folgt man dieser These, ist der intertemporale Transfer kolonialen Rasserechts des Deutschen Kaiserreichs in das Rasse-

---

[43] Kundrus, Moderne Imperialisten, S. 222, 276 ff. »Rasse« war vielmehr ein mehrdimensionales Konzept, in das, vielfach situationsbedingt, Dimensionen wie Staatsangehörigkeit, sozialer Status, physische Eigenschaften und Kulturfertigkeiten ›hineingeblendet‹ wurden.

und Kolonialrecht des Nationalsozialismus umso schwerer zu begründen. Die These von der Kontinuität zwischen dem kolonialen Rasserecht und den Nürnberger Gesetzen[44] muss sich mit der Vieldeutigkeit des Rassebegriffs im Recht des Kaiserreichs, seiner Relativierung gegenüber dem patriarchalischen Recht sowie der weitgehenden räumlichen Beschränkung des Rasserechts auf das Kolonialgebiet auseinander setzen. Bezieht man ein, dass Mischehenverbote parallel zum deutschen Kolonialrecht in anderen – demokratischen – Kolonialgesellschaften galten bzw. kurz darauf eingeführt wurden, wird zwar der rassistische Charakter des deutschen Kolonialrechts nicht gemindert. Die These von seiner doppelten Ausstrahlung hingegen – sowohl auf das metropolitane Recht wie das Rasserecht des Nationalsozialismus – bedarf anderer Begründung. Denn es kennzeichnet gerade die Eigenart des nationalsozialistischen Regimes, dass erst der Rassestaat im Nationalsozialismus die rechtlichen Begrenzungen abstreifte, die die nationalstaatliche Tradition des Kaiserreichs gezogen hatte. In der nationalsozialistischen Kolonial- und Besatzungsherrschaft nach 1939 wurde zum einen die räumlich unbegrenzte, das ›Mutterland‹ einschließende rassische Diskriminierung zum Leitprinzip. Zum anderen durchbrach der Rassegedanke das traditionelle Prinzip der Einheit der Familie. Ein auf die Beherrschung von Großräumen, nicht nationalstaatlichen Territorien angelegtes Imperium prämierte im Staatsangehörigkeitsrecht die ›Rasseeinheit‹ gegenüber der Einheit der Familie. Zum Zwecke der Kolonisierung Europas behielten Frauen deutscher Volkszugehörigkeit, die eine so genannte »völkische Mischehe« eingingen, ihre deutsche Staatsangehörigkeit und vererbten sie.[45] Damit unterlag erstmals im deutschen Staats-

---

[44] Dazu mit weiteren Nachweisen Kundrus, Von Windhoek nach Nürnberg? Koloniale »Mischehenverbote« und die nationalsozialistische Rassengesetzgebung, in: dies. (Hg.), Phantasiereiche. Zur Kulturgeschichte des deutschen Kolonialismus, Frankfurt 2003, S. 110–34, besonders S. 113–120; Cornelia Essner, »Wo Rauch ist, da ist auch Feuer«. Zu den Ansätzen eines Rassenrechts für die deutschen Kolonien, in: W. Wagner (Hg.), Rassendiskriminierung, Kolonialpolitik und ethnisch-nationale Identität, Münster 1992, S. 145–160b, hier S. 160a, b; Fatima El-Tayeb, Schwarze Deutsche. Der Diskurs um »Rasse« und nationale Identität 1890–1933, Frankfurt 2001, S. 131 ff., 178 ff.
[45] Dazu näher Gosewinkel, Einbürgern, S. 415 f.

angehörigkeitsrecht die sexuelle Autonomie der Männer dem eugenischen Postulat der Rassereinheit.[46]

Ist damit die Frage nach der Rückwirkung der kolonialen Situation auf die deutsche Staatsangehörigkeit erledigt? Keineswegs, denn sie kann umfassender ansetzen: Auch mit der Aufrechterhaltung zweier verschiedener Rechtssphären – einer kolonialen und einer metropolitanen – war die Frage nach der Fortgeltung verschiedener Rasseordnungen aufgeworfen.[47] Sie kann auch umfassender ansetzen, indem sie jenseits der kolonialen Rassepolitik im engen Sinn die koloniale Erfahrung insgesamt einbezieht, die am Ende des Deutschen Kaiserreichs Rückwirkungen auf das metropolitane Staatsangehörigkeitsrecht entfaltete. Die Unverlierbarkeit der deutschen Staatsangehörigkeit für so genannte »Auslandsdeutsche« wurde 1913 erstmals kodifiziert.[48] Die Erfahrung mit der wachsenden Zahl deutscher Reichsangehöriger im Ausland, vor allem in den Kolonien, trug maßgeblich dazu bei, die Imagination grenzüberschreitender ethnisch-kultureller Verbundenheit der Deutschen in einer dauerhaften rechtlichen Verbindung zu institutionalisieren. Was in der deutschen Kolonialzeit, nicht zuletzt mit Blick auf die Festigung der deutschen Kolonialherrschaft eingeführt wurde, entfaltete seine eigentliche, beträchtliche Wirkung erst in der postkolonialen Situation: Nach 1945 diente die Rechtsfigur des »Auslandsdeutschen« bzw. »Volksdeutschen«[49] dazu, (ehemals) Deutschen außerhalb der Grenzen des Reiches Schutz zu gewähren vor den Folgen einer exzessiven, endgültig gescheiterten deutschen Kolonialpolitik. Auch dies spricht dafür, sich den langfristigen Wirkungen des Deutschen Kaiserreichs aus der Perspektive von postcolonial studies zu widmen, die die Verengung auf rassepolitische Intentionen überwindet.

[46] Grosse, Kolonialismus, S. 192.
[47] So Wildenthal, German Women, S. 86.
[48] Siehe Gosewinkel, Einbürgern, S. 310–21, 326, allerdings gebunden an die Bereitschaft zur Wehrpflichterfüllung nach dem einschränkenden Prinzip: »Keine Volksgemeinschaft ohne Wehrgemeinschaft«.
[49] Gem. Art. 116 Abs. 1 Grundgesetz.

Dirk van Laak

Kolonien als »Laboratorien der Moderne«?

In den letzten Jahren ist immer wieder von Kolonien als »Laboratorien der Moderne« gesprochen worden.[1] In fernen Territorien und Gesellschaften seien Modelle und Verfahren ausgetestet und schließlich nach Europa zurückgeführt worden. Die erst auf den zweiten Blick suggestive Behauptung bedarf jedoch der Überprüfung, zu nah liegt die Vermutung, dass hiermit ein meist peripheres Untersuchungsfeld ins Zentrum der historiographischen Aufmerksamkeit gehoben werden soll. Im Folgenden soll in erster Linie für den *deutschen* Kolonialismus untersucht werden, inwieweit man hierbei von einem solchen »Labor« sprechen kann. Die Diskussion wäre für die Kolonien anderer Länder je spezifisch zu führen, doch spricht manches dafür, dass für die Zeit des Hochimperialismus die Unterschiede der europäischen Kolonialmächte insgesamt gegenüber den Gemeinsamkeiten zurückstehen. Dafür spricht – worauf noch zurückzukommen sein wird – die wechselseitige Aufmerksamkeit für die Methoden der jeweils anderen Kolonialmächte, noch die fernsten Gebiete standen unter der Beobachtung der internationalen Öffentlichkeit.[2]

---

[1] Vgl. Ann Laura Stoler/Frederic Cooper: Between Metropole and Colony. Rethinking a Research Agenda, in: dies. (Hg.), Tensions of Empire. Colonial Cultures in a Bourgeois World, Berkeley 1997, S. 5; Jürgen Osterhammel, Kulturelle Grenzen in der Expansion Europas, in: Saeculum 46 (1995), S. 101–138, hier S. 122; Sebastian Conrad, Doppelte Marginalisierung. Plädoyer für eine transnationale Perspektive auf die deutsche Geschichte, in: Geschichte und Gesellschaft 28 (2002), S. 145–169, bes. S. 155–158.

[2] Eine vergleichende Geschichte der unterschiedlichen Kolonialmethoden sowie ihrer internationalen Rezeption bildet insofern ein wichtiges Forschungsdesiderat.

Definitorisches

Zunächst muss präzisiert werden, was unter »Kolonie« verstanden wird, ohne dass dies hier systematisch entfaltet werden muss.[3] Vielmehr geht es um die Kolonien zur Hochzeit des europäischen Imperialismus, die mit der Dauer des deutschen Kaiserreiches nahezu übereinstimmte, und an der die Deutschen auch nur in dieser Phase aktiven Anteil hatten. Auch die »Moderne« bedarf der Definition: Nicht der klassisch-fortschrittsorientierte Begriff kann hier zugrunde gelegt werden, sondern das mittlerweile vielfältig gebrochene Verständnis der Epoche als einer Zeit fundamentaler Widersprüche, das von Leistungen und Tragödien zugleich geprägt war. Diese Epoche muss folglich in ihrem überaus dynamischen Konfigurationswandel mit differenzierten Gewinn- und Verlustbilanzen beschrieben werden. Kolonien wären diesem Verständnis nach Orte, an denen diese vielschichtige »Moderne« unter besonderen Bedingungen mehr oder weniger erfolgreich Platz gegriffen hat. Der Begriff »Laboratorien« schließlich suggeriert, dass diese »besonderen Bedingungen« als experimentelle Versuchsanordnungen zu verstehen sind, in denen isolierte, eigens definierte und kontrollierbare »Labor-Bedingungen« herrschen, also solche Faktoren, die ein gewünschtes Ergebnis behindern oder erschweren, möglichst fortdefiniert worden sind.[4] Im übertragenen Sinne wären das in den Kolonien etwa Rücksichtnahmen historischer oder humanitärer Art im Umgang mit den Menschen, die man in den kolonisierten Räumen vorfand. Doch trifft schon dieses Bild nicht zu, denn im »Labor« werden die Objekte in der Regel nicht so genommen, wie sie sind, wo sie sind und wann sie sind, sondern einer neuen örtlichen, zeitli-

---

[3] Jürgen Osterhammel, Kolonialismus. Geschichte, Formen, Folgen, München [4]2003.

[4] Über die Figur des modernen Labors, aus der vormodernen Alchimie erwachsen, ließe sich weiter diskutieren. Sicher muss es als ein Erbe der Aufklärung angesprochen werden, dass der wissenschaftliche Erkenntnisdrang die Umwelt in ihre Teile zerlegt, nach den Baugesetzen fragt und den Gedanken nährt, die Einzelstücke möglicherweise – zunächst unter Laborbedingungen – optimiert, wieder zusammensetzen zu können. Zu den Rückwirkungen des Labors auf die Struktur der modernen Gesellschaft, vgl. Bruno Latour, The Pasteurization of France, Cambridge, Mass. 1988.

chen und sozialen Situation wie auch neuen Methodologien unterworfen.[5] Im Sinne einer klaren naturwissenschaftlichen Definition von »Labor« spräche man in Bezug auf die Kolonien
wohl besser von »Experiment« oder »Experimentierraum«. In
den Geisteswissenschaften wird der Begriff »Laboratorium«
freilich meist in einem erweiterten Sinn angewandt, nämlich als
Synonym für einen solchen »Experimentierraum«, in dem Forschung und Entwicklung betrieben werden. Wenn sodann von
»Laboratorien der Moderne« die Rede ist, wird oft nicht einmal
mehr ein planend handelndes oder eine Versuchsanordnung ar-
rangierendes Subjekt mitgedacht. Vielmehr wird suggeriert, es
mit Orten zu tun zu haben, an denen sich »etwas herausbildet«.[6]
Wer hierbei Akteur ist, bleibt oft unbestimmt, und selbst wenn
er bestimmt werden kann, legt das Bild vom »Labor« nahe, dass
sich ein Subjekt »entwerfen« kann wie es will. Zweifelsfrei ist,
dass gerade an der kolonialen Grenze grundsätzliche Defini-
tions- und »Identitäts«-Fragen aufgeworfen wurden.

Im Folgenden soll – trotz der begrifflichen Unschärfen – am
Beispiel der deutschen Kolonien dennoch über das Thema »Laboratorien der Moderne« gehandelt werden, um an diesem Beispiel zu prüfen, ob es Sinn macht, eine solche Zuschreibung
vorzunehmen. Jede Versuchsanordnung beginnt zunächst mit
einer Unterstellung.

Hypothesenbildung

Dass man dem Fremden zunächst mit Vorurteilen begegnet,
muss wohl als eine anthropologische Konstante verstanden werden. Wir wissen, dass alle Pioniere und Kolonisatoren zunächst
von Erwartungshorizonten ausgehen, die auf eigene Erfah-
rungsräume verweisen. Und dass sie ihre Fantasien mitbringen,
an welcher die vorgefundene Realität zunächst abgemustert

---

[5] Karin Knorr Cetina, Was ist ein Labor?, in: dies., Wissenskulturen. Ein
Vergleich naturwissenschaftlicher Wissensformen, Frankfurt 2002, S. 45–73.

[6] In diesem Sinne ist etwa darüber debattiert worden, ob die karibische
Sklavenwirtschaft als Testfall für den europäischen Kapitalismus anzuse-
hen ist, so Eric Williams, Slavery and Capitalism, New York 1944; Albert
Wirz, Sklaverei und kapitalistisches Weltsystem, Frankfurt 1984; Sidney
Mintz, Die süße Macht. Kulturgeschichte des Zuckers, Frankfurt 1987.

wird. Kolumbus hatte »Indien«, die Conquistadoren das sagen-
hafte »Eldorado« entdecken wollen. Als sie etwas anderes gefunden hatten, beeinflussten ihre mitgebrachten Fantasien noch lange Zeit über die Reaktionen auf die koloniale Realität.[7] Schon
dies spricht gegen die Figur des »Labors«: Ist darin doch das
Ausschließen von unkalkulierbaren Faktoren – und als solche
dürfen Fantasien gelten – enthalten, nicht das Aufladen mit Vor-
annahmen.

Schon lange vor dem Beginn des aktiven Kolonialismus erwiesen sich Vorstellungen von einem geeinten Reich und dem
Erwerb von Kolonien auch in Deutschland als Fantasieräume,
auf die alle möglichen Gedankenexperimente projiziert wurden.[8] Die Denkschriften von »Projektemachern« aller Art sind
Legion, die in einstweilen nur gedachten Territorien mit Gesell-
schafts- und Technikmodellen experimentierten, so dass schon
vor jeder tatsächlichen Inbesitznahme einer Kolonie meist ein
Übermaß an utopischen Energien zur Verfügung stand. Deutsche blickten im 19. Jahrhundert auf eine längere Tradition zurück, sich als »Kulturträger« zu definieren.[9] Für Deutschland
war daher die Zeit des ersten Versuchs zur Reichseinigung
1848/49 auch bereits eine Phase verstärkter Spekulation über
Nutzen und Wehe angeschlossener Räume.[10]

Wie stark die »Hypothesenbildung« über fremde Territorien
vom eigenen Erfahrungshintergrund beeinflusst war, sei an einem Beispiel demonstriert: Schon 1848 wurden Kolonien als

[7] Für Deutschland ist hier an die Schliemania der 1870er Jahre zu erinnern, vgl. Suzanne L. Marchand, Orientalism as Kulturpolitik: German Ar-
cheology and Cultural Imperialism in Asia Minor, in: George W. Stocking
(Hg.), »Volksgeist« as Method and Ethic. Essays on Boasian Ethnography
and the German Anthropological Tradition, Madison 1996, S. 298–336.

[8] Thomas Richards meint sogar, Imperien seien stets zu einem großen
Teil fiktiv gewesen, hätten von ihrer mythischen Kraft gelebt, seien per de-
finitionem das Überschießende, Phantastische, *nach* der gesicherten Kommunikation Liegende gewesen, ders., The Imperial Archive. Knowledge
and the Fantasy of Empire, London 1993, S. 1.

[9] Über die deutschen »Lehnstuhl-Eroberer« dieser Zeit vgl. Susanne
Zantop, Colonial Fantasies. Conquest, Family, and Nation in Precolonial
Germany, 1770–1870, Durham 1997.

[10] Hierzu Hans Fenske, Ungeduldige Zuschauer. Die Deutschen und die
europäische Expansion 1815–1880, in: Wolfgang Reinhard (Hg.), Imperialistische Kontinuität und nationale Ungeduld im 19. Jahrhundert, Frankfurt
1991, S. 87–123.

Armenbeschäftigungs- und Versorgungs-Anstalten vorge-
schlagen, also als »Korrektionsorte«, in denen nicht nur ein
Problem aus dem Zentrum an die Peripherie verschoben, sondern auch unter Sonderbedingungen devianten Subjekten eine
Gelegenheit zur Bewährung gegeben werden sollte.[11] Bei diesem Motiv des isolierenden Entlastungsraums drängt sich die
Analogie zu in Europa parallel entstandenen »totalen Institutionen« auf, also Gefängnissen, Krankenhäusern, Irrenanstal-
ten usw., die etwa von Michel Foucault als Laboratorien der
kontrollierten Machtausübung über den Menschen und zugleich als experimentelle Einrichtungen der »Verfleißigung«
interpretiert wurden.[12] Zieht man diesen Strang in die Kolonialepoche weiter, dann lassen sich tatsächlich zahlreiche In-
dizien dafür finden, dass gerade seit der Jahrhundertwende
nahezu zeitgleich fast alle Kolonialmächte in auffälliger Weise
zunächst einen Brutalisierungsschub, danach jedoch eine Hinwendung zu den sog. »Eingeborenen« als vermeintlich »wertvollstes Aktivum« in den Kolonien vollzogen. Fortan verfolgten sie eine Art von Biopolitik im Foucaultschen Sinne, indem
sie gleichsam auf eine »Sozialisierung« bzw. »Zivilisierung«
der kolonialen Bevölkerung, über die Gewöhnung an europäische Arbeit, abzielten.[13]

Dies geschah eben nicht voraussetzungslos, sondern beim
Umgang mit dieser Frage hatten die im Zentrum gemachten
Vorerfahrungen der Europäer, etwa mit dem eigenen Proletari-

[11] Johann Jacob Weidenkeller, Kolonien als die besten Armenbeschäfti-
gungs- und Versorgungs-Anstalten für alle Staaten Europas. Ein Ruf zur
gegenwärtigen Zeit an alle, welchen das Wohl, die Ruhe, Ordnung und
Sicherheit ihres Vaterlandes, sowie ihrer Mitmenschen, am Herzen liegt,
Nürnberg 1848. Der Autor war Professor und Vorstand der Kreislandwirt-
schafts-Schule zu Lichtenhof in Mittelfranken.

[12] Michel Foucault, Wahnsinn und Gesellschaft. Eine Geschichte des
Wahns im Zeitalter der Vernunft, Frankfurt 1973; ders., Überwachen und
Strafen. Die Geburt des Gefängnisses, Frankfurt 1976.

[13] Pascal Grosse, Kolonialismus, Eugenik und bürgerliche Gesellschaft in
Deutschland 1850–1918, Frankfurt 2000, S. 26 f. Grosse verweist auf das
Brüsseler »Institut Colonial International«, das als »intellektuelles Zent-
rum« des Umschwungs in die rationale Inwertsetzungspolitik der europäi-
schen Kolonialmächte seit dem Ende des 19. Jahrhunderts bezeichnet wird.
Deutsche Mitglieder waren u. a. Friedrich Ratzel, Hans Meyer, Moritz Julius
Bonn, Bernhard Dernburg, Friedrich von Lindequist und Carl Peters.

at, vielfach Pate gestanden. Heimisches Wissen wurde auf die Tropen übertragen.[14] »Social paternalism,« meinte Lewis H. Gann, »originally developed in Germany to cope with the rising working class of the metropole, began to be adapted to colonial use«.[15] Weil diese Erfahrungen dort jedoch anthropologisiert und in andere Horizonte gestellt wurden, kam es zu zahllosen kulturellen Missverständnissen, etwa zum Stereotyp des vermeintlich »faulen Negers«, der in seiner paradiesischen Umwelt ein gleichsam »degeneriertes Schlaraffenleben« genießt, statt sich die Früchte seines Konsums erarbeiten zu müssen und darüber hinaus Mehrwerte zu schaffen.[16] Die unterschiedlichen Methoden, über Zwangs- und Besteuerungsmaßnahmen produktive Arbeit nach europäischem Verständnis zu forcieren, stellten sich tatsächlich als gewaltige Feldversuche dar, über deren bescheidene Erfolge hier nicht gehandelt zu werden braucht.[17] Wichtig ist, dass aus dieser Differenz zwischen der vermeintlichen Kulturhöhe des erschließenden Europäers und der vermeintlichen Untätigkeit des kolonisierten Subjekts zu einer Zeit, in der alle Erdräume miteinander in Beziehung gerieten und vermeintlich nichts »ungenutzt« gelassen werden konnte, ein Großteil der Rechtfertigung für den Kolonialismus gezogen wurde.

---

[14] Umgekehrt stellte Giselher Wirsing 1956 die Analogie zwischen den jungen, dekolonisierten Ländern und dem europäischen Proletariat des 19. Jahrhunderts fest. Nach der Bildung der neuen »Klassenkampfformation des 20. Jahrhunderts« auf der Konferenz von Bandung im Jahr 1955 konstatierte er nun einen »Klassenkampf im Erdmassstab«, ders., Die Menschenlawine. Der Bevölkerungszuwachs als weltpolitisches Problem, Stuttgart 1956, S. 68–75.

[15] Lewis H. Gann, Economic Development in Germany's African Empire, 1884–1914, in: Peter Duignan/ders. (Hg.), Colonialism in Africa, 1870–1960, Bd. 4: The Economics of Colonialism, Cambridge 1975, S. 213–255, hier S. 238 f.

[16] Vgl. Wolfgang U. Eckart, Medizin und Kolonialimperialismus. Deutschland 1884–1945, Paderborn 1997, S. 72.

[17] Harald Sippel, »Wie erzieht man am besten den Neger zur Plantagen-Arbeit?« Die Ideologie der Arbeitserziehung und ihre rechtliche Umsetzung in der Kolonie Deutsch-Ostafrika, in: Kurt Beck/Gerd Spittler (Hg.), Arbeit in Afrika, Münster 1996, S. 311–333.

Versuchsaufbauten

Jüngere Forschungen haben gezeigt, dass in den Kolonien zahlreiche bevölkerungspolitische und Raumordnungs-Modelle ausprobiert wurden. Grundlage hierfür bildete die Vorstellung vieler Kolonisatoren, es mit gleichsam »jungfräulichen« Gebieten zu tun zu haben. Noch 1940 hieß es in Deutschland, gerade in den Kolonien habe man den Vorteil, dass man bei der Planung solcher Räume »von vorne anfangen kann, ungehindert von Traditionen vergangener Zeiten, wie sie im Mutterlande bestehen. Das kann für große Organisatoren in der Verwaltung des Kolonialreiches ein großartiges Wirkungsfeld eröffnen.«[18] Gerade in der Anlage von Städten und der räumlichen Segregation unterschiedlicher Bevölkerungsteile konnte hier mit einer gewissen Rücksichtslosigkeit, also ohne skrupulöse Beachtung gewachsener Strukturen, vorgegangen werden. Das ist etwa für Douala in Kamerun gezeigt worden.[19] Und die deutsche Kolonie Kiautschou wurde vom Reichsmarineamt binnen kurzer Zeit auf infrastrukturellem und hygienischem Gebiet derart erfolgreich umstrukturiert, dass sie sogar eine Vorbildfunktion annahm und zur deutschen »Musterkolonie« wurde.[20]

Erfunden wurden diese Modelle zu einer hierarchisierten Neuordnung wiederum nicht in den Kolonien. Vielmehr vollzogen solche kolonialen Pflanzstädte und Neubesiedelungsprojekte lediglich vorbehaltloser nach, was in den europäischen Metropolen nur eingeschränkt hatte ausgeführt werden können, etwa bei der Restrukturierung von Paris durch den Baron Haussmann 1853–72 oder der Modernisierung Berlins durch James Hobrecht. Wenn in der Literatur von »Laboratorien der Moderne« die Rede ist, sind nicht nur die Kolonien,

[18] Sven Helander, Zur Theorie des imperialistischen Verkehrs, in: Schmollers Jahrbuch für Gesetzgebung, Verwaltung und Volkswirtschaft im Deutschen Reiche, 64. Jg. (1940), 2. Halbbd., S. 35–60, hier S. 38.
[19] Andreas Eckert, Grundbesitz, Landkonflikte und kolonialer Wandel. Douala 1880 bis 1960, Stuttgart 1999.
[20] Fu-teh Huang, Quingdao. Chinesen unter deutscher Herrschaft 1897–1914, Bochum 1999; Klaus Mühlhahn, Herrschaft und Widerstand in der »Musterkolonie« Kiautschou. Interaktionen zwischen China und Deutschland, 1897–1914, München 2000.

sondern ebenso oft die großen europäischen Städte gemeint. Denn umgekehrt war gerade aufgrund der unübersichtlichen räumlichen Verdichtung hier manches an Experimentellem möglich.[21] Dass »Stadtluft frei« macht, wusste man schließlich seit dem Mittelalter. Dennoch ist eine gewisse Affinität vor allem selbstständig werdender »Neuländer« zu einer Stadtplanung auf dem Reißbrett nicht zu verkennen. Moderne Architekten erhielten hier Gelegenheiten zu ambitionierten »Meisterstücken«: Le Corbusier, der in seinem »Plan voisin« Paris zugunsten einiger Hochhauskomplexe gerne planiert hätte, erhielt eine vergleichbare Gelegenheit in Indien, als er für die Provinzen Haryana und Punjab auf der »grünen Wiese« die Hauptstadt Chandigarh entwerfen konnte.[22] Oscar Niemeyer und Lúcio Costa bekamen für Brasilia ähnliche Spielräume. Auch die im Zentrum Nigerias angelegte Hauptstadt Abuja ist das Ergebnis eines weltweiten Wettbewerbs. Über die zentral gestalteten Stadtbilder sollten zugleich eine neue Haltung zur Politik, zur Kultur, ja zum Leben überhaupt geformt sowie neue Traditionen gestiftet werden.[23]

Andererseits zeigt gerade die Geschichte der deutschen Kolonien auch die Begrenzungen, die solchen großzügigen Planungsvorhaben an der Peripherie – wenn es sich nicht gerade um Prestigeprojekte handelte – von der Metropole her gesetzt wurden. Die Bemühungen, eine wirksame Infrastruktur der kolonialen Erschließung zu schaffen, scheiterten im Kaiserreich zunächst an der irrigen Annahme ausreichender Privatinvestitionen und hingen später an der kurzen Leine des Reichstags, der das koloniale Budget diktierte. So waren die Verkehrs- und Kommunikationssysteme der deutschen Kolonien in den ersten zwanzig von insgesamt dreißig Jahren eher Laboratorien der

[21] Stellvertretend für andere Titel Karl Schlögel, Jenseits des Großen Oktober. Das Laboratorium der Moderne. Petersburg 1909–1921, Berlin 1988; Carl E. Schorske, Wien. Geist und Gesellschaft im Fin-de-Siècle, Frankfurt 1992; Maurice Aymard, Laboratorien der Moderne – die Städte am Mittelmeer, in: Zeitschrift für Kulturaustausch, 46. Jg., Heft 3 (1996), S. 66–70.

[22] 1932 hatte Le Corbusier bereits Pläne für eine fast vollkommene Neustrukturierung von Algier vorgelegt. Vgl. Michael Zinganel, Real Crime – Architektur, Stadt und Verbrechen, Wien 2000.

[23] Dirk van Laak, Weiße Elefanten. Anspruch und Scheitern technischer Großprojekte im 20. Jahrhundert, Stuttgart 1999, S. 133–140; auch Magnitogorsk, Canberra, Belo Horizonte etc. wären hier anzuführen.

Improvisationskunst von Ingenieuren, als eine Demonstration deutscher Gründlichkeit und Gestaltungskraft.[24]

Dennoch lässt sich in der kolonialen Geographie, der Kolonialtechnik, dem Kolonialrecht, der Tropenmedizin etc. und gerade am deutschen Beispiel sehr gut nachweisen, wie voraussetzungslos in Bezug auf das koloniale Objekt oft gedacht wurde. Die Laborbedingungen fanden sich vornehmlich in den Köpfen der Planenden vor, weil das Territorium und die darauf befindlichen Dinge im Sinne einer »Reißbrettpolitik« gleichsam *ab urbe condita* gestaltet wurden.[25] Stellte sich der erschließenden Bewegung dann in der Praxis etwas in den Weg, wurde dies leicht als Hindernis betrachtet, das es zu überwinden oder sogar zu vernichten galt.[26] Die Kolonisatoren ermächtigten sich hierzu vor der Geschichte einer sich scheinbar unaufhaltsam »europäisierenden« Welt selbst. In einer Epoche, die Aggression im Vordringen und Gewaltsamkeit im Erschließen geradezu kultivierte, braucht nicht allzu tief gegraben zu werden, um die psychologischen Strukturen der »Penetration« eines »jungfräulichen« Gebietes freizulegen.[27] Die kolonialen Versuchsaufbauten folgten insofern einem einheitlichen Muster: Handeln, Macht entfalten, Forschen, Erobern, Gefahren bestehen, Zivilisieren – *das* schien dem Leben einen schönen und männlichen Sinn zu geben.[28]

Anwendungen

Dennoch ist vor dem Ersten Weltkrieg in den afrikanischen Kolonien einiges geschehen, vor allem im Eisenbahnbau. Von der deutschen Kolonial-Lobby wurden diese Leistungen mit besonderem Stolz betrachtet. Die eigenen Kolonien wurden als Testfel-

[24] Vgl. hierzu Dirk van Laak, Imperiale Infrastruktur. Deutsche Planungen für eine Erschließung Afrikas, 1880 bis 1960, Paderborn 2004.

[25] Der Begriff »Reißbrettpolitik« bei Grosse, Kolonialismus, S. 10 f.

[26] Über die Entstehung dieses Vernichtungsimpulses und seine »Vordenker« instruktiv Sven Lindquist, Durch das Herz der Finsternis. Ein Afrika-Reisender auf den Spuren des europäischen Völkermords, Frankfurt 1999.

[27] Vgl. Peter Gay, Kult der Gewalt. Aggression im bürgerlichen Zeitalter, München 2000.

[28] Golo Mann, Deutsche Geschichte im 19. und 20. Jahrhundert, Frankfurt 1960, S. 501.

der für ein gestaltendes Ausgreifen der Deutschen in die Welt
gesehen, für eine mehr als nur literarische oder wissenschaftliche
Aneignung fremder Territorien. Das war freilich bereits »Ideologie«, denn in der Praxis fand sich generell wohl eher das Bewusstsein nachholender statt experimenteller Anwendung
europäischen Wissens. In der Legitimations-Literatur zum Kolonialismus jedoch findet sich immer wieder der Topos von den
Kolonien als einer »Schule der Nation«, in welche immer weniger die unerfreulichen Elemente abgeschoben, als vielmehr die
überschüssigen Energien des »jungen« Deutschland hingelenkt
werden sollten.[29]

Die Wirklichkeit wich auch hier von solchen Vorhaben ab:
Anders als in den französischen oder gar britischen Kolonien
galt der Kolonialdienst im deutschen Kaiserreich nicht eben
als ein auszeichnender und sicherer Karriereweg. Wenn es
auch sicher übertrieben ist, beim kolonialen Personal von einer
Negativauslese zu sprechen,[30] so lässt sich doch auch hier kon-
statieren, was David Cannadine zuletzt für den britischen
Überseedienst festgestellt und auf den Begriff des »Ornamentalism« gebracht hat.[31] Die Kolonien waren in gewisser Hinsicht gerade *keine* Laboratorien für Neues und Modernes, sondern eher Residuen für Hierarchien und Verhaltensweisen, die
in den Metropolen inzwischen als überlebt galten. Das war
durchaus erwünscht, denn zu einem nicht unwesentlichen Teil
sind die deutschen Kolonien gerade deswegen gegründet worden, um das nach Übersee auswandernde »Deutschtum« zu
erhalten, bevor es sich, wie etwa in den USA, assimilieren und
damit einem weltwirtschaftlichen Konkurrenten als »Volks-
dünger« dienen würde.[32] 1879 sah Ernst von Weber wie viele

[29] Birthe Kundrus, Moderne Imperialisten. Das Kaiserreich im Spiegel
seiner Kolonien, Köln 2003.

[30] So etwa Marek Czaplinski, The German Colonial Service: Image and
Reality, in: African Bulletin (Warschau) 34 (1987), S. 107–119. Oswald Speng-
ler glaubte feststellen zu können, dass die Auslese der Überlegenen, wie sie
der englische Kolonialdienst heranbilde, in Deutschland statt dessen im
preußischen Offizierscorps stattgefunden habe, ders., Jahre der Entscheidung, München 1933, S. 174.

[31] David Cannadine, Ornamentalism. How the British Saw Their Empire,
London 2002.

[32] Wilhelm Roscher/Robert Jannasch, Kolonien, Kolonialpolitik und
Auswanderung, Leipzig ³1885, S. 375.

andere Deutschland längst unter Zeitdruck, weil der Erdball
zu »anglisieren« drohe, während umgekehrt eine »fortwäh-
rende Entdeutschung unserer Auswanderer« zu beobachten
sei.[33] Die besondere Traditionsverhaftung und Deutschenselig-
keit in den Kolonien, deren Träger auch und gerade die Sied-
lerfrauen gewesen zu sein scheinen, hat sicher auch darin ihre
Ursache.[34]

Mehr als anderswo hing es in den Kolonien jedoch von der
Persönlichkeit des Siedlers oder des Verwaltungsbeamten ab,
wie wagemutig oder innovativ bei der Erschließung vorgegangen wurde. Doch in Hinblick auf die zahlreichen Kolonialskan-
dale wurde schon von kritischen Zeitgenossen unterstellt, dass
man es beim Kolonialpersonal in nicht unbeträchtlichem Maße
mit gleichsam »abgehalfterten« Figuren zu tun habe, die in den
nur spärlich kontrollierten Gebieten in Übersee ihre anachro-
nistischen (und oft auch exotisch-erotischen) Orientierungen
wieder aufleben ließen und mit gleichsam spätfeudalem Habi-
tus auftraten. Bei Deutschlands prominentestem Kolonisator,
Carl Peters, ist dieses »Herrenmenschentum« besonders augen-
fällig gewesen. Sein Ruf war äußerst umstritten, ihm haftete
alles andere als ein neuzeitliches Image an.[35] Dieses gleichsam
dialektische Verhältnis zur Moderne lässt sich bei vielen Kolonialisten beobachten. Literarisch verewigt wurde es in Joseph
Conrads Erzählung »Herz der Finsternis« von 1899, in der ein
Pionier der menschheitlichen Mission in die atavistische Verkörperung ihres Gegenteils verfällt.[36] Damit wurde eine Figur
geprägt, auf die in der jüngeren Literatur zum kolonialen Projekt geradezu leitmotivisch verwiesen wurde.

Mit dem Begriff »Herrenmensch« ist man bei der zunächst
von Hannah Arendt und in letzter Zeit erneut gezogenen, mehr
oder weniger direkten Linie in die »deutsche Katastrophe«, die

[33] Ernst von Weber, Die Erweiterung unseres deutschen Wirthschaftsge-
biets und die Grundlegung zu überseeischen deutschen Staaten. Ein drin-
gendes Gebot unserer wirthschaftlichen Nothlage, Leipzig 1879, S. I.
[34] Lora Wildenthal, German Women for Empire, 1884–1945, Durham
2001.
[35] Vgl. Franz Giesebrecht, Ein deutscher Kolonialheld. Der Fall »Peters«
in psychologischer Beleuchtung, Zürich 1897.
[36] Für Deutschland vgl. den 1915 erschienenen Roman von Robert Müller, Tropen. Der Mythos der Reise. Urkunden eines deutschen Ingenieurs,
Stuttgart 1993.

268   Dirk van Laak

angeblich von den Kolonien in die totale Herrschaft des Nationalsozialismus verläuft. Dabei wird suggeriert, dass in den Kolonien die verhängnisvollsten Instrumente des 20. Jahrhunderts
erprobt worden seien, namentlich Menschenversuche aller Art
bis hin zum Genozid. Wiederum gelten die deutschen Kolonien
hier als besonders stilprägend, und der Herero-Krieg von 1904–
1907 wird seit einiger Zeit als eine weitere »Urkatastrophe« des
20. Jahrhunderts diskutiert.[37] Zweifellos hat hierbei manches bereits auf die spätere Praxis der Eroberung von »Lebensraum« im
europäischen Osten verwiesen, so die Apostrophierung als »Ras-
sekrieg«, das Abschieben in lebensfeindliche Gegenden, die Vernichtung der Nahrungsgrundlagen, die unterschiedslosen Exekutionen oder die Vernichtung durch Vernachlässigung.[38] Ein
»Menetekel« der Enthemmung und ein fatales Erbe an Vorerfahrungen, wie es jetzt auch für das »Kriegsland im Osten« beschrieben wurde, das im Ersten Weltkrieg die deutschen Vorstellungen
dieses späteren Expansionsraums nachhaltig prägte.[39]
   Auch für die Medizin sind diese Zusammenhänge zuletzt
sehr stark gemacht worden. In Bezug auf Rassenhygiene und
Eugenik haben Wolfgang U. Eckart und Pascal Grosse nachge-
wiesen, wie sich medizinische Praxen in den Kolonien fortent-
wickelten.[40] Eckart spricht offen von »Konzentrationslagern«,
in denen etwa mit der Schlafkrankheit experimentiert worden
sei, und er zieht die Kontinuitätsline zum »Dritten Reich« vielleicht etwas überdeutlich. Ein distanzierter Blick auf den Umgang mit Krankheiten zeigt zunächst, dass sich in Hinblick auf
exotische oder Tropenkrankheiten eine lange Linie wechselseitigen Transfers durch die Menschheitsgeschichte zieht und
dies geradezu ein ubiquitäres Begleitphänomen der Migra-
tionsgeschichte darstellt.[41] Aber um die Wende ins 20. Jahrhun-

[37] Vgl. »Kolonialismus, Kolonialdiskurs und Genozid«. Interdisziplinäre
Tagung in der Ev. Akademie Bad Boll vom 21. – 23. März 2003.
[38] So Jürgen Zimmerer, Krieg, KZ und Völkermord in Südwestafrika. Der
erste deutsche Genozid, in: ders./Joachim Zeller (Hg.), Völkermord in
Deutsch-Südwestafrika. Der Kolonialkrieg (1904–1908) in Namibia und seine Folgen, Berlin 2003, S. 45–63, hier S. 60.
[39] Vejas Gabriel Liulevicius, Kriegsland im Osten. Eroberung, Kolonisierung und Militärherrschaft im Ersten Weltkrieg, Hamburg 2002.
[40] Vgl. Eckart, Medizin; und Grosse, Kolonialismus.
[41] Vgl. etwa Jared Diamond, Arm und Reich. Die Schicksale menschlicher
Gesellschaften, Frankfurt 1998. Die Rückwirkungen des Kolonialismus auf

dert und vor dem Hintergrund des rasant angestiegenen medizinischen Wissens erschienen die Infektionsrisiken nun fast kontrollierbar. Außerdem konnten sich darwinistische Gedanken in den Kolonien eher auf »Evidenzen« berufen als in den Metropolen, denn in der Mischlingsfrage stellte sich die rassehygienische Frage nach »Entartung« und »Fortpflanzung« auf sichtbare Weise.[42]

Dabei stand das Problem der »Arbeit« und der »völkischen Leistungskraft« zwar im Mittelpunkt der Debatten. Doch gibt es einen, auch Eckart unterliegenden Zug, ökonomische Aspekte allzu stark in den Mittelpunkt zu rücken und das in den Kolonien Praktizierte unter der Perspektive einer mehr oder weniger offenen Ausbeutung zu interpretieren. Dann stellt sich die seit der Jahrhundertwende vorbereitete koloniale Reformära als subtilere und mittelfristig effizientere Form der Inwertsetzung von Produktivkräften dar, die eine Phase offener – aber an ihren Folgeerscheinungen scheiternde – Ausbeutung ablöste.[43] Die Betonung der sog. »Negersanität« wäre mithin als Optimierung der Kolonialökonomie und als Vorlauf zum »colonial development« zu verstehen. Abgesehen davon, dass man diesen Umschwung zur Bewertung der Eingeborenen als zu pflegende »Wirtschaftsgüter« immerhin als einen Fortschritt gegenüber ihrer Einschätzung als »lästiges Hindernis« sehen muss, sind hierbei eher die Parallelen zu den Bemühungen zu betonen, mit denen zeitgleich auch in den Metropolen eine Rationalisierung der Arbeitsleistungen erreicht werden sollte. Von »biologischem Kapital« und einer »Wirtschaftslehre von der Gesundheit« war nicht nur in den Kolonien die Rede.[44] Vielmehr bildeten sich energetische, an effizienter Ausnutzung von Arbeitskraft interessierte Praxen der »Menschenökonomie« auch in europäischen und mehr noch in amerikani-

das Umweltbewusstsein in den Metropolen diskutiert Joachim Radkau, Natur und Macht. Eine Weltgeschichte der Umwelt, München 2000, S. 216–25.

[42] Dazu Dieter Gosewinkel, Einbürgern und Ausschließen. Die Nationalisierung der Staatsangehörigkeit vom Deutschen Bund bis zur Bundesrepublik Deutschland, Göttingen 2001.

[43] Dies erinnert im Übrigen an die Debatte der ausgehenden achtziger Jahre über die »Ökonomie der Endlösung«.

[44] So Eckart, Medizin, S. 60, mit Bezug auf einen seiner Hauptgewährsmänner, den Mediziner Ludwig Külz, siehe auch ebd., S. 66.

270 Dirk van Laak

schen Betrieben aus.[45] Man braucht hier nur an den Tayloris-
mus zu erinnern.[46]

Experimentierfelder und »Labormäuse« gab es ebenso in den
Metropolen, etwa unter Prostituierten, Zigeunern oder den sog.
»Idioten«, also Personengruppen, die in einer hierarchisierten
ethischen wie ethnischen Betrachtungsweise zu ihrer Zeit als
»minderwertig« definiert wurden. Auch in Ausnahmesituatio-
nen wie dem Ersten Weltkrieg stand mit den Soldaten »Material« für menschenökonomische Experimente zur Verfügung.
Denn alles, was noch nicht oder vorübergehend nicht mehr nor-
miert ist, kann folglich unter Sonderkonditionen getestet werden. Vielmehr wird man die Kolonien als *eine* der »Spielwiesen«
werten müssen, auf denen die möglichen Negativ-Folgen solcher »Feldversuche« scheinbar nicht so gravierend ins Gewicht
fielen und für die generell eine geringere Rechenschaftspflicht
bestand.

Die Konzentrationslager der Nationalsozialisten sind später
als Fortsetzung der kolonialen Situation verstanden worden.
Von der Definition eines »Labors« her, also der Herstellung iso-
lierter bzw. isolierbarer Bedingungen, trifft dieser Vergleich
wahrscheinlich sehr viel besser. Hannah Arendt hat sie daher
als Laboratorien der totalen Bemächtigung des Menschen interpretiert und die anonyme bürokratische Herrschaft auf dem
Verordnungswege als dasjenige charakterisiert, was die Nationalsozialisten von den Imperialisten gelernt hätten. In den Kolonien wie im Lager zeige sich das Gesellschaftsideal der *totalen*
Herrschaft. Die Erniedrigung, Verdinglichung ,und die schließ-
liche Ausrottung von Menschen verkünde die Botschaft, dass
Menschen überflüssig seien.[47]

Auch dieser Vergleich mag im Einzelnen lohnend sein, ist
aber vorderhand nicht wirklich überzeugend. Tatsächlich haben im kolonialen wie im NS-System *Verordnungen* eine Domi-
nanz über die Gesetze erhalten. Doch steht hinter der Weige-
rung kolonialer Verwaltungsbeamter und Militärs vor 1914,

[45] Vgl. Anson Rabinbach, Motor Mensch. Kraft, Ermüdung und die Ursprünge der Moderne, Wien 2001.
[46] Dazu Thomas P. Hughes, Die Erfindung Amerikas. Der technologische
Aufstieg der USA seit 1870, München 1991, S. 193–207.
[47] Hannah Arendt, Elemente und Ursprünge totaler Herrschaft. Antisemitismus, Imperialismus, totale Herrschaft, München [5]1996, S. 907–43.

sich den Kodifikationen eines Kolonialrechts zu unterwerfen,
vornehmlich das Festhalten an den »patriarchalischen« Ent-
scheidungsspielräumen der frontier-Situation.[48] Im Falle des
Nationalsozialismus dienten die Verordnungen nach 1933 jedoch dazu, eine bestehende Rechtsordnung zu unterhöhlen
und der Politik über »Maßnahmen«-Befugnisse Entscheidungs-
spielräume gegenüber den Gesetzen zu schaffen.[49] Denn im
Prozess der kumulativen Radikalisierung nationalsozialisti-
scher Herrschaft nahmen humanitäre Rücksichten tendenziell
ab, während sie – bei aller brutalen Praxis im Einzelnen – im
Verlauf des europäischen Hochimperialismus seit der Jahrhundertwende nach und nach eher zugenommen haben. Man kann
daher die Kolonien, wenn man dies für instruktiv hält, sicher
als Laboratorien etwa für die Rassehygiene, die Politik der
Apartheid und manches andere sehen.[50] Die genozidale Politik
der rassischen Vernichtung im »Dritten Reich« entstammt einem sehr viel komplexeren ideologischen Geflecht, für das die
koloniale Vorerfahrung nur *einen* unter vielen Faktoren darstellt.

Systematisierungen

Vielmehr sollte der Begriff des »Laboratoriums« – so er denn
trotzdem für die Kolonien angewendet wird – durchaus nicht
nur negativ konnotiert und sollten die Kolonisierten damit
nicht pauschal zu Opfern und »Versuchskaninchen« degradiert
werden. Natürlich erscheinen aus heutiger Sicht viele der Bemühungen zur kolonialen Entwicklung hilflos und inadäquat.

[48] Trutz von Trotha, Die Entstehung von Recht. Deutsche Kolonialherrschaft und Recht im »Schutzgebiet Togo«, 1884–1914, in: Rechtshistorisches
Journal 7 (1988), S. 317–46, hier S. 339–43; vgl. auch Udo Wolter / Paul Kaller,
Deutsches Kolonialrecht. Ein wenig erforschtes Rechtsgebiet, dargestellt anhand des Arbeitsrechts der Eingeborenen, in: Zeitschrift für neuere Rechtsgeschichte 17 (1995), S. 201–44.
[49] Hierzu das klassische Buch von Ernst Fraenkel, Der Doppelstaat. Recht
und Justiz im »Dritten Reich«, Hamburg ²2001.
[50] Weitere Beispiele geben Andreas Eckert / Albert Wirz, Wir nicht, die
anderen auch. Deutschland und der Kolonialismus, in: Sebastian Conrad / Shalini Randeria (Hg.), Jenseits des Eurozentrismus. Postkoloniale Perspektiven in den Geschichtswissenschaften, Frankfurt 2002, S. 372–92.

Auch stellten sich manche »Experimente« wie das des Kongo
Leopolds II. als gewaltiger Schwindel heraus.[51] Dennoch darf
das wiederkehrende Argument, dass man es beim Kolonialismus mit einem gesamteuropäischen Projekt der zum Kulturex-
port befähigten Mächte zu tun habe, nicht ganz von der Hand
gewiesen werden – ohne dass nun gleich wieder auf Albert
Schweitzers Lambarene als Musterfall eines »Labors der
Menschlichkeit« rekurriert werden muss. Denn in der Tat findet
sich das Selbstverständnis, der Kolonialismus stelle so etwas
wie eine »Gemeinschaftspraxis« zum Wohle der gesamten
Menschheit dar, als Ideologem bei den Imperialisten aller Länder.[52] Die Versuche der europäischen Kolonialmächte, der sich
anschließenden »Entwicklungshilfe« und letztlich der »Globalisierung« insgesamt, mit den räumlichen Distanzen auch die
Unterschiede in der geschichtlichen Entwicklung einzuebnen,
stellten insgesamt ein gewaltiges historisches Experiment dar
und waren ein charakteristischer Ausdruck der klassischen
»Hochmoderne«.[53]

Seit dem späten 19. Jahrhundert wurden Imperien zudem
nicht mehr primär als solche gedacht, die durch Kraft und Willen, sondern vielmehr durch *wissenschaftliche Information* gefes-
tigt werden müssten.[54] Wenn hierbei auch jede imperiale Nation

[51] Hierzu Adam Hochschild, Schatten über dem Kongo. Die Geschichte
eines großen, fast vergessenen Menschheitsverbrechens, Stuttgart 2000.

[52] Das Argument wurde später in spät- und postkolonialen Rechtferti-
gungsschriften betont, indem der Kolonialismus als abgeschlossene Stufe
zur Globalisierung und Planetarisierung gewertet wurde. Einmal mehr erschien der europäische Kolonisator hier als ein Werkzeug der Geschichte,
vgl. etwa Wahrhold Drascher, Schuld der Weißen? Die Spätzeit des Kolonialismus, Tübingen 1960, S. 257; ähnlich Herbert Lüthy, Ruhm und Ende
der Kolonialisation, in: Der Monat 9, Heft 106 (1956/57), S. 26–39.

[53] Jürgen Osterhammel/Niels P. Peterson, Geschichte der Globalisierung.
Dimensionen, Prozesse, Epochen, München 2003.

[54] Ausgehend von einer Analyse »imperialistischer« Romane und Erzählungen des ausgehenden 19. Jahrhunderts hat Thomas Richards sogar das
Mythologem eines einheitlichen imperialen Archivs ausmachen wollen: »In
these novels knowledge defeats power every time. [...] The great Victorian
projects of knowledge all had at their center a dream of knowledge driven
into the present. The new disciplines of geography, biology, and thermody-
namics all took as their imperium the world as a whole, and worked out
paradigms of knowledge which seemed to solve the problem of imperial
control at a distance«, ders., Archive, S. 5.

zunächst ihren je eigenen »Sonderweg« ging: Letztlich schienen die Europäer jedoch gemeinsam an einem menschheitlichen Projekt zu »laborieren«. Die Arbeitsteilung erstreckte sich auf die jeweilige räumliche Zuständigkeit und auf das Experimentieren mit Methoden und Verfahren der Erschließung und Inwertsetzung. Dennoch gab es vielfältige Bezugnahmen und Adaptionen, imperialistische Netzwerke und einen »transnationalen« Transfer von Ideen. In Deutschland war etwa das »Kolonialwirtschaftliche Komitee« mit solchen Übertragungen befasst. Mit einigem Erfolg wurden in etwa Deutsch-Südwestafrika Karakul-Schafe heimisch und Sisal-Pflanzen eingeführt.[55] Versuchsanstalten wie das 1902 gegründete Forschungsinstitut »Amani« in Deutsch-Ostafrika, dem botanische, chemische und zoologische Laboratorien angeschlossen waren, wurden als internationale Aushängeschilder und Einrichtungen der Kooperation, aber auch des Wettbewerbs der unterschiedlichen Kolonialsysteme und -methoden verstanden.[56] Kurz vor dem Ersten Weltkrieg waren in den Kolonien noch sehr einvernehmlich technische Angleichungen erfolgt, etwa die Einführung einer gemeinsamen Zeit in Afrika.

Wie wenig experimentell es dennoch in den deutschen Kolonien zuging, zeigt der Umstand, dass die wesentlichen Fortschritte im wirtschaftlichen Aufbau erst nach der »kolonialen Wende« im Gefolge der Herero-Kriege erfolgten, und nachdem ein auf die Sanierung maroder Unternehmen spezialisierter Bankier, Bernhard Dernburg, zum Kolonialstaatssekretär ernannt wurde. Er reformierte das koloniale Management nach europäischem Muster, ließ Eisenbahnen bauen und trat dafür ein, die »Eingeborenen« als »wertvollstes Aktivum« der Kolo-

---

[55] Geo A. Schmidt, Das Kolonial-Wirtschaftliche Komitee. Ein Rückblick auf seine Entstehung und seine Arbeiten aus Anlaß des Gedenkjahres 50jähriger deutscher Kolonialarbeit, Berlin 1934.

[56] Dies bezog sich auch auf die Schaffung einer kolonialen Begleit-Infrastruktur in den Metropolen seit der Jahrhundertwende: Tropeninstitute, Kolonialschulen, Vereine, botanische Gärten usw. Vgl. etwa C. T. Hagberg Wright, German Methods of Development in Africa, in: Journal of the African Society 1 (1901/02), S. 23–38: »The Colonies themselves are not of the first order, but with that dogged Teuton perseverance and the scientific method behind it competent judges consider that they have great promise«, ebd., S. 36. Kenneth Mackenzie, Some British Reactions to German Colonial Methods, in: Historical Journal 17 (1974), S. 165–175.

nien zu pflegen, statt sie auszuplündern.[57] Diesem Trend folgten letztlich alle Kolonialmächte, nur dass Deutschland mit den
Folgen der langsam einsetzenden Dekolonisation, vor allem
den spätkolonialen Versuchen zu einer »mise en valeur« bzw.
einem »colonial development« nicht mehr belastet war. Dies
einzusehen fiel den Deutschen nach den traumatischen Erfahrungen mit den Versailler Verträgen jedoch schwer, und 1928
mochten nur wenige Carl von Ossietzky folgen, als er in der
»Weltbühne« schrieb: »Deutschland ist unter allen Ländern des
Krieges das einzige, das mit Fug und Recht behaupten kann,
der Friedensvertrag habe ihm Nutzen gebracht. Es hat zwar Gebiete verloren, es muss schwere Reparationen leisten, und noch
ist ein Stück Rheinufer besetzt. Dafür aber ist es aus der Sphäre
des Imperialismus heraus, und es hat kein Deutschland in
Übersee zu verteidigen. Es kann ruhig schlafen, wenn in China
oder Marokko die Gewehre losgehen.«[58]

Fatalerweise sind viele der Praxen zu einer forcierten »Inwertsetzung«, etwa die spätkolonialen Feldversuche zu einer
beherzten Entwicklung über Fünf-, Zehn- oder gar Fünfzehn-
jahrespläne, von den postkolonialen Eliten kopiert oder fortge-
führt worden. Hier gingen nicht nur Berater und Entwicklungs-
helfer wiederum gern von eigenen Erfahrungen aus, die in oft
erstaunlich modellhafter Weise übertragen wurden – man
schaue sich daraufhin die frühen ökonomischen Entwicklungs-
theorien an.[59] Auch die neuen Führer der unabhängigen Staaten
ließen sich nur zu gern auf Experimente ein, so auch im Uja-
maa-Projekt Julius Nyereres in Tansania.[60] Mit solchen Großpla-
nungen haben ehrgeizige Politiker der Dritten Welt ihre Länder
in die Moderne zwingen wollen. Umgekehrt wurde die Dritte
Welt nach dem Zweiten Weltkrieg als soziales Rohmaterial und
als Labor für unterschiedliche Planungsmethoden betrachtet.[61]

[57] Bernhard Dernburg, Zielpunkte des deutschen Kolonialwesens. Zwei
Vorträge, Berlin 1907.
[58] Carl von Ossietzky, Deutschland ist . . ., in: Die Weltbühne 24 II (1928),
Nr. 45 vom 6.11.1928, S. 689–691, hier S. 689.
[59] Am bekanntesten wurde Walt W. Rostow, Stadien wirtschaftlichen
Wachstums. Eine Alternative zur marxistischen Entwicklungstheorie, Göttingen 1960.
[60] Vgl. James C. Scott, Seeing like a State. How Certain Schemes to Im-
prove the Human Condition Have Failed, New Haven 1998.
[61] Arturo Escobar, Planung, in: Wolfgang Sachs (Hg.), Wie im Westen so

Im Ergebnis sind namentlich die afrikanischen Länder als Modellbeispiele einer *gescheiterten* Modernisierung gewertet worden, zu Laboratorien des Menschen*un*möglichen. Solche Einschätzungen sind wiederum negativ überzeichnet und geben zweifellos erneut Projektionen wieder.

Auswertungen

Als Deutschland seine Kolonien im Ersten Weltkrieg verlor, betonte die heftige Revisionspropaganda gerade auch das Argument, nun keine überseeischen »Laboratorien«, keine »Schulen der Nation« mehr zu besitzen, derer eine Kulturnation nun einmal bedürfe. Es ist noch im Einzelnen nachzuweisen, ob der jetzt lautstark proklamierte deutsche Anspruch, als Kolonisator besonders »befähigt« und in seinen Erschließungsmethoden besonders effektiv, ja wissenschaftlich zu sein, nicht ein Musterfall an Autosuggestion gewesen ist. So wie es umgekehrt ebenso zweifelhaft ist, das Urteil über die vermeintlich besonders grausame Art der deutschen Kolonisationsmethoden aus dem Zusammenhang alliierter Weltkriegs-Propaganda zu lösen.[62]

Wirtschaftlich wurde das Deutsche Reich bzw. die Weimarer Republik durch die unfreiwillige Dekolonisation kaum geschwächt. Der Anteil der deutschen Kolonien am deutschen Außenhandel betrug nie mehr als 0,6 % und war kurz vor dem Krieg sogar wieder etwas zurückgegangen.[63] Mittelfristig stell-

auf Erden. Ein polemisches Handbuch zur Entwicklungspolitik, Reinbek 1993, S. 274–297, hier S. 281.

[62] In diesem Zusammenhang wurden die deutschen Kolonialskeptiker des Kaiserreiches oft als »Gutachter der Feindbundmächte« denunziert, vgl. Oberst a. D. Willeke, Schutztruppe und Technik, in: Unvergessenes Heldentum. Das Kolonisationswerk der deutschen Schutztruppe und Marine, hg. vom Deutschen Kolonialkriegerbund, Berlin 1924, S. 30–37, hier S. 37; exemplarisch auch Wolfgang Diewerge, Deutschland braucht Afrika und Afrika braucht Europa. Eindrücke einer Fahrt um den Schwarzen Erdteil, in: Völkischer Beobachter vom 6. Juni 1937. Darin benannte er Bebel und Bamberger, Dernburg und Kayser, die letztlich das Material für die Kolonialvorwürfe der Alliierten nach 1919 geliefert hätten, BA Abt. Dahlwitz-Hoppegarten: Deutsches Auslandswissenschaftliches Institut, R 4902, 7760, hier Bl. 55.

[63] Rudolf von Albertini (unter Mitarbeit von Albert Wirz), Europäische

te sich heraus, dass die modernen Handels- und Informations-
flüsse den formalen Besitz von Kolonien weitgehend entbehr-
lich machten, wenn sie als »Phantasiereiche« auch für die Deutschen noch eine zeitlang relevant blieben.[64] Im 19. Jahrhundert
hatten die Erträge der Forschung den modernen Kolonialismus
überhaupt erst möglich gemacht, indem medizinische und
technische Innovationen eine relativ gefahrlose koloniale Eroberung und Erschließung ermöglicht hatten.[65] Der Verlust der
Kolonien konnte nun zumindest teilweise in den europäischen
Laboratorien wieder kompensiert werden. Gerade in Deutschland wurden sehr erfolgreich koloniale Ersatzstoffe wie Synthe-
sekautschuk, Zell- oder Treibstoffe entwickelt.[66] In wirtschafts-
historischer Sicht mag Deutschland damit sogar der Gefahr
entgangen sein, dass die Extraktionsgewinne der Kolonien sich
als Modernisierungsblockade erwiesen, weil sie – wofür etwa
die Niederlande ein Beispiel waren – Investitionen in Innovationen verhinderten.[67]

Die Rückwirkungen der Kolonialepoche auf Deutschland
waren jedoch weiterhin enorm, schon für das Projekt der deutschen »Weltaneignung«. Denn die Kolonien hatten zweifellos
das Interesse vieler Deutscher für Fremdes und für exotische
Imaginationen erweckt, das auch weiterhin von einer aus-
ufernden Kolonialliteratur und zusätzlich von den neuen Me-

Kolonialherrschaft. Die Expansion in Übersee von 1880–1940, München
1982, S. 451. Generell hierzu Francesca Schinzinger, Die Kolonien und das
Deutsche Reich, 1984. Nach Horst Gründer absorbierten die deutschen Kolonien zwischen 1884 und 1914 ca. 646 Millionen Mark an Reichszuschüs-
sen, ders., Geschichte der deutschen Kolonien, Paderborn [2]1991, S. 239.

[64] Vgl. hierzu Dirk van Laak, »Ist je ein Reich, das es nicht gab, so gut
verwaltet worden?« Der imaginäre Ausbau der imperialen Infrastruktur in
Deutschland nach 1918, in: Birthe Kundrus (Hg.), Phantasiereiche. Zur Kulturgeschichte des deutschen Kolonialismus, Frankfurt 2003, S. 71–90. Man
könnte kontrafaktisch fragen, ob die deutsche Geschichte anders verlaufen
wäre, hätte man weiterhin Kolonien besessen, die, wie die französische und
britische Geschichte lehrt, in den Jahrzehnten nach 1918 vieles an Kräften
band.

[65] Daniel R. Headrick, The Tools of Empire: Technology and European
Imperialism in the Nineteenth Century, New York 1981.

[66] Vgl. paradigmatisch für einen ganzen Literaturzweig Anton Zischka,
Wissenschaft bricht Monopole, Leipzig 1936.

[67] Vgl. David Landes, Wohlstand und Armut der Nationen. Warum die
einen reich und die anderen arm sind, Berlin 2002.

dien Radio, Foto und Film gestillt wurde.[68] In vielfacher Weise
blieb vor allem Afrika in Deutschland präsent. Für Geographie, Medizin, Anthropologie, Biologie, Botanik und viele
andere Wissenschaften stellte die Kolonialzeit mit ihren spezifischen Herausforderungen und experimentellen Möglichkeiten zudem eine wesentliche Durchgangsstation der Fachge-
schichte dar.[69] Gerade das »menschenwissenschaftliche«
Denken bezog seine Kenntnisse in nicht unwesentlichen An-
teilen aus den Versuchs- und Testphasen in fremden Territorien.[70] Die Wissenschaften und Praxen hatten sich nun umzuorientieren und an die neue Sachlage anzupassen, blieben aber
meist auf ihre Forschungsgebiete hin orientiert, wobei sich der
koloniale bzw. kolonialrevisionistische Impuls in Deutschland
nur langsam verschliff. Zu untersuchen bleibt, wohin das koloniale *Know-how* abgewandert ist, welche Metamorphosen es
dabei durchlebte und ob etwa koloniale Vorerfahrungen sich
später in den Ostraumplanungen »auszahlten«.[71] Viele Wissenschaften betrieben jedenfalls noch über einen längeren
Zeitraum hinweg gedankliche Vorarbeit für eine Rückerobe-
rung deutscher Kolonien. Das konnte sich teilweise bis zu
technokratischen Großprojekten steigern, die mehrheitlich
versuchten, Deutschland wieder »ins Geschäft« zu bringen, indem die Erschließung Afrikas als europäisches Gemein-
schaftsprojekt profiliert wurde.[72] Der südliche Kontinent erschien hier als Experimentierfeld für eine Einigung Europas,

[68] Vgl. Triviale Tropen. Exotische Reise- und Abenteuerfilme aus
Deutschland 1919–1939. Red. Jörg Schöning, München 1997; Sara Fried-
richsmeyer u. a. (Hg.), The Imperialist Imagination. German Colonialism
and Its Legacy, Ann Arbor 1998.
[69] Zahlreiche Hinweise finden sich in Ulrich van der Heyden/Joachim
Zeller (Hg.), Kolonialmetropole Berlin. Eine Spurensuche, Berlin 2002.
[70] Das lässt sich im einzelnen biografisch nachweisen, so etwa bei Niels
Lösch, Rasse als Konstrukt. Leben und Werk Eugen Fischers, Frankfurt
1997; Manfred Gothsch, Die deutsche Völkerkunde und ihr Verhältnis zum
Kolonialismus. Ein Beitrag zur kolonialideologischen und kolonialprakti-
schen Bedeutung der deutschen Völkerkunde in der Zeit von 1870 bis 1975,
Baden-Baden 1983.
[71] Vgl. etwa Karsten Linne, Deutsche Afrikafirmen im »Osteinsatz«, in:
1999. Zeitschrift für Sozialgeschichte des 20. und 21. Jahrhunderts 16, 1
(2001), S. 49–90.
[72] Das gewaltigste unter ihnen findet sich skizziert in Herman Sörgel,
Atlantropa, Zürich 1932.

mit welcher die afrikanische Realität freilich kaum noch etwas zu tun hatte.[73] Vielmehr wurde das Schicksal des fremden Territoriums hier erneut zu einem längeren Gedankenspiel für europäische Studierstuben und Diplomatentische.

Dennoch wurden die deutschen Kolonien erst wirklich als etwas »Eigenes« betrachtet, als sie bereits fortgenommen waren. Nichts zielte nach 1919 derart zentral auf das ehrpusslige Prestigeempfinden der Deutschen wie die Behauptung der Alliierten, sie hätten sich kolonisatorisch als *unfähig* erwiesen und im Kreis der leistungsfähigen Nationen nichts mehr zu suchen. Das Ethos gründlicher, ja wissenschaftlicher Organisation, auf das sich die deutschen Kolonisatoren vor Ausbruch des Krieges so viel zugute gehalten hatten, war hier bewusst in sein Gegenteil verkehrt worden. Schon während des Krieges hatte es bizarre Rückübertragungen aus den Kolonien gegeben, indem den Deutschen nach 1914 gerade diejenigen »Greuel« an Belgiern nachgesagt wurden, welche diese selbst zuvor im Kongo verübt hatten.[74]

Statt dessen gelangten nun manche der kolonialen Probleme in die Metropole zurück. Die Rheinlandbesetzung verstärkte das deutsche Empfinden, nun selbst zu einer Kolonie herabgewürdigt zu werden. Die nach 1920 verstärkte Diskussion um die Stationierung farbiger Besatzungssoldaten rekurrierte in mancherlei Weise auf die Biologisierung des Politischen, die bei der Debatte um so genannte Rassenmischehen in den deutschen Kolonien bereits geführt worden war. Die Mischlingsfrage hatte erhebliche definitorische Probleme aufgeworfen, um die Anteile des »Eigenen« und des »Fremden« zu ermessen. Die in Deutschland gezeugten und später als »Rheinlandbastarde« denunzierten Kinder zeigten sinnfällig, wie an der »kulturellen Grenze« meist etwas Ungeplantes entsteht.[75]

---

[73] Etienne Deschamps, Quelle Afrique pour une Europe unie? L'idée d'Eurafrique à l'aube des années trentes, in: Michel Dumoulin (Hg.), Penser l'Europe à l'aube des années trentes, Louvain-la-neuve 1995, S. 95–150. Die Idee »Eurafrika« übersprang den Zweiten Weltkrieg und wurde in den 1950er Jahren, z. B. über den Schuman-Plan, wieder aufgegriffen, vgl. Thomas Oppermann, »Eurafrika« – Idee und Wirklichkeit, in: Europa-Archiv, Folge 23 (1960), S. 695–706.

[74] Vgl. dazu John N. Horne/Alan Kramer, Deutsche Kriegsgreuel 1914. Die umstrittene Wahrheit, Hamburg 2004.

[75] Obwohl die rassistischen Affekte sich in Deutschland vor allem im An-

Sicher ist aus den Kolonien mehr an Experimentellem hervorgegangen, als die rassische Segregation und beispielsweise der
Fingerabdruck[76] – so wie es überzeichnet ist zu behaupten, aus
den Laboratorien des Weltraums sei nicht viel mehr als die Tef-
lonpfanne im irdischen Alltag angekommen.[77] Eine transnationale Betrachtungsweise wird keine linearen Transferprozesse
mehr annehmen, sondern nach Überblendungen und wechselseitigen Beeinflussungen fragen. »Laborbedingungen« wurden
erhofft, konstruiert und angenommen, aber letztlich nirgendwo
vorgefunden, und wenn in der Konfrontation zwischen Planung
und kolonialer Praxis etwas »Modernes« entstand, so verwies
dies in einer nicht unbeträchtlichen Zahl der Fälle auf die *dunklen*
Seiten der Moderne, weil es an Orten extremen Machtgefälles
stattfand. An den »kulturellen Grenzen« sind Vorerfahrungen
mit situativen Erlebnissen ein Mischverhältnis eingegangen und
haben dabei in aller Regel etwas Drittes hervorgebracht.[78] Es sind
diese Vermächtnisse des Kolonialismus, die – wie Sebastian Conrad es formulierte – noch immer wie »blinde Passagiere« im
Handgepäck unseres historischen Wissens mitreisen.[79]

tisemitismus auslebten, wäre noch im Einzelnen zu beschreiben, inwieweit
die koloniale Begegnung gerade in Deutschland einen Vorlauf darstellte,
weil die Problemkreise »Raum« und »Rasse« nach 1918 mit voller Wucht
ins Deutsche Reich zurückschlugen.

[76] Mit dem Criminal Tribes Act von 1871 wurden in Indien wandernde
Gruppen, die nicht dem Ideal der sesshaften Landwirtschaft und Lohnarbeit entsprachen, erfasst und kontrolliert. In diesem Zusammenhang »er-
fanden« Henry Fauld und Francis Galton im Auftrag der englischen Kolonialregierung den Fingerabdruck als sichtbares Zeichen der Vererbung.

[77] Auch das Weltraum-Projekt, mit dem buchstäblich überirdische Räume erschlossen werden sollten, argumentiert bis heute überwiegend mit
seinem experimentellen Charakter und seinen extremen Versuchsbedin-
gungen. Auch die Idee der räumlichen Verlagerung findet sich im Projekt
der Mond- bzw. Marskolonien wieder.

[78] Osterhammel, Kulturelle Grenzen.

[79] Conrad, Doppelte Marginalisierung, S. 168.

Sven Beckert

Das Reich der Baumwolle

Eine globale Geschichte

I.

Es war ein regnerischer und windiger Novembermorgen im Jahre 1900, als die Graf Waldersee im New Yorker Hafen ablegte, um ihre Reise über den Atlantik nach Hamburg anzutreten. Unter den mehr als 2000 Geschäftsleuten, Touristen und zurückkehrenden Emigranten, die zum letzten Mal auf die Türme der Trinity Kirche, den hoch ragenden Wolkenkratzer der Manhattan Life Insurance Company und die Statue of Liberty blickten, waren vier ungewöhnliche Passagiere: James N. Calloway, John Robinson, Allen Burks, and Shepard Harris. Sie alle waren Söhne von Sklaven. Sie alle kamen aus Alabama. Und sie alle waren verbunden mit der wichtigsten schwarzen Landwirtschaftsschule Amerikas, Booker T. Washingtons Tuskegee Industrial and Normal Institute. Calloway arbeitete dort als Landwirtschaftslehrer, Robinson, Burks und Harris hatten dort studiert. Noch ungewöhnlicher war die Mission der vier Passagiere: Sie hatten sich auf der Graf Waldersee eingeschifft, um zu ihren neuen Arbeitsplätzen in einem weit entfernten Land zu gelangen. An der Westküste Afrikas, in der deutschen Kolonie Togo, sollten sie den deutschen Kolonialisten und ihren Untergebenen zeigen, wie sich Baumwolle für den Export anbauen ließ. Ihre Aufgabe war es, so schrieb das Berliner Kolonial-Wirtschaftliches Komitee, »[d]ie Möglichkeit einer rationellen Baumwollkultur als Eingeborenenkultur in Togo festzustellen und gegebenenfalls die Marktfähigkeit des Produktes für die deutsche Industrie nachzuweisen.«[1]

---

[1] Kolonial-Wirtschaftliches Komitee (Hg.), Baumwoll-Expedition nach Togo, Bericht 1901, Berlin 1901, S. 4. Zur Reise vgl. auch James N. Calloway

Die Reise von Tuskegee nach Togo war der Beginn eines brisanten Experiments, bei dem Freiheit, Imperialismus und Baumwolle auf vollkommen neue Weise vermischt wurden. Am 30. Dezember 1900 kamen die Reisenden, die in Hamburg in ein zweites Schiff umgestiegen waren, schließlich in Lomé, Togo an. »After many hardships on the ocean we at last got to the long looked for place,« schrieb der erleichterte Shepherd Harris nach der Ankunft an Booker T. Washington – ein Ort »where we saw and are still seeing strange things.«[2] Zur großen Überraschung der schwarzen Amerikaner, die in ihrer Heimat Alabama gezwungen wurden, immer stärker von Weißen getrennt zu leben, begrüßte sie am Strand (ein Hafen war noch nicht gebaut worden) niemand Geringeres als der deutsche Vizegouverneur von Togo, Waldermeer Horn. Er versprach ihnen die volle Unterstützung seiner kleinen kolonialen Administration. Genauso überraschend war für die Neuankömmlinge, dass jede Art von Infrastruktur, welche in den USA mit der Baumwollproduktion einher ging, in Togo zu fehlen schien. Nachdem sie Maschinen,

an Booker T. Washington, Hamburg, 20. November 1900, Reel 159, Booker T. Washington Papers, Library of Congress; Kolonial-Wirtschaftliches Komitee an Booker T. Washington, Berlin, 10. Oktober 1900, und Berlin, 11. Dezember 1900, Reel 162, Booker T. Washington Papers, Library of Congress. Zu den Plänen der »Baumwoll-Expedition« vgl. auch Kolonial-Wirtschaftliches Komitee, Antrag des Kolonialwirtschaftlichen Komitees auf Bewilligung eines Betrages von M 10,000.- zur Ausführung einer Baumwollexpedition nach Togo, Berlin, 14. Mai 1900, in: Oktober 1898 – Oktober 1900, Band 2, KWK, 594/K81, R 8023, Deutsche Kolonialgesellschaft, Bundesarchiv Berlin.
Vgl. ebenfalls Sven Beckert, From Tuskegee to Togo. Freedom and Imperialism in the Empire of Cotton, in: Manisha Sinha/Penny Von Eschen (Hg.), Politics, Race and Democracy in American History (demnächst); Louis R. Harlan, Booker T. Washington and the White Man's Burden, in: American Historical Review 71 (1966), S. 441–67; Kendahl L. Radcliffe, The Tuskegee-Togo Cotton Scheme, 1900–1909, unveröffentlichte Dissertation, University of California, Los Angeles 1998, S. 16; Louis R. Harlan, Booker T. Washington: The Wizard of Tuskegee, 1901–1915, New York 1983; Donna J. E. Maier, Persistence of Precolonial Patterns of Production. Cotton in German Togoland, 1800–1914, in: Allen Isaacman/Richard Roberts (Hg.), Cotton, Colonialism and Social History, in: Sub-Saharan Africa, Portsmouth 1995; Booker T. Washington, Workings with the Hands, New York 1904, S. 226–230.
    [2] Shepherd Lincoln Harris an Booker T. Washington, Lomé, 15. Mai 1901, in: Booker T. Washington Papers, Library of Congress, Washington D.C., USA.

Wagen, Lebensmittel, und Saatgut entladen hatten, war es ihnen fast unmöglich, die Ausrüstung dorthin zu bringen, wo sie ihre Baumwollexperimente beginnen sollten. »We had harnesses and waggons [sic!], but no horses. It was impossible to obtain the latter and hearing that the ways were fit for passage, we decided to get natives to draw our waggons [sic!]. But what was our surprise, the natives feared to draw the wagons.«[3] Angesichts dieser Situation entschieden sich Calloway, Robinson, Burks und Harris, ihre Wagen zurückzulassen und ihren Marsch ins Landesinnere mit Hilfe von 100 Trägern, dazu Übersetzern, einem Koch und einem Wäscher zu beginnen. Während die drei Tuskegee-Absolventen zu Fuß liefen, blieb Calloway, der Leiter der Expedition, in seiner Hängematte, »slung to a pole fastened to two boards borne upon the heads of four men.«[4] Am Abend des vierten Tages erreichte die ungewöhnliche Prozession Agome-Palime, den größten Handelsposten des Misahöhe-Distrikts. Dort, so notierte James Calloway, »we climbed the mountain to the Misahöhe station on the following morning and were hospitably welcomed by the manager of the station, Dr. Gruner.«[5] Einige Tage später schrieb John Robinson einen Brief an Booker T. Washington, in dem er die eigenartige Welt, die sie angetroffen hatten, festhielt: »We are getting on as well as can be expected being so far removed from civilization. There are only ten really civilized persons with in a radius of 50 miles or more, or for that matter, there are only 107 whites out of the 2 millions of inhabitants of Togoland and that 107 are found principally along the coast.«[6] Für volle acht Jahre arbeiteten insgesamt acht Tuskegee Absolventen in Togo, bis im Jahre 1909 John Robinson, bei dem Versuch, die Baumwollkultur weiter ins Hinterland Togos zu bringen, in einem reißenden Fluss ertrank.[7]

---

[3] Kolonial-Wirtschaftliches Komitee (Hg.), Baumwoll-Expedition nach Togo, S. 13.

[4] James Calloway, Tuskegee Cotton-Planters in Africa, in: Outlook 70 (4. Januar 1902), S. 772.

[5] Kolonial-Wirtschaftliches Komitee (Hg.), Baumwoll-Expedition nach Togo, S. 10–12. Zu Hans Gruner vgl. seinen autobiografischen Bericht in Hans Gruner, Vormarsch zum Niger. Die Memoiren des Leiters der Togo-Hinterlandexpedition 1894/95, Berlin 1997.

[6] John Robinson an Booker T. Washington, Tove Plantation, 26. Mai 1901, Booker T. Washington Papers, Library of Congress.

[7] Teile der Geschichte werden auch von Nate Shaw erzählt, die von ei-

Dass eine Gruppe von Amerikanern afrikanischer Herkunft deutschen Kolonialisten im Hinterland Westafrikas die Kunst des Baumwollanbaus lehrte, weit entfernt von Märkten, Kapitalquellen und Transportinfrastruktur, bezeugt die große Anziehungskraft der Baumwolle rund um den Globus im »langen« 19. Jahrhundert. Die Verheißungen der Baumwolle beflügelten allerorten die Fantasie von Kaufleuten, Industriellen, Plantagenbesitzern, Staatsmännern und Konsumenten. Das Ergebnis war, dass Baumwollanbau, Baumwolltextilproduktion und Baumwollkonsum rapide anstiegen und Baumwolltextilien sich von einem Luxusgut, das nur Wenigen im Westen zugänglich war, zum ersten wirklichen Massengut entwickelten. Kaufleute, Industrielle, Kolonialbeamte, Sklaven, Spinner und Weber verbanden auf neue Weise Plantagen mit Fabriken, Asien mit Europa und den beiden Amerikas und konstruierten das dynamische und manchmal explosive Reich der Baumwolle – und damit die Welt des Kapitalismus im 19. Jahrhundert. Sie veränderten dadurch die Lebens- und Produktionsweise und den Konsum von Menschen, die in so weit voneinander entfernt liegenden Gebieten wie Mississippi und Lancashire, dem Nildelta, den Ebenen Gujarats, Misahöhe und New York City lebten.[8]

Baumwolle war eine der wichtigsten Waren des 19. Jahrhunderts. Keine andere Industrie beschäftigte so viele Menschen wie der Anbau und die Verarbeitung von Baumwolle. Kein anderes Industrieprodukt inspirierte derartig revolutionäre technische Innovationen, organisatorische Verbesserungen bei den Produktionsabläufen, so großen sozialen Wandel oder eine vergleichbare Anzahl nationaler und internationaler Konflikte. Durch die Erfindung der Fabrik als der effizientesten Art, Baumwolltextilien herzustellen, veränderte sich die Arbeitsweise der Menschen. Durch ihre Suche nach immer mehr Arbeitskräften förderten englische, amerikanische, brasilianische und japanische Baumwollindustrielle eine beispiellose Migration vom Land in die Städte. Angesichts der kaum zu stillenden Nachfrage nach

nem Warren Jenks (Pseudonym) berichtet: he »traveled to Africa [...] to teach farmin [sic!], teach this and that and teach the other.« Vgl. Theodore Rosengarten, All God's Dangers. The Life of Nate Shaw, New York 1974, S. 494.

[8] Siehe auch Sven Beckert, The Empire of Cotton. A Global History (demnächst).

Baumwolle vergrößerten die Baumwollproduzenten ihre An-
bauflächen, und der Bedarf an billigen Arbeitskräften auf diesen
Plantagen führte zu der erzwungenen Migration von vielen hun-
derttausend Sklaven und der Kolonisierung neuer Territorien.
Durch die immer effektivere Produktion von Baumwolltextilien
und ihre weltweite Vermarktung zerstörten die Baumwollhänd-
ler weniger effiziente, traditionelle Methoden der Textilproduk-
tion und verlagerten den Schwerpunkt der Baumwollindustrie
zugleich von Asien nach Westeuropa und in die USA. So wurde
zum Beispiel Indien, das zuvor die wichtigste Region für den
Textilienexport gewesen war, nun zu einem Baumwollimpor-
teur, der ungeheure Mengen von britischem Zwirn und britischen Stoffen einführte.

Im 19. Jahrhundert wurde Baumwolle wichtiger als andere
Fasern, wie zum Beispiel Wolle und Leinen, weil sie Kaufleute
und Handwerker zum Bau von Fabriken veranlasste und zugleich Märkte beispielloser Elastizität eroberte. Durch ihre Abhängigkeit von Plantage und Fabrik unterschied sich Baumwolle von anderen Rohstoffen wie Zucker und Salz, die nie Anstoß
zu vergleichbaren, radikalen technischen und sozialen Innovationen gegeben und keine industrielle Revolution ausgelöst
hatten. Darüber hinaus verband die Baumwollproduktion und
–verarbeitung in brisanter Weise freie Lohnarbeit und Sklaverei
– eine Mischung, die den Kern des Kapitalismus im 19. Jahrhundert ausmachte. Die Bedeutung der Baumwolle im 19. Jahrhundert lässt sich nur mit der vergleichen, die das Öl hundert
Jahre später erreichte. Baumwolle war so wesentlich für das
19. Jahrhundert, dass ein Großteil seiner Geschichte aus dem
Blickwinkel dieses landwirtschaftlichen Rohstoffes und seiner
Verarbeitung geschrieben werden könnte.[9]

Die große Anziehungskraft der Baumwolle war der Grund
dafür, dass Calloway, Burks, Robinson und Harris im Januar
1901 nach Misahöhe reisten. Ihre Geschichten lehren uns, wie
die Geschichte der Baumwolle im Allgemeinen, etwas Wichtiges über das 19. Jahrhundert: Das 19. Jahrhundert passt nicht
problemlos in die engen Grenzen der bekannten Nationalgeschichtsschreibung. Selbst ein so kleines Mosaiksteinchen aus
der Geschichte der Baumwolle wie die Baumwollexpedition

---

[9] Das behauptet auch Eric Hobsbawm, in: Industry and Empire. The
Birth of the Industrial Revolution, 1968, Reprint New York 1999, S. 34.

nach Togo demonstriert, wie porös nationale Grenzen waren und welche Verbindungen Kaufleute, Industrielle, Staatsbeamte, Arbeiter, Bauern und Sklaven zwischen verschiedenen Weltregionen, unterschiedlichen Kulturen und weit voneinander entfernt liegenden Nationen schufen. Im Jahre 1901 führte die Baumwolle Deutsche, Amerikaner und Einwohner Togos in den afrikanischen Tropen zusammen, wo sie sich mit amerikanischer Agrartechnologie, lokalen Gewohnheiten, dem Wettbewerb mit anderen europäischen Nationen und der Expertise über den Baumwollanbau Indiens, Turkestans, Mississippis und Pernambucos auseinandersetzten. Das Projekt in Togo ist daher ein kleiner, aber wichtiger Teil der nie zuvor erzählten Geschichte der internationalen Netzwerke, in deren Mittelpunkt die Baumwolle stand, und der Ausbreitung und Vertiefung des Kapitalismus im 19. Jahrhundert.

Wie die Geschichte der Baumwollexpedition zeigt, können die Teilgeschichten der Baumwolle im 19. Jahrhundert nur in ihrem globalen Kontext verstanden werden. Misahöhe und Lancashire, Pernambuco und Bombay, Alexandria und New York, New Orleans und die Textilstädte Sachsens, standen – gemeinsam mit vielen weiteren Orten – in Beziehung zueinander, und der Charakter dieser Beziehung prägte die Baumwollindustrie und damit die Form des globalen Kapitalismus im 19. Jahrhundert. Trotz der globalen Natur von Baumwollindustrie und Kapitalismus wurde über dieses Thema überwiegend aus nationalgeschichtlicher Perspektive geschrieben. Historiker beschäftigten sich mit den Baumwollfabriken in Manchester, der Entwicklung der Baumwolltechnologie, dem Baumwollanbau in Ägypten, dem Schicksal der indischen Baumwollindustrie, den Fabriken in Sachsen und Frankreich, den Unternehmungen der Boston Associates und vielem anderen mehr. Dabei haben sie ihren Blickwinkel zumeist auf spezifische Länder, Städte oder Regionen begrenzt.[10] Das ist überraschend, denn es waren

[10] Es gibt Hunderte von Beispielen hierfür, siehe unter anderem S. Arasaratnam, S. Weavers, Merchants and Company. The Handloom Industry, in Southeastern India, 1750–1790, in: The Indian Economic and Social History Review 17, Nr. 3 (1980), S. 257–282; Gita Bajpai, Agrarian Urban Economy and Social Change: The Socio-Economic Profile of Select Districts of Gujarat, 1850–1900, Delhi 1989; W. S. Bell, An Essay on the Peruvian Cotton Industry, 1825–1920, Liverpool 1985; Kang Chao, The Development of Cot-

sowohl die globale Reichweite als auch die enge Verbindung zwischen Landwirtschaft, Handel und Industrie, die diese Industrie so zentral für die industrielle Revolution machten. Das Reich der Baumwolle war abhängig von der Fabrik und der Plantage, vom Zentrum und von der Peripherie, von Eisenbahnen und Schiffen – kurz: von einem globalen Netzwerk aus Transport, Landwirtschaft, Industrie und Verkauf. Diese Kombination verschiedenartiger und manchmal sogar widersprüchlicher Elemente war es, die den Erfolg der Baumwolle im 19. Jahrhundert begründete. Obwohl Nationalstaaten die Industrie kanalisierten, entstanden um die Baumwolle herum Netzwerke, Identitäten und Prozesse, die über den jeweiligen Nationalstaat hinausreichten. Zeitgenossen, die sich im 19. Jahrhundert mit der Geschichte der Baumwolle befassten, verstanden diese Beziehungen gut.[11] Erst als professionelle Historiker anfingen, die Geschichte der Baumwolle zu schreiben, zwängten sie sie in den engen Container der Nationalgeschichte. Da die Entstehung der Historikerprofession und die Erstarkung von Nationalstaaten Hand in Hand ging, ist dies weniger überraschend, als es zunächst erscheint. Dennoch hat diese Orientierung unseren Blick auf die Baumwolle und den Kapitalismus unnötig verengt. Um die Geschichte der Baumwolle zu verstehen, müssen wir sie aus einer globalen Perspektive betrachten und deutlich machen, dass die Mobilität des Kapitals, die Eroberung neuer und ferner Märkte, die Verbreitung neuer Produktionstechnologien und die Migration von Arbeitern den Kern der Baumwollindustrie im 19. Jahrhundert ausmachten. Globale Netzwerke waren für lokale, regionale und nationale Entwicklungen entscheidend.

ton Textile Production in China, Cambridge, Mass. 1977; William B. Hauser, Economic Institutional Change in Tokugawa Japan. Osaka and the Kinai Cotton Trade, London 1974; Colin Heywood, The Cotton Industry in France, 1750–1850, Leicestershire 1977; Anthony Howe, The Cotton Masters, 1830–1860, Oxford 1984; Roger Owen, Cotton and the Egyptian Economy, Oxford 1969.

[11] Vgl. Edward Baines, History of the Cotton Manufacture in Great Britain, London 1835; Morris Chew, History of the Kingdom of Cotton and Cotton Statistics of the World, New Orleans 1884; Thomas Ellison, A Handbook of the Cotton Trade. Or, a Glance at the Past History, Present Condition and Future Prospects of the Cotton Commerce of the World, London 1858.

II.

Seit einigen Jahren preisen Historiker die Vorzüge globaler Perspektiven auf die Vergangenheit. In zahllosen Manifesten, Essays und Konferenzansprachen weisen sie darauf hin, dass eine Geschichtsschreibung, die sich selbst an einen Nationalstaat bindet, nur einen unvollständigen und manchmal sogar fehlerhaften Blick auf die Geschichte erlaubt.[12] Die nationalgeschichtliche Verengung des historischen Blickes, die tief in unser historisches Bewusstsein reiche und an Universitäten, in Verlagsprogrammen und wissenschaftlichen Organisationen institutionalisiert sei, verkenne die transnationalen Beziehungen, in die jede Nationalgeschichte eingebettet sei. Sie übersehe transnationale Netzwerke, Identitäten, Institutionen und Prozesse; sie verzichte auf die Möglichkeit, mächtige und übergreifende Erklärungen zu finden, die nur aus einer vergleichenden Perspektive entstehen könnten und erlaube zudem nur eine mangelhafte Analyse des Nationalstaates. Indem sie ihre oft unreflektierte nationale Perspektive über alle anderen Sichtweisen stelle, blende sie wesentliche historische Fragen aus.

Historiker sind sich jedoch uneins, wie das Problem der nationalen Verengung des historischen Blickes überwunden werden kann. Vier unterschiedliche Ansätze sind in den letzten Jahren artikuliert und teilweise sogar institutionalisiert worden. Da ist zunächst einmal die Weltgeschichte, eine Disziplin mit distinguierter Tradition, die sich im Wesentlichen der Geschichte vergangener Zivilisationen widmet. Weltgeschichte ist nicht notwendigerweise verbunden mit der Analyse des Globalisierungsprozesses oder der Verdichtung von Netzwerken, sie ist eher an Vergleichen als an Beziehungen interessiert. Dieser Ansatz spielt in der heutigen Diskussion nur eine untergeordnete

[12] Akira Iriye, The Internationalizing of History, in: American Historical Review 94 (1989), S. 1–10; Jürgen Osterhammel, Geschichtswissenschaft jenseits des Nationalstaats. Studien zu Beziehungsgeschichte und Zivilisationsvergleich, Göttingen 2001; Thomas Bender, Hrsg., Rethinking American History in a Global Age, Berkeley 2002; A. G. Hopkins (Hg.), Globalization in World History, New York 2003; Bruce Mazlish/Ralph Buultjens (Hg.), Conceptualizing Global History, Boulder 1993; Jerry H. Bentley, Old World Encounters. Cross-Cultural Contacts and Exchanges in Pre-Modern Times, New York 1993; Jerry H. Bentley (Hg.), Interactions, Honolulu 2004, insbesondere die Aufsätze von Chris Bailey und Karen Wigen.

Rolle. Einflussreicher sind jene Historiker, die eine internationalisierte Perspektive auf ihr jeweiliges nationalhistorisches Fachgebiet einfordern. So bemühen sich derart eingestellte Historiker Nordamerikas zum Beispiel, die Geschichte der Sklaverei als transatlantisches Phänomen zu beschreiben, oder den amerikanisch-europäischen Dialog über Sozialreformen zu Anfang des 20. Jahrhunderts zu erforschen.[13] Historiker Deutschlands fordern eine transnationale Perspektive auf das Kaiserreich, zum Beispiel durch die Berücksichtigung der Auswirkungen, die die Kolonialerfahrungen auf die deutsche Gesellschaft und Innenpolitik hatten. Diese Vorgehensweisen streben in gewisser Hinsicht die Erweiterung nationalgeschichtlicher Perspektiven an; dennoch bleibt der Nationalstaat weiterhin im Zentrum ihrer Überlegungen.

Eine dritte Gruppe von Historikern fordert eine gründlichere Abkehr von der Nationalgeschichtsschreibung. Sie will den Ausgangspunkt historischer Explorationen nicht notwendigerweise innerhalb eines Nationalstaates suchen, sondern die Bedeutung des Nationalstaates selbst problematisieren. Im Zentrum solcher Überlegungen stehen Netzwerke mit ganz unterschiedlicher Reichweite; der Nationalstaat ist nur eine unter vielen möglichen Verdichtungen jener Netzwerke. Weitere Netzwerke, die von globalgeschichtlich orientierten Historikern erforscht werden, sind zum Beispiel transnationale Diasporagruppen, Religionsgemeinschaften und Wirtschaftsbeziehungen. Besondere Beachtung finden hierbei die Netzwerke, die sich über die Ozeane hinweg entwickelten, zum Beispiel rund um den indischen Ozean oder den Atlantik.[14]

Die global ansetzende Geschichtsschreibung lässt sich noch einmal in zwei unterschiedliche Ansätze unterteilen. Einige Historiker erkennen in der Zeit um 1500 eine rapide Konstituierung

---

[13] Daniel T. Rodgers, Atlantic Crossings. Social Politics in a Progressive Age, Cambridge, Mass. 1998; Ira Berlin, Generations of Captivity. A history of African-American slaves, Cambridge, Mass. 2003.

[14] Hier sind insbesondere von Bedeutung das International Seminar on the History of the Atlantic World, 1500–1800 unter der Leitung von Bernard Bailyn an der Harvard University (http://www.fas.harvard.edu/~atlantic/index.html) und die Oceans Connect Initiative unter der Leitung von Martin Lewis und Karen Wigen an der Duke University (http://www.duke.edu/web/oceans). Siehe auch Horst Pietschmann (Hg.), Atlantic History. History of the Atlantic System 1580–1830, Göttingen 2002.

globaler Netzwerke, sowohl im Handel als auch im Wissen über die Welt, der Verbreitung von Ideen, Erfindungen und Pflanzen sowie der Globalisierung von Krankheiten.[15] Für sie beginnt die »Globalgeschichte« im 16. Jahrhundert. Eine zweite Gruppe, die sich mittlerweile zur »New Global History« formiert hat, sieht den Gegenstand ihrer Forschungen dagegen in der Erkundung eines globalen Zeitalters, das in der zweiten Hälfte des 20. Jahrhunderts begann.[16] Mit der Beschleunigung des Informations- und Warenaustausches, der Möglichkeit globaler Vernichtung durch Nuklearwaffen, der schnellen Verbreitung multinationaler Konzerne und dem »Schritt in den Weltraum« begann ihrer Ansicht nach das »globale Zeitalter« – und damit der eigentlich Untersuchungsgegenstand der Globalgeschichte.

So unterschiedlich diese Überlegungen sind, ihnen ist gemeinsam, dass sie bis heute im Großen und Ganzen auf der Ebene der Manifeste geblieben sind.[17] US-amerikanische Historiker, die bei der Entwicklung von Konzepten zur transnationalen Geschichtsschreibung sicherlich am fortgeschrittensten sind, fordern mittlerweile seit fünfzehn Jahren die Umorientierung von der National- zur Globalgeschichte.[18] Mit wenigen und wichtigen Ausnahmen sind diese Forderungen bisher jedoch nicht umgesetzt worden. Die Zahl empirischer Untersuchungen ist noch immer überschaubar, und die Institutionalisierung transnationaler Geschichte steckt noch in den Anfängen. Auf der anderen Seite praktizieren Historiker in anderen Regionen der Welt, insbesondere in Südasien, seit Jahrzehnten Formen transnationaler Geschichtsschreibung, ohne dass ihre Arbeiten in der westlichen Diskussion wahrgenommen werden. Die Entdeckung transnationaler Perspektiven auf spezifische Nationalgeschichten ist im Ganzen ein Privileg jener His-

---

[15] Vgl. Thomas Bender, American History and the Beginnings of its Global History. A »Big Bang« Theory, unveröffentlichter Aufsatz, 2003.

[16] Vgl. Bruce Mazlich, The New Global History, unveröffentlichter Aufsatz, 2003; vgl. auch die Website der Historikergruppe New Global History, http://web.mit.edu/newglobalhistory.

[17] Vgl. Iriye, The Internationalizing of History; Ian Tyrell, American Exceptionalism in an Age of International History, in: American Historical Review 96 (1991), S. 1031–1055; Michael McGerr, The Price of the »New Transnational History«, in: American Historical Review 96 (1991), S. 1056–1067; Bender, Rethinking American History.

[18] Siehe insbesondere Iriye, The Internationalizing of History.

toriker, die über Nationalstaaten schreiben, deren Grenzen seit dem 19. Jahrhundert relativ stabil sind und die im Wesentlichen auch die politische Kontrolle über ihr Territorium genießen – insgesamt also ein Sonderfall im Hochalter des Kolonialismus und Neokolonialismus.

Unabhängig von allen Kontroversen haben die lebendigen Debatten über die Verheißungen globaler Perspektiven auf die Vergangenheit jedoch schon jetzt gezeigt, dass die Möglichkeiten, transnationale Geschichte zu betreiben, vielfältig sind. Historiker können Beziehungen herstellen, Vergleiche vornehmen, Netzwerke rekonstruieren, transnationale Institutionen erkunden, subnationale und transnationale Identitäten erforschen und die Wahrnehmung des jeweils anderen über räumliche und ethnische Grenzen hinweg analysieren. Sie können sich auf eine Personengruppe und ihre transnationalen Netzwerke konzentrieren – zum Beispiel, indem sie eine Geschichte der Parsen schreiben. Sie können sich auf große transnationale Prozesse konzentrieren, zum Beispiel auf die Proletarisierung, die bei der exzessiven Konzentration auf die Nationalgeschichte sicherlich manchmal missverstanden wurden. Oder sie können transnationale Ideologien und Identitäten, wie den Katholizismus und den Liberalismus, erkunden. Die Möglichkeiten transnationaler Geschichtsschreibung sind vielfältig; das Abwerfen der nationalhistorischen Zwangsjacke eröffnet eine neue Welt historischer Fragen und Probleme. »Zum ersten Mal,« schrieb Eric Hobsbawm, »haben wir einen adäquaten Rahmen für eine wirklich globale Geschichte.«[19]

Die Geschichte des eigenartigen Zusammentreffens in Togo im Jahre 1901 legt eine weitere Herangehensweise an transnationale Geschichte nahe: die Geschichte von Waren. Schließlich war es eine Ware, die Baumwolle, die deutsche Kolonialbeamte, afrikanische Bauern und amerikanische Landwirtschaftslehrer an der Westküste Afrikas zusammenführte.

Einige der besten transnationalen Geschichten sind in der Tat Geschichten von Waren. Wir müssen hier nur an Sidney Mintz' brillantes Buch über die Geschichte des Zuckers oder an Daniel Yergins Geschichte des Öls denken.[20] Auch weniger erfolgreiche

---

[19] Eric Hobsbawm, Interesting Times. A Twentieth Century Life, London 2002, S. 297.
[20] Sidney Mintz, Die süsse Macht. Kulturgeschichte des Zuckers, Frank-

Geschichten, wie die des Kabeljau oder des Salzes, sind nach einem ähnlichen Schema konzipiert: Sie folgen einer Ware von ihren Ursprüngen bis zu ihren Konsumenten. Sie folgen ihr über die Meere, beobachten ihre Transformationen und beschreiben die Menschen, die an der Produktion, dem Handel und dem Konsum der Ware beteiligt waren.[21] Durch die Ware rücken wichtige transnationale Wirtschaftsverbindungen, aber auch politische, soziale und sogar kulturelle Netzwerke in den Mittelpunkt der Betrachtung. Die sorgfältige Untersuchung der Geschichte einer Ware ermöglicht es schließlich, diese Netzwerke und ihre Veränderungen zu analysieren.

Wenn wir das »lange« 19. Jahrhundert betrachten, dann fällt eine Ware besonders ins Auge: die Baumwolle. Die komplexe Geschichte der Baumwolle zeigt sehr deutlich, wie der warenzentrierte Blick auf die Vergangenheit neue interessante Aussichten auf die Geschichte des Kapitalismus und der Globalisierung ermöglicht. Die Geschichte der Baumwolle zeigt, dass um den Anbau, die Verarbeitung und den Handel von Baumwolle qualitativ neuartige ökonomische, soziale und politische Verbindungen in alle Welt entstanden. Ihre Geschichte – und damit die Geschichte des Kapitalismus – kann nur verstanden werden, wenn wir diese globalen Netzwerke, Identitäten, Institutionen und Prozesse in den Mittelpunkt unserer Untersuchung rücken. Darüber hinaus zeigt die Analyse dieser globalen Netzwerke auch, wie wichtig Politik beim Entstehen des Reichs der Baumwolle war. Öffentliche und private Formen von Gewalt strukturierten das globale Marktsystem wesentlich. Die Arbeits-, Rohstoff- und Produktmärkte wurden insbesondere von Staaten geformt, und sie waren es auch, die Formen privater Gewalt sanktionierten, vor allem die Sklaverei. Ironischerweise schärft unser Blick auf transnationale Netzwerke auch unser Verständnis für die Bedeutung von Staaten.

furt 1987; Daniel Yergin, Der Preis. Die Jagd nach Öl, Geld und Macht, Frankfurt 1993; Arturo Warman, La Historia de un Bastado, Maíz y Capitalismo, Mexiko City 1988; Nikita Harwich, Histoire du Chocolat, Paris 1992; siehe auch die Vorträge auf dem XIII. International Economic History Congress, Buenos Aires 2002, siehe http://www.eh.net/XIIICongress/English/index.html.

[21] Mark Kurlansky, Kabeljau. Der Fisch, der die Welt veränderte, Berlin 1999; Mark Kurlansky, Salz. Der Stoff, der die Welt veränderte, Berlin 2002.

III.

Baumwolle ist in Asien, Afrika und Zentralamerika heimisch. Seit Jahrtausenden wird dort Baumwolle geerntet und zu Textilien verarbeitet, vor allem für den Haushalt und regionalen Konsum. Als Hernán Cortéz 1519 das Reich der Azteken überfiel, fand er Baumwollstoffe von so einzigartiger Qualität, dass er einige davon als Beweis für den Reichtum der Neuen Welt an seine königlichen Auftraggeber in Spanien sandte.[22] In vorindustriellen Zeiten wurde Baumwolle zur Herstellung von Kleidung, aber auch als Mittel für Tributzahlungen und sogar als eine Form von Geld verwendet. Obwohl der überwiegende Teil für den eigenen Haushalt beziehungsweise für den regionalen Konsum angebaut und verarbeitet wurde, wurde Baumwolle schon vor dem Beginn der Neuzeit über weite Entfernungen gehandelt. Bereits im 15. Jahrhundert hatte sich ein umfassendes System des Baumwollhandels herausgebildet, in dessen Zentrum der indische Subkontinent stand. Dieses Handelssystem brachte Baumwollstoffe auch nach Europa, aber wegen der hohen Transportkosten konnten sich nur Wohlhabende die exotischen Stoffe leisten. Die meisten Europäer trugen bis weit ins 19. Jahrhundert hinein weiterhin Leinen oder Wolle.

Mit der Ausdehnung der europäischen Macht in Asien im 16. Jahrhundert drangen westliche Kaufleute immer stärker in die etablierten Handelsnetze ein und brachten eine wachsende Zahl von Baumwolltextilien nach Europa. Allmählich führte die steigende Nachfrage zu einer Kontrolle des Herstellungsprozesses durch Kaufleute, zuerst in Indien, im 18. Jahrhundert auch in Europa, insbesondere in Großbritannien. In einigen Regionen Englands begannen Kaufleute, die ländliche Bevölkerung auf die Baumwollspinnerei und –weberei umzuorientieren. Ihre Arbeiter produzierten – meist in Heimarbeit – immer größere Mengen an Baumwolltextilien, und am Ende des Jahrhunderts wurde der Produktionsprozess von diesen Kaufleuten und ambitionierten Fabrikanten vollkommen neu organisiert. Der Zugang zu Kapital, Märkten und Arbeitern ermöglichte es ihnen, den radikalsten Wandel herbeizuführen,

---

[22] Department of Commerce and Labor, Bureau of Manufactures (Hg.), Cotton Goods in Latin America, Teil 1, Washington D.C. 1909, S. 19.

den menschliche Arbeitsprozesse bisher erfahren hatten. Neben Spinnmaschinen und später maschinellen Webstühlen entstand vor allem das Fabriksystem. In Großbritannien war die Baumwollindustrie tatsächlich die treibende Kraft bei der industriellen Revolution. Diese Rolle konnte sie übernehmen, weil schnell expandierende Märkte existierten, der Herstellungsprozess relativ einfach war und der Anbau von Baumwolle leicht vervielfacht werden konnte. Letzteres war unter anderem möglich, weil die Ausdehnung der Baumwollplantagen in den beiden Amerikas die traditionellen Interessen auf dem europäischen Lande nicht bedrohte und weil durch den Import von Sklaven ein reiches Reservoir an Arbeitskräften bereitstand.[23]

Die explosive Ausdehnung der Baumwollproduktion hatte sofort Auswirkungen auf andere Weltregionen. Die Nachfrage nach Rohbaumwolle war so stark gestiegen, dass in schneller Folge neue Baumwollplantagen auf den Westindischen Inseln, in Brasilien und den USA entstanden. Die Herren der Webstühle hatten einen unersättlichen Appetit nach Baumwolle – Baumwolle, die fast ausschließlich von Sklaven produziert wurde. Zu Anfang kam die Baumwolle aus dem Osmanischen Reich und von den Westindischen Inseln, aber schon 1781 erreichte die erste brasilianische Baumwolle Liverpool, 1783 kam die erste indische Baumwolle an, und ein Jahr später traf der erste Ballen amerikanischer Baumwolle ein. Die USA wurden schnell zum weltweit wichtigsten Baumwollexporteur, 1800 stammten 25 Prozent der Baumwolleinfuhren in Liverpool aus Nordamerika, 1820 waren es 59 Prozent und 1850 sogar 72 Prozent.

Warum wurden die Vereinigten Staaten zum wichtigsten Baumwollproduzenten? Im Kern bestand der Wettbewerbsvorteil der USA darin, dass reichlich Arbeiter und Land zur Verfügung standen. In den Baumwollanbaugebieten gab es zunächst keine mächtige soziale Gruppe von Landbesitzern. Die Ureinwohner wurden gewaltsam vertrieben und neue Arbeiter gewaltsam importiert. Das war eine völlig andere Situation als zum Beispiel in Indien oder Ägypten, wo die Ausdehnung der

---

[23] Kenneth Pomeranz, The Great Divergence. China, Europe, and the Making of the Modern World Economy, Princeton 2000; Hobsbawm, Industry and Empire.

Baumwollproduktion für den Weltmarkt auf den Widerstand lokaler sozialer Kräfte stieß. In Brasilien und in der Karibik konkurrierte Baumwolle darüber hinaus mit Zucker um Arbeitskräfte, ein Problem, dass es in den USA nicht gab, da dort die arbeitsintensive Tabakkultur langsam zurückging und Arbeitskräfte freisetzte.

Diese Standortvorteile erlaubten es den USA, zum bei weitem wichtigsten Baumwollproduzenten der Welt zu werden. Die Baumwolle etablierte die USA in der Weltwirtschaft und führte schnell zu einheimischer Kapitalakkumulation. Als wichtigstes Exportgut der USA im 19. Jahrhundert erlaubte sie es der neuen Nation, Fabrikwaren einzuführen, zugleich schuf sie einen Markt für die Ernten der freien Farmer im Mittleren Westen und ermöglichte es Kaufleuten, Kapital anzuhäufen, das später in Fabriken investiert werden konnte. Doch sie schuf auch gewaltige innenpolitische Spannungen, die sich später im amerikanischen Bürgerkrieg entluden.

Eine weitere Folge der schnellen Entwicklung der Baumwollindustrie in Lancashire war, dass Kapitalisten und Herrscher in Westeuropa, den Vereinigten Staaten und anderen Weltregionen erkannten, welchen Reichtum und welche Macht sie denen bescherte, die neue und revolutionäre Herstellungsarten nutzten. Deshalb versuchten sie, die neuen industriellen Techniken Großbritanniens zu kopieren – und in der Schweiz, den Hügeln des Elsass und Sachsens, den Ebenen des Yucatan, entlang der Flüsse Massachusetts' und am Nil in Ägypten schossen Spinnereien und Webereien wie Pilze aus dem Boden. Die Fabriken brachten nicht nur neue Technologien in entlegene Winkel der Welt, sondern etablierten die kapitalistischen Sozialbeziehungen auch in Gegenden, die damit vorher noch nicht in Berührung gekommen waren.

Darüber hinaus veränderte der Export von Baumwollgarnen und -stoffen den globalen Textilmarkt, denn die Maschinenproduktion verdrängte nach und nach das Handspinnen und später auch das Handweben. So verloren zum Beispiel die einstmals stolzen Spinner und Weber von Dhaka mit beängstigendem Tempo ihre Arbeit, weil die Nachfrage nach Dhaka-Stoffen dramatisch abnahm. John Taylor, ein Zeitgenosse, der eine detaillierte Geschichte der Baumwollindustrie Dhakas im Jahre 1800 verfasste, berichtet, dass der Wert der Stoffexporte von Dhaka zwischen 1747 und 1797 um 50 Prozent fiel. Davon waren insbesondere die Spinner betroffen, und eine große Zahl von ihnen, so Taylor, verhungerte.[24]

Die Summe all dieser Veränderungen war, dass im zweiten Viertel des 19. Jahrhunderts ein globales System der Baumwollherstellung entstanden war, das sich vor allem auf Großbritannien und die USA konzentrierte, insbesondere auf Liverpool, Manchester und den amerikanischen Süden, und zugleich neue Investitionen und neue Handelsbeziehungen nach Kontinentaleuropa, Südamerika, den Nahen Osten und Asien brachte.

Mit dem amerikanischen Bürgerkrieg geriet dieses System in eine Krise: Der Krieg führte zu einer grundlegenden und lang anhaltenden Neuorientierung in der Welt der Baumwolle. So sehen zum Beispiel Historiker Ägyptens den amerikanischen Bürgerkrieg als eines der wichtigsten Ereignisse in der Geschichte Ägyptens im 19. Jahrhundert an.[25] Die dramatischste Veränderung entstand vielleicht dadurch, dass der Krieg und die hohen Baumwollpreise während des Krieges Bauern in Indien, Ägypten und Brasilien zur Ausdehnung des Baumwollanbaus ermunterte, was dazu führte, dass große Gebiete zum ersten Mal in den Warenkreislauf der kapitalistischen Wirtschaft einbezogen wurden.

Der Krieg unterminierte auch das koloniale Abhängigkeitsverhältnis, das zwischen dem amerikanischen Süden und Großbritanniens entstanden war. Weil der Krieg die politische Macht der amerikanischen Sklavenhalter reduzierte und ihr Bild von den USA als einem Rohstoffhersteller, der Großbritannien untergeordnet war, untergrub, konnten die USA zum großen Spieler in der Weltwirtschaft aufsteigen. Tatsächlich durchlief kein anderes Land ein derart schnelles und erfolgreiches Programm der Importsubstituierung bei Textilien wie die USA nach dem Bürgerkrieg. Der Bürgerkrieg zerstörte auch die Institution der

[24] John Taylor, Account of the District of Dacca by the Commercial Resident Mr. John Taylor in a Letter to the Board of Trade at Calcutta dated 30th November 1800 with P.S. 2 November 1801 and Inclosures, In Reply to a Letter from the Board dates 6th February 1798 transmitting Copy of the 115th Paragraph of the General Letter from the Court of Directors dated 9th May 1797 Inviting the Collection of Materials for the use of the Company's Historiographer, British Library, Oriental and Indian Office Collection, London, UK, Home Miscellaneous Series 456, Box F, S. 111–112.

[25] Roger Owen, Cotton and the Egyptian Economy, 1820–1914. A Study in Trade and Development, Oxford 1969, S. 89.

Sklaverei in Nordamerika, was Baumwollfabrikanten und Kaufleuten in aller Welt große Sorgen bereitete. Sie hatten Bedenken, dass eine Störung der »tiefen Beziehung zwischen Sklaverei und Baumwollproduktion im Westen die essenzielle Bedingung der Massenproduktion von Baumwolle« zerstören könne.[26] Solche Ängste waren letztlich grundlos, da die neuen Systeme zur Arbeits- und Kreditorganisation die Landbevölkerung in den USA und anderswo mit großem Erfolg ermunterten, immer mehr Baumwolle anzubauen.

Der vielleicht wichtigste Effekt des amerikanischen Bürgerkriegs war, dass die Baumwollfabrikanten begriffen, wie gefährlich es war, sich von einer einzigen und zudem noch politisch unzuverlässigen Quelle für Rohbaumwolle abhängig zu machen. Deshalb appellierten sie an ihre jeweiligen Nationalregierungen, neue Baumwollquellen zu erschließen, bevorzugt in Gebieten, die von ihren Regierungen auch politisch kontrolliert wurden. Am wichtigsten waren dabei die Manchester Cotton Supply Association, die British Cotton Growing Association, die Association Cotonnière Coloniale, die Central Asian Trading Association und das Kolonialwirtschaftliche Komitee.[27] Sie alle setzten sich für die koloniale Baumwollproduktion ein – die Franzosen in Mali, die Russen in Zentralasien und die Briten in Ägypten, dem Sudan und Indien. Die weltweite Baumwollindustrie wurde nun immer stärker von imperialen Staaten strukturiert und immer weniger durch die unsichtbare Hand des Marktes reguliert.[28] Durch die Erhöhung der Zölle auf importierte Baumwolltextilien intervenierten die Staaten erneut. Das Ergebnis war, dass Exportmärkte, die von den imperialistischen Mächten direkt kontrolliert wurden, immer wichtiger wurden. Am eindeutigsten lässt sich das für Großbritannien nachweisen. Während 1820 73 Prozent der britischen Baumwollexporte nach Westeuropa oder in die USA gingen, waren es 1896 nur noch 24 Prozent, wogegen 76 Prozent in Re-

[26] Bremer Handelsblatt (1862), S. 335.

[27] Arthur Redford, Manchester Merchants and Foreign Trade, 1794–1858, Manchester 1934, S. 217, 227; Kolonial-Wirtschaftliches Komitee (Hg.), Baumwoll-Expedition nach Togo.

[28] Die Bedeutung der »Politisierung« der Globalisierung ab den 1880er Jahren betonen auch Jürgen Osterhammel und Niels P. Petersson, Geschichte der Globalisierung. Dimensionen, Prozesse, Epochen, München 2003, S. 26.

gionen verschifft wurden, die unter dem direkten oder indirekten Einfluss des britischen Empire standen.

Zu Beginn des 20. Jahrhunderts begann der lange Prozess der Abwanderung der Baumwollindustrie aus den Kerngebieten des industrialisierten Westens, insbesondere aus der Pionierregion um Lancashire. Es war ein langsamer Exodus, dessen Ursachen Arbeitskosten und Marktnähe waren. Trotz eines Jahrhunderts technischer Modernisierung blieb die Baumwollindustrie arbeitsintensiv. Da billige Arbeit das wichtigste Gut der Peripherie war, verließen die Baumwollfabriken die Gegenden, in denen sie einmal gediehen waren, und siedelten sich dort an, wo sie billigere Arbeit vorfanden – im amerikanischen Süden und in Osteuropa, Indien, Lateinamerika und vor allem in Japan. Zur selben Zeit wurde der Baumwollanbau zunehmend mechanisiert, was die Dynamik in der Welt der Baumwolllandwirtschaft radikal veränderte. Und mit dem Aufstieg der Schwerindustrie während der zweiten industriellen Revolution verlor die Baumwolle in der westlichen Wirtschaft an Bedeutung. Damit schloss sich der Baumwollnexus des 19. Jahrhunderts.

IV.

Diese dynamische und vernetzte Welt war es, die Calloway, Robinson, Burks und Harris im Jahre 1901 an der Westküste Afrikas mit deutschen Kolonialisten und afrikanischen Bauern zusammenführte. Die Geschichte der Baumwolle konnte ich hier nur grob skizzieren, aber auch diese kurze Zusammenfassung ermöglicht es, einige interessante Blicke auf die Baumwolle, das 19. Jahrhundert und den Kapitalismus zu werfen.

Zunächst einmal erlaubt die Konzentration auf die Geschichte der Baumwolle die Beschreibung und Analyse von Beziehungen, die über einen Nationalstaat hinausgehen. So werden plötzlich enge Verbindungen zwischen der Entwicklung in Indien, Großbritannien, den Vereinigten Staaten, Ägypten und selbst Togo erkennbar. Eine solche Perspektive rückt zum Beispiel in den Vordergrund, wie die Liverpooler Baumwollbörse die Plantagenbesitzer in Mississippi beeinflusste, sie lässt die enge Verbindung zwischen elsässischen Baumwollspinnereien und jenen in Lancashire deutlich werden und erlaubt es darzu-

legen, wie die Zukunft der an Handwebstühlen arbeitenden
Weber in New Hampshire oder Dhaka mit so unterschiedlichen
Faktoren wie dem Bau einer Bahnlinie zwischen Manchester
und Liverpool zusammenhing, mit Investitionsentscheidungen
von Bostoner Kaufleuten und der Zollpolitik der Vereinigten
Staaten und Großbritanniens. Die Erforschung der Geschichte
eines Produktes wie der Baumwolle zeigt also auf, dass Netzwerke, Identitäten und Prozesse sich tatsächlich oft über nationale Grenzen hinwegsetzten und innerhalb solcher Grenzen
nicht gänzlich analysierbar sind.

Zweitens eröffnet die globale Sicht auf die Baumwolle einen
neuen Blick auf einige nationalgeschichtliche Probleme, wenn
sie in größere, globale Zusammenhänge eingebettet und aus
vergleichender Perspektive betrachtet wird. Die Arbeitsbezie-
hungen auf den Baumwollplantagen des amerikanischen Sü-
dens und in den Textilfabriken des Nordens lassen sich beispielsweise unter dem Aspekt untersuchen, wie die Baumwolle
in anderen Weltregionen angepflanzt und verarbeitet wurde.
Aus vergleichender Perspektive stellt sich auch die dringende
Frage, weshalb gerade die USA zum weltgrößten Anbieter von
Rohbaumwolle wurden, eine Frage, die Historiker der USA
sonst kaum interessiert und die sich aus einer rein nationalgeschichtlichen Perspektive auch nicht stellt.

Drittens ermöglicht eine transnationale Perspektive auf die
Geschichte der Baumwolle eine größere Wertschätzung der Einheit der Vielfalt oder, wie es Ernst Bloch formulierte, der Gleichzeitigkeit des Ungleichzeitigen. Indem wir einen Rohstoff betrachten, der weit voneinander entfernte Orte miteinander
verknüpft, erhalten wir einen umfassenderen Blick auf eine
Welt, die zunächst aus zahllosen Eigentümlichkeiten und widersprüchlichen Entwicklungen zu bestehen schien. Vor allem
aber erhellt die Baumwolle die Zusammenhänge, die im
19. Jahrhundert durch den Kapitalismus entstanden, insbesondere durch seine Nutzbarmachung von Gegensätzen: Sklaverei
und freier Arbeit, Märkten und Staaten, Kolonialismus und frei-
em Handel, Industrialisierung und Deindustrialisierung. Der
Blick auf diese globale Reichweite des Kapitals, auf seine Fähigkeit, weit voneinander entfernte Orte auf beispiellose Weise
miteinander zu verbinden, wurde uns durch die Konzentration
auf Regionen oder Nationalstaaten oft verstellt. Die Geschichte
einer einzelnen, aber zentralen Handelsware lehrt uns jedoch,

dass die rasante Kapitalakkumulation und die potenzierte Entwicklung des technischen Know-how, die in Großbritannien und später auch in anderen Weltgegenden stattfand, ohne Sklaverei, Kolonien, die Vertreibung der Indianer und die Zerstörung der Handwebereien und –spinnereien in vielen Teilen der Welt nicht möglich gewesen wäre. Die Dynamik des Kapitalismus, ein Kernthema der modernen Nationalgeschichtsschreibung, lässt sich nicht erklären, wenn man sich lediglich auf eine Weltregion konzentriert; globale Zusammenhänge waren für die Entfaltung kapitalistischer Sozialbeziehungen in vielen Regionen von zentraler Bedeutung ebenso wie die sich herausdifferenzierenden Hierarchien entwickelter versus unterentwickelter Ökonomien.[29] Aus diesem Grund kann man auch das Globale, Nationale und Lokale nicht in je eigene, abgegrenzte Bereiche der Analyse aufteilen, sondern muss sie als Bausteine einer Einheit verstehen, die sich gegenseitig bedingen.

Diese Sicht auf die Geschichte der Baumwolle bestätigt viertens, wie entscheidend der transnationale Charakter des Kapitalismus war, und rückt ihn in eine lange historische Perspektive. Sie ist somit ein Beitrag zur Historisierung und Periodisierung der Globalisierung. Diese Geschichte zeigt auf sinnvolle empirische Weise, dass sich bereits im 19. Jahrhundert, fast zweihundert Jahre vor Beginn der so genannten Globalisierung, rege Verbindungen zwischen weit voneinander entfernten Orten entwickelt haben. Seit den siebziger Jahren des 20. Jahrhunderts hat sich die Qualität globaler wirtschaftlicher Aktivitäten entscheidend verändert; gleichwohl dachten Kapitalisten schon um 1800 in globalen Bezügen, wenn es darum ging, Rohmaterialien zu sichern, Arbeitskräfte zu rekrutieren und Märkte für ihre Produkte zu finden. Die Geschichte der Baumwolle zeigt, dass wir lieber nach unterschiedlichen Formen kapitalistischer Globalisierung suchen und sie als einen Prozess begreifen sollten, statt uns darüber zu streiten, wann sie angefangen hat.

Fünftens: Ironischerweise ermöglicht die Erweiterung unseres Horizonts über ein bestimmtes Land hinaus, eine Erweiterung, die uns die Konzentration auf die Geschichte der Baumwolle erlaubt, auch ein besseres Verständnis des Bedeu-

---

[29] Dieses Argument vertreten auch Pomeranz, Great Divergence und R. Bin Wong, China Transformed. Historical Change and the Limits of European Experience, Ithaca 1997.

tungswandels, den die Nationalstaaten im Laufe des 19. Jahrhunderts erfuhren. Nationalstaaten waren wahrscheinlich die mit Abstand wichtigsten Akteure bei der Gestaltung der globalen Baumwollindustrie, und viele Strukturen dieser Industrie gingen in erster Linie auf nationale Politik zurück. Das globale System des Anbaus, Handels und der Fabrikation von Baumwolle sowie das globale Marktsystem im Allgemeinen waren keine natürlichen Gegebenheiten, sondern eine Konstruktion öffentlicher und privater Akteure. Zwar tendieren Historiker seit einigen Jahren dazu, die kulturellen, klimatischen und religiösen Faktoren bei der Erklärung der weltweiten ökonomischen Machtverhältnisse hervorzuheben, doch die Geschichte der Baumwolle legt zwingend nahe, wie wichtig Sklaverei, Krieg, Imperialismus, Zolltarife und Gewalt waren – allesamt Formen der Marktintervention, die sich aus staatlichem Handeln herleiten.[30]

V.

Diese Überlegungen deuten auch darauf hin, dass die Perspektive einer globalisierten Nationalgeschichtsschreibung nicht ausreicht, um die Geschichte der Baumwolle und des Kapitalismus zu verstehen. Mein Beitrag hat mit einer unwahrscheinlichen Geschichte begonnen, der Geschichte eines Zusammentreffens von deutschen Kolonialbeamten, lokalen afrikanischen Herrschern und Absolventen der Tuskegee-Landwirtschaftsschule im Jahre 1901 in Togo. Diese Geschichte kann aus unterschiedlichen Perspektiven gelesen werden. Aus der Perspektive Berlins, Bremens und der Baumwolltextilzentren in Sachsen, also aus der Perspektive des »Kaiserreichs Transnational«, symbolisiert dieses Treffen den Versuch, die Baumwollpreise zu senken und zu stabilisieren und die wirtschaftliche Abhängigkeit Deutschlands von einem wichtigen Importprodukt zu verrin-

---

[30] Für die Betonung religiöser, klimatischer oder geografischer Faktoren in der Erklärung globaler Ungleichheit siehe zum Beispiel David Landes, Wohlstand und Armut der Nationen. Warum die Einen reich und die Anderen arm sind, Berlin 1999; Jared Diamond, Arm und Reich. Die Schicksale menschlicher Gesellschaften, Frankfurt 1999; Jeffrey Sachs, Tropical Underdevelopment, Cambridge, Mass. 2000.

gern. Aus der Perspektive Tuskegees, also aus der Perspektive der »USA Transnational«, handelt es sich um den Versuch von Amerikanern afrikanischer Herkunft, einen globalen Führungsanspruch gegenüber Afrikanern anzumelden, Afrika zu einem Kontinent prosperierender Kleinbauern machen, die Rohstoffe für den Weltmarkt produzierten, und die eigene, inneramerikanische Position durch die Unterstützung europäischer Kolonialmächte entscheidend zu verbessern. Aus der Perspektive der Landarbeiter Togos, also aus der Perspektive »Togo International«, symbolisiert dieser Moment die enormen Möglichkeiten, die sich aus den explosionsartig expandierenden Märkten ergaben, aber auch die enorme Bedrohung, die das deutsche Kolonialprojekt für die Subsistenzkultur und Unabhängigkeit der dortigen Bauern darstellte.

Es gibt jedoch noch eine vierte Perspektive, aus der dieses eigenartige Zusammentreffen in Togo analysiert werden kann. Aus dieser Perspektive war das Zusammentreffen in Togo ein kleiner Teil der Neustrukturierung der globalen Baumwollindustrie und der globalen politischen Ökonomie im letzten Drittel des 19. Jahrhunderts. Das Zusammentreffen in Togo 1901 symbolisiert aus dieser Perspektive die sich verändernden transnationalen Netzwerke, Prozesse und Identitäten – Veränderungen, die aus kleinen und großen Kämpfen von Menschen entstanden, die sich häufig nie begegneten, und in sozialen und kulturellen Welten lebten, die sich gegenseitig unverständlich blieben.

Diese vierte Perspektive ist der viel versprechendste Weg, die Geschichte der Baumwolle und damit die Geschichte des Kapitalismus im 19. Jahrhundert zu verstehen. Eine globale Geschichte der Baumwolle ist am erfolgreichsten, wenn sie sich bemüht, weder einen Nationalstaat, ein primär nationalstaatliches Problem noch die spezifische Rolle eines Nationalstaates in den Mittelpunkt zu stellen, sondern die sich verändernden Formen des Transnationalen selbst als Problem zu definieren. Die Form transnationaler Netzwerke hatte große Auswirkungen auf nationale, regionale und lokale Netzwerke; sie veränderten sich in einer manchmal widersprüchlichen, aber doch systematisch erfassbaren Weise. Es ist die Rekonstruktion dieser Netzwerke, die uns die Geschichte der Baumwolle und des Kapitalismus erschließt.

David Blackbourn

Das Kaiserreich transnational. Eine Skizze

Orientierungen

»Denkt global, handelt lokal« – das war in den siebziger Jahren
die Devise von sozial- und umweltpolitisch Engagierten, die
frustriert und unzufrieden waren mit dem Nationalstaat als
Grundeinheit ihres politischen Engagements. In den vergangenen 30 Jahren haben Historiker eine ähnliche Unzufriedenheit
erkennen lassen. In ihrem Falle drückte sich die Wendung gegen den Primat des Nationalen zunächst in einer Wendung hin
zum Lokalen oder Regionalen aus. Erst in den letzten zehn Jahren hat sich eine globale oder transnationale Perspektive wirklich etabliert. Es gibt Gründe dafür, diese scheinbar gegen-
läufigen Tendenzen, die Mikro- und Makroperspektive, als
miteinander verbunden zu betrachten, ja als zwei Seiten derselben historiographischen Medaille. Sicher, sie wurden von unterschiedlichen Überlegungen ausgelöst. Die Hinwendung
zum Lokalen, Regionalen, Alltäglichen, dem mikrohistorischen
Bereich des Überschaubaren, war eine Reaktion gegen eine Sozialgeschichte, die mit Charles Tilly vor allem als *Big structures,
large processes, huge comparisons* begriffen wurde. Die Betonung
von lokalem Wissen und die Wiedereinführung menschlicher
Dimensionen gehören zur bekannten Verschiebung der historischen Aufmerksamkeit von Strukturen zu Bedeutungen, von
Menschenmassen zu Einzelfällen. Die Wendung zum Globalen
dagegen kam später und hatte ihre eigenen Ursachen, darunter
sowohl die zeitgenössischen Diskussionen über Globalisierung
und grenzüberschreitende Migration als auch den Einfluss
postkolonialer Ansätze darauf, wie wir die Geschichte europäischer Metropolen verstehen.

Aber das Interesse an Lokalem und das an Globalem haben
auch gemeinsame Merkmale, und das nicht nur in dem Sinne,
dass sie beide den historischen Primat nationaler Kategorien in

Frage stellen. Zunächst sind beide Ansätze getrieben von einem wachsenden Interesse an Identitäten, vor allem den multiplen, sich überlappenden Identitäten, die das Kennzeichen der neuen Historiographie sind, manchmal fast bis zur Selbstkarikatur. Sowohl lokale als auch transnationale Perspektiven gestatten es uns, eine scheinbar stabile »deutsche« Identität zu hinterfragen. Was bedeutete es zum Beispiel um 1900, ein Deutscher zu sein, der auch Pfälzer und Bayer war, vor allem, wenn er einen Onkel in Milwaukee hatte und Verwandte, die sich zwei Jahrhunderte zuvor im Banat niedergelassen hatten? Ein weiteres Band, das die lokale und die globale Perspektive verbindet, ist das wachsende Interesse am Raum, der – neben der Zeit – zweiten wesentlichen Koordinate für den Historiker. Ich meine den Raum hier sowohl im physikalischen Sinne, wie er in der historischen Fragestellung das Wo dem Wann hinzufügt, als auch in dem übertragenen Sinne einer mentalen Topographie. Zum Beispiel sagte es etwas über deutsche Raumvorstellungen in den 1890er Jahren, wie Wilhelm Raabe in seinem »Stopfkuchen« die Geschichte der Kleinstadt des Heinrich Schaumann vor dem Hintergrund des geschäftigen Kaiserreichs erzählt (mit Reichspost, Eisenbahn, wirtschaftlichem Aufschwung), während die Geschichte insgesamt gerahmt ist von einem Erzähler, der auf einem Dampfschiff zu seiner Farm »unter den Kaffern« in Südafrika zurückkreist. Alles in diesem Roman wird durch Distanz ausgedrückt: die Entfernung des Schaumannschen Hofs von der nahe gelegenen Stadt, die der Stadt vom Hamburger Hafen, die Hamburgs von Kapstadt. Nicht umsonst erinnert sich der Erzähler der Worte seines Freundes aus der Kindheit, des Landbriefträgers Störzer, der so gern Reiseliteratur las: »Die Geographie, die Geographie, Eduard!«

Die Untersuchung der Rückwirkungen des transnationalen Kaiserreichs auf die Metropole kann man dann als Teil desselben Unternehmens betrachten, das neue Aufmerksamkeit auf das Wechselspiel zwischen dem Lokalen und dem Nationalen gelenkt hat. Es sind verwandte Formen, und Jacques Revel hat dafür den Begriff vom *Jeu d'échelles* geprägt, vom Spiel mit den Maßstäben und Untersuchungsebenen. Die Bereitschaft, auf allen drei Ebenen zu arbeiten, scheint im Falle Deutschlands besonders erforderlich, weil das Kaiserreich selbst, also der kleindeutsche Nationalstaat von 1866–71, fast gleichzeitig mit den Kräften der Globalisierung, der Vernetzung und des Imperia-

lismus die historische Bühne betrat. Die Konsolidierung des
neuen Nationalstaats, oder genauer: die fortdauernde Auseinandersetzung darüber, was für eine Art von Nationalstaat es
denn sein sollte, trat zugleich mit den transnationalen Zusammenhängen auf, in denen das Kaiserreich in dieser Zeit stand.
Die beiden Prozesse überschnitten sich. Während das Kaiserreich überall auf der Erde konsularische Vertretungen einrich-
tete, tauschten die deutschen Länder noch Gesandte aus. Während das Kaiserreich den Goldstandard übernahm und sich auf
internationale Normen als Bedingungen für Handel und Wandel (Übereinkommen zu Post und Telegraphie, Patentrecht,
Schiffsicherheitsabkommen) festlegte, war der neue deutsche
Nationalstaat erst noch damit beschäftigt, eine landesweit ein-
heitliche deutsche Währung einzuführen und die verschiedenen Gesetzbücher zu kodifizieren. Probleme von Herrschaft
und Verwaltung in den Kolonien müssen offenen Fragen zum
Verhältnis zwischen dem Ganzen und seinen Teilen in Preußen-
Deutschland gegenübergestellt werden, einem Staat, in dem pa-
radoxerweise nur das neu annektierte Elsass-Lothringen als
Reichsland direkt verwaltet wurde. Und wenn der Erwerb von
Kolonien in den 1880er Jahren Diskussionen über deutsche Bür-
gerrechte auslöste – dann waren gleichzeitig auch die Polen, die
im Kaiserreich lebten, Gegenstand solcher Auseinandersetzungen. Was die »Schwarzen« zu Hause anging, die katholische
Minderheit, die von manchen Angehörigen des Evangelischen
Bundes als biologisch andersartig und minderwertig bezeichnet (und deren städtische Wohngebiete »Negerdörfer« genannt)
wurden, so beklagten sie sich im saarländischen Marpingen
(und nicht nur dort) über die schlechte Behandlung durch preußische Soldaten, die sich benahmen »als wären sie in Feindes-
land«.
   Die Historiker sind sich nicht einig, inwieweit die Spaltungen
und Dissonanzen im Bismarckschen und besonders im Wilhelminischen Kaiserreich überwunden wurden, oder auch zum Beispiel, inwieweit Reichstag und Reichsgerichtsrat echte »nationale« Legitimität genossen. Noch weniger sind sie sich darüber
einig, wie man die fortdauernde Koexistenz von deutschen und
anderen Identitäten während des ganzen Kaiserreichs bewerten
sollte; deshalb dauert die Debatte über Regionalismus, Milieus,
das katholische »Ghetto« und die »doppelte Identität« der So-
zialdemokraten an. Aber allgemeine Übereinstimmung herrscht

darüber, dass ein zumindest unausgeglichener, manchmal unbe-
ständiger Prozess des inneren Aufbaus der Nation in Zeiten des
zunehmenden globalen deutschen Engagements immer noch im
Gang war. Den Zeitgenossen war das bewusst. So wie die bekannten Formen deutscher Expansion auch wieder ›zurückkehr-
ten‹ – und zwar in der Form interner »Probleme« (Innere Kolonisation, Innere Mission), so wurden deutscher Welthandel und
deutsche Weltpolitik von Befürwortern wie Kritikern gleichermaßen danach beurteilt, ob sie die Sache der Einheit in der Heimat zu fördern schienen oder nicht. Kurzum, der Topos der Hybridität mag eine Möglichkeit sein, durch eine transnationale
Perspektive unsere Sicht auf das Kaiserreich zu bereichern, aber
tatsächlich war das Kaiserreich innerhalb seiner Grenzen selbst
bereits hybrid.

Was schließt die transnationale Perspektive *nicht* ein?
Schließt sie irgendetwas *aus*? Die Antwort scheint zu sein, dass
sie alles einschließt außer den offiziellen Beziehungen zwischen
Staaten, die das Monopol der internationalen Diplomatiege-
schichte sind. Dementsprechend ist die Marokkokrise von 1905
nicht Teil der transnationalen Geschichte, obwohl die bemerkenswerte Neigung der deutschen Geographen, die Sahara kar-
tographisch zu erfassen, es vielleicht ist. Aber der springende
Punkt ist sicher, dass die internationale Geschichte selbst nicht
mehr ist, was sie früher war. Ihre interessantesten Vertreter be-
schäftigen sich mit den demografischen, kulturellen und begrifflichen Dimensionen ihres Themas, sie befassen sich mit
internationalen Organisationen wie mit den Beziehungen zwischen Regierungen. Selbst das Allerheiligste der Diplomatiege-
schichte, die »Große Politik der Kabinette«, wird von Veränderungen nicht ausgenommen. Der bekannte Notenaustausch
wird heute wahrscheinlich eher auf die dahinter liegenden kulturellen und ethnischen Annahmen hin untersucht, oder darauf, was er über die Auswirkung neuer Technik, wie etwa des
Telegraphen, auf die diplomatische Praxis aussagt. Sogar das
antiquierteste aller historischen Themen, die gekrönten Häupter Europas vor dem Ersten Weltkrieg, ist abgestaubt worden
und zu neuem Leben erweckt. Wir haben gelernt, was unsere
mit Mittelalter und früher Neuzeit beschäftigten Kollegen
längst gewusst haben, dass Dynastien ein wertvoller Gegenstand historischer Forschung sind, und zwar einer, der Staatsgrenzen ständig transzendiert. Überdies kann man in einem

Zeitalter, in dem das einzig verbliebene Credo skeptischer Historiker das ist, dass alle Traditionen erfunden sind, kaum an der
Tatsache vorbeisehen, dass Willi, Vicky und Nicki zu den führenden Erfindern der Zeit gehörten. Dass Kaiser Wilhelm II., als
er das Heilige Land besuchte, sich als christlicher Kreuzritter
präsentierte, wirft ein Schlaglicht auf eine der Fragen (in diesem
Fall über kulturelle Aneignung), die eine transnationale Perspektive stellen muss.

Mit oder ohne die neuere internationale Geschichte – die
transnationale Perspektive ist umfassend genug. Sie schließt –
auf der einen Achse – so unterschiedliche Themen wie Handel,
Reisen, Migration, Kolonisierung, Forschungsreisen, kulturellen Austausch und den großen aber nicht genau umrissenen
Bereich der *mental maps* ein – das Ausland im Kopf. Auf einer
anderen Achse erstreckt sie sich geografisch über Europa und
um den Erdball, wobei die ökonomischen, demografischen und
kulturellen Strömungen aus und nach Deutschland offenbar
nicht gleichmäßig über die Erde verteilt waren. Ich möchte mich
zunächst zu einer Reihe thematischer Bereiche äußern: Handel,
Bevölkerungsbewegungen, Umwelt und Kulturaustausch, und
dann am Schluss mich der zweiten, geografischen Achse zu-
wenden. Dieser Essay beansprucht dabei nicht mehr zu sein als
eine Skizze.

Handel und die Welt der Waren

Die Veränderung der Rolle Deutschlands im Welthandel ist in
groben Umrissen bekannt. Der Wert der deutschen Importe und
Exporte wuchs in der Zeit von 1880 bis 1913 auf das Dreiein-
halb- bis Vierfache. Die deutsche Handelsflotte hatte 1880 weniger Tonnage als die spanische; 30 Jahre später war sie viermal
so groß wie die amerikanische. 1914 wurde der Handelswert
der im Hafen von Hamburg umgeschlagenen Waren nur von
dem in New York und Amsterdam übertroffen. Hapag und
Norddeutscher Lloyd waren weltweit präsent, unterstützt von
einem globalen Netzwerk deutscher Schiffsmakler und Bunker-
stationen, und deutsche Banken hatten Niederlassungen von
Westeuropa und dem Balkan bis nach Südamerika und dem
Fernen Osten.

Die Geschwindigkeit und die Ungleichmäßigkeit dieser Verwandlung hatten Auswirkungen auf das Kaiserreich, die sich nicht auf die wirtschaftliche Dimension beschränkten. Das deutsche Eindringen in den Weltmarkt nährte einen protzigen Stolz auf die ökonomische Leistung, der noch gestärkt wurde, als britische Kommentatoren besorgt die industrielle Herausforderung durch Deutschland erörterten (z. B. E. E. Williams' »Made in Germany«). Umgekehrt verriet der deutsche Vorwurf britischen Handelsneids eine Ansicht vom ökonomischen Wettbewerb, die von sozialdarwinistischen Kategorien geprägt war: England war »alt«, eine Macht im »Niedergang«, ein schwerfälliger »Rentnerstaat« (Otto Hinze); Deutschland dagegen war ein »junger«, »vitaler« Neuling. Zugleich verschärfte die Geschwindigkeit der wirtschaftlichen Globalisierung im Kaiserreich die sozioökonomischen Bruchstellen innerhalb Deutschlands. Der Übergang vom Agrarland zum Industriestaat, das inländische Gegenstück zur neuen Verflechtung Deutschlands mit den Weltmärkten, rief Diskussionen zwischen Land und Stadt, zwischen Befürwortern des Freihandels und Protektionisten hervor. Vor allem nach den 1890er Jahren, als das Geschäft der Politik zunehmend den Geschäften galt (1914 machten ökonomische Fragen bis zu 90 Prozent der Tätigkeit des Reichstags aus), als wirtschaftliche Interessengruppen Einfluss auf politische Parteien und auf Entscheidungsprozesse zu nehmen begannen, als gar die Geschäftssprache das politische Leben zu färben begann (politische Makler, politischer Massenmarkt), wurden einige der heftigsten Auseinandersetzungen über Deutschlands Zukunft anhand der Fragen von Handelsverträgen und Zolltarifen geführt. Und wenn wir uns die Ursachen und die Schlagwörter ansehen, die die sozialpolitische Debatte im Wilhelminischen Deutschland mit Leben füllten – Protektionismus, Doppelwährung, Mittelstandspolitik, die Kriegsflotte, Finanzreform, Schutz der nationalen Arbeit, der Ruf nach billigen Nahrungsmitteln – so bezogen sie sich ausnahmslos auf konkurrierende Vorstellungen von dem Platz der Deutschen in der Weltwirtschaft.

Wie diese Fragen in die innenpolitische Diskussion traten, ist anhand der politischen Parteien und Verbände (die Alphabetsuppe aus BdI, CVdI, RDMV, HB) verfolgt und erforscht worden. Die Wirkung der Zyklen des Welthandels ist auch chronologisch aufgeschlüsselt worden, vor allem von den vielen

Wissenschaftlern, die sich Hans Rosenbergs Ansichten über die Bedeutung der »Großen Depression« von 1873–96 für die Umgestaltung der deutschen Politik angeschlossen oder sie kritisiert haben. Aber es gibt eine weitere, viel weniger verbreitete Art, die Wirkung von Deutschlands wachsender Verknüpfung mit dem Welthandel zu untersuchen, die zugleich die transnationale und nicht nur die interne Dimension der Verflechtung deutlich macht. Das hat etwa Sven Beckert getan, der sich auf die Geschichte einer einzigen Ware konzentriert.

Die Geschichte international gehandelter Waren ist ein Terrain, das unsere mit der Geschichte des Altertums, des Mittelalters und besonders der frühen Neuzeit befassten Kollegen längst beackert haben. Es scheint manchmal, als gäbe es keine Ware in der vorneuzeitlichen Welt, die nicht ihren eigenen Historiker gefunden hätte: Pfeffer, Gewürze, Seide, Bernstein, Tee, Kaffee, Zucker, sogar bescheidene Dinge wie Holz oder Kabeljau. Nicht zu vergessen die wesentlichste Ware des frühneuzeitlichen »Weltsystems«, Sklaven. Warum Neuzeithistoriker diesem Beispiel nicht gefolgt sind, ist eine interessante Frage. Etwa weil die Beschäftigung mit einer einzigen Ware im Industriezeitalter als irgendwie trivial empfunden wurde? Oder weil schon der bloße Umfang des Materials entmutigt? Oder weil verschiedene Zeiträume mit jeweils eigenen historiographischen Herangehensweisen verknüpft sind und die Unterschiede ihre eigene Dynamik gewinnen, so dass die Geschichte des Handels (wie die Geschichte des Verbrechens oder der Volksreligion) für die frühe Neuzeit in einem eher »qualitativen« Stil, die für das Industriezeitalter in einem eher »quantitativen« Stil abzufassen wäre?

Was immer der Grund ist, die Geschichte der Waren bietet viele Möglichkeiten. Zunächst einmal könnte sie, ganz pragmatisch, ein Mittel sein, die zentrale Stellung der Wirtschaftsgeschichte wiederherzustellen. Denn der Lack ist ab bei der Wirtschaftsgeschichte, verglichen mit den sechziger und siebziger Jahren des 20. Jahrhunderts. Das Feld ist geräumt worden – in der einen Richtung von denen, die die vorgeblich wissenschaftlicheren Gewissheiten der Ökonometrie suchten, und in der anderen Richtung durch Wissenschaftler, die sich der Sozial- und Kulturgeschichte zugewandt haben. Die Hinwendung zum Handel mit einer einzelnen Ware ist eine Möglichkeit, das Interesse wieder auf das Thema zu lenken, denn sie verbindet (im positiven Fall) das Quantitative mit dem Qualitativen, das Materielle mit dem Kulturellen, das Lokale mit dem Globalen. Die Geschichte einer Ware ist die *mikro storia* der Wirtschaftsgeschichte. Wenn man den genauen Umständen der Herstellung und Produktion, den Stadien des Transports und des Vertriebs bis zum Verzehr oder Verbrauch nachgeht, so gestattet das die Erfassung historischer Verbindungen über den Raum hinweg.

Das hat – um einen berühmten Fall zu nennen – Sidney Mintz mit seiner Geschichte des Zuckers erreicht, und das darf man auch von Sven Beckerts Arbeit über die Baumwolle erwarten. Sollte man nicht diese Geschichten, die gewissermaßen die Biografie einer Ware erzählen, erweitern? »Kolonialwaren« wären da eine Möglichkeit: Kakao, Bananen, Reis. Eine solche Geschichte würde die Realitäten des (formellen und informellen) Imperialismus, der vor Ort Monokultur-Wirtschaften schuf und das Leben unterworfener Völker veränderte, mit anderen Zusammenhängen verbinden. Dazu zählte (jedenfalls in manchen Fällen) die Bedeutung angewandter botanischer Kenntnisse, die Rolle der Handelshäuser und Reedereien, die Ökonomie des Überseetransports, das hypertrophe Wachstum deutscher Hafenanlagen im späten 19. Jahrhundert, Veränderungen im Einzelhandel, die Werbung, allgemeine Konsumstrukturen im Kaiserreich und nicht zuletzt die Geschichte des »Exotischen«. Tabak ist auch so eine Ware, deren Geschichte im Kaiserreich zu betrachten sich lohnen würde, vielleicht auch Elfenbein (ohne Elfenbein kein »Billard um halb zehn«).

Tabak, Kakao und Bananen waren keine Massengüter für deutsche Konsumenten, und Reis ebenso wenig – nicht einmal dann, als die großen Brauereien Reis in der Bierherstellung verwendeten, eine Provokation für die hart kämpfenden kleinen Brauereien und die Mittelstandsbewegung. Importiertes Getreide und Fleisch dagegen waren Massenwaren. Um 1900 war die Energieabhängigkeit des zunehmend industrialisierten, urbanisierten Kaiserreichs von der nichteuropäischen Welt genau so groß wie später die Energieabhängigkeit der Bundesrepublik, nur dass es bei der Energie damals nicht um Öl ging, sondern um die Kalorienzufuhr, die den Brennstoff für die Körper der deutschen Arbeiter lieferte. (Zeitgenössische agrarisch-konservative Intellektuelle wiesen schon darauf hin, wenn auch in anderen Worten.) Vor 60 Jahren hat Alexander Gerschenkron in »Bread and Democracy in Germany« die These vertreten, dass die liberale Demokratie habe gedeihen können, wo ausreichend Weizenbrot zur Verfügung gestanden habe, während Roggenbrotgebiete mit autoritären Regierungssystemen einhergingen. Diese brillante Polemik über die Gefahren der Macht der Junker und den Zollprotektionismus muss zwar revidiert werden – unter anderem, weil der Ruf von Weizen und Roggen sich im Lauf der letzten 60 Jahre umgekehrt hat. Aber wie könnte man Gerschenkron besser auf den neuesten Stand bringen, als wenn man die Geschichte des Getreides aus den nordamerikanischen Prärien schriebe, wie es über die Chicagoer Ausfuhrstelle nach Deutschland verschifft wurde, in den riesigen neuen Mühlen verarbeitet wurde, die in binnenländischen Hafenstädten wie Mannheim entstanden, und schließlich in Läden (oder Konsumgenossenschaften) verkauft wurde, als Teil der zunehmend industrialisierten Nahrungsmittelproduktion des Kaiserreichs. Die Veränderung der Prärien (manchmal auch durch eingewanderte deutsche Bauern), niedrige Schiffsfrachtkosten, neue Technik, industrielle Konzentration und die Nahrungsmittelpolitik – es ist alles da. Wenn wir uns mit den Rückwirkungen des deutschen Welthandels auf das Kaiserreich und seine Bewohner befassen, ist kaum ein Thema vorstellbar, das grundlegender wäre als der Verzehr von Brot, das 8000 Kilometer entfernt entstanden ist.

Menschen in Bewegung

Während Reis, Tabak und Getreide über Bremen und Hamburg nach Deutschland importiert wurden, zählten Menschen zu den Hauptgütern beim »Export«. Die Deutschen spielten eine erhebliche Rolle in den großen transatlantischen Völkerwanderungen des 19. Jahrhunderts, die durch die dramatische Senkung der Kosten für die Überfahrt möglich wurden. Rund 4,5 Millionen Deutsche verließen von den 1840er Jahren bis 1914 ihre Heimat, vier Millionen von ihnen gingen in die USA (Brasilien kam mit großem Abstand an zweiter Stelle mit 86.000). Die transatlantische Emigration verlief in drei großen Wellen, entsprechend den deutschen Wirtschaftszyklen, 1846–57, 1864–73 und 1880–93. Danach versiegte der Strom und wurde zum Rinnsal. Der erste deutsche Beitrag zur »Besiedlung« Amerikas traf also mit den skandinavischen und irischen Einwandererwellen zusammen, während die spätere deutsche Immigration (überwiegend aus dem Osten und Nordosten, weniger aus dem Westen und Südwesten) sich mit der Ankunft von Osteuropäern und Italienern überschnitt. Die zeitliche Abfolge war bei der Festlegung der Umrisse der deutschen Diaspora in den USA von Bedeutung. Die frühen Einwanderer waren eher Kleinbauern, und sie neigten dazu, solide deutsche bäuerliche Gemeinden aufzubauen, vor allem im Mittleren Westen. Spätere Einwanderer, mit ihrem höheren Anteil an Landarbeitern, Heimarbeitern oder Fabrikarbeitern, gingen in größerer Zahl in die wachsenden amerikanischen Großstädte: die Industriegebiete von Pennsylvania und Ohio, Chicago und das »deutsche Dreieck« zwischen Milwaukee, Cincinnati und St. Louis. Selbst in den Städten entstanden deutsche Viertel mit eigenen Zeitungen, Gesangsvereinen, Turnvereinen, Theatern, philanthropischen Gesellschaften und Biergärten. Das Ganze war mehr eine Verpflanzung als eine Entwurzelung, mit bewusster Pflege der deutschen Identität. Erst Anfang des 20. Jahrhunderts verloren die ethnischen Netzwerke von »Little Germany« an Stabilität.

Welche Rückwirkungen hatte diese Diaspora? Institutionell entwickelte sich ein Markt, der diesen »Menschen-Verkehr« anzog und abwickelte, betrieben von Auswanderungsagenturen und Vertretern der Reedereien. Als die Zahl der Auswanderer wuchs, gründeten Regierungen und Kirchen Organisationen zu ihrer Unterstützung. Der protestantische Gustav-Adolf-Verein und der katholische Raphaels-Verein, ursprünglich bestimmt, um ihre jeweiligen Diaspora-Gemeinden zu hegen, trugen zu dem allgemeinen Prozess der Rekonfessionalisierung in Deutschland im 19. Jahrhundert bei. Die Geistlichen waren oft Quelle der Information auf örtlicher Ebene für angehende Emigranten, eine Mahnung für Historiker, sowohl die fortdauernde Bedeutung der religiösen Identität im Blick zu behalten als auch die Tatsache, dass eine Emigration nicht einfach nur eine anonyme, undifferenzierte Angelegenheit war. Die Emigranten blieben durch Informationen über verwandtschaftliche oder dörfliche Netzwerke mit denen verbunden, die zurückgeblieben waren. Eine kleine Anzahl kehrte zurück. Sehr viele mehr schickten Auswandererbriefe, Geld und vorausbezahlte Schiffspassagen an Verwandte zu Hause und hielten damit die Struktur der Kettenwanderung über Generationen aufrecht. Ih re Briefe stellten eine persönliche oder familiäre Version der amerikanischen Erfahrungen dar, sie ergänzten die Anzeigen von Auswanderungsagenten und populäre Berichte wie Friedrich Gerstäckers »Nach Amerika!« Wir dürfen jedoch nicht vergessen, dass ein Gefühl von Heimweh, von dem, was der Auswanderer verloren hatte, auch ein Teil der amerikanischen Erfahrung war, der nach Deutschland zurück übermittelt wurde. Wir wissen, dass dies zu einer »kultivierten Ethnizität« unter Deutschamerikanern beigetragen hat. Weniger klar ist, welche Wirkung die Briefe der Emigranten auf das Heimatgefühl derjenigen hatte, die die Heimat nicht verlassen hatten.

Eine Vorstellung von Amerika setzte sich jedenfalls während des 19. Jahrhunderts in den deutschen Köpfen fest. Das aufblühende saarländische Kohlerevier wurde »Schwarzes Kalifornien« genannt, die Stadt Wilhelmshaven, in den zehn Jahren nach 1859 aus dem Boden gestampft, wurde mit einer »Goldgräberstadt« oder mit »Klein-Amerika« verglichen und behielt den Ruf eines Schmelztiegels bis ins 20. Jahrhundert. Diese Vorstellung von Amerika als einem rauen, aber weit offenen und vitalen Land der Möglichkeiten hatte sich überwiegend bereits entwickelt, als das Kaiserreich entstand. »Das Land der unbegrenzten Möglichkeiten« Ludwig Max Goldbergers berühmtes Buch über die USA, erschien 1903. Inzwischen waren es jedoch nicht mehr die direkt berichteten Erfahrungen von Einwanderern, die das imaginierte Amerika schufen, sondern Hunderte von deutschen Reiseerzählungen (»Ein Besuch bei Uncle Sam«, »Amerikanische Eindrücke«), die auf die gebildete lesende Öffentlichkeit zielten, zusammen mit Westernromanen, die in großen Auflagen billig gedruckt und verkauft wurden und in Leihbüchereien ständig gefragt waren. Diese Genres brachten Amerika auf andere Weise heim ins Kaiserreich; sie boten eine Reihe von Spiegeln (oder Zerrspiegeln), in denen die Deutschen ihre eigene Gesellschaft betrachten konnten.

Die transatlantische Emigration stellte, solange sie anhielt, die deutsche Migration innerhalb Europas in den Schatten. Diese wiederum hatte schon eine lange Geschichte, vor allem deutsche Siedlungen in Osteuropa während des späten Mittelalters und die organisierte Kolonisierung des 17. und 18. Jahrhunderts in Südosteuropa unter der Schirmherrschaft Habsburgs. Die deutsche Besiedlung in Südrussland hielt bis ins 19. Jahrhundert an. Im Zuge der Industrialisierung entstand jedoch ein neues Mus-

ter, als Deutsche als Emigranten oder Teilzeitemigranten nach
Westen zogen in die wirtschaftlich weiter entwickelten Nachbar-
länder: die Niederlande, Belgien, Frankreich. 20.000 Holland-
gänger gab es im frühen 19. Jahrhundert, und um 1850 lebten bis
zu 100.000 Deutsche in Paris und machten damit die französische
Hauptstadt zur sechstgrößten »deutschen« Stadt jener Zeit. Aber
die Rückkehr der Hessen und Pfälzer aus Frankreich in den achtziger Jahren symbolisierte dann die große Verschiebung in der
Migrations-Struktur des Kaiserreichs. In eben den Jahren, in denen die deutsche Auswanderung über den Atlantik nachließ,
wurde Deutschland selbst innerhalb Europas zum Einwande-
rungs- statt Auswanderungsland. Statt deutschen Fehntjer, die
nach Groningen gingen, kamen nun holländische Fehntjer nach
Ostfriesland und Oldenburg, und noch viel mehr holländische
Preußengänger arbeiteten in der Industrie im Ruhrgebiet. Italie-
nische Bauarbeiter und Maurer veränderten um die Jahrhundertwende das Bild der deutschen Landschaft, indem sie die
eleganten gemauerten Talsperren errichteten, die Otto Intze entworfen hatte. Symbole der deutschen Modernität wie die Möh-
netalsperre wurden von Männern (und es waren alles Männer)
aus dem Veneto und Friaul errichtet. Vor allem aber kamen Polen
und Ruthenen über die Grenzen aus dem Habsburger Reich und
Kongresspolen, um als Landarbeiter in Deutschland zu arbeiten.

1914 hatte das eingewanderte Arbeitskräftepotenzial in
Deutschland 1.25 Millionen erreicht, und in seiner Abhängigkeit von ausländischen Arbeitskräften stand das Kaiserreich an
zweiter Stelle hinter den USA. Man wüsste gerne mehr über die
grenzüberschreitenden Gastarbeiter im Westen, die weniger genau erforscht sind als ihre Entsprechungen im Osten. Schließlich gab es vor dem Krieg fast eine Viertelmillion holländischer
und italienischer Gastarbeiter in Deutschland. Es gibt jedoch
gute Gründe, weshalb die polnischen Immigranten im Osten
mehr Beachtung fanden. Seit den Schriften von Max Weber aus
der Mitte der neunziger Jahre hat ihre Anwesenheit größere
Auseinandersetzungen über den Charakter des Kaiserreichs
geschürt. Für sozialliberale Historiker, die sich an Max Weber
orientierten (aber sich von seinen unschönen Bemerkungen
über das »niedrige Kulturniveau« der polnischen Arbeiter
distanzierten), war der menschenverachtende Import von
Landarbeitern nach Ostelbien ein Schlüssel für zentrale Konflikte innerhalb des Kaiserreichs: Preußen kontra Deutschland,

Landwirtschaft kontra Industrie, Junker kontra Bürgertum. Und ganz zweifelsohne war der Erhalt dieser Quelle billiger Arbeitskräfte von existenzieller Bedeutung für viele Gutsbesitzer. Die landwirtschaftliche Produktion im Osten beruhte ebenso stark auf ausländischen Arbeitern, wie die deutschen Industriearbeiter in den Städten von den Produkten der ausländischen Landwirtschaft abhingen.

Diese grenzüberschreitende Massenbewegung erklärt noch zwei weitere entscheidende Trends im Kaiserreich. Der eine war die zunehmende staatliche Reglementierung und Überwachung. Dass Polen und Ruthenen als Saisonarbeiter zugelassen wurden, nachdem die kurzlebige Politik der Vertreibungen von 1885 aufgegeben worden war, war abgesichert durch eine ganze Reihe von Bedingungen (Legitimationszwang, Rückkehrzwang) und Institutionen (Preußische Feldarbeiterzentrale, Grenzkontrollen und ärztliche Untersuchungen), die diese Tendenz deutlich zeigen. Die Kontrolle der einwandernden Arbeiter war besonders scharf im Osten, genau wie die umständlichen Prozeduren, mit denen »Ostjuden« und Polen, die deutschen Boden auf dem Weg in die Neue Welt durchquerten, daran gehindert werden sollten, im Kaiserreich zu bleiben. Zugleich wurde jedoch die deutsche Strategie, Fremde auszuweisen, die Not leidend waren oder als »bedenklich« oder als »Bedrohung der Ordnung« angesehen wurden, auch im Westen durch eine Reihe von Übereinkünften mit benachbarten Ländern in den Jahren 1890–1906 straffer gehandhabt. In beiden Fällen ging es um Staatsgrenzen, die zunehmende Bedeutung erlangten, weil der Staat mehr von seinen Bürgern forderte (Wehrpflicht) und ihnen auch mehr bot (Sozialhilfe).

Aber wer waren die Bürger dieses Nationalstaats? Das ist die zweite wichtige Frage, die die Historiker zunehmend beschäftigt hat, ein Problem mit offensichtlich zeitgenössischer Relevanz. Ein ethnisch-deutscher Nationalismus spielte im Kaiserreich eine immer größere Rolle. Besorgnis und Ressentiment über »die slawische Flut« war nur eine seiner Manifestationen. Nicht nur die Alldeutschen betrachteten die deutschen Emigranten in die USA als für die Nation »verloren« und befürworteten deutsche Kolonien als Ziele der Auswanderung. Dabei gehörten dem größten Kontingent deutscher Kolonisten, dem in Südwestafrika, gerade einmal 12.000 Menschen an. Die wachsende Zahl von Nichtdeutschen innerhalb der Grenzen des Kaiserreichs, verbunden mit der wachsenden Zahl von Deutschen außerhalb seiner Grenzen, nährte den Nationalismus: Es war ein Prozess von Einschluss durch Ausschluss. Das Reichs- und Staatszugehörigkeitsgesetz von 1913, beruhend auf dem berüchtigten Prinzip des *ius sanguinis*, war die juristische Verkörperung dieser Tendenz.

Die Menschen, die nach Deutschland hinein oder aus Deutschland hinaus zogen, wurden Teil einer zeitgenössischen Diskussion, die am Begriff des »Volkskörpers« ausgerichtet war. Hier dient die transnationale Perspektive vor allem dazu, die Richtung zu verdeutlichen, die die jüngste Forschung zum Kaiserreich bereits eingeschlagen hat. Vor allem die Immigration ist ein Ort, an dem beliebte Topoi der neuen Forschung – der reglementierende Staat, Kontrolle und Überwachung, Hygiene, Staatsbürgerschaft – sich schneiden.

Die Umwelt

Hygiene war immer eine gute Entschuldigung für die Überwachung der deutschen Grenzen, auch wenn der eigentliche Grund in der Abneigung gegen ausländische Einwanderer bestand. Ebenso dienten tierärztliche Kontrollen importierter Fleischwaren landwirtschaftlich-protektionistischen Zwecken. Aber mit den umfangreichen Verschiebungen von Menschen breiteten sich Krankheiten aus, genauso wie der globale Handelsverkehr mit Menschen und Gütern gefährliche blinde Passagiere beförderte: Krankheitserreger, die bei Tieren, Fischen, Bäumen und anderen Pflanzen in den Ländern, in die sie vordrangen, verheerende Schäden anrichten konnten. Am schnellsten bemerkte man sie, wenn sie, wie die Maul- und Klauenseuche, die Landwirtschaft direkt bedrohten. Ein noch dramatischeres Beispiel bot Phylloxera im frühen Kaiserreich. Adolf Wermuth, der Beamte, der die Aufgabe hatte, darauf zu reagieren, schrieb später mit ironischer Distanz über seine Pflichten: »(Denn) ich stritt nicht nur gegen die rebentötende Phylloxera, der Vernichtungskrieg galt allem, was den Kulturgewächsen schadet. Ich jagte, soweit die Zuständigkeit des Reichs es gestattete, auf den Feind der Kartoffel, den Coloradokäfer, auf die Blattlaus, die Blutlaus, den Borkenkäfer, die Nonne und andere, deren Namen ich glücklicherweise vergessen habe.« Das Wort Vernichtungskrieg, in früheren Jahrhunderten im Allgemeinen auf Wölfe und Luchse angewendet, stimmt nachdenklich. Zumindest einige von Wermuths Zeitgenossen zogen zufrieden den Vergleich zwischen Insekten und menschlicher Bedrohung des neuen deutschen Nationalstaats, wie der übergeschnappte Kulturkämpfer, der gegen die Jesuiten einen ebenso heftigen Kampf forderte wie gegen »Rebläuse, Coloradokäfer und andere Reichsfeinde«.

Schiffe brachten diese Insekten mit der Ladung nach Deutschland, genauso wie sie am Rumpf und in Ballasttanks invasive Wasserorganismen mitbrachten. Sie gehörten zu den ungewollten Folgen verstärkter globaler Verflechtung, und sie hatten erhebliche Auswirkungen auf die einheimische Flora und Fauna. Ungewollte Folgen hatte es in anderer Weise auch, wenn fremdländische Arten absichtlich eingeführt wurden, zum Zwecke wissenschaftlicher Forschung oder als Trophäen für botanische Gärten, die dann entkamen und sich einnisteten. Sehr große Schäden richtete zum Beispiel die Kanadische Wasserpest an, die sich vom Berliner Botanischen Garten ausbreitete und in den letzten Jahrzehnten des 19. Jahrhunderts die Wasserwege in ganz Norddeutschland zu verstopfen begann.

Auch ohne invasive biologische Spezies aus Übersee wäre jede Darstellung der deutschen Flusssysteme im Kaiserreich ungenau, wenn sie die transnationale Dimension auslieiße. Während jene Flüsse und Flusstäler zunehmend als Elemente einer »deutschen« Landschaft gefeiert wurden (und das betraf nicht nur den Rhein), wurde gleichzeitig immer deutlicher, dass sie in Wirklichkeit international waren. Rhein, Donau, Oder und Weichsel kreuzten nationale Grenzen, ebenso bescheidenere Flussläufe wie die Mosel. Die positive Seite der Veränderungen im 19. Jahrhundert war die Schaffung eines transnationalen Verkehrsnetzes durch Kanalbau, Flussregulierungen und den Triumph des Dampfschiffs. Die dunklere Seite war die Wirkung, die am fernen Oberlauf eines Stroms oder in seinem Einzugsgebiet unternommene Maßnahmen auf flussabwärts liegende Regionen hatten. Entwaldung in einem Land konnte zu Überschwemmungen in einem anderen führen. Flussbegradigungen, mit denen Mäander abgeschnitten und die Strömungsgeschwindigkeit des Wassers erhöht wurden, hatten oft stromabwärts die gleiche Auswirkung. Die auf dem Wasserweg übertragenen Verunreinigungen sind und waren die bekanntesten, aber nicht unbedingt die schädlichsten dieser ungewollten Folgen, die noch Hunderte von Kilometern stromabwärts spürbar waren. Maßnahmen, die die Fließgeschwindigkeit, die Temperatur oder die Wasserqualität eines Flusses veränderten, wirkten sich über nationale Grenzen hinweg auf Fische und andere Organismen aus. Das am besten bekannte Beispiel ist der Rhein: Jede mögliche Umweltfolge des Versuchs, einen Strom in eine »organische Maschine« zu verwandeln, wurde hier sichtbar, denn er war der am besten erforschte Fluss, und sein Schicksal betraf die Schweiz, Frankreich, Deutschland und die Niederlande zugleich. Die frühesten, wenn auch erfolglosen paneuropäische Bemühungen, den Lachs zu retten, gehen auf diese Zeit zurück.

Kultureller Transfer, kultureller Austausch, kulturelle Einflüsse

Der deutsche Export von Fachwissen und kulturellen Vorbildern verlief parallel zum Export von Turbinen und Operationsbestecken. Tatsächlich wurden bei den Weltausstellungen jener Zeit beide gezeigt. Deutsche Ingenieure arbeiteten an großen internationalen Projekten wie der Gotthardbahn und der Bagdadbahn, deutsche Architekten richten Büros in aller Welt ein, etwa die Filiale von Ende & Böckmann in Japan, wo der junge Hermann Muthesius in den späten achtziger Jahren des 19. Jahrhunderts sein Handwerk erlernte. Die Wissensbereiche, in denen Deutsche als Fachleute international gefragt waren, reichten von der Medizin und der Forstwirtschaft bis zur Kriegskunst. Ausländer studierten in Deutschland, Deutsche gingen als Berater ins Ausland. Zwei Gebiete verdienen besondere Beachtung: die Universität und die Musik. In beiden Fällen reichte das deutsche Ansehen auf die Zeit vor 1871 zurück. Die Universitäten hatten schon lange ausländische Studenten angezogen, sie wurden angelockt durch die deutsche Vormachtstellung auf Gebieten, die von der Biologie und Chemie bis zur Philologie und – natürlich – der Geschichte reichten (man denke an Bismarcks Freund aus Studientagen, den Amerikaner John Motley). In Manchester, der Hauptstadt der englischen in-

dustriellen Revolution, waren sowohl die reiche Chorkultur als
auch das Hallé-Orchester *made in Germany*. Das späte 19. Jahrhundert war aber auch die Zeit, in der Institutionen aus
Deutschland vielfach als Modell übernommen wurden, nicht
zuletzt in den Vereinigten Staaten, wo etwa die Erneuerung der
Harvard University, die Gründung der Johns Hopkins University sowie die Schaffung großer neuer Symphonieorchester als
bewusste Nachahmungen deutscher Vorbilder und mit Unterstützung von Deutschen entstanden.

Diese Form von kulturellem Transfer in andere westliche
Länder muss ausdrücklich betont werden. Denn zeitgenössische Deutsche hielten es für selbstverständlich, dass ihre Historiker, Ingenieure, Ärzte, Forstwirte (und schließlich auch:
Missionare) eine »überlegene« Kultur und überlegenes Fachwissen besaßen, das man den Kolonien und anderen nichteuropäischen und »rückständigen« Teilen der Welt wohltätig zu-
wenden konnte. Mit solchen Ansichten unterschieden sich die
Deutschen kaum von ihren britischen, französischen oder belgischen Kollegen. Aber die Annahme, Deutschland könne Vorbilder für Institutionen anderer »Kulturländer« liefern, war sicher noch mehr als andernorts eine entscheidende Quelle des
Stolzes auf die deutsche »Kultur« – ein Begriff, der in der Wilhelminischen Ära so mit Bedeutung überfrachtet war, dass er
unter der Last zusammenzubrechen drohte.

Der kulturelle Einfluss war keine Einbahnstraße, aber der
Verkehr in der Gegenrichtung ist schwerer zu identifizieren
oder zu definieren. Nehmen wir zum Beispiel die britischen
Einflüsse auf Deutschland. In dieser Zeit gehörte sicher die begeisterte Übernahme des Darwinismus dazu, einschließlich der
Arbeiten von Postdarwinisten wie Francis Galton über Krimi-
nalität und soziale Kontrolle, die Gartenstadtbewegung, die
Wohnhausarchitektur, wie sie der reife Muthesius und andere
übernahmen, sowie die Ausbreitung von typisch englischen
Sportarten wie Fußball, Rugby und Pferderennen. Es ist eine
bunte Mischung, die man kaum direkt mit dem Einfluss der
»deutschen Universität« oder der »Deutschen Geschichtswissenschaft« vergleichen kann. Was in jedem Falle auffällt, ist die
Gründlichkeit der deutschen Übernahme englischer Vorbilder,
ähnlich wie eine frühere Generation von Deutschen Shakes-
peare als den ihren vereinnahmt hatte. Darüber hinaus fällt auf,
wie diese Anleihen zu der eigenartig eklektischen, hybriden

Modernität des späten Kaiserreichs beitrugen. Das Panorama
ließe sich zu einer beträchtlichen Reihe von Kultureinflüssen
erweitern, die nachweisbar in Deutschland wirksam wurden,
von der Hochkultur (französische Malerei, skandinavische Literatur) bis zu Vorbildern für Naturschutzgebiete, städtische
Bodenreform und modernistische Großstadtarchitektur, die
überwiegend aus den USA kamen. Wenn man den Kulturbe-
griff weiter fasst, so dass er Moden und Methoden einschließt,
die zu Beginn des 20. Jahrhunderts en vogue waren, müsste
man etwa den Tolstoi-Kult erwähnen, die Welle der Schwärme-
rei für den Buddhismus und das Wachsen der Theosophie und
anderer Arten von okkulten Bewegungen, die besonders von
den USA und Russland (Madame Blavatsky!) beeinflusst waren. Natürlich würde niemand leugnen, dass einige dieser Phänomene, wie die zeitgenössische Begeisterung für den Japonis-
mus und andere Formen der Hinwendung zum »Exotischen«,
ihre Entsprechung anderswo in Europa hatten. Ich würde auch
nicht unbedingt behaupten wollen, dass es in dieser oder irgendeiner anderen Hinsicht einen deutschen Sonderweg gegeben hätte. Aber man kann kaum anders als beeindruckt sein
vom Wilhelminischen Deutschland als einem Schnittpunkt des
kulturellen Verkehrs. Wenn Paris die Hauptstadt des 19. Jahrhunderts war, so könnte man die neue Megalopolis Berlin als
Hauptstadt einer neuen Art von nervösem Experiment mit der
Kultur der Moderne um die Jahrhundertwende sehen (wozu
auch ihre Antithese, die Antimodernität gehört).

In noch einer weiteren Beziehung stand Deutschland im späten 19. und frühen 20. Jahrhundert im Zentrum eines globalen
Netzes. Ich meine nicht die ständig zunehmenden internationalen Organisationen (die meist in neutralen Ländern wie Belgien oder der Schweiz ihren Sitz hatten), noch auch die wachsende Zahl von internationalen Konferenzen und Kongressen
zu gelehrten, wissenschaftlichen oder fachlichen Angelegenheiten (für die Deutschland kein besonders beliebter Tagungsort
war), sondern die Reise- und Freizeitkultur der Jahre vor 1914.
Wiesbaden, Bad Ems, Baden-Baden: Hier versammelten sich jeden Sommer die gekrönten Häupter Europas, die Ehren-West-
bürger wie der Aga Khan und der Kaiser von Brasilien, die Aristokratie, die obere Mittelschicht und die Prominenz aus dem
Kulturleben. Sie pflegten eine besondere Art der grenzüberschreitenden saisonalen Migration, befasst nicht mit dem Ver-

dienen, sondern mit dem Ausgeben von Geld. Während in den meisten der 300 Kurorte Deutschlands die Gäste aus dem deutschen Bürgertum stammten, waren ein paar Treffpunkte im Kaiserreich (und der Habsburger Monarchie) beliebter Tummelplatz einer wirklich internationalen Klientel. Dort konnte man – mit den Worten von Sir Horace Rumbold – »das Plappern von tausend Zungen in einem Dutzend verschiedener Sprachen« hören. Die Jahre vor dem Krieg waren das goldene Zeitalter der großen Badeorte. Sie waren die Schauplätze, an denen eine Reihe von starken Kräften zusammentraf: Der »Reisekapitalismus« (J. Böröcz), die Suche nach einem Heilmittel gegen die »Nervosität« der Zeit, gesellschaftliches Streben und der demonstrative Konsum einer internationalen begüterten Klasse. Mehr als Cowes auf der Insel Wight oder Newport auf Rhode Island, mehr sogar als die Französische Riviera verkörperten die Modebäder des Kaiserreichs eine Kultur, die international und hybrid war. Pagoden und Palmen standen neben neoklassischen öffentlichen Gebäuden. Tennis und Golf waren englisch, die Croupiers waren Franzosen, die Tenöre Italiener und die Femmes fatales kamen aus Russland.

Deutsche Räume

Wenn wir an den Rückwirkungen der deutschen Expansion auf das Kaiserreich interessiert sind, gibt es gute Gründe dafür, mit den Kolonien zu beginnen. Diese haben in der letzten Zeit neues Interesse geweckt, und sie sind im Gegensatz zu anderen Gebieten, auf denen die Deutschen mit dem globalen Netz verbunden waren – Handel, Migration, Kultur – ein direktes Produkt des Kaiserreichs. Die deutschen Kolonien waren in ihrem Beitrag zum deutschen Handel oder als Siedlungsgebiete statistisch unbedeutend, aber in anderer Hinsicht könnte ihre Bedeutung größer sein, als die Historiker einst angenommen haben. Es gibt zum Beispiel keinen Zweifel, dass der Kolonialismus kulturell und intellektuell Auswirkungen auf so unterschiedliche akademische Disziplinen wie Ethnologie, Geografie, Tropenmedizin und Meeresbiologie hatte, gar nicht zu erwähnen die Pseudowissenschaften Eugenik und Rassenkunde. Letztere erinnern daran, dass die Ansicht, Kolonialvölker böten eine Möglichkeit, frühere

Phasen in der Entwicklung der Menschheit zu sehen, quer durch
eine Reihe von akademischen Fachgebieten (einschließlich der
Geschichte) von großer Wirkung war, wenn auch nicht unbedingt einer positiven. Doch die Existenz der Kolonien spielte andererseits auch eine Rolle dabei, dass Leo Frobenius seine frühen
Beiträge zur *Negritude* leistete, oder dass Carl Einstein sein bahn-
brechendes Buch »Negerplastik« verfasste. Auf der Ebene der
allgemeinen Einbildungskraft waren koloniale Bilder und Themen allgegenwärtig: bei Kolonialwaren, in populären kolonialen
Reisebeschreibungen, Abenteuergeschichten und Artikeln in
»Über Land und Meer« in Zoologischen Gärten, in städtischen
Benennungen (wie dem Emdener Viertel »Transvaal«, erbaut
um 1900), in Dioramen, Wachsfigurenkabinetten und Völkerschauen.

Es ist erwähnenswert, dass nicht alle Kolonialwaren, Zootie-
re und »Eingeborenen« (in Fleisch und Blut oder in Wachs) aus
deutschen Kolonien kamen und dass bei weitem nicht alle
Abenteuergeschichten dort spielten. Ihre begeisterte Aufnahme
ist ein Beweis für die Macht des »Exotischen« im Kaiserreich,
nicht notwendigerweise für direkte Rückwirkungen aus den
deutschen Kolonien. Auf die politische Sphäre trifft das nicht
zu, da wirkten sich deutsche Kolonien tatsächlich auf die innenpolitische Diskussion aus. Der Beitrag der »Mischehen«-Frage
zum Staatsangehörigkeitsgesetz von 1913 hat neuerdings wieder Aufmerksamkeit auf sich gelenkt. Die koloniale Frage spielte auch eine Rolle bei den Reichstagswahlen der 1880er Jahre
und vor allem bei den Wahlen von 1907 (den »Hottentotten-
wahlen«), die auf den völkermörderischen Krieg gegen die auf-
ständischen Herero folgten. Der »Platz an der Sonne« für
Deutschland wurde schnell zum geflügelten Wort, und die Kolonien waren in der Politik des Kaiserreichs sehr präsent, nicht
nur wegen der Argumente des Kolonialvereins, des Flottenvereins und der sie unterstützenden Politiker, sondern auch wegen
der Kritik, die aus der SPD und Teilen anderer Parteien kam.

Trotzdem würde man kaum behaupten können, die deutschen Kolonien hätten die gleiche zentrale Stellung in der innenpolitischen Debatte eingenommen wie die viel größeren Imperien in der britischen oder französischen Politik jener Zeit.
Selbst die holländischen und belgischen Kolonien waren wahrscheinlich in der Innenpolitik präsenter, wenn man die Größe
und Bedeutung des Kolonialreichs in Beziehung zu Größe und

Bedeutung der »Mutterländer« setzt. (Der Glaube daran gab
der Kritik eines Max Weber, Deutschland unter dem Kaiser sei
unfähig eine Weltpolitik zu machen, die eindrucksvoller sei als
die der *Belgier*, besondere Schärfe.) Wenn wir andere Maßstäbe
anlegen, etwa den Einfluss des englischen und des französischen Imperiums auf die Benennung von Straßen und den Import von Wörtern, finden wir im Falle Deutschlands nur einen
blassen Abglanz davon. Schließlich lässt der Vergleich auch ver-
muten, dass die deutschen Kolonien viel weniger als »Laboratorien der Moderne« fungierten. Nichts, was in Kamerun oder
Samoa unternommen wurde, kam den imperialen Experimen-
ten der Engländer oder Franzosen mit Landreform, Stadtplanung oder Überwachungsregimes gleich. Es gab keine großen
Wasserbauunternehmen wie die von den Briten erbaute Assu-
an-Talsperre in Ägypten, die einige deutsche Autoren neidvoll
betrachteten. Die Engländer und Franzosen nahmen in ihren
Kolonien oft Projekte in Angriff, die sie zu Hause nicht unternommen hätten. Das Kaiserreich war da weniger zurückhal-
tend. Die Schutzimpfungen der deutschen Truppen in Südwestafrika sind zwar als Beispiel dafür genannt worden, dass
deutsche Kolonien als Labor der Moderne gedient hätten, aber
das Experiment scheint weniger imposant wenn man sich erinnert, dass die Zwangsimmunisierung gegen Pocken im Kaiserreich selbst schon 1874 eingeführt worden war.

Es gibt noch einen weiteren Unterschied zwischen dem Kaiserreich und England oder Frankreich. Das eigentliche deutsche Gegenstück zu Indien oder Algerien war nicht Kamerun:
Es war Mitteleuropa. Dabei handelte es sich noch um ein Phan-
tasiereich. Geschäftsleute spekulierten über die Ausweitung
deutscher Märkte, wie die Briten und Franzosen über die ihrer
Kolonien (und die Amerikaner über den mythischen »China-
Markt«). 1913 waren die deutschen Exporte nach Rumänien
schon dreimal so groß wie die Exporte in alle deutschen Kolonien zusammengenommen, und Mitteleuropa-Schwärmer sahen dort eine zukünftige deutsche Kornkammer und eine Quelle für Öl und Erze. Aber der Reiz Mitteleuropas ging über die
ökonomische Buchführung hinaus, weil er Visionen von erwei-
tertem politischem und kulturellem Einfluss einschloss. Es ging
ja auch um Gebiete früherer deutscher Siedlung. Das war im
Kaiserreich entscheidend. Seit den achtziger Jahren des 19. Jahrhunderts – gleichzeitig mit den Vertreibungen von 1885, der ers-

ten Germanisierungskampagne und zunehmend schrilleren
Warnungen vor der »slawischen Flut« – brachten Historiker
und gelehrte Geschichtsvereine eine wachsende Sammlung
von Arbeiten über diese früheren Siedlungen heraus. Was diese
Arbeiten enthielten, war eine neuzeitliche koloniale Darstellung, die in eine frühere Zeit zurückprojiziert war; sie erzählte,
wie die Deutschen die Natur gebändigt und den Boden bebaut
hatten, so dass das »neue Grün germanischen Fleißes« an Stelle
von slawischem »Morast« und »Wildnis« blühte. Ebenso offensichtlich war in diesem einflussreichen Narrativ von »Grenzland« und »Pioniergeist« die Rede. Das war eine der Arten, wie
Bilder aus dem Amerika des 19. Jahrhunderts ins Kaiserreich
zurück importiert wurden, in diesem Fall, indem sie den amerikanischen wilden Westen in den deutschen wilden Osten ver-
legten. Wir wissen alle, wie diese Ideen nach den territorialen
Verlusten durch den Vertrag von Versailles an Boden gewannen
und endlos weiterentwickelt wurden durch die Verfechter der
Volksgeschichte und einen weiten Kreis von Politikern und Publizisten, bevor sie dann nach 1939 auf barbarischste Weise in
Taten umgesetzt wurden. Diese Ideen waren jedoch in der historischen Literatur (und der Belletristik) des Kaiserreichs latent
schon vorhanden. Wenn Bismarcks berühmte Karte von Afrika
in Europa lag, so verwies die mentale Karte der Deutschen von
Kolonisierung und Siedlung ebenfalls auf Europa: Mitteleuropa, Osteuropa.

Ich möchte zum Schluss zurückkehren zu einem der Gründe,
weshalb das Interesse an der transnationalen Geschichte der europäischen Nationalstaaten so zugenommen hat. Es hat, darüber sind wir uns alle einig, mit der Auflösung der kolonialen
Weltreiche und deren Spätfolgen zu tun, vor allem mit dem
Aufkommen postkolonialer Theorie. Das Ende des britischen
und des französischen Imperiums ermöglichte es, ihre nationale Historiographie in einem globaleren Rahmen umzuschrei-
ben. Die britische imperiale Geschichte wurde »nach Hause
mitgebracht«, um die Geschichte des »Mutterlands« zu erhel-
len. Das Gleiche ist offensichtlich auch in Frankreich geschehen.
Der deutsche Fall liegt anders. Das gestutzte Kolonialreich
kehrte während der Weimarer Republik nach Deutschland zurück, natürlich in verbitterter, grollender Form (»Volk ohne
Raum«), was die aggressive historische und publizistische Aufmerksamkeit, die sich auf Osteuropa richtete, sogar noch ver-

stärkte. Und das ist der entscheidende Punkt. Das deutsche Gegenstück zur Auflösung des Imperiums, die so eine tiefe Wirkung auf die britischen und französischen Vorstellungen von ihrer nationalen Geschichte gehabt hat, war nicht die Auflösung des deutschen Kolonialreiches 1919, sondern die Auflösung der deutschen Siedlungen in Ost- und Mitteleuropa nach 1945. Wie Historiker in Deutschland sich mit dieser Geschichte herumgeschlagen haben, hat sich offensichtlich seit 1989/90 geändert, aber sowohl vor als auch nach diesem Datum richtete sich der Brennpunkt deutscher historischer Vergangenheitsbewältigung auf das, was in Osteuropa geschah, nicht in Übersee.

Autorinnen und Autoren

Sven Beckert, Professor für Geschichte an der Harvard University. Jüngstes Buch: The Monied Metropolis. New York City and the Consolidation of the American Bourgeoisie, New York 2001. Zur Zeit Arbeit an einer globalen Geschichte der Baumwolle, die unter dem Titel The Empire of Cotton. A Global History 2006 bei Knopf und Macmillan erscheinen wird. Der Beitrag für diesen Band entstand während eines von der Alexander-von-Humboldt Stiftung finanzierten Forschungsaufenthaltes an der Universität Konstanz.

David Blackbourn, Coolidge Professor of History an der Harvard University. Aktuelle Forschungsgebiete: Umwelt- und Landschaftsgeschichte Deutschlands in der Neuzeit; das deutsche Interesse an der amerikanischen »Frontier«. Veröffentlichungen u. a.: History of Germany 1780–1918. The Long Nineteenth Century, Oxford ²2003; Wenn ihr sie wieder seht, fragt wer sie sei. Marienerscheinungen in Deutschland – Aufstieg und Niedergang des deutschen Lourdes, Reinbek 1997.

Sebastian Conrad, Professor am Friedrich-Meinecke-Institut der FU Berlin. Zur Zeit Arbeit an einer Untersuchung zum Zusammenhang von Globalisierung und Nation im Wilhelminischen Kaiserreich am Beispiel der Diskussionen über Mobilität und Migration. Veröffentlichungen u. a.: Auf der Suche nach der verlorenen Nation. Geschichtsschreibung in Westdeutschland und Japan 1945–1960, Göttingen 1999; mit Shalini Randeria (Hg.), Jenseits des Eurozentrismus. Postkoloniale Perspektiven in den Geschichts- und Kulturwissenschaften, Frankfurt 2002; mit Christoph Conrad (Hg.), Die Nation schreiben. Geschichtswissenschaft im internationalen Vergleich, Göttingen 2002.

Andreas Eckert, Professor für die Geschichte Afrikas an der Universität Hamburg. Gegenwärtige Forschungsschwerpunkte: Kolonialismus; Geschichte der Afrikawissenschaften; Soziale Sicherheit und Sozialexperten in Afrika. Veröffentlichungen u. a.: Grundbesitz, Landkonflikte und kolonialer Wandel. Douala 1880–1960, Stuttgart 1999; mit Albert Wirz und Katrin Bromber (Hg.), Alles unter Kontrolle. Disziplinierungsversuche im kolonialen Tansania, Köln 2003; (Hg.): Universitäten und Kolonialismus, Stuttgart 2004.

Michael Geyer, Professor of History an der University of Chicago. Gegenwärtige Arbeitsschwerpunkte liegen im Bereich der Neueren deutschen und europäischen Geschichte, mit besonderer Berücksichtigung des Problembereiches Krieg und Genozid, der Geschichte der Menschenrechte und der Globalgeschichte. Veröffentlichungen u. a.: mit Konrad Jarausch: Shattered Past. Reconstructing German Histories, Princeton 2002; (Hg.), The Power of Intellectuals in Contemporary Germany, Chicago 2001; mit Charles Bright,

326 Autorinnen und Autoren

World History in a Global Age, in: American Historical Review 100 (1995), S. 1034–1060.

Dieter Gosewinkel, Privatdozent am Fachbereich Geschichts- und Kulturwissenschaften der Freien Universität Berlin; gegenwärtig (gemeinsam mit Jürgen Kocka) Leiter der Arbeitsgruppe »Zivilgesellschaft: Historisch-sozialwissenschaftliche Perspektiven« am Wissenschaftszentrum für Sozialforschung Berlin. Forschungsschwerpunkte: Europäische Geschichte, Rechtsgeschichte, Geschichte der Staatsbürgerschaft und der Zivilgesellschaft. Neuere Veröffentlichungen u. a.: Einbürgern und Ausschließen, Göttingen ²2003; mit Dieter Rucht, Wolfgang van den Daele, Jürgen Kocka (Hg.), Zivilgesellschaft – national und transnational, Berlin 2004.

Alexander Honold, Ordinarius für Neuere deutsche Literaturwissenschaft an der Universität Basel. Arbeitsschwerpunkte: Kulturwissenschaftliche Aspekte der Literatur, Ästhetik und Naturwissen seit 1800, Geschichte der astro-kalendarischen Zeitordnungen. Zu interkulturellen Aspekten der deutschen Literaturgeschichte sind jüngst erschienen: Mit Oliver Simons (Hg.), Kolonialismus als Kultur. Literatur, Wissenschaften und Medien in der deutschen Gründerzeit des Fremden. Tübingen 2002; mit Klaus R. Scherpe (Hg.), Das Fremde. Reiseerfahrungen, Schreibformen und kulturelles Wissen, Berlin ²2002; ebenfalls mit Klaus R. Scherpe (Hg.), Mit Deutschland um die Welt. Eine Kulturgeschichte des Fremden in der Kolonialzeit, Stuttgart 2004.

Birthe Kundrus, Privatdozentin an der Universität Oldenburg, wissenschaftliche Mitarbeiterin am Hamburger Institut für Sozialforschung. Aktuelle Forschungsgebiete: Theorie und Geschichte der Gewalt im 20. Jahrhundert; deutsche Kolonialgeschichte; die deutsche Besatzung in Polen 1939–1945. Jüngste Veröffentlichungen u. a.: Moderne Imperialisten. Das Kaiserreich im Spiegel seiner Kolonien, Köln 2003; (Hg.): »Phantasiereiche«. Zur Kulturgeschichte des deutschen Kolonialismus, Frankfurt 2003.

Dirk van Laak, Privatdozent am Historischen Institut der Friedrich-Schiller-Universität Jena, gegenwärtig Vertretungsprofessur an der Albert-Ludwigs-Universität Freiburg. Aktuelle Forschungsschwerpunkte: Kulturgeschichte von Infrastrukturen, Kolonialgeschichte, Geschichte der Planung. Jüngere Veröffentlichungen u. a.: mit Norbert Frei und Michael Stolleis (Hg.), Geschichte vor Gericht. Historiker, Richter und die Suche nach Gerechtigkeit, München 2000; Imperiale Infrastruktur. Deutsche Planungen für eine Erschließung Afrikas, 1880 bis 1960, Paderborn 2004.

Jürgen Osterhammel, Professor für Neuere und neueste Geschichte an der Universität Konstanz. Derzeitiges Forschungsgebiet: Reichweiten und Zeitstrukturen historischer Prozesse. Jüngste Veröffentlichungen u. a.: Geschichtswissenschaft jenseits des Nationalstaats. Studien zu Beziehungsgeschichte und Zivilisationsvergleich, Göttingen 2001; mit Niels P. Petersson: Geschichte der Globalisierung. Dimensionen – Prozesse – Epochen, München 2003.

Michael Pesek, Promotion an der Humboldt-Universität im Jahre 2004 mit einer Arbeit über Europäische Forschungsreisen und die Etablierung der deutschen Kolonialherrschaft in Ostafrika. Forschungsschwerpunkte: Sozialer und kultureller Wandel in den afrikanischen Gesellschaften im späten 19. und beginnenden 20. Jahrhundert. Zur Zeit Arbeit an einem Buch über den Ersten Weltkrieg in Ostafrika.

Niels P. Petersson, wissenschaftlicher Assistent an der Universität Konstanz. Derzeitige Forschungsgebiete: Institutionen der Weltwirtschaft, Globalisierung. Veröffentlichungen u. a.: mit Jürgen Osterhammel, Geschichte der Globalisierung. Dimensionen – Prozesse – Epochen, München 2003; König Chulalongkorns Europareise 1897. Europäischer Imperialismus, symbolische Politik und monarchisch-bürokratische Modernisierung, in: Saeculum 52 (2001), S. 297–328; Imperialismus und Modernisierung: Siam, China und die europäischen Mächte, 1895–1914, München 2000.

Helmut Walser Smith, Martha Rivers Ingram Professor für Geschichte an der Vanderbilt University, Nashville, Tennessee. Derzeitige Forschungsgebiete: Geschichte des Nationalismus und des Antisemitismus; Geschichte der Historiographie. Jüngste Veröffentlichungen u. a.: The Butcher's Tale. Murder and Antisemitism in a German Town, New York, 2002 (deutsch als Geschichte des Schlachters, Göttingen 2002); (Hg.) Protestants, Catholics, and Jews in Germany, 1800–1914, Oxford 2001.

Woodruff D. Smith, Professor für Geschichte an der University of Massachusetts in Boston. Derzeitige Forschungsgebiete: Kulturgeschichte der Politik, der Wirtschaft und des Imperialismus im 19. Jahrhundert; Beziehung zwischen höherer Bildung und Öffentlichkeit. Veröffentlichungen u. a.: Consumption and the Making of Respectability 1600–1800, New York 2002; Higher Education, Democracy, and the Public Sphere, Thought & Action XIX, 1 (2003), S. 61–73. Zur deutschen Kolonialgeschichte: The German Colonial Empire, Chapel Hill 1978; The Ideological Origins of Nazi Imperialism, New York 1986; Politics and the Sciences of Culture in Germany, 1840–1920, New York 1991.

Philipp Ther, Professor an der Fakultät für Kulturwissenschaften der Europa-Universität Viadrina in Frankfurt/Oder. Derzeitiges Forschungsprojekt: Kulturgeschichte und Opernhäuser im mittleren Europa im 19. Jahrhundert. Publikationen u. a.: Deutsche und polnische Vertriebene. Gesellschaft und Vertriebenenpolitik in der SBZ/DDR und in Polen 1945 – 1956, Göttingen 1998; mit Holm Sundhaussen (Hg.), Regionale Bewegungen und Regionalismen in europäischen Zwischenräumen seit der Mitte des 19. Jahrhunderts, Marburg 2003; Beyond the Nation. The Relational Basis of a Comparative History of Germany and Europe, in: Central European History 36 (2003), S. 45–74.

Andrew Zimmerman, Assistant Professor of History an der George Washington University. Derzeitige Forschungsgebiete: Die Kategorien ›Rasse‹ und ›Klasse‹ im deutschen Afrika und in den Südstaaten der USA; Modernisierung, Wissenschaft und Staatsbildung im deutschen und britischen Ostafrika. Jüngste Veröffentlichung: Anthropology and Antihumanism in Imperial Germany, Chicago 2001.